HISTOIRE

DE LA

LITTÉRATURE ANGLAISE

TOME CINQUIÈME ET COMPLÉMENTAIRE

LES CONTEMPORAINS

OUVRAGES DU MÊME AUTEUR :

(Librairie Hachette.)

VOYAGE AUX PYRÉNÉES, in-18, 5ᵉ édition.
LA FONTAINE ET SES FABLES, in-18, 4ᵉ édition
ESSAI SUR TITE-LIVE, in-18, 2ᵉ édition.
LES PHILOSOPHES CLASSIQUES DU DIX-NEUVIÈME SIÈCLE, in-18, 3ᵉ édition.
ESSAIS DE CRITIQUE ET D'HISTOIRE, in-18, 2ᵉ édition.
NOUVEAUX ESSAIS DE CRITIQUE ET D'HISTOIRE, in-18, 2ᵉ édition.
VIE ET OPINIONS DE M. GRAINDORGE, in-18, 4ᵉ édition.
VOYAGE EN ITALIE, 2 volumes in-8.

(Librairie Germer-Baillière.)

PHILOSOPHIE DE L'ART, in-18
PHILOSOPHIE DE L'ART EN ITALIE, in-18.
DE L'IDÉAL DANS L'ART, in-18.
PHILOSOPHIE DE L'ART DANS LES PAYS-BAS, in-18.

10616. — Impr. génér. de Ch. Lahure, rue de Fleurus, 9, à Paris.

HISTOIRE
DE LA
LITTÉRATURE ANGLAISE

PAR H. TAINE

TOME CINQUIÈME ET COMPLÉMENTAIRE

LES CONTEMPORAINS

DEUXIÈME ÉDITION REVUE ET AUGMENTÉE

PARIS
LIBRAIRIE DE L. HACHETTE ET Cie
BOULEVARD SAINT-GERMAIN, N° 77

1869

Droits de propriété et de traduction réservés

AVERTISSEMENT.

Ce volume est le complément de l'*Histoire de la littérature anglaise;* il est écrit sur un autre plan, parce que le sujet est autre. La période présente n'est point encore accomplie, et les idées qui la gouverneront sont en voie de formation, c'est-à-dire à l'état d'ébauches; c'est pourquoi on ne peut à présent les grouper en système. Quand les documents ne sont encore que des indices, l'histoire doit se réduire à des études; la science se modèle sur la vie, et nos conclusions restent forcément incomplètes, quand les faits qui nous les suggèrent sont inachevés. Dans cinquante ans, on pourra écrire l'histoire de ce siècle; en attendant on ne peut que l'esquisser. J'ai choisi parmi les écrivains anglais contemporains les esprits les plus inventifs, les plus conséquents et les plus opposés; on peut les considérer comme des *spécimens* qui représentent les traits communs, les tendances contraires, et par suite la direction générale de l'esprit public.

Ce ne sont que des spécimens. A côté de Macaulay et de Carlyle, il y a des historiens comme Hallam,

Buckle et Grote ; à côté de Dickens et de Thackeray, il y a des romanciers comme Bulwer, Charlotte Brontë, mistress Gaskell, Elliot, et je ne sais combien d'autres ; à côté de Tennyson, il y a des poëtes comme Elisabeth Browning ; à côté de Stuart Mill, il y a des philosophes comme Hamilton, Bain et Herbert Spencer. Je laisse de côté le très-grand nombre d'hommes de talent qui écrivent sans les signer les articles des revues, et qui, comme des soldats dans une armée, manifestent parfois plus clairement que les généraux les facultés et les inclinations de leur temps et de leur nation. Si l'on cherche ce qu'il y a de commun dans cette multitude d'esprits divers, on y retrouvera, je pense, les deux traits saillants que j'ai déjà marqués. L'un de ces traits est propre à la civilisation anglaise, l'autre à la civilisation du dix-neuvième siècle. L'un est national, l'autre est européen. D'un côté, et cela est particulier à ce peuple, cette littérature est une enquête instituée sur l'homme, toute positive et partant médiocrement belle, ou philosophique, mais très-exacte, très-minutieuse, très-utile, en outre très-morale, et cela à un tel degré que parfois la générosité ou la pureté de ses aspirations l'élèvent jusqu'à une région que nul artiste ou philosophe n'a dépassée. D'un autre côté, et cela est commun aux divers peuples de notre âge, cette littérature subordonne les croyances et les institutions régnantes à l'examen personnel et à la science établie, je veux dire à ce tribunal irrécusable qui se dresse dans la conscience solitaire de chaque homme, et à cette autorité universelle que les diverses raisons humaines rectifiées l'une par l'autre et contrôlées par la pratique, empruntent aux vérifications de l'expérience et à leur propre accord.

Quel que soit le jugement qu'on porte sur ces tendances et sur ces doctrines, on ne pourra, je pense, leur refuser le mérite d'être spontanées et originales. Ce sont des plantes vivantes et des plantes vivaces. Les six écrivains décrits dans ce volume ont exprimé sur Dieu, la nature, l'homme, la science, la religion, l'art et la morale, des idées efficaces et complètes. Pour produire de telles idées, il n'y a aujourd'hui en Europe que trois nations, l'Angleterre, l'Allemagne et la France. On trouvera ici celles de l'Angleterre ordonnées, discutées et comparées à celles des deux autres pays pensants.

HISTOIRE
DE LA
LITTÉRATURE ANGLAISE.

LIVRE V.

LES CONTEMPORAINS.

CHAPITRE I.

Le Roman. Dickens.

§ 1.

L'ÉCRIVAIN.

I. Liaison des diverses parties de chaque talent. — Importance de la façon d'imaginer.

II. Lucidité et intensité de l'imagination chez Dickens. — Audace et véhémence de sa fantaisie. — Comment chez lui les objets inanimés se personnifient et se passionnent. — En quoi sa conception est voisine de la vision. — En quoi elle est voisine de la monomanie. — Comment il peint les hallucinés et les fous.

III. A quels objets il applique son enthousiasme. — Ses trivialités et sa minutie. — En quoi il ressemble aux peintres de son pays. — En quoi il diffère de George Sand. — *Miss Ruth* et *Geneviève*. — *Un Voyage en diligence.*

IV. Véhémence des émotions que ce genre d'imagination doit produire. — Son pathétique. — L'ouvrier *Stephen*. — Son comique. — Pourquoi il arrive à la bouffonnerie et à la caricature. — Emportement et exagération nerveuse de sa gaieté.

§ 2.

LE PUBLIC.

I. Le roman anglais est obligé d'être moral. — En quoi cette contrainte modifie l'idée de l'amour. — Comparaison de l'amour chez George Sand et chez Dickens. — Peintures de la jeune fille et de l'épouse.
II. En quoi cette contrainte modifie l'idée de la passion. — Comparaison des passions dans Balzac et dans Dickens.
III. Inconvénients de ce parti pris. — Comment les masques comiques ou odieux se substituent aux personnages naturels. — Comparaison de Pecksniff et de Tartufe. — Pourquoi chez Dickens l'ensemble manque à l'action.

§ 3.

LES PERSONNAGES.

I. Deux classes de personnages. — Les caractères naturels et instinctifs. — Les caractères artificiels et positifs. — Préférence de Dickens pour les premiers. — Aversion de Dickens pour les seconds.
II. L'hypocrite. — M. Pecksniff. — En quoi il est Anglais. — Comparaison de Pecksniff et de Tartufe. — L'homme positif. — M. Gradgrind. — L'orgueilleux. — M. Dombey. — En quoi ces personnages sont Anglais.
III. Les enfants. — Ils manquent dans la littérature française. — Le petit *Joas* et *David Copperfield*. — Les gens du peuple.
IV. L'homme idéal selon Dickens. — En quoi cette conception correspond à un besoin public. — Opposition en Angleterre de la culture et de la nature. — Redressement de la sensibilité et de l'instinct opprimés par la convention et par la règle. — Succès de Dickens.

Si Dickens était mort, on pourrait faire sa biographie. Le lendemain de l'enterrement d'un homme célèbre, ses amis et ses ennemis se mettent à l'œuvre ; ses camarades de collége racontent dans les journaux ses espiègleries d'enfance ; un autre se rappelle exactement et mot pour mot les conversations qu'il eut avec lui il y a vingt-cinq ans. L'homme d'affaires de la succession dresse la liste des brevets, nominations, dates et chiffres, et révèle aux lecteurs positifs l'espèce de ses placements et l'histoire de sa fortune ; les arrière-neveux et les petits-cousins publient la description de ses actes de tendresse et le catalogue de ses vertus domestiques. S'il n'y a pas de génie littéraire dans la famille, on choisit un gradué d'Oxford, homme consciencieux, homme docte, qui traite le défunt comme un auteur grec, entasse une infinité de documents, les surcharge d'une infinité de commentaires, couronne le tout d'une infinité de dissertations, et vient dix ans après, un jour de Noël, avec une cravate blanche et un sourire serein, offrir à la famille assemblée trois in-quarto de huit cents pages, dont le style léger endormirait un Allemand de Berlin. On l'embrasse les larmes aux yeux ; on le fait asseoir ; il est le plus bel ornement de la fête, et l'on envoie son œuvre à la *Revue d'Édimbourg*. Celle-ci frémit à la vue de ce présent énorme, et détache un jeune rédacteur intrépide qui compose avec la table des matières une vie telle quelle. Autre avantage des biographies posthumes : le défunt n'est plus là pour démentir le biographe ni le docteur.

Malheureusement Dickens vit encore et dément les biographies qu'on fait de lui. Ce qui est pis, c'est qu'il prétend être son propre biographe. Son traducteur lui demandait un jour quelques documents : il répondit qu'il les gardait pour lui. Sans doute *David Copperfield*, son meilleur roman, a bien l'air d'une confidence ; mais à quel point cesse la confidence, et dans quelle mesure la fiction orne-t-elle la vérité ? Tout ce qu'on sait, ou plutôt tout ce qu'on répète, c'est que Dickens est né en 1812, qu'il est fils d'un sténographe, qu'il fut d'abord sténographe lui-même, qu'il a été pauvre et malheureux dans sa jeunesse, que ses romans publiés par livraisons lui ont acquis une grande fortune et une réputation immense. Le lecteur est libre de conjecturer le reste ; Dickens le lui apprendra un jour, quand il écrira ses mémoires. Jusque-là il ferme sa porte, et laisse à sa porte les gens trop curieux qui s'obstinent à y frapper. C'est son droit. On a beau être illustre, on ne devient pas pour cela la propriété du public ; on n'est pas condamné aux confidences ; on continue à s'appartenir ; on peut réserver de soi ce qu'on juge à propos d'en réserver. Si on livre ses œuvres aux lecteurs, on ne leur livre pas sa vie. Contentons-nous de ce que Dickens nous a donné. Quarante volumes suffisent, et au delà, pour bien connaître un homme ; d'ailleurs ils montrent de lui tout ce qu'il importe d'en savoir. Ce n'est point par les accidents de sa vie qu'il appartient à l'histoire ; c'est par son talent, et son talent est dans ses livres. Le génie d'un homme ressemble à une horloge : il a sa structure, et parmi toutes ses pièces un grand ressort. Démêlez ce ressort, montrez comment il communique le mouvement aux autres, suivez ce mouvement de pièce en pièce jusqu'à l'aiguille où il aboutit. Cette histoire intérieure du génie ne dépend point de l'histoire extérieure de l'homme, et la vaut bien.

§ 1.

L'ÉCRIVAIN.

La première question qu'on doive faire sur un artiste est celle-ci : Comment voit-il les objets? Avec quelle netteté, avec quel élan, avec quelle force? La réponse définit d'avance toute son œuvre; car à chaque ligne il imagine; il garde jusqu'au bout l'allure qu'il avait d'abord. La réponse définit d'avance tout son talent; car dans un romancier l'imagination est la faculté maîtresse; l'art de composer, le bon goût, le sens du vrai en dépendent; un degré ajouté à sa véhémence bouleverse le style qui l'exprime, change les caractères qu'elle produit, brise les plans où elle s'enferme. Considérez celle de Dickens, vous y apercevrez la cause de ses défauts et de ses mérites, de sa puissance et de ses excès.

I.

Il y a en lui un peintre, et un peintre anglais. Jamais esprit, je crois, ne s'est figuré avec un détail plus exact et une plus grande énergie toutes les parties et toutes les couleurs d'un tableau. Lisez cette description d'un orage ; les images semblent prises au daguerréotype, à la lumière éblouissante des éclairs : « L'œil, aussi rapide qu'eux, apercevait dans chacune de leurs flammes une multitude d'objets qu'en cinquante fois autant de temps il n'eût point vus au grand jour : des cloches dans leurs clochers avec la corde et la roue qui les faisaient mouvoir ; des nids délabrés d'oiseaux dans les recoins et dans les corniches ; des figures pleines d'effroi sous la bâche des voitures qui passaient, emportées par leur attelage effarouché, avec un fracas que couvrait le tonnerre ; des herses et des charrues abandonnées dans les champs ; des lieues et puis encore des lieues de pays coupé de haies, avec la bordure lointaine d'arbres aussi visible que l'épouvantail perché dans le champ de fèves à trois pas d'eux ; une minute de clarté limpide, ardente, tremblotante, qui montrait tout ; puis une teinte rouge dans la lumière jaune, puis du bleu, puis un éclat si intense, qu'on ne voyait plus que de la lumière : puis la plus épaisse et la plus profonde obscurité[1]. »

Une imagination aussi lucide et aussi énergique doit animer sans effort les objets inanimés. Elle soulève dans l'esprit où elle s'exerce des émotions extra-

---

[1]. The eye, partaking of the quickness of the flashing light, saw in its every gleam a multitude of objects which it could not see at steady noon in fifty times that period. Bells in steeples, with the rope and wheel that moved them; ragged nests of birds in cornices and nooks; faces full of consternation in the tilted waggons that came tearing past, their frightened teams ringing out a warning which the thunder drowned; harrows and ploughs left out in fields;

ordinaires, et l'auteur verse sur les objets qu'il se figure quelque chose de la passion surabondante dont il est comblé. Les pierres pour lui prennent une voix, les murs blancs s'allongent comme de grands fantômes, les puits noirs bâillent hideusement et mystérieusement dans les ténèbres ; des légions d'êtres étranges tourbillonnent en frissonnant dans la campagne fantastique ; la nature vide se peuple, la matière inerte s'agite. Mais les images restent nettes ; dans cette folie, il n'y a ni vague ni désordre ; les objets imaginaires sont dessinés avec des contours aussi précis et des détails aussi nombreux que les objets réels, et le rêve vaut la vérité.

Il y a, entre autres, une description du vent de la nuit bizarre et puissante, qui rappelle certaines pages de *Notre-Dame de Paris*. La source de cette description, comme de toutes celles de Dickens, est l'imagination pure. Il ne décrit point, comme Walter Scott, pour offrir une carte de géographie au lecteur et pour faire la topographie de son drame. Il ne décrit point comme lord Byron, par amour de la magnifique nature, et pour étaler une suite splendide de tableaux grandioses. Il ne songe ni à obtenir l'exactitude, ni à choisir la beauté. Frappé d'un spectacle quel-

---

miles upon miles of hedge-divided country, with the distant fringe of trees as obvious as the scare-crow in the beanfield close at hand: in a trembling, vivid, flickering instant, everything was clear and plain: then came a flush of red into the yellow light; a change to blue ; a brightness so intense that there was nothing else but light: and then the deepest and profoundest darkness.
(*Martin Chuzzlewit*, t. II, p. 245. Éd. Tauschnitz.)

conque, il s'exalte, et éclate en figures imprévues. Tantôt ce sont les feuilles jaunies que le vent poursuit, qui s'enfuient et se culbutent, frissonnantes, effarées, d'une course éperdue, se collant aux sillons, se noyant dans les fossés, se perchant sur les arbres[1]. Ici c'est le vent de la nuit qui tourne autour d'une église, qui tâte en gémissant, de sa main invisible, les fenêtres et les portes, qui s'enfonce dans les crevasses, et qui, enfermé dans sa prison de pierre, hurle et se lamente pour en sortir. « Quand il a rôdé dans les ailes, lorsqu'il s'est glissé autour des piliers, et qu'il a essayé le grand orgue sonore, il s'envole, va choquer le plafond et tente d'arracher

[1]. It was small tyranny for a respectable wind to go wreaking its vengeance on such poor creatures as the fallen leaves; but this wind happening to come up with a great heap of them just after venting its humour on the insulted Dragon, did so disperse and scatter them that they fled away, pell-mell, some here, some there, rolling over each other, whirling round and round upon their thin edges, taking frantic flights into the air, and playing all manner of extraordinary gambols in the extremity of their distress. Nor was this enough for its malicious fury : for not content with driving them abroad, it charged small parties of them and hunted them into the wheel-wright's saw-pit, and below the planks and timbers in the yard, and, scattering the sawdust in the air, it looked for them underneath, and when it did meet with any, whew! how it drove them on and followed at their heels!

The scared leaves only flew the faster for all this : and a giddy chase it was : for they got into unfrequented places, where there was no outlet, and where their pursuer kept them eddying round and round at his pleasure; and they crept under the eaves of houses, and clung tightly to the sides of hay-ricks, like bats; and tore in at open chamber windows, and cowered close to hedges; and, in short, went anywhere for safety.

(*Martin Chuzzlewit*, t. I, p. 10.)

les poutres, puis il s'abat désespéré sur le parvis et s'engouffre en murmurant sous les voûtes. Parfois il revient furtivement et se traîne en rampant le long des murs. Il semble lire en chuchotant les épitaphes des morts. Sur quelques-unes, il passe avec un bruit strident comme un éclat de rire; sur d'autres, il crie et gémit comme s'il pleurait[1]. »—Jusqu'ici vous ne reconnaissiez que l'imagination sombre d'un homme du nord. Un peu plus loin, vous apercevez la religion passionnée d'un protestant révolutionnaire, lorsqu'il vous parle des sons funèbres que jette le vent attardé autour de l'autel, des accents sauvages avec lesquels il semble chanter les attentats que l'homme commet et les faux dieux que l'homme adore. Mais au bout d'un instant l'artiste reprend la

[1]. For the night-wind has a dismal trick of wandering round and round a building of that sort, and moaning as it goes; and of trying, with its unseen hand, the windows and the doors; and seeking out some crevices by which to enter. And when it has got in; as one not finding what he seeks, whatever that may be; it wails and howls to issue forth again: and not content with stalking through the aisles, and gliding round and round the pillars, and tempting the deep organ, soars up to the roof, and strives to rend the rafters: then flings itself despairingly upon the stones below, and passes, muttering, into the vaults. Anon, it comes up stealthily, and creeps along the walls: seeming to read, in whispers, the Inscriptions sacred to the Dead. At some of these, it breaks out shrilly, as with laughter; and at others, moans and cries as if it were lamenting. It has a ghostly sound too, lingering within the altar; where it seems to chaunt, in its wild way, of Wrong and Murder done, and false Gods worshipped; in defiance of the Tables of the Law, which look so fair and smooth, but are so flawed and broken. Ugh! Heaven preserve us, sitting snugly round the fire! It has an awful voice, that wind at Midnight, singing in a church!

But high up in the steeple! There the foul blast roars and

parole : il vous conduit au clocher, et dans le cliquetis des mots qu'il entasse, il donne à vos nerfs la sensation de la tourmente aérienne. Le vent siffle et gambade dans les arcades, dans les dentelures, dans les clochetons grimaçants de la tour ; il se roule et s'entortille autour de l'escalier tremblant ; il fait pirouetter la girouette qui grince. Dickens a tout vu dans le vieux beffroi ; sa pensée est un miroir, il n'y a pas un des détails les plus minutieux et les plus laids qui lui échappe. Il a compté les barres de fer rongées par la rouille, les feuilles de plomb ridées et recroquevillées qui craquent et se soulèvent étonnées sous le pied qui les foule, les nids d'oiseaux délabrés et empilés dans les recoins des madriers moisis, la poussière grise entassée, les araignées mouchetées, indolentes, engraissées par une longue sécurité, qui, pendues par un fil, se balancent pa-

---

whistles! High up in the steeple, where it is free to come and go through many an airy arch and loophole, and to twist and twine itself about the giddy stair, and twirl the groaning weathercock, and make the very tower shake and shiver! High up in the steeple, where the belfry is ; and iron rails are ragged with rust ; and sheets of lead and copper, shrivelled by the changing weather, crackle and heave beneath the unaccustomed tread ; and birds stuff shabby nests into corners of old oaken joists and beams ; and dust grows old and grey ; and speckled spiders, indolent and fat with long security, swing idly to and fro in the vibration of the bells, and never loose their hold upon their thread-spun castles in the air, or climb up sailor-like in quick-alarm, or drop upon the ground and ply a score of nimble legs to save a life! High up in the steeple of an old church, far above the light and murmur of the town and far below the flying clouds that shadow it, is the wild and dreary place at night : and high up in the steeple of an old church, dwelt the Chimes I tell of. (*Chimes*, p. 5.)

resseusement aux vibrations des cloches, et qui, sur une alarme soudaine, grimpent ainsi que des matelots après leurs cordages, ou se laissent glisser à terre, et jouent prestement de leurs vingt pattes agiles, comme pour sauver une vie. Cette peinture fait illusion. Suspendu à cette hauteur, entre les nuages volants qui promènent leurs ombres sur la ville et les lumières affaiblies qu'on distingue à peine dans la vapeur, on éprouve une sorte de vertige, et l'on n'est pas loin de découvrir, comme Dickens, une pensée et une âme dans la voix métallique des cloches qui habitent ce château tremblant.

Il fait un roman sur elles, et ce n'est pas le premier. Dickens est un poëte; il se trouve aussi bien dans le monde imaginaire que dans le réel. Ici, ce sont les cloches qui causent avec le pauvre vieux commissionnaire du coin et le consolent. Ailleurs, c'est le grillon du foyer qui chante toutes les joies domestiques, et ramène sous les yeux du maître désolé les heureuses soirées, les entretiens confiants, le bien-être, la tranquille gaieté dont il a joui et qu'il n'a plus. Ailleurs, c'est l'histoire d'un enfant malade et précoce qui se sent mourir, et qui, en s'endormant dans les bras de sa sœur, entend la chanson lointaine des vagues murmurantes qui l'ont bercé. Les objets, chez Dickens, prennent la couleur des pensées de ses personnages. Son imagination est si vive, qu'elle entraîne tout avec elle dans la voie qu'elle se choisit. Si le personnage est heureux, il faut que les pierres, les fleurs et les nuages le soient aussi; s'il est triste, il faut que la nature pleure avec lui. Jusqu'aux vilaines maisons des rues, tout parle. Le style court à travers un essaim de visions; il s'emporte jusqu'aux plus étranges bizarreries. Voici une jeune fille, jolie et honnête, qui traverse la cour des Fontaines et le quartier des légistes pour aller retrouver son frère. Quoi de plus simple? quoi de plus vulgaire même? Dickens s'exalte là-dessus. Pour lui faire fête, il convoque les oiseaux, les arbres, les maisons, la fontaine, les bureaux, les dossiers de procédure, et bien d'autres choses encore. C'est une folie, et c'est presque un enchantement :

Y avait-il assez de vie dans la triste végétation de la cour des Fontaines pour que les rameaux enfumés eussent senti venir la plus pure et la plus aimable petite femme du monde? C'est une question pour les jardiniers et pour les savants qui connaissent les amours des plantes. Mais c'était une bonne chose pour cette cour pavée d'encadrer une si délicate petite figure ; elle passait comme un sourire le long des vieilles maisons noires et des dalles usées, les laissant plus sombres, plus tristes, plus grimaçantes que jamais; cela ne fait pas de doute ! La fontaine du Temple aurait bien pu sauter de vingt pieds pour saluer cette source d'espérance et de jeunesse qui glissait rayonnante dans les secs et poudreux canaux de la loi ; les moineaux bavards, nourris dans les crevasses et dans les trous du Temple, auraient pu se taire pour écouter des alouettes imaginaires au moment où passait cette fraîche petite créature ; les branches sombres, qui ne se courbaient jamais que dans leur chétive croissance, auraient pu s'incliner vers elle avec amour, comme vers une sœur, et verser leur bénédiction sur sa gracieuse tête; les vieilles lettres d'amour enfermées dans les bureaux voisins, au fond d'une boîte de fer, et oubliées parmi les monceaux de papiers de famille où elles s'étaient égarées, auraient pu trembler et s'agiter au souvenir fugitif de leurs anciennes tendresses, quand de son pas léger elle s'approchait d'elles. Mainte chose qui n'arriva point, qui n'arrivera jamais, aurait pu arriver pour l'amour de Ruth¹.

Ceci est tourmenté, n'est-il pas vrai? Votre goût français, toujours mesuré, se révolte contre ces crises d'affectation, contre ces mièvreries maladives. Et pourtant cette affectation est naturelle ; Dickens ne cherche pas les bizarreries, il les rencontre. Cette imagination excessive est comme une corde trop tendue : elle produit d'elle-même, et sans choc violent, des sons qu'on n'entend point ailleurs.

1. Whether there was life enough left in the slow vegetation of Fountain Court for the smoky shrubs to have any consciousness of of the brightest and purest-hearted little woman in the world, is a question for gardeners, and those who are learned in the loves of plants. But, that it was a good thing for that same paved yard to have such a delicate little figure flitting through it ; that it passed like a smile from the grimy old houses, and the worn flag-stones, and left them duller, darker, sterner than before ; there is no sort of doubt. The Temple fountain might have leaped up twenty feet to greet the spring of hopeful maidenhood, that in her person stole on, sparkling, through the dry and dusty channels of the Law ; the chirping sparrows, bred in Temple chinks and crannies, might have held their peace to listen to imaginary sky-larks, as so fresh a little creature passed; the dingy boughs, unused to droop, otherwise than in their puny growth, might have bent down in a kindred gracefulness, to shed their benediction on her graceful head; old love letters, shut up in iron boxes in the neighbouring offices, and made of no account among the heaps of family papers into which they had strayed, and of which, in their degeneracy, they formed a part, might have stirred and fluttered with a moment's recollection of their ancient tenderness, as She went lightly by. Anything might have happened that did not happen, and never will, for the love of Ruth. (*Martin Chuzzlewit*, t. II, p. 289.)

On va voir comment elle se monte. Prenez une boutique, n'importe laquelle; la plus rébarbative; celle d'un marchand d'instruments de marine. Dickens voit les baromètres, les chronomètres, les compas, les télescopes, les boussoles, les lunettes, les mappemondes, les porte-voix et le reste. Il en voit tant, il les voit si nettement, ils se pressent et se serrent, et se recouvrent si fort les uns les autres dans son cerveau, qu'ils remplissent et qu'ils obstruent, il y a tant d'idées géographiques et nautiques étalées sous les vitrines, pendues au plafond, attachées au mur, elles débordent sur lui par tant de côtés et en telle abondance, qu'il en perd le jugement. La boutique se transfigure: « Dans la contagion générale, il semble qu'elle se change en je ne sais quelle machine maritime, confortable, faite en manière de vaisseau, n'ayant plus besoin que d'une bonne mer pour être lancée et se mettre tranquillement en chemin pour n'importe quelle île déserte[1]. »

La différence entre un fou et un homme de génie n'est pas fort grande. Napoléon, qui s'y connaissait, le disait à Esquirol. La même faculté nous porte à la gloire ou nous jette dans un cabanon. C'est l'imagination visionnaire qui forge les fantômes du fou et qui crée les personnages de l'artiste, et les classifications qui servent à l'un peuvent servir à l'autre. L'imagination de Dickens ressemble à celle des monomanes. S'enfoncer dans une idée, s'y absorber,

---

1. *Dombey and son*, t. I, p. 41.

ne plus voir qu'elle, la répéter sous cent formes, la grossir, la porter, ainsi agrandie, jusque dans l'œil du spectateur, l'en éblouir, l'en accabler, l'imprimer en lui si tenace et si pénétrante, qu'il ne puisse plus l'arracher de son souvenir; ce sont là les grands traits de cette imagination et de ce style. En cela, *David Copperfield* est un chef-d'œuvre. Jamais objets ne sont restés plus visibles et plus présents dans la mémoire du lecteur que ceux qu'il décrit. La vieille maison, le parloir, la cuisine, le bateau de Peggotty, et surtout la cour de l'école, sont des tableaux d'intérieur dont rien n'égale le relief, l'énergie et la précision. Dickens a la passion et la patience des peintres de sa nation : il compte un à un les détails, il note les couleurs différentes des vieux troncs d'arbres ; il voit le tonneau fendu, les dalles verdies et cassées, les crevasses des murs humides ; il distingue les singulières odeurs qui en sortent ; il marque la grosseur des taches de mousse, il lit les noms d'écoliers inscrits sur la porte et s'appesantit sur la forme des lettres. Et cette minutieuse description n'a rien de froid ; si elle est si détaillée, c'est que la contemplation était intense ; elle prouve sa passion par son exactitude. On sentait cette passion sans s'en rendre compte ; on la distingue tout d'un coup au bout de la page ; les témérités du style la rendent visible, et la violence de la phrase atteste la violence de l'impression. Des métaphores excessives font passer devant l'esprit des rêves grotesques. On se sent assiégé de visions extravagantes. M. Mell prend sa flûte, et y souffle, dit Copperfield, « au point que je finissais par penser qu'il ferait entrer tout son être dans le grand trou d'en haut pour le faire sortir par les clefs d'en bas. » Tom Pinch, désabusé, découvre que son maître Pecksniff est un coquin hypocrite. « Il avait été si longtemps accoutumé à tremper dans son thé le Pecksniff de son imagination, à l'étendre sur son pain, à le savourer avec sa bière, qu'il fit un assez pauvre déjeuner le lendemain de son expulsion. » On pense aux fantaisies d'Hoffmann; on est pris d'une idée fixe et l'on a mal à la tête. Ces excentricités sont le style de la maladie plutôt que de la santé.

Aussi Dickens est-il admirable dans la peinture des hallucinations. On voit qu'il éprouve celles de ses personnages, qu'il est obsédé de leurs idées, qu'il entre dans leur folie. En sa qualité d'Anglais et de moraliste, il a décrit nombre de fois le remords. Peut-être dira-t-on qu'il en fait un épouvantail, et qu'un artiste a tort de se transformer en auxiliaire du gendarme et du prédicateur. Il n'importe; le portrait de Jonas Chuzzlewit est si terrible, qu'on peut lui pardonner d'être utile. Jonas, sorti en cachette de sa chambre, a tué en trahison son ennemi, et croit dorénavant respirer en paix; mais le souvenir du meurtre, comme un poison, désorganise insensiblement son esprit. Il n'est plus maître de ses idées; elles l'emportent avec la fougue d'un cheval effaré. Il pense incessamment et en frissonnant à la chambre où on le croit endormi. Il voit cette chambre, il en compte les carreaux, il imagine les longs plis des rideaux sombres, les creux du lit qu'il a défait, la porte à laquelle on peut frapper. A mesure qu'il veut se détacher de cette vision, il s'y enfonce; c'est un gouffre ardent où il roule en se débattant avec des cris et des sueurs d'angoisse. Il se suppose couché dans ce lit, comme il devrait y être, et au bout d'un instant il s'y voit. Il a peur de cet autre lui-même. Le rêve est si fort, qu'il n'est pas bien sûr de n'être pas là-bas à Londres. « Il devient ainsi son propre spectre et son propre fantôme. » Et cet être imaginaire, comme un miroir, ne fait que redoubler devant sa conscience l'image de l'assassinat et du châtiment. Il revient, et se glisse en pâlissant jusqu'à la porte de sa chambre. Lui, homme d'affaires, calculateur, machine brutale des raisonnements positifs, le voilà devenu aussi chimérique qu'une femme nerveuse. Il avance sur la pointe du pied, comme s'il avait peur de réveiller l'homme imaginaire qu'il se figure couché dans le lit. Au moment où il tourne la clef dans la serrure, une terreur monstrueuse le saisit : si l'homme assassiné allait se lever là, devant lui! Il entre enfin, et s'enfonce dans son lit, brûlé par la fièvre. Il relève les draps sur ses yeux, pour essayer de ne plus voir la chambre maudite; il la voit mieux encore. Le froissement des couvertures, le bruissement d'un insecte, les battements de son cœur, tout lui crie : Assassin! L'esprit fixé avec une frénésie d'attention sur la porte, il finit par croire qu'on l'ouvre, il l'entend grincer. Ses sensations sont perverties; il n'ose s'en défier, il n'ose plus y croire, et dans ce cauchemar, où la raison engloutie ne laisse surnager qu'un chaos de formes hideuses, il ne trouve plus rien de réel que l'oppression incessante de son désespoir convulsif. Dorénavant toutes ses pensées, tous ses dangers, le monde entier disparaît pour lui dans une seule question : quand trouveront-ils le cadavre dans le bois? — Il s'efforce d'en arracher sa pensée; elle y reste imprimée et collée; elle l'y attache comme par une chaîne de fer. Il se figure toujours qu'il va dans le bois, qu'il s'y glisse sans bruit à pas furtifs, en écartant les branches, qu'il approche; puis approche encore, et qu'il chasse « les mouches répandues sur la chair par files épaisses, comme des monceaux de groseilles séchées. » Et toujours il aboutit à l'idée de la découverte; il en attend la nouvelle, écoutant passionnément les cris et les rumeurs de la rue, écoutant lorsqu'on sort ou lorsqu'on entre, écoutant ceux qui descendent et ceux qui montent. En même temps, il a toujours sous les yeux ce cadavre abandonné dans le bois; il le montre mentalement à tous ceux qu'il aperçoit, comme pour leur dire : « Regardez! connaissez-vous cela? Me soupçonnez-vous? ». Le supplice de prendre le corps dans ses bras, et de le poser, pour le faire reconnaître, aux pieds de tous les passants, ne serait point plus lugubre que l'idée fixe à laquelle sa conscience l'a condamné. »

Jonas est sur le bord de la folie. D'autres y sont tout à fait. Dickens a fait trois ou quatre portraits de fous, très-plaisants au premier coup d'œil, mais si vrais, qu'au fond ils sont horribles. Il fallait une imagination comme la sienne, déréglée, excessive, capable d'idées fixes, pour mettre en scène les maladies de la raison. Il y en a deux surtout qui font rire et qui font frémir : Augustus, le maniaque triste, qui est sur le point d'épouser miss Pecksniff, et le pauvre M. Dick, demi-idiot, demi-monomane, qui vit avec miss Trotwood. Comprendre ces exaltations soudaines, ces tristesses imprévues, ces incroyables soubresauts de la sensibilité pervertie reproduire ces arrêts de pensée, ces interruptions de raisonnement, cette intervention d'un mot, toujours le même, qui brise la phrase commencée et renverse la raison renaissante; voir le sourire stupide, le regard vide, la physionomie niaise et inquiète de ces vieux enfants hagards qui tâtonnent douloureusement d'idées en idées, et se heurtent à chaque pas au seuil de la vérité qu'ils ne peuvent franchir, c'est là une faculté qu'Hoffmann seul eut au même degré que Dickens. Le jeu de ces raisons délabrées ressemble au grincement d'une porte disloquée : il fait mal à entendre. On y trouve, si l'on veut, un éclat de rire discordant; mais on y découvre mieux encore un gémissement et une plainte, et l'on s'effraye en mesurant la lucidité, l'étrangeté, l'exaltation, la violence de l'imagination qui a enfanté de telles créatures, qui les a portées et soutenues jusqu'au bout sans fléchir, et qui s'est trouvée dans son vrai monde en imitant et en produisant leur déraison.

A quoi peut s'appliquer cette force? Les imaginations diffèrent, non-seulement par leur nature, mais encore par leur objet; après avoir mesuré leur énergie, il faut circonscrire leur domaine; dans le large monde, l'artiste se fait un monde; involontairement il choisit une classe d'objets qu'il préfère; les autres le laissent froid, et il ne les aperçoit pas. Dickens n'aperçoit pas les choses grandes : ceci est le second trait de son imagination. L'enthousiasme le prend à propos de tout, particulièrement à propos des objets vulgaires, d'une boutique de bric-à-brac, d'une enseigne, d'un crieur public. Il a la vigueur, il n'atteint pas à la beauté. Son instrument rend des sons vibrants, il n'a point de sons harmonieux. S'il décrit une maison, il la dessinera avec une netteté de géomètre ; il en mettra toutes les couleurs en relief, il découvrira une physionomie et une pensée dans les contrevents et dans les gouttières, il fera de la maison une sorte d'être humain, grimaçant et énergique, qui saisira le regard et qu'on n'oubliera plus; mais il ne verra pas la noblesse des longues lignes monumentales, la calme majesté des grandes ombres largement découpées par les crépis blancs, la joie de la lumière qui les couvre, et devient palpable dans les noirs enfoncements où elle plonge, comme pour se reposer et s'endormir. S'il peint un paysage, il apercevra les cénelles qui parsèment de leurs grains rouges les haies dépouillées, la petite vapeur qui s'exhale d'un ruisseau lointain, les mouvements d'un insecte dans l'herbe; mais la grande poésie qu'eût saisie l'auteur de *Valentine* et d'*André* lui échappera. Il se perdra, comme les peintres de son pays, dans l'observation minutieuse et passionnée des petites choses ; il n'aura point l'amour des belles formes et des belles couleurs. Il ne sentira pas que le bleu et le rouge, la ligne droite et la ligne courbe, suffisent pour composer des concerts immenses qui, parmi tant d'expressions diverses, gardent une sérénité grandiose, et ouvrent au plus profond de l'âme une source de santé et de bonheur. C'est le bonheur qui lui manque ; son inspiration est une verve fiévreuse qui ne choisit pas ses objets, qui ranime au hasard les laideurs, les vulgarités, les sottises, et qui, en communiquant à ses créations je ne sais quelle vie saccadée et violente, leur ôte le bien-être et l'harmonie qu'en d'autres mains elles auraient pu garder. Miss Ruth est une fort gentille ménagère ; elle met son tablier : quel trésor que ce tablier ! Dickens le tourne et le retourne, comme un commis de nouveautés qui voudrait le vendre. Elle le tient dans sa main, puis elle l'attache autour de sa taille, elle lie les cordons, elle l'étale, elle le froisse pour qu'il tombe bien. Que ne fait-elle pas de son tablier ! Et quel est l'enchantement de Dickens pendant ces opérations innocentes ! Il pousse de petits cris d'espièglerie joyeuse : « Oh ! bon Dieu, quel méchant petit corsage ! » Il apostrophe la bague, il gambade autour de Ruth, il frappe dans ses mains de plaisir. C'est bien pis lorsqu'elle fabrique le pudding ; il y a là une scène entière, dramatique et lyrique, avec exclamations, protase, péripéties, aussi complète qu'une tragédie grecque. Ces gentillesses de cuisine et ces mièvreries d'imagination font penser (par contraste) aux tableaux d'intérieur de George Sand. Vous rappelez-vous la chambre de la fleuriste Geneviève? Elle fabrique, comme Ruth, un objet utile, très-utile, puisque demain elle vendra dix sous ; mais cet objet est une rose épanouie, dont les frêles pétales s'enroulent sous ses doigts comme sous les doigts d'une fée, dont la fraîche corolle s'empourpre d'un vermillon aussi tendre que celui de ses joues, frêle chef-d'œuvre éclos un soir d'émotion poétique, pendant que de sa fenêtre elle contemple au ciel les yeux perçants et divins des étoiles, et qu'au fond de son cœur vierge murmure le premier souffle de l'amour. Pour s'exalter, Dickens n'a pas besoin d'un pareil spectacle : une diligence le jette dans le dithyrambe; les roués, les éclaboussures, les sifflements du fouet, le tintamarre des chevaux, des harnais et de la machine, en voilà assez pour le mettre hors de lui. Il ressent par sympathie le mouvement de la voiture; elle l'emporte avec elle; il entend le galop des chevaux dans sa cervelle, et part en lançant cette ode, qui semble sortir de la trompette du conducteur :

En avant sous l'obscurité qui s'épaissit! Nous ne pensons pas aux noires ombres des arbres; nous franchissons du même galop clartés, ténèbres, comme si la lumière de Londres à cinquante milles d'ici suffisait, et au delà, pour illuminer la route! En avant par delà la prairie du village, où s'attardent les joueurs de paume, où chaque petite marque laissée sur le frais gazon par les raquettes, les balles ou les pieds des joueurs, répand son parfum dans la nuit! En avant, avec quatre chevaux frais, par delà l'auberge du *Cerf-sans-Cornes*, où les buveurs s'assemblent à la porte avec admiration, pendant que l'attelage quitté, les traits pendants, s'en va à l'aventure du côté de la mare, poursuivi par la clameur d'une douzaine de gosiers et par les petits enfants qui courent en volontaires pour le ramener sur la route! A présent, c'est le vieux pont de pierre qui résonne sous le sabot des chevaux, parmi les étincelles qui jaillissent. Puis nous voilà encore sur la route ombragée, puis au delà de la barrière ouverte, plus loin, bien loin au delà, dans la campagne. Hurrah!

Holà ho! là-bas, derrière, arrête cette trompette un instant ; viens ici, conducteur, accroche-toi à la bâche, grimpe sur la banquette. On a besoin de toi pour tâter ce panier. Nous ne ralentirons point pour cela le pas de nos bêtes ; n'ayez crainte. Nous leur mettrons plutôt le feu au ventre pour la plus grande gloire du festin. Ah! il y a longtemps que cette bouteille de vieux vin n'a senti le contact du souffle tiède de la nuit, comptez-y. Et la liqueur est merveilleusement bonne pour humecter le gosier d'un donneur de cor. Essaye-la ; n'aie pas peur, Bill, de lever le coude. Maintenant reprends haleine et essaye mon cor, Bill. Voilà de la musique! voilà un air! « Là-bas, là-bas, bien loin derrière les collines. » Ma foi, oui! hurrah! la jument ombrageuse est toute gaie cette nuit. Hurrah! hurrah!

Voyez là-haut, la lune! Toute haute d'abord, avant que nous l'ayons aperçue. Sous sa lumière, la terre réfléchit les objets comme l'eau. Les haies, les arbres, les toits bas des chaumières, les clochers d'églises, les vieux troncs flétris, les jeunes pousses florissantes, sont devenus vaniteux tout d'un coup et ont envie de contempler leurs belles images jusqu'au matin. Là-bas, les peupliers bruissent, pour que leurs feuilles tremblotantes puissent se voir sur le sol ; le chêne, point ; il ne lui convient pas de trembler. Campé dans sa vieille solidité massive, il veille sur lui-même, sans remuer un rameau. La porte moussue, mal assise sur ses gonds grinçants, boiteuse et décrépite, se balance devant son mirage, comme une douairière fantastique, pendant que notre propre fantôme voyage avec nous. Hurrah ! hurrah ! à travers fossés et broussailles, sur la terre unie et sur le champ labouré, sur le flanc roide de la colline, sur le flanc plus roide encore de la muraille, comme si c'était un spectre chasseur !

Des nuages aussi ! Et sur la vallée un brouillard ! non pas un lourd brouillard qui la cache, mais une vapeur légère, aérienne, pareille à un voile de gaze, qui, pour nos yeux d'admirateurs modestes, ajoute un charme aux beautés devant lesquelles il est étendu, ainsi qu'ont toujours fait les voiles de vraie gaze, ainsi qu'ils feront toujours, oui, ne vous déplaise, quand nous serions le pape en personne. Hurrah ! Eh bien ! voilà que nous voyageons comme la lune elle-même. Cachés dans un bouquet d'arbres, la minute d'après dans une tache de vapeur, puis reparaissant en pleine lumière, parfois effacés, mais avançant toujours, notre course répète la sienne. Hurrah ! Une joute contre la lune ! Holà ho ! hurrah !

La beauté de la nuit a été sentie à peine, quand déjà le jour arrive bondissant. Hurrah ! Deux relais, et les routes de la campagne se changent presque en une rue continue. Hurrah ! par là des jardins de maraîchers, des files de maisons, des villas, des terrasses, des places, des équipages, des chariots, des charrettes, des ouvriers matineux, des vagabonds attardés, des ivrognes, des porteurs à jeun ; par delà toutes les formes de la brique et du mortier, puis sur le pavé bruyant, qui force les gens juchés sur la banquette à se bien tenir. Hurrah ! à travers des tours et détours sans fin, dans le labyrinthe des rues sans nombre, jusqu'à ce qu'on atteigne une vieille cour d'hôtellerie, et que Tom Pinch descendu, tout assourdi et tout étourdi, se trouve à Londres [1] !

Tout cela pour dire que Tom Pinch arrive à Londres ! Cet accès de lyrisme où les folies les plus poé-

---

1. Yoho, among the gathering shades ; making of no account the deep reflections of the trees, but scampering on through light and

tiques naissent des banalités les plus vulgaires, semblables à des fleurs maladives qui pousseraient dans un vieux pot cassé, expose dans ses contrastes naturels et bizarres toutes les parties de l'imagination de Dickens. On aura son portrait en se figurant un homme qui, une casserole dans une main et un fouet de postillon dans l'autre, se mettrait à prophétiser.

darkness, all the same, as if the light of London fifty miles away, were quite enough to travel by, and some to spare. Yoho, beside the village-green, where cricket-players linger yet; and every little indentation made in the fresh grass by bat or wicket, ball or player's foot, sheds out its perfume on the night. Away with four fresh horses from the Bald-faced Stag, where topers congregate about the door admiring; and the last team with traces hanging loose; go roaming off towards the pond; until observed and shouted after by a dozen throats, while volunteering boys pursue them. Now with a clattering of hoofs and striking out of fiery sparks, across the old stone bridge, and down again into the shadowy road, and through the open gate, and far away, away, into the world. Yoho!

Yoho, behind there, stop that bugle for a moment! Come creeping over the front, along the coach-roof, guard, and make one at this basket! Not that we slacken in our pace the while, not we : we rather put the bits of blood upon their mettle, for the greater glory of the snack. Ah! It is long since this bottle of old wine was brought into contact with the mellow breath of night, you may depend, and rare good stuff it is to wet a bugler's whistle with. Only try it. Don't be afraid of turning up your finger, Bill, another pull! Now, take your breath, and try the bugle, Bill. There's music! There's a tone! " Over the hills and far away, " indeed. Yoho! The skittish mare is all alive to-night. Yoho! Yoho!

See the bright moon? High up before we know it: making the earth reflect the objects on its breast like water. Hedges, trees, low cottages, church steeples, blighted stumps and flourishing young slips, have all grown vain upon the sudden, and mean to contemplate their own fair images till morning. The poplars yonder rustle, that their quivering leaves may see themselves upon the ground. Not so the oak; trembling does not become *him*; and he watches himself in his stout old, burly steadfastness, without the motion of a

II

Le lecteur prévoit déjà quelles violentes émotions ce genre d'imagination va produire. La manière de concevoir règle en l'homme la manière de sentir. Quand l'esprit, à peine attentif, suit les contours indistincts d'une image ébauchée, la joie et la douleur

twig. The moss-grown gate, ill-poised upon its creaking hinges, crippled and decayed, swings to and fro before its glass, like some fantastic dowager; while our own ghostly likeness travels on, Yoho! Yoho! through ditch and brake, upon the ploughed land and the smooth, along the steep hill-side and steeper wall, as if it were a phantom-Hunter.
    Clouds too! And a mist upon the Hollow! Not a dull fog that hides it, but a light airy gauze-like mist, which in our eyes of modest admiration gives a new charm to the beauties it is spread before : as real gauze has done ere now, and would again, so please you, though we were the Pope. Yoho! Why! now we travel like the Moon herself. Hiding this minute in a grove of trees; next minute in a patch of vapour; emerging now upon our broad clear course; withdrawing now, but always dashing on, our journey is a counterpart of hers. Yoho! A match against the Moon. Yoho! Yoho!
    The beauty of the night is hardly felt, when Day comes leaping up. Yoho! Two stages, and the country-roads are almost changed to a continuous street. Yoho, past market-gardens, rows of houses, villas, crescents, terraces, and squares; past waggons, coaches, carts; past early workmen, late stragglers, drunken men, and sober carriers of loads; past brick and mortar in its every shape, and in among the rattling pavements, where a jaunty-seat upon a coach is not so easy to preserve! Yoho, down countless turnings, and through countless mazy ways, until an old inn-yard is gained, and Tom Pinch, getting down, quite stunned and giddy, is in London!
                                (*Martin Chuzzlewit*, t. II, p. 155.)

l'effleurent d'un attouchement insensible. Quand l'esprit, avec une attention profonde, pénètre les détails minutieux d'une image précise, la joie et la douleur le secouent tout entier. Dickens a cette attention et voit ces détails; c'est pourquoi il rencontre partout des sujets d'exaltation. Il ne quitte point le ton passionné; il ne se repose jamais dans le style naturel et dans le récit simple; il ne fait que railler ou pleurer; il n'écrit que des satires et des élégies. Il a la sensibilité fiévreuse d'une femme qui part d'un éclat de rire ou qui fond en larmes au choc imprévu du plus léger événement. Ce style passionné est d'une puissance extrême, et on peut lui attribuer la moitié de la gloire de Dickens. Le commun des hommes n'a que des émotions faibles. Nous travaillons machinalement et nous bâillons beaucoup; les trois quarts des objets nous laissent froids; nous nous endormons dans l'habitude, et nous finissons par ne plus remarquer les scènes de ménage, les minces détails, les aventures plates qui sont le fond de notre vie. Un homme vient qui, tout d'un coup, les rend intéressantes; bien plus, il en fait des drames; il les change en objets d'admiration, de tendresse et d'épouvante. Sans sortir du coin du feu ou de l'omnibus, nous voilà tremblants, les yeux pleins de larmes ou secoués par les accès d'un rire inextinguible. Nous nous trouvons transformés, notre vie est doublée; notre âme végétait; elle sent, elle souffre, elle aime. Le contraste, la succession rapide, le nombre des sentiments ajoutent encore à son trouble; nous roulons pendant deux cents pages dans un torrent d'émotions nouvelles, contraires et croissantes, qui communique à l'esprit sa violence, qui l'entraîne dans des écarts et des chutes, et ne le rejette sur la rive qu'enchanté et épuisé. C'est une ivresse, et sur une âme délicate l'effet serait trop fort; mais il convient au public, et le public l'a justifié.

Cette sensibilité ne peut guère avoir que deux issues : le rire et les larmes. Il y en a d'autres; mais on n'y arrive que par la haute éloquence; elles sont le chemin du sublime, et l'on a vu que pour Dickens il est fermé. Cependant il n'y a pas d'écrivain qui sache mieux toucher et attendrir; il fait pleurer, cela est à la lettre; avant de l'avoir lu, on ne se savait pas tant de pitié dans le cœur. Le chagrin d'une enfant qui voudrait être aimée de son père et que son père n'aime point, l'amour désespéré et la mort lente d'un pauvre jeune homme à demi imbécile, toutes ces peintures de douleurs secrètes laissent une impression ineffaçable. Les larmes qu'il verse sont vraies, et la compassion est leur source unique. Balzac, George Sand, Stendahl ont aussi raconté les misères humaines; est-il possible d'écrire sans les raconter? Mais ils ne les cherchent pas, ils les rencontrent; ils ne songent point à nous les étaler; ils allaient ailleurs, ils les ont trouvées sur leur route. Ils aiment l'art plutôt que les hommes. Ils ne se plaisent qu'à voir jouer les ressorts des passions, à combiner de grands systèmes d'événements, à construire de puissants caractères; ils n'écrivent point par sympathie pour les misérables, mais par amour du beau. Quand vous finissez *Mauprat*, votre émotion n'est pas la sympathie pure ; vous ressentez encore une admiration profonde pour la grandeur et la générosité de l'amour. Quand vous achevez *le Père Goriot*, vous avez le cœur brisé par les tortures de cette agonie ; mais l'étonnante invention, l'accumulation des faits, l'abondance des idées générales, la force de l'analyse, vous transportent dans le monde de la science, et votre sympathie douloureuse se calme au spectacle de cette physiologie du cœur. Dickens ne calme jamais la nôtre ; il choisit les sujets où elle se déploie seule et plus qu'ailleurs, la longue oppression des enfants tyrannisés et affamés par leur maître d'école, la vie de l'ouvrier Stephen, volé et déshonoré par sa femme, chassé par ses camarades, accusé de vol, languissant six jours au fond d'un puits où il est tombé, blessé, dévoré par la fièvre, et mourant quand enfin on arrive à lui. Rachel, sa seule amie, est là, et son égarement, ses cris, le tourbillon de désespoir dans lequel Dickens enveloppe ses personnages ont préparé la douloureuse peinture de cette mort résignée. Le seau remonté un corps qui n'a presque plus de forme, et l'on voit la figure pâle, épuisée, patiente, tournée vers le ciel, tandis que la main droite, brisée et pendante, semble demander qu'une autre main vienne la soutenir. Il sourit pourtant et dit faiblement : « Rachel ! » Elle vient et se penche jusqu'à ce que ses yeux soient entre ceux du blessé et le ciel, car il n'a pas la force de tourner les siens pour la regarder. Alors, en paroles brisées, il lui raconte sa longue agonie. Depuis qu'il est né, il n'a éprouvé que misère et injustice : c'est la règle ; les faibles souffrent et sont faits pour souffrir. Ce puits où il est tombé a tué des centaines d'hommes, des pères, des maris, des fils qui faisaient vivre des centaines de familles. Les mineurs ont prié et supplié les hommes du parlement, par l'amour du Christ, de ne point permettre que leur travail fût leur mort, et de les épargner à cause de leurs femmes et de leurs enfants, qu'ils aiment autant que les *gentlemen* aiment les leurs : tout cela pour rien. Quand le puits travaillait, il tuait sans besoin ; abandonné, il tue encore. Stephen dit cela sans colère, doucement, simplement, comme la vérité. Il a devant lui son calomniateur ; il ne s'indigne pas, il n'accuse personne ; il charge seulement le père de démentir la calomnie tout à l'heure, quand il sera mort. Son cœur est là-haut, dans le ciel où il a vu briller une étoile. Dans son tourment, sur son lit de pierres, il l'a contemplée, et le tendre et touchant regard de la divine étoile a calmé, par sa sérénité mystique, l'angoisse de son esprit et de son corps. « J'ai vu plus clair, dit-il, et ma prière de mourant a été que les hommes puissent seulement se rapprocher un peu plus les uns des autres, que lorsque moi, pauvre homme, j'étais avec eux. — Ils le soulevèrent, et il fut ravi de voir qu'ils allaient l'emporter du côté où l'étoile semblait les conduire. Ils le portèrent très-doucement, à travers les champs et le long des sentiers, dans la large campagne, Rachel tenant toujours sa main dans les siennes. Ce fut bientôt une procession funèbre. L'étoile lui avait montré le chemin qui mène au Dieu des pauvres, et son humilité, ses misères, son oubli des injures, l'avaient conduit au repos de son rédempteur[1]. »

Ce même écrivain est le plus railleur, le plus comique et le plus bouffon de tous les écrivains anglais. Singulière gaieté du reste! C'est la seule qui puisse s'accorder avec cette sensibilité passionnée. Il y a un rire qui est voisin des larmes. La satire est sœur de l'élégie : si l'une plaide pour les opprimés, l'autre combat contre les oppresseurs. Blessé par les travers et par les vices, Dickens se venge par le ridicule. Il ne les peint pas, il les punit. Rien de plus accablant

---

1. " It ha'shined upon me, " he said reverently, " in my pain and trouble down below. It ha' shined into my mind. I ha' lookn at't an thowt o' thee, Rachael, till the muddle in my mind have cleared awa, above a bit, I hope. If soom ha' been wantin' in unnerstan'in me better, I, too, ha' been wantin'in unnerstan'in them better.

In my pain an trouble, lookin up yonder, — wi' it shinin' on me. — I ha' seen more clear, and ha' made it my dyin prayer that aw th' world may on'y coom toogether more, an get a better unnerstan'in o'one another, than when I were in't my own weak seln.

" Often as I coom to myseln, and found it shinin on me down there in my trouble, I thowt it were the star as guided to Our Saviour's home. I awmust think it be the very star! "

They carried him very gently along the fields, and down the lanes, and over the wide landscape; Rachael always holding the hand in hers. Very few whispers broke the mournful silence. It was soon a funeral procession. The star had shown him where to find the God of the poor; and through humility, and sorrow, and forgiveness, he had gone to his Redeemer's rest. (*Hard Times*, p. 345.)

que ces longs chapitres d'ironie soutenue où le sarcasme s'enfonce à chaque ligne plus sanglant et plus perçant dans l'adversaire qu'il s'est choisi. Il y en a cinq ou six contre les Américains, contre leurs journaux vendus, contre leurs journalistes ivrognes, contre leurs spéculateurs charlatans, contre leurs femmes auteurs, contre leur grossièreté, leur familiarité, leur insolence, leur brutalité, capable de ravir un absolutiste, et de justifier ce libéral qui, revenant de New-York, embrassa les larmes aux yeux le premier gendarme qu'il aperçut sur le port du Havre. Fondations de sociétés industrielles, entretiens d'un député avec ses commettants, instructions d'un député à son secrétaire, parade des grandes maisons de banque, inauguration d'un édifice, toutes les cérémonies et tous les mensonges de la société anglaise sont gravés avec la verve et l'amertume de Hogarth. Il y a des morceaux où le comique est si violent, qu'il a l'air d'une vengeance, par exemple le récit de Jonas Chuzzlewit. Le premier mot qu'épela cet excellent jeune homme fut « gain. » Le second (quand il arriva aux dissyllabes) fut « argent. » Cette belle éducation avait produit par hasard deux inconvénients; l'un, c'est qu'habitué par son père à tromper les autres, il avait pris insensiblement le goût d'attraper son père; l'autre, c'est qu'instruit à considérer tout comme une question d'argent, il avait fini par regarder son père comme une sorte de propriété, qui serait très-bien placée dans le coffre-fort appelé bière. « Voilà mon père qui ronfle, dit M. Jonas.

Pecksniff, ayez donc la bonté de marcher sur son pied. C'est celui qui est contre vous qui a la goutte. » Il entre en scène par cette attention : vous jugez du reste. Dickens est triste au fond comme Hogarth; mais, comme Hogarth, il fait rire aux éclats par la bouffonnerie de ses inventions et par la violence de ses caricatures. Il pousse ses personnages dans l'absurde avec une intrépidité rare. Son Pecksniff invente des phrases morales et des actions sentimentales si grotesques qu'il en est extravagant. Jamais on n'a entendu de telles monstruosités oratoires. Sheridan a déjà peint un hypocrite anglais, Joseph Surface; mais celui-là diffère autant de Pecksniff qu'un portrait du dix-huitième siècle diffère d'une vignette du *Punch*. Dickens fait l'hypocrisie si difforme et si énorme, que son hypocrite cesse de ressembler à un homme; on dirait une de ces figures fantastiques dont le nez est plus gros que le corps. Ce comique outré vient de l'imagination excessive. Dickens emploie partout le même ressort. Pour mieux faire voir l'objet qu'il montre, il en crève les yeux du lecteur; mais le lecteur s'amuse de cette verve déréglée; la fougue de l'exécution lui fait oublier que la scène est improbable, et il rit de grand cœur en entendant l'entrepreneur des pompes funèbres, M. Mould, énumérer les consolations que la piété filiale, bien munie d'argent, peut trouver dans son magasin. Quelle douleur n'adouciraient pas les voitures à quatre chevaux, les tentures de velours, les cochers en manteaux de drap et en bottes à revers, les plumes d'autruche teintes en noir, les acolytes à pied habillés dans le grand style, portant des bâtons garnis de cuivre? Oh! ne disons pas que l'or est une boue, puisqu'il peut acheter des choses comme celles-là? « Que de bénédictions, s'écrie M. Mould, que de bénédictions j'ai versées sur l'humanité au moyen de mes quatre grands chevaux caparaçonnés, que je ne caparaçonne jamais à moins de 10 livres 10 shillings la course[1]! »

Ordinairement Dickens reste grave en traçant ses caricatures. L'esprit anglais consiste à dire en style solennel des plaisanteries folles. Le ton et les idées font alors contraste; tout contraste donne des impressions fortes. Dickens aime à les produire, et son public à les éprouver.

Si parfois il oublie de donner les verges au prochain, s'il essaye de s'amuser, s'il se joue, il n'en est pas plus heureux. Le fond du caractère anglais, c'est

1. " It can give him, " said Mr. Mould, waving his watch-chain slowly round and round, so that he described one circle after every item; " it can give him four horses to each vehicle; it can give him velvet trappings: it can give him drivers in cloth cloaks and top-boots; it can give him the plumage of the ostrich, dyed black; it can give him any number of walking attendants, drest in the first style of funeral fashion, and carrying batons tipped with brass; it can give him a place in Westminster Abbey itself, if he choose to invest it in such a purchase. Oh! do not let us say that gold is dross, when it can buy such things as these, Mrs. Gamp. "
" Ay, Mrs. Gamp, you are right, " rejoined the undertaker. " We should be an honoured calling. We do good by stealth, and blush to have it mentioned in our little bills. How much consolation may I — even I " — cried Mr. Mould, " have diffused among my fellow-creatures by means of my four longtailed prancers, never harnessed under ten pound ten! "
(*Martin Chuzzlewit*, p. 349.)

le manque de bonheur. L'ardente et tenace imagination de Dickens se prend trop fortement aux choses pour glisser légèrement et gaiement sur leur surface. Il appuie, il pénètre, il enfonce, il creuse ; toutes ces actions violentes sont des efforts, et tous les efforts sont des souffrances. Pour être heureux, il faut être léger comme un Français du dix-huitième siècle, ou sensuel comme un Italien du seizième ; il ne faut point s'inquiéter des choses ou en jouir. Dickens s'en inquiète et n'en jouit pas. Prenez un petit accident comique, comme on en rencontre dans la rue, un coup de vent qui retrousse les habits d'un commissionnaire. Scaramouche fera une grimace de bonne humeur ; Lesage aura le sourire d'un homme amusé ; tous deux passeront et n'y songeront plus. Dickens y songe pendant une demi-page. Il voit si bien tous les effets du vent, il se met si complétement à sa place, il lui suppose une volonté si passionnée et si précise, il tourne et retourne si fort et si longtemps les habits du pauvre homme, il change le coup de vent en une tempête et en une persécution si grandes, qu'on est pris de vertige, et que tout en riant on se trouve en soi-même trop de trouble et trop de compassion pour rire de bon cœur.

C'était un endroit aéré, qui bleuissait le nez, qui rougissait les yeux, qui faisait venir la chair de poule, qui gelait les doigts du pied, qui faisait claquer les dents, que l'endroit où Toby Veck attendait en hiver, et Toby Veck le savait bien. Le vent arrivait en se démenant autour du coin, — principalement le vent d'est, — comme s'il était parti des confins de la terre pour tomber sur Toby. Et souvent on aurait dit qu'il arrivait sur lui plus tôt qu'il n'avait pensé, car tournant d'un bond autour du coin et dépassant Toby, il revenait soudain sur lui-même en tourbillonnant, comme s'il criait : Ah! le voilà! A l'instant, son tablier blanc était relevé par dessus sa tête, comme la blouse d'un enfant méchant, et l'on voyait sa faible petite canne lutter et s'agiter inutilement dans sa main ; ses jambes subissaient une agitation terrible, et Toby lui-même tout courbé, faisant face tantôt d'un côté, tantôt d'un autre, était si bien souffleté et battu, et rossé, et houspillé, et tiraillé, et bousculé, et soulevé de terre, que c'était presque positivement un miracle s'il n'était pas enlevé en chair et en os en haut de l'air, comme l'est parfois une colonie de grenouilles, ou d'escargots, ou d'autres créatures portatives, pour tomber en pluie, au grand étonnement des indigènes, dans quelque coin reculé du monde où l'espèce des commissionnaires est inconnue[1].

Si l'on veut maintenant se figurer d'un regard cette

---

[1] And a breezy, goose-skinned, blue-nosed, red-eyed, stony-toed, tooth-chattering place it was, to wait in, in the winter-time, as Toby Veck well knew. The wind came tearing round the corner — especially the east wind — as if it had sallied forth, express, from the confines of the earth, to have a blow at Toby. And often-times it seemed to come upon him sooner than it had expected, for bouncing round the corner, and passing Toby, it would suddenly wheel round again, as if it cried: " Why, here he is! " Incontinently his little white apron would be caught up over his head like a naughty boy's garments, and his feeble little cane would be seen to wrestle and struggle unavailingly in his hand, and his legs would undergo tremendous agitation, and Toby himself all aslant, and facing now in this direction, now in that, would be so banged and buffeted, and tourled, and worried, and hustled, and lifted off his feet, as to render it a state of things but one degree removed from a positive miracle, that he wasn't carried up bodily into the air as a colony of frogs or snails or other portable creatures sometimes are, and rained down again, to the great astonishment of the natives, on some strange corner of the world where ticket-porters are unknown. (*Chimes*, p. 7.)

imagination si lucide, si violente, si passionnément
fixée sur l'objet qu'elle se choisit, si profondément
touchée par les petites choses, si uniquement attachée
aux détails et aux sentiments de la vie vulgaire, si
féconde en émotions incessantes, si puissante pour
éveiller la pitié douloureuse, la raillerie sarcastique
et la gaieté nerveuse, on se représentera une rue de
Londres par un soir pluvieux d'hiver. La lumière
flamboyante du gaz brûle les yeux, ruisselle à travers
les vitres des boutiques, rejaillit sur les figures qui
passent, et sa clarté crue, s'enfonçant dans leurs traits
contractés, met en relief, avec un détail infini et une
énergie blessante, leurs rides, leurs difformités, leur
expression tourmentée. Si dans cette foule pressée
et salie vous découvrez un frais visage de jeune fille,
cette lumière artificielle le charge de tons excessifs et
faux; elle le détache sur l'ombre pluvieuse et froide
avec une auréole étrange. L'esprit est frappé d'étonnement : mais on porte la main à ses yeux pour les
couvrir, et en admirant la force de cette lumière, on
pense involontairement au vrai soleil de la campagne
et à la tranquille beauté du jour.

§ 2.

LE PUBLIC.

Plantez ce talent dans une terre anglaise; l'opinion littéraire du pays dirigera sa croissance et expliquera ses fruits. Car cette opinion publique est son opinion privée; il ne la subit pas comme une contrainte extérieure, il la sent en lui comme une persuasion intime; elle ne le gêne pas, elle le développe, et ne fait que lui répéter tout haut ce qu'il se dit tout bas.

Voici les conseils de ce goût public, d'autant plus puissants qu'ils s'accordaient avec son inclination naturelle, et le poussaient dans son propre sens :

« Soyez moral. Il faut que tous vos romans puissent être lus par les jeunes filles. Nous sommes des esprits pratiques, et nous ne voulons pas que la littérature corrompe la vie pratique. Nous avons la religion de la famille, et nous ne voulons pas que la littérature peigne les passions qui attaquent la vie de famille. Nous sommes protestants, et nous avons gardé quelque chose de la sévérité de nos pères contre la joie et les passions. Entre celles-ci, l'amour est la plus mauvaise. Gardez-vous à cet endroit de ressembler à la plus illustre de nos voisines. L'amour est le héros de tous les romans de Georges Sand. Marié ou non marié, peu importe; elle le trouve beau, saint, sublime par lui-même, et elle le dit. Ne le croyez pas, et si vous le croyez, ne le dites point. Cela est d'un mauvais exemple. L'amour ainsi présenté se subordonne le mariage. Il y aboutit, il le brise, il se passe de lui, selon les circonstances; mais, quoi qu'il fasse, il le traite en inférieur; il ne lui reconnaît de sainteté que celle qu'il lui donne, et le juge impie s'il s'en trouve exclu. Le roman ainsi conçu est une plaidoirie en faveur du cœur, de l'imagination, de l'enthousiasme et de la nature; mais il est souvent une plaidoirie contre la société et contre la loi; nous ne souffrons pas qu'on touche de près ou de loin à la société ni à la loi. Présenter un sentiment comme divin, incliner devant lui toutes les institutions, le promener à travers une suite d'actions généreuses, chanter avec une sorte d'inspiration héroïque les combats qu'il livre et les assauts qu'il soutient, l'enrichir de toutes les forces de l'éloquence, le couronner de toutes les fleurs de la poésie, c'est peindre la vie qu'il enfante comme plus belle et plus haute que les autres, c'est l'asseoir bien au-dessus de toutes les passions et de tous les devoirs, dans une région sublime, sur un trône, d'où il brille comme une lumière, comme une consolation, comme une espérance, et attire à lui tous les cœurs. Peut-être ce monde est-il celui des artistes; il n'est point celui des hommes ordinaires. Peut-être est-il conforme à la nature; nous faisons fléchir la nature devant l'intérêt de la société. Georges Sand peint des femmes passionnées; peignez-nous d'honnêtes femmes. Georges Sand donne envie d'être amoureux; donnez-nous envie de nous marier.

« Cela a des inconvénients, il est vrai; l'art en souffre, si le public y gagne. Si vos personnages donnent de meilleurs exemples, vos ouvrages seront de moindre prix. Il n'importe. Vous vous résignerez en songeant que vous êtes moral. Vos amoureux seront fades, car le seul intérêt qu'offre leur âge, c'est la violence de la passion, et vous ne pouvez peindre la passion. Dans *N colas Nickleby*, vous montrerez deux honnêtes jeunes gens, semblables à tous les jeunes gens, épousant deux honnêtes jeunes filles, semblables à toutes les jeunes filles; dans *Martin Chuzzlewit*, vous montrerez encore deux honnêtes jeunes gens, parfaitement semblables aux deux premiers, épousant aussi deux honnêtes jeunes filles, parfaitement semblables aux deux premières; dans *Dombey and son*, il n'y aura qu'un honnête jeune homme et une honnête jeune fille. Du reste, nulle différence. Et ainsi de suite. Le nombre de vos mariages est étonnant, et vous en faites assez pour peupler l'Angleterre. Ce qui est plus curieux encore, c'est qu'ils sont tous désintéressés, et que le jeune homme et la jeune fille font fi de l'argent avec la même sincérité qu'à l'Opéra-Comique. Vous insisterez infiniment sur le joli embarras des fiancées, sur les larmes des mères, sur les pleurs de toute l'assistance, sur les scènes réjouissantes et touchantes du dîner; vous ferez une foule de tableaux de famille, tous attendrissants, et presque aussi agréables que des peintures de paravents. Le lecteur sera ému ; il pensera voir les amours innocents et les gentillesses vertueuses d'un petit garçon et d'une petite fille de dix ans. Il aura envie de leur dire : Bons petits amis, continuez à être bien sages. Mais le principal intérêt sera pour les jeunes filles, qui apprendront de quelle manière empressée, et pourtant convenable, un prétendu doit faire sa cour. Si vous hasardez une séduction, comme dans *Copperfield*, vous ne raconterez pas le progrès, l'ardeur, les enivrements de l'amour; vous n'en peindrez que les misères, le désespoir et les remords. Si dans *Copperfield* et dans le *Grillon du Foyer* vous montrez un mariage troublé et une femme soupçonnée, vous vous hâterez de rendre la paix au mariage et l'innocence à la femme, et vous ferez par sa bouche un éloge du mariage si magnifique, qu'il pourrait servir de modèle à M. Émile Augier. Si dans *Hard Times* l'épouse va jusqu'au bord de la faute, elle s'arrêtera sur le bord de la faute. Si dans *Dombey and son* elle fuit la maison conjugale, elle restera pure, elle ne commettra que l'apparence de la faute, et elle traitera son amant de telle sorte qu'on souhaitera d'être le mari. Si enfin dans *Copperfield* vous racontez les troubles et les folies de l'amour, vous raillerez ce pauvre amour, vous peindrez ses petitesses, vous semblerez demander excuse au lecteur. Jamais vous n'oserez faire entendre le souffle ardent, généreux, indiscipliné, de la passion toute-puissante ; vous ferez d'elle un jouet d'enfants honnêtes ou un joli bijou de mariage. Mais le mariage vous donnera des compensations. Votre génie d'observateur et votre goût pour les détails s'exerceront sur les scènes de la vie domestique : vous excellerez à peindre un coin du feu, une causerie de famille, des enfants sur les genoux de leur mère, un mari qui le soir veille à la lampe près de sa femme endormie, le cœur rempli de joie et de courage, parce qu'il sent qu'il travaille pour les siens. Vous trouverez de charmants ou sérieux portraits de femmes : celui de Dora, qui reste petite fille dans le mariage, dont les mutineries, les gentillesses, les enfantillages, les rires, égayent le ménage comme un gazouillement d'oiseau; celui d'Esther, dont, la parfaite bonté et la divine innocence ne peuvent être atteintes par les épreuves ni par les années; celui d'Agnès, si calme, si patiente, si sensée, si pure, si digne de respect, véritable modèle de l'épouse, capable à elle seule de mériter au mariage le respect que nous demandons pour lui. Et lorsqu'enfin il faudra montrer la beauté de ces devoirs, la grandeur de cette amitié conjugale, la profondeur du sentiment qu'ont creusé dix années de confiance, de soins et de dévouement réciproques, vous trouverez dans votre sensibilité, si longtemps contenue, des discours aussi pathétiques que les plus fortes paroles de l'amour[1].

« Les pires romans ne sont pas ceux qui le glo-

---

1. *David Copperfield*, scène du docteur et de sa femme.

rifient. Il faut habiter l'autre côté du détroit pour oser ce que nos voisins ont osé. Chez nous, quelques-uns admirent Balzac, mais personne ne voudrait le tolérer. Quelques-uns prétendront qu'il n'est pas immoral ; mais tout le monde reconnaîtra qu'il fait toujours et partout abstraction de la morale. Georges Sand n'a célébré qu'une passion ; Balzac les a célébrées toutes. Il les a considérées comme des forces, et, jugeant que la force est belle, il les a soutenues de leurs causes, entourées de leurs circonstances, développées dans leurs effets, poussées à l'extrême, et agrandies jusqu'à en faire des monstres sublimes, plus systématiques et plus vrais que la vérité. Nous n'admettons pas qu'un homme se réduise à n'être qu'un artiste. Nous ne voulons pas qu'il se sépare de sa conscience et perde de vue la pratique. Nous ne consentirons jamais à voir que tel est le trait dominant de notre Shakspeare : nous ne reconnaîtrons pas que, comme Balzac, il mène ses héros au crime et à la monomanie, et que, comme lui, il habite le pays de la pure logique et de la pure imagination. Nous sommes bien changés depuis le seizième siècle, et nous condamnons aujourd'hui ce que nous approuvions autrefois. Nous ne voulons pas que le lecteur s'intéresse à un avare, à un ambitieux, à un débauché. Et il s'intéresse à lui lorsque l'écrivain, sans louer ni blâmer, s'attache à expliquer le tempérament, l'éducation, la forme du crâne et les habitudes d'esprit qui ont creusé en lui cette inclinaison primitive, à faire toucher la nécessité de ses effets, à la conduire à travers toutes ses périodes, à montrer la puissance plus grande que l'âge et le contentement lui communiquent, à exposer la chute irrésistible qui précipite l'homme dans la folie ou dans la mort. Le lecteur, saisi par cette logique, admire l'œuvre qu'elle a faite, et oublie de s'indigner contre le personnage qu'elle a créé ; il dit : le bel avare ! et il ne songe plus aux maux que l'avarice produit. Il devient philosophe et artiste, et ne se souvient plus qu'il est honnête homme. Souvenez-vous toujours que vous l'êtes, et renoncez aux beautés qui peuvent fleurir sur ce sol corrompu.

« Entre celles-ci, la première est la grandeur. Il faut s'intéresser aux passions pour comprendre toute leur étendue, pour compter tous leurs ressorts, pour décrire tout leur cours. Ce sont des maladies ; si on se contente de les maudire, on ne les connaîtra pas ; si l'on n'est physiologiste, si l'on ne se prend pas d'amour pour elles, si l'on ne fait pas d'elles ses héros, si on ne tressaille pas de plaisir à la vue d'un beau trait d'avarice comme à la vue d'un symptôme précieux, on ne peut dérouler leur vaste système et étaler leur fatale grandeur. Vous n'aurez point ce mérite immoral ; d'ailleurs il ne convient point à votre genre d'esprit. Votre extrême sensibilité et votre ironie toujours prête ont besoin de s'exercer ; vous n'avez pas assez de calme pour pénétrer jusqu'au fond d'un caractère ; vous aimez mieux vous attendrir sur lui ou le railler ; vous le prenez à partie, vous vous faites son adversaire ou son ami, vous le rendez odieux ou touchant ; vous ne le peignez pas ; vous êtes trop passionné et vous n'êtes pas assez curieux. D'autre part, la ténacité de votre imagination, la violence et la fixité avec laquelle vous enfoncez votre pensée dans le détail que vous voulez saisir, limitent votre connaissance, vous arrêtent sur un trait unique, vous empêchent de visiter toutes les parties d'une âme et d'en sonder la profondeur. Vous avez l'imagination trop vive, et vous ne l'avez pas assez vaste. Voici donc les caractères que vous allez tracer. Vous saisirez un personnage dans une attitude, vous ne verrez de lui que celle-là, et vous la lui imposerez depuis le commencement jusqu'au bout. Son visage aura toujours la même expression, et cette expression sera presque toujours une grimace. Ils auront une sorte de tic qui ne les quittera plus. Miss Mercy rira à chaque parole; Marc Tapley prononcera à chaque scène son mot : *gaillardement;* mistress Gamp parlera incessamment de Mme Harris; le docteur Chillip ne fera pas une seule action qui ne soit timide; M. Micawber prononcera pendant trois volumes le même genre de phrases emphatiques, et passera cinq ou six cents fois avec une brusquerie comique de la joie à la douleur. Chacun de vos personnages sera un vice, une vertu, un ridicule incarné, et la passion que vous lui prêterez sera si fréquente, si invariable, si absorbante, qu'il ne ressemblera plus à un homme vivant, mais à une abstraction habillée en homme. Les Français ont un Tartufe comme votre M. Pecksniff; mais l'hypocrisie qu'il affiche n'a pas détruit le reste de son être; s'il prête à la comédie par son vice, il appartient à l'humanité par sa nature. Il a, outre sa grimace, un caractère et un tempérament ; il est gros, fort, rouge, brutal, sensuel ; la vigueur de son sang le rend audacieux ; son audace le rend calme ; son audace, son calme, sa promptitude de décision, son mépris des hommes font de lui un grand politique. Quand il a occupé le public pendant cinq actes, il offre encore au psychologue et au médecin plus d'une chose à étudier. Votre Pecksniff n'offrira rien ni au médecin ni au psychologue. Il ne servira qu'à instruire et à amuser le public. Il sera une satire vivante de l'hypocrisie, et rien de plus. Si vous lui donnez le goût de l'eau-de-vie, ce sera gratuitement ; dans le tempérament que vous lui prêtez, rien ne l'exige : il est si enfoncé dans la tartuferie, dans la douceur, dans le beau style, dans les phrases littéraires, dans la moralité tendre, que le reste de sa nature a disparu : c'est un masque et ce n'est plus un homme. Mais ce masque est si grotesque et si énergique, qu'il sera utile au public, et diminuera le nombre des hypocrites. C'est notre but et c'est le vôtre, et le recueil de vos caractères aura plutôt les effets d'un livre de satires que ceux d'une galerie de portraits.

« Par la même raison, ces satires, quoique réunies, resteront effectivement détachées, et ne formeront point de véritable ensemble. Vous avez commencé par des essais, et vos grands romans ne sont que des essais cousus les uns au bout des autres. Le seul moyen de composer un tout naturel et solide, c'est de faire l'histoire d'une passion ou d'un caractère, de les prendre à leur naissance, de les voir grandir, s'altérer et se détruire, de comprendre la nécessité intérieure de leur développement. Vous ne suivez pas ce développement; vous maintenez toujours votre personnage dans la même attitude; il est avare ou hypocrite, ou bon jusqu'au bout, et toujours de la même façon; il n'a donc pas d'histoire. Vous ne pouvez que changer les circonstances où il se trouve; vous ne le changez pas lui-même; il reste immobile, et, à tous les chocs qui le frappent, il rend le même son. La diversité des événements que vous inventez n'est donc qu'une fantasmagorie amusante; ils n'ont pas de lien, ils ne forment pas un système, ils ne sont qu'un monceau. Vous n'écrirez que des vies, des aventures, des mémoires, des esquisses, des collections de scènes, et vous ne saurez pas composer une action. — Mais si le goût littéraire de votre nation, joint à la direction naturelle de votre génie, vous impose des intentions morales, vous interdit la grande peinture des caractères, vous défend la composition des ensembles, il offre à votre observation, à votre sensibilité et à votre satire, une suite de figures originales qui n'appartiennent qu'à l'Angleterre, qui, dessinées par votre main, formeront une galerie unique, et qui, avec l'image de votre génie, offriront celle de votre pays et de votre temps. »

§ 3.

LES PERSONNAGES.

Otez les personnages grotesques qui ne sont là que pour occuper de la place et pour faire rire, vous trouverez que tous les caractères de Dickens sont compris dans deux classes : les êtres sensibles et les êtres qui ne le sont pas. Il oppose les âmes que forme la nature aux âmes que déforme la société. L'un de ses derniers romans, *Hard Times*, est un résumé de tous les autres. Il y préfère l'instinct au raisonnement, l'intuition du cœur à la science positive ; il attaque l'éducation fondée sur la statistique, sur les chiffres et sur les faits ; il comble de malheurs et de ridicules l'esprit positif et mercantile ; il combat l'orgueil, la dureté, l'égoïsme du négociant et du noble ; il maudit les villes de manufactures, de fumée et de boue, qui emprisonnent le corps dans une atmosphère artificielle et l'esprit dans une vie factice. Il va chercher de pauvres ouvriers, des bateleurs, un enfant trouvé, et accable sous leur bon sens, sous leur générosité, sous leur délicatesse, sous leur courage et sous leur douceur, la fausse science, le faux bonheur et la fausse vertu des riches et des puissants qui les méprisent. Il fait des satires contre la société oppressive ; il fait des élégies sur la nature opprimée, et son génie élégiaque, comme son génie satirique, rencontre à propos dans le monde anglais qui l'entoure la carrière dont il a besoin pour se déployer.

I

Le premier fruit de la société anglaise est l'hypocrisie. Il y mûrit au double souffle de la religion et de la morale ; on sait quels sont leur popularité et leur empire au delà du détroit. Dans un pays où il est scandaleux de rire le dimanche, où le triste puritanisme a gardé quelque chose de son ancienne animosité contre le bonheur, où les critiques qui étudient l'histoire ancienne insèrent des dissertations sur le degré de vertu de Nabuchodonosor, il est naturel que l'apparence de la moralité soit utile. C'est une monnaie qu'il faut avoir ; ceux qui n'ont pas la bonne en fabriquent de la fausse, et plus l'opinion publique la déclare précieuse, plus on la contrefait. Aussi ce vice est-il anglais. M. Pecksniff ne peut pas se rencontrer en France. Ses phrases nous dégoûteraient. S'il y a chez nous une affectation, ce n'est pas celle de vertu, c'est celle de vice ; pour réussir, on aurait tort d'y parler de ses principes ; on aime mieux confesser ses faiblesses, et s'il y a des charlatans, ce sont des fanfarons d'immoralité. Nous avons eu jadis nos hypocrites ; mais c'est lorsque la religion était populaire. Depuis Voltaire, Tartufe est impossible. On n'essaye plus d'affecter une piété qui ne trompe personne et qui ne mène à rien. L'hypocrisie vient, s'en va et varie selon l'état des mœurs, de la religion et des esprits; aussi voyez comme l'hypocrisie de Pecksniff est conforme aux dispositions de son pays! La religion anglaise est peu dogmatique et toute morale. Pecksniff ne lâche pas comme Tartufe des phrases de théologie; il s'épanche tout entier en tirades de philanthropie. Il a marché avec le siècle. Il est devenu philosophe humanitaire. Il a donné à ses filles les noms de *Mercy* (compassion) et *Charity*. Il est tendre, il est bon, il s'abandonne aux effusions de famille. Il offre innocemment en spectacle, lorsqu'on vient le voir, de charmantes scènes d'intérieur; il étale le cœur d'un père, les sentiments d'un époux, la bienveillance d'un bon maître. Les vertus de famille sont en honneur aujourd'hui; il faut s'en affubler. Jadis Orgon disait, instruit par Tartufe :

> Et je verrais périr parents, enfants et femme,
> Que je m'en soucierais autant que de cela.

La vertu moderne et la piété anglaise pensent autrement; il ne faut pas mépriser ce monde en vue de l'autre; il faut l'améliorer en vue de l'autre. Tartufe parlera de sa haire et de sa discipline; Pecksniff, de son confortable petit parloir, du charme de l'intimité, des beautés de la nature. Il essayera de mettre la concorde entre les hommes. Il aura l'air d'un membre de la *Société de la paix*. Il développera les considérations les plus touchantes sur les bienfaits et sur les beautés de l'harmonie. Il sera impossible de l'écouter sans avoir le cœur attendri. Les hommes sont raffinés aujourd'hui, ils ont lu beaucoup de poésies élégiaques; leur sensibilité est plus vive; on ne peut plus les tromper avec la grossière impudence de Tartufe. C'est pourquoi M. Pecksniff aura des gestes de longanimité sublime, des sourires de compassion ineffable, des élans, des mouvements d'abandon, des grâces, des tendresses qui séduiront les plus difficiles et charmeront les plus délicats. Les Anglais, dans leurs parlements, dans leurs *meetings*, dans leurs associations et dans leurs cérémonies publiques, ont appris la phrase oratoire, les termes abstraits, le style de l'économie politique, du journalisme et du prospectus. M. Pecksniff parlera comme un prospectus. Il en aura l'obscurité, le galimatias et l'emphase. Il semblera planer au-dessus du monde, dans la région des idées pures, au sein de la vérité. Il aura l'air d'un apôtre élevé dans les bureaux du *Times*. Il débitera des idées générales à propos de tout. Il trouvera une leçon de morale dans les beefsteaks qu'il vient d'avaler. Ce beefsteak a passé, le monde passera aussi; souvenons-nous de notre fragilité et du compte qu'un jour nous aurons à rendre. En pliant sa serviette, il s'élèvera à des contemplations grandioses : « L'économie de la digestion, dira-t-il, à ce que m'ont appris certains anatomistes de mes amis, est un des plus merveilleux ouvrages de la nature. Je ne sais pas ce qu'éprouvent les autres, mais c'est une grande satisfaction pour moi de penser, quand je jouis de mon humble dîner, que je mets en mouvement la plus belle machine dont nous ayons connaissance. Il me semble véritablement, en de tels instants, que j'accomplis une fonction publique.—Quand j'ai remonté cette montre intérieure, si je puis employer une telle expression, dit M. Pecksniff avec une sensibilité exquise, et quand je sais qu'elle va, je sens que la leçon offerte par elle aux hommes fait de moi un des bienfaiteurs de mon espèce. » Vous reconnaissez un nouveau genre d'hypocrisie. Les vices changent à chaque siècle en même temps que les vertus.

L'esprit pratique, comme l'esprit moral, est anglais; à force de commercer, de travailler et de se gouverner, ce peuple a pris le goût et le talent des affaires; c'est pourquoi ils nous regardent comme des enfants et des fous. L'excès de cette disposition est la destruction de l'imagination et de la sensibilité. On devient une machine à spéculation en qui s'alignent des chiffres et des faits; on nie la vie de l'esprit et les joies du cœur; on ne voit plus dans le monde que des pertes et des bénéfices; on devient dur, âpre, avide et avare; on traite les hommes en rouages; un jour on se trouve tout entier négociant, banquier, statisticien; on a cessé d'être homme. Dickens a multiplié les portraits de l'homme positif : Ralph Nickleby, Scroogs, Antony Chuzzlewit, Jonas, l'alderman Cute, M. Murdstone et sa sœur, Bounderby, Tom Gradgrind ; il y en a dans tous ses romans. Les uns le sont par éducation, les autres le sont par nature ; mais ils sont tous odieux, car ils prennent tous à tâche de railler et de détruire la bonté, la sympathie, la compassion, les affections désintéressées, les émotions religieuses, l'enthousiasme de l'imagination, tout ce qu'il y a de beau dans l'homme. Ils oppriment des enfants, ils frappent des femmes, ils affament des pauvres, ils insultent des malheureux. Les meilleurs sont des automates de fer poli qui exécutent méthodiquement leurs devoirs légaux et ne savent pas qu'ils font souffrir les autres. Ces sortes de gens ne se trouvent pas dans notre pays. Leur rigidité n'est point dans notre caractère. Ils sont produits en Angleterre par une école qui a sa philosophie, ses grands hommes, sa gloire, et qui ne s'est jamais établie chez nous. Plus d'une fois, il est vrai, nos écrivains ont peint des avares, des gens d'affaires et des boutiquiers ; Balzac en est rempli. Mais il les explique par leur imbécillité, ou il en fait des monstres curieux comme Grandet et Gobseck. Ceux de Dickens forment une classe réelle et représentent un vice national. Lisez ce passage de *Hard Times*, et voyez si, corps et âme, M. Gradgrind n'est pas tout Anglais.

« A présent, ce qu'il me faut, ce sont des faits. N'enseignez à ces filles et à ces garçons que des faits ; on n'a besoin que de faits dans la vie. Ne plantez rien autre chose en eux ; déracinez en eux toute autre chose. Vous ne pouvez former l'esprit d'un animal raisonnable qu'avec des faits. Aucune autre chose ne pourra leur être utile. C'est le principe d'après lequel j'élève mes propres enfants, et c'est là le principe d'après lequel je veux que les enfants soient élevés. Attachez-vous aux faits, monsieur ! »

La scène était la voûte nue, unie, monotone d'une école, et le doigt carré de l'orateur donnait de l'autorité à ses observations, en soulignant chaque sentence par un trait sur la manche du maître d'école. Cette autorité était accrue par le front de l'orateur, sorte de mur carré, ayant les sourcils pour base, pendant que ses yeux trouvaient une cage commode dans deux caves noires qu'ombrageait le mur. Cette autorité était accrue par la bouche de l'orateur, qui était grande, mince et dure. Cette autorité était accrue par la voix de l'orateur, qui était inflexible, sèche et impérative. Cette autorité était accrue par les cheveux de l'orateur, qui se dressaient sur les côtés de sa tête chauve, sorte de plantation de pins ayant pour but de protéger contre le vent la surface luisante, toute couverte de protubérances, ainsi qu'une croûte de pâté aux prunes, comme si la tête eût été un magasin insuffisant pour la dure masse de faits accumulés dans son intérieur. L'attitude obstinée de l'orateur, son habit carré, ses jambes carrées, ses épaules carrées, jusqu'à sa cravate, qui le prenait à la gorge de son nœud roide, comme un fait entêté qu'elle était, tout ajoutait à cette autorité.

« Dans cette vie, il ne nous faut que des faits, monsieur ; rien que des faits ! »

L'orateur et le maître d'école et la troisième grande personne présente reculèrent tous un peu et parcoururent des yeux le plan incliné des petits vases qui étaient là rangés en ordre pour recevoir les grandes potées de faits qu'on allait verser en eux, afin de les remplir jusqu'au bord[1] !

1. " Now, what I want is, Facts. Teach these boys and girls nothing but Facts. Facts alone are wanted in life. Plant nothing else, and root out everything else. You can only form the minds of reasoning animals upon Facts : nothing else will ever be of any service to them. This is the principle on which I bring up these children. Stick to Facts, Sir ! "

The scene was a plain, bare, monotonous vault of a school-room,

« — Thomas Gradgrind, monsieur! Homme de réalités, homme de faits et de calculs, homme qui part de ce principe que deux et deux font quatre, et rien de plus, et qui sous aucun prétexte et pour aucune raison n'accordera rien de plus! Thomas Gradgrind, monsieur! Thomas lui-même, Thomas Gradgrind avec une règle et une paire de balances, et la table de multiplication toujours dans sa poche, monsieur, prêt à peser et à mesurer n'importe quel fragment de la nature humaine, et à vous dire exactement ce qu'on peut en tirer. C'est une pure question de chiffres, un simple cas d'arithmétique. Vous pourriez espérer de faire entrer quelque autre croyance dans la tête de Georges Gradgrind, ou d'Auguste Gradgrind, ou de John Gradgrind, ou de Joseph Gradgrind (toutes personnes fictives, non existantes), mais dans la tête de Thomas Gradgrind, — non, monsieur! »

and the speaker's square forefinger emphasised his observations by underscoring every sentence with a line on the schoolmaster's sleeve. The emphasis was helped by the speaker's square wall of a forehead, which had his eyebrows for its base, while his eyes found commodious cellarage in two dark caves, overshadowed by the wall. The emphasis was helped by the speaker's mouth, which was wide, thin, and hard set. The emphasis was helped by the speaker's voice, which was inflexible, dry, and dictatorial. The emphasis was helped by the speaker's hair, which bristled on the skirts of his bald head, a plantation of firs to keep the wind from its shining surface, all covered with knobs, like the crust of a plum-pie, as if the head had scarcely warehouse room for the hard facts stored inside. The speaker's obstinate carriage, square coat, square legs, square shoulders, — nay, his very neckcloth, trained to take him by the throat with an unaccommodating grasp, like a stubborn fact, at is was, — all helped the emphasis.

" In this life, we want nothing but Facts, Sir; nothing but Facts! ".

The speaker, and the schoolmaster, and the third grown person present, all backed a little, and swept with their eyes the inclined plane of little vessels then and there arranged in order, ready to have imperial gallons of facts poured into them until they were full to the brim.

C'est dans ces termes que M. Gradgrind se présentait toujours lui-même mentalement, soit au cercle de ses relations particulières, soit au public en général. C'est dans ces termes évidemment, en substituant le mot « jeunes élèves » au mot « monsieur, » que Thomas Gradgrind présentait en ce moment Thomas Gradgrind aux petits vases rangés devant lui, lesquels devaient être si fort remplis de faits [1].

Un autre défaut que donne l'habitude de commander et de lutter est l'orgueil. Il abonde dans un pays d'aristocratie, et personne n'a raillé plus durement une aristocratie que Dickens; tous ses portraits sont des sarcasmes : c'est celui de James Harthouse, dandy dégoûté de tout, principalement de lui-même, et ayant parfaitement raison; c'est celui de sir Fréderick, pauvre sot dupé, abruti par le vin, dont l'esprit consiste à regarder fixement les gens en mangeant le

---

1. "THOMAS GRADGRIND. Sir! A man of realities. A man of facts and calculations. A man who proceeds upon the principle that two and two are four, and nothing over, and who is not to be talked into allowing for anything over. Thomas Gradgrind, Sir — peremptorily Thomas — Thomas Gradgrind. With a rule and a pair of scales, and the multiplication table always in his pocket, Sir, ready to weigh and measure any parcel of human nature, and tell you exactly what it comes to. It is a mere question of figures, a case of simple arithmetic. You might hope to get some other nonsensical belief into the head of George Gradgrind, or Augustus Gradgrind, or John Gradgrind, or Joseph Gradgrind (all suppositious, nonexistant persons), but into the head of Thomas Gradgrind — no, Sir?
In such terms Mr. Gradgrind always mentally introduced himself, whether to his private circle of acquaintance, or to the public in general. In such terms, no doubt, substituting the words " boys and girls, " for " Sir, " Thomas Gradgrind now presented Thomas Gradgrind to the little pitchers before him, who were to be filled so full of facts. (*Hard Times*, p. 4.)

bout de sa canne ; c'est celui de lord Feenix, sorte de mécanique à phrases parlementaires, détraquée, et à peine capable d'achever les périodes ridicules où il a soin de toujours tomber ; c'est celui de mistress Skewton, hideuse vieille ruinée, coquette jusqu'à la mort, demandant pour son lit d'agonie des rideaux roses, et promenant sa fille dans tous les salons de l'Angleterre, pour la vendre à quelque mari vaniteux ; c'est celui de sir John Chester, scélérat de bonne compagnie, qui, de peur de se compromettre, refuse de sauver son fils naturel et refuse avec toutes sortes de grâces en achevant de manger son chocolat. Mais la peinture la plus complète et la plus anglaise de l'esprit aristocratique est le portrait d'un négociant de Londres, M. Dombey.

Ce n'est pas là qu'en France nous irons chercher nos types ; c'est là qu'on les trouve en Angleterre, aussi énergiques que dans nos plus orgueilleux châteaux. M. Dombey, comme un noble, aime sa maison autant que lui-même. S'il dédaigne sa fille et s'il souhaite un fils, c'est pour perpétuer l'ancien nom de sa banque. Il a ses ancêtres en commerce, il veut avoir ses descendants. Ce sont des traditions qu'il soutient, et c'est une puissance qu'il continue. A cette hauteur d'opulence et avec cette étendue d'action, c'est un prince, et, comme il a la situation d'un prince, il en a les sentiments. Vous voyez là un caractère qui ne pouvait se produire que dans un pays dont le commerce embrasse le monde, où les négociants sont des potentats, où une compagnie de marchands a exploité des continents, soutenu des guerres, défait des royaumes, et fondé un empire de cent millions d'hommes. L'orgueil d'un tel homme n'est pas petit, il est terrible ; il est si tranquille et si haut, que, pour en trouver un semblable, il faudrait relire les *Mémoires* de Saint-Simon. M. Dombey a toujours commandé, et il n'entre pas dans sa pensée qu'il puisse céder à quelqu'un ou à quelque chose. Il reçoit la flatterie comme un tribut auquel il a droit, et aperçoit au-dessous de lui, à une distance immense, les hommes comme des êtres faits pour l'implorer et lui obéir. Sa seconde femme, la fière Édith Skewton, lui résiste et le méprise ; l'orgueil du négociant se heurte contre l'orgueil de la fille noble, et les éclats contenus de cette inimitié croissante révèlent une intensité de passion que des âmes ainsi nées et ainsi nourries pouvaient seules contenir. Édith, pour se venger, s'enfuit le jour anniversaire de son mariage, et se donne les apparences de l'adultère. C'est alors que l'inflexible orgueil se dresse dans toute sa roideur. Il a chassé sa fille, qu'il croit complice de sa femme ; il défend qu'on s'occupe de l'une ni de l'autre ; il impose silence à sa sœur et à ses amis ; il reçoit ses hôtes du même ton et avec la même froideur. Désespéré dans le cœur, dévoré par l'insulte, par la conscience de sa défaite, par l'idée de la risée publique, il reste aussi ferme, aussi hautain, aussi calme qu'il fut jamais. Il pousse plus audacieusement ses affaires et se ruine ; il va se tuer. Jusqu'ici tout était bien : la colonne de bronze était restée entière et invaincue; mais les exigences de la morale publique pervertissent l'idée du livre. Sa fille arrive juste à point. Elle le supplie; il s'attendrit; elle l'emmène; il devient le meilleur des pères, et gâte un beau roman.

II

Retournons la liste : par opposition à ces caractères factices et mauvais que produisent les institutions nationales, vous trouvez des êtres bons tels que les fait la nature, et au premier rang les enfants.

Nous n'en avons point dans notre littérature. Le petit Joas de Racine n'a pu naître que dans une pièce composée pour Saint-Cyr; encore le pauvre enfant parle-t-il en fils de prince, avec des phrases nobles et apprises comme s'il récitait son catéchisme. Aujourd'hui, on ne voit chez nous de ces portraits que dans les livres d'étrennes, lesquels sont écrits pour offrir des modèles aux enfants sages. Dickens a peint les siens avec une complaisance particulière; il n'a point songé à édifier le public, et il l'a charmé. Tous les siens ont une sensibilité extrême; ils aiment beaucoup et ils ont besoin d'être aimés. Il faut, pour comprendre cette complaisance du peintre et ce choix de caractères, songer à leur type physique. Ils ont une carnation si fraîche, un teint si délicat, une chair si transparente, et des yeux bleus si purs, qu'ils ressemblent à de belles fleurs. Rien d'étonnant si un romancier les aime, s'il prête à leur âme la sensibilité et l'innocence qui reluisent dans leurs regards, s'il juge que ces frêles et charmantes roses doivent se briser sous les mains grossières qui tenteront de les assouplir. Il faut encore songer aux intérieurs où ils croissent. Lorsqu'à cinq heures le négociant et l'employé quittent leur bureau et leurs affaires, ils retournent au plus vite dans le joli cottage où toute la journée leurs enfants ont joué sur la pelouse. Ce coin du feu où ils vont passer la soirée est un sanctuaire, et les tendresses de famille sont la seule poésie dont ils aient besoin. Un enfant privé de ces affections et de ce bien-être semblera privé de l'air qu'on respire, et le romancier n'aura pas trop d'un volume pour expliquer son malheur. Dickens l'a raconté en dix volumes, et il a fini par écrire l'histoire de David Copperfield. David est aimé par sa mère et par une brave servante, Peggotty; il joue avec elle dans le jardin; il la regarde coudre, il lui lit l'histoire naturelle des crocodiles; il a peur des poules et des oies qui se promènent dans la cour d'un air formidable: il est parfaitement heureux. Sa mère se remarie, et tout change. Le beau-père, M. Murdstone, et sa sœur Jeanne sont des êtres âpres, méthodiques et glacés. Le pauvre petit David est à chaque moment blessé par des paroles dures. Il n'ose parler ni remuer; il a peur d'embrasser sa mère; il sent peser sur lui, comme un manteau de plomb, le regard froid des deux nouveaux hôtes. Il se replie sur lui-même, étudie en machine les leçons qu'on lui impose; il ne peut les apprendre, tant il a crainte de ne pas les savoir. Il est fouetté, enfermé au pain et à l'eau dans une chambre écartée. Il s'effraye de la nuit, il a peur de lui-même. Il se demande si, en effet, il n'est pas mauvais ou méchant, et il pleure. Cette terreur incessante, sans espoir et sans issue, le spectacle de cette sensibilité qu'on froisse et de cette intelligence qu'on abrutit, les longues anxiétés, les veilles, la solitude du pauvre enfant emprisonné, son désir passionné d'embrasser sa mère ou de pleurer sur le cœur de sa bonne, tout cela fait mal à voir. Ces douleurs enfantines sont aussi profondes que des chagrins d'homme. C'est l'histoire d'une plante fragile qui fleurissait dans un air chaud, sous un doux soleil, et qui tout d'un coup, transportée dans la neige, laisse tomber ses feuilles et se flétrit.

Les gens du peuple sont comme des enfants, dépendants, peu cultivés, voisins de la nature et sujets à l'oppression. C'est dire que Dickens les relève. Cela n'est point nouveau en France : les romans de M. Eugène Sue nous en ont donné plus d'un exemple, et cette thèse remonte à Rousseau ; mais entre les mains de l'écrivain anglais elle a pris une force singulière. Ses héros ont des délicatesses et des dévouements admirables. Ils n'ont de populaire que leur prononciation; le reste en eux n'est que noblesse et générosité. Vous voyez un bateleur abandonner sa fille, son unique joie, de peur de lui nuire en quelque chose. Une jeune femme se dévoue pour sauver la femme indigne de l'homme qui l'aime et qu'elle aime ; cet homme meurt; elle continue, par pure abnégation, à soigner la créature dégradée. Un pauvre charretier qui croit sa femme infidèle la déclare tout haut innocente, et pour toute vengeance ne songe qu'à la combler de tendresses et de bontés. Personne, selon Dickens, ne sent aussi vivement qu'eux le bonheur d'aimer et d'être aimé, les joies pures de la vie de famille. Personne n'a autant de compassion pour ces pauvres êtres déformés et infirmes qu'ils mettent si souvent au monde, et qui ne semblent naître que pour mourir. Personne n'a un sens moral plus droit et plus inflexible. J'avoue même que les héros de Dickens ont le malheur de ressembler aux pères indignés de nos mélodrames. Lorsque le vieux Peggotty apprend que sa nièce est séduite, il se met en route, un bâton à la main, et parcourt la France, l'Allemagne et l'Italie, pour la retrouver et la ramener à son devoir. Mais, par-dessus tout, ils ont un sentiment anglais et qui nous manque : ils sont chrétiens. Ce ne sont pas seulement les femmes qui, comme chez nous, se réfugient dans l'idée d'un autre monde ; les hommes y pensent. Dans ce pays, où il y a tant de sectes et où tout le monde choisit la sienne, chacun croit à la religion qu'il s'est faite, et ce sentiment si noble élève encore le trône où la droiture de leur volonté et la délicatesse de leur cœur les ont portés.

Au fond, les romans de Dickens se réduisent tous à une phrase, et la voici : Soyez bons et aimez ; il n'y a de vraie joie que dans les émotions du cœur ; la sensibilité est tout l'homme. Laissez aux savants la science, l'orgueil aux nobles, le luxe aux riches ; ayez compassion des humbles misères ; l'être le plus petit et le plus méprisé peut valoir seul autant que des milliers d'êtres puissants et superbes. Prenez garde de froisser les âmes délicates qui fleurissent dans toutes les conditions, sous tous les habits, à tous les âges. Croyez que l'humanité, la pitié, le pardon, sont ce qu'il y a de plus beau dans l'homme ; croyez que l'intimité, les épanchements, la tendresse, les larmes, sont ce qu'il y a de plus doux dans le monde. Ce n'est rien que de vivre ; c'est peu que d'être puissant, savant, illustre ; ce n'est pas assez d'être utile. Celui-là seul a vécu et est un homme, qui a pleuré au souvenir d'un bienfait qu'il a rendu ou qu'il a reçu.

III

Nous ne pensons pas que ce contraste entre les faibles et les forts, ni que cette réclamation contre la société en faveur de la nature soient le caprice d'un artiste ou le hasard d'un moment. Lorsqu'on remonte loin dans l'histoire du génie anglais, on trouve que son fond primitif était la sensibilité passionnée, et que son expression naturelle fut l'exaltation lyrique. L'une et l'autre furent apportées de Germanie et composent la littérature qui vécut avant la conquête. Après un intervalle, vous les retrouvez au seizième siècle, quand eut passé la littérature française importée de Normandie : elles sont l'âme même de la nation. Mais l'éducation de cette âme fut contraire à son génie ; son histoire a contredit sa nature, et son inclination primitive s'est heurtée contre tous les grands événements qu'elle a faits ou qu'elle a subis. Le hasard d'une invasion victorieuse et d'une aristocratie imposée, en fondant l'exercice de la liberté politique, a imprimé dans le caractère des habitudes de lutte et d'orgueil. Le hasard d'une position insulaire, la nécessité du commerce, la possession abondante des matériaux premiers de l'industrie ont développé les facultés pratiques et l'esprit positif. L'acquisition de ces habitudes, de ces facultés et de cet esprit, jointe un hasard d'une ancienne hostilité contre Rome et de ressentiments anciens contre une Église oppressive, a fait naître une religion orgueilleuse et raisonneuse qui remplace la soumission par l'indépendance, la théologie poétique par la morale pratique, et la foi par la discussion. La politique, les affaires et la religion, comme trois puissantes machines, ont formé, pardessus l'homme ancien, un homme nouveau. La dignité roide, l'empire sur soi, le besoin de commander, la dureté dans le commandement, la morale stricte sans ménagement ni pitié, le goût des chiffres et du raisonnement sec, l'aversion pour les faits qui ne sont pas palpables et pour les idées qui ne sont pas utiles, l'ignorance du monde invisible, le mépris des faiblesses et des tendresses du cœur, telles sont les dispositions que le courant des faits et l'ascendant des institutions tendent à établir dans les âmes. Mais la poésie et la vie de famille prouvent qu'ils n'y réussissent qu'à demi. L'antique sensibilité, opprimée et pervertie, vit et s'agite encore. Le poëte subsiste sous le puritain, sous le 'commerçant, sous l'homme d'État. L'homme social n'a pas détruit l'homme naturel. Cette enveloppe glacée, cette morgue insociable, cette attitude rigide, couvrent souvent un être bon et tendre. C'est le masque anglais d'une tête allemande, et lorsqu'un écrivain de talent, qui est souvent un écrivain de génie, vient toucher la sensibilité froissée ou ensevelie sous l'éducation et sous les institutions nationales, il remue l'homme dans son fond le plus intime, et devient le maître de tous les cœurs.

CHAPITRE II.

Le Roman (*suite*). Thackeray.

I. Abondance et excellence du roman de mœurs en Angleterre. — Supériorité de Dickens et de Thackeray. — Comparaison de Dickens et de Thackeray.
II. Le satirique. — Ses intentions morales. — Ses dissertations morales.
III. Comparaison de la moquerie en France et en Angleterre. — Différence des deux tempéraments, des deux goûts et des deux esprits.
IV. Supériorité de Thackeray dans la satire amère et grave. — L'ironie sérieuse. — *Les snobs littéraires; Miss Blanche Amory.* — La caricature sérieuse. — *Mistress Hoggarty.*
V. Solidité et précision de cette conception satirique. — Ressemblance de Thackeray et de Swift. — *Les devoirs d'un ambassadeur.*
VI. Misanthropie de Thackeray. — Niaiserie de ses héroïnes. — Niaiserie de l'amour. — Vice intime des générosités et des exaltations humaines.
VII. Ses tendances égalitaires. — Défaut des caractères et de la société en Angleterre. — Ses aversions et ses préférences. — Le snob et l'aristocrate. — Portraits du roi, du grand seigneur de cour, du gentilhomme de campagne, du bourgeois gentilhomme. — Avantages de cet établissement aristocratique. — Excès de cette satire.
VIII. L'artiste. — Idée de l'art pur. — En quoi la satire nuit à l'art. — En quoi elle diminue l'intérêt. — En quoi elle fausse les personnages. — Comparaison de Thackeray et de Balzac. — *Valérie Marneffe,* et *Rebecca Sharp.*
IX. Rencontre de l'art pur. Portrait de *Henri Esmond.* —

Talent historique de Thackeray. — Conception de l'homme idéal.

X. La littérature est une définition de l'homme. Quelle est cette définition dans Thackeray. — En quoi elle diffère de la véritable.

Le roman de mœurs pullule en Angleterre, et il y a de cela plusieurs causes : d'abord il y est né, et toute plante pousse bien dans sa patrie. En second lieu, c'est un débouché : on n'y a pas la musique comme en Allemagne et la conversation comme en France ; et les gens qui ont besoin de penser et de sentir y trouvent un moyen de sentir et de penser. D'autre part, les femmes s'en mêlent fort ; dans la nullité de galanterie et dans la froideur de la religion, il ouvre une carrière à l'imagination et aux rêves. Enfin, par ses détails minutieux et ses conseils pratiques, il offre une matière à l'esprit précis et moraliste. Aussi le critique se trouve comme noyé dans cette abondance ; il doit choisir pour saisir l'ensemble, et se réduire à quelques-uns pour les embrasser tous.

Dans cette foule, deux hommes ont paru, d'un talent supérieur, original et contraire, populaires au même titre, serviteurs de la même cause, moralistes dans la comédie et dans le drame, défenseurs des sentiments naturels contre les institutions sociales, et qui, par la précision de leurs peintures, par la profondeur de leurs observations, par la suite et l'âpreté de leurs attaques, ont ranimé, avec d'autres vues et un autre style, l'ancien esprit militant de Swift et de Fielding.

L'un, plus ardent, plus expansif, tout livré à la

verve, peintre passionné de tableaux crus et éblouissants, prosateur lyrique, tout-puissant sur le rire et sur les larmes, a été lancé dans l'invention fantasque, dans la sensibilité douloureuse, dans la bouffonnerie violente, et, par les témérités de son style, par l'excès de ses émotions, par la familiarité grotesque de ses caricatures, il a donné en spectacle toutes les forces et toutes les faiblesses d'un artiste, toutes les audaces, tous les succès et toutes les bizarreries de l'imagination.

L'autre, plus contenu, plus instruit et plus fort, amateur de dissertations morales, conseiller du public, sorte de prédicateur laïque, moins occupé à défendre les pauvres, plus occupé à censurer l'homme, a mis au service de la satire un bon sens soutenu, une grande connaissance du cœur, une habileté consommée, un raisonnement puissant, un trésor de haine méditée, et il a persécuté le vice avec toutes les armes de la réflexion. Par ce contraste, l'un complète l'autre, et l'on se fait une idée exacte du goût anglais en ajoutant le portrait de William Thackeray au portrait de Charles Dickens.

§ 1.

LE SATIRIQUE.

Rien d'étonnant si en Angleterre un romancier fait des satires. Un homme triste et réfléchi y est poussé par son naturel ; il y est encore poussé par les mœurs environnantes. On ne lui permet pas de contempler les passions comme des puissances poétiques ; on lui ordonne de les apprécier comme des qualités morales. Ses peintures deviennent des sentences ; il est conseiller plutôt qu'observateur, et justicier plutôt qu'artiste. Vous voyez par quel mécanisme Thackeray a changé en satire le roman.

J'ouvre au hasard ses trois grands ouvrages : *Pendennis, la Foire aux vanités, les Newcomes*. Chaque scène met en relief une vérité morale ; l'auteur veut qu'à chaque page nous portions un jugement sur le vice et sur la vertu ; d'avance il a blâmé ou approuvé, et les dialogues ou les portraits ne sont pour lui que des moyens par lesquels il ajoute notre approbation à son approbation, notre blâme à son blâme. Ce sont des leçons qu'il nous donne, et, sous les sentiments qu'il décrit, comme sous les événements qu'il raconte, nous démêlons toujours des préceptes de conduite et des intentions de réformateur.

A la première page de *Pendennis*, vous voyez le portrait d'un vieux major, homme du monde, égoïste et vaniteux, confortablement assis à son club, auprès du feu et de la fenêtre, envié par le chirurgien Glowry que personne n'invite, cherchant dans les comptes rendus des fêtes aristocratiques son nom glorieusement placé entre ceux d'illustres convives. Une lettre de famille arrive. Naturellement il l'écarte, et la lit avec négligence après toutes les autres. Il pousse un cri d'horreur : son neveu veut épouser une actrice. Il fait arrêter des places à la diligence (aux frais de la famille), et court sauver le petit sot. S'il y avait une mésalliance, que deviendraient ses invitations? Conclusion évidente : ne soyons ni égoïstes, ni vaniteux, ni gourmands comme le major.

Chapitre deux : Pendennis, père du jeune homme, était de son temps apothicaire, mais d'une bonne famille, et désolé d'être descendu jusqu'à ce métier. L'argent lui vient; il se donne pour médecin, épouse la parente d'un noble, essaye de s'insinuer dans les grandes familles. Il se vante toute sa vie d'avoir été invité par lord Ribstone. Il achète un domaine, tâche d'enterrer l'apothicaire, et s'étale dans sa gloire nouvelle de propriétaire terrien. Chacun de ces détails est un sarcasme dissimulé ou visible qui dit au lecteur : « Mon bon ami, restez Gros-Jean comme vous l'êtes, et, pour l'amour de votre fils et de vous-même, gardez-vous de trancher du grand seigneur! »

Le vieux Pendennis meurt. Son fils, noble héritier

du domaine, « grand-duc de Pendennis, sultan de Fairoaks, » commence à régner sur sa mère, sur sa cousine et sur les domestiques. Il envoie des poésies lamentables aux journaux du comté, commence un poëme épique, une tragédie où meurent seize personnes, une histoire foudroyante des jésuites, et défend en loyal tory l'Église et le roi. Il soupire après l'idéal, appelle une inconnue, et tombe amoureux de l'actrice en question, femme de trente-deux ans, perroquet de théâtre, ignorante et bête à plaisir. Jeunes gens, mes chers amis, vous êtes tous affectés, prétentieux, dupes de vous-mêmes et des autres. Attendez pour juger le monde que vous ayez vu le monde, et ne vous croyez pas maîtres quand vous êtes écoliers.

L'instruction continue et dure autant que la vie d'Arthur. Comme Lesage dans *Gil-Blas*, comme Balzac dans *le Père Goriot*, l'auteur de *Pendennis* peint un jeune homme ayant quelque talent, doué de sentiments bons, même généreux, qui veut parvenir et qui s'accommode aux maximes du monde; mais Lesage n'a voulu que nous divertir, et Balzac n'a voulu que nous passionner : Thackeray, d'un bout à l'autre, travaille à nous corriger.

Cette intention devient plus visible encore, si l'on examine en détail l'un de ses dialogues et l'une de ses peintures. Vous n'y apercevrez point la verve indifférente attachée à copier la nature, mais la réflexion attentive occupée à transformer en satire les objets, les paroles et les événements. Tous les

mots du personnage sont choisis et pesés pour être
odieux ou ridicules. Il s'accuse lui-même, il prend
soin d'étaler son vice, et sous sa voix on entend la
voix de l'écrivain qui le juge, qui le démasque et qui
le punit. Miss Crawley, vieille femme riche, tombe
malade[1]. Mistress Bute, sa parente, accourt pour la
sauver et sauver l'héritage. Il s'agit de faire exclure
du testament un neveu, le capitaine Rawdon, ancien
favori, légataire présumé, de la vieille fille. Ce
Rawdon est un troupier stupide, pilier d'estaminet,
joueur trop adroit, duelliste et coureur de filles.
Jugez de la belle occasion pour mistress Bute, respectable mère de famille, digne épouse d'un ecclésiastique, habituée à composer les sermons de son
mari ! Par pure vertu, elle hait le capitaine Rawdon,
et ne souffrira pas qu'un si bon argent tombe en de
si mauvaises mains. D'ailleurs, ne sommes-nous pas
les répondants de nos familles ? et n'est-ce pas à nous
de publier les fautes de nos parents ? C'est notre devoir strict, et mistress Bute s'acquitte du sien en
conscience. Elle fait provision d'histoires édifiantes
sur le neveu, et elle en édifie la tante. Il a ruiné
celui-ci, il a mis à mal celle-là. Il a dupé ce marchand, il a tué ce mari. Et, par-dessus tout, l'indigne, il s'est moqué de sa tante ! Cette généreuse tante
continuera-t-elle à réchauffer une pareille vipère ?
souffrira-t-elle que ses innombrables sacrifices soient
payés par cette ingratitude et ces dérisions ? Vous

1. Voyez *Vanity Fair*.

imaginez d'ici l'éloquence ecclésiastique de mistress Bute. Assise au pied du lit, elle garde à vue la malade, la comble de potions, la réjouit de sermons terribles, et monte la garde à la porte contre l'invasion de l'héritier probable. Le siége était bien fait, l'héritage attaqué si obstinément devait se rendre; les dix doigts vertueux de la matrone entraient d'avance et en espérance, dans la substantielle masse d'écus qu'elle voyait luire. Et cependant un spectateur difficile eût pu trouver quelques défauts dans sa manœuvre. Elle gouvernait trop. Elle oubliait qu'une femme persécutée de sermons, manœuvrée comme un ballot, réglée comme une horloge, pouvait prendre en aversion une autorité si harassante. Ce qui est pis, elle oubliait qu'une vieille femme peureuse, confinée chez elle, accablée de prédications, empoisonnée de pilules, pouvait mourir avant d'avoir changé son testament, et tout laisser, hélas! à son bandit de neveu. Exemple instructif et redoutable! Mistress Bute, l'honneur de son sexe, la consolatrice des malades, le conseil de sa famille, ayant ruiné sa santé pour soigner sa belle-sœur bien-aimée et préserver le précieux héritage, était justement sur le point, grâce à son dévouement exemplaire, de mettre sa belle-sœur dans la bière et l'héritage entre les mains de son neveu. .

L'apothicaire Clump arrive ; il tremble pour sa chère cliente ; elle lui vaut deux cents guinées par an ; il est bien décidé à sauver, contre mistress Bute, cette vie précieuse. Mistress Bute lui coupe la parole : « Je me suis sacrifiée, mon cher monsieur.

Son neveu l'a tuée, et je viens la sauver. C'est lui qui l'a jetée sur ce lit de douleur, et c'est moi qui l'y veille. Je ne suis point égoïste, moi; je ne refuse jamais de m'immoler pour les autres, moi; je donnerais ma vie pour mon devoir, je la donnerais pour sauver une parente de mon mari. » L'apothicaire désintéressé revient héroïquement à la charge. Sur-le-champ elle repart de plus belle; l'éloquence coule de ses lèvres comme d'une cruche trop pleine. Mistress Bute crie du haut de sa tête : « Jamais, tant que la nature me soutiendra, je ne déserterai la place où mon devoir m'enchaîne. Mère de famille, femme d'un ecclésiastique anglais, j'ose affirmer que mes principes sont purs, et jusqu'au dernier soupir j'y serai fidèle. Quand mon petit James avait la petite vérole, ai-je permis à une mercenaire de le soigner? Non. » Le patient Clump se répand en compliments doucereux, et poussant sa pointe à travers les interruptions, les protestations, les offres de sacrifice, les déclamations contre le neveu, finit par toucher terre. Il insinue délicatement qu'il faudrait mener la malade au grand air « La vue de son horrible neveu rencontré dans le parc, où l'on dit que le misérable se promène avec la complice endurcie de ses crimes, dit alors mistress Bute (laissant échapper le chat de l'égoïsme hors du sac de la dissimulation), lui causerait une telle secousse, que nous aurions à la rapporter dans son lit. Ells ne doit pas sortir, monsieur Clump ; elle ne sortira pas, aussi longtemps que je serai là pour veiller sur elle. Et quant à *ma* santé, qu'importe ? je la sacrifie de bon cœur, monsieur; je l'immole sur l'autel de mon devoir. » Il est clair que l'auteur en veut à sa mistress Bute et aux capteurs d'héritages. Il lui prête des gestes ridicules, des phrases pompeuses, une hypocrisie transparente, grossière et bruyante. Le lecteur éprouve de la haine et du dégoût pour elle à mesure qu'elle parle. Il voudrait la démasquer; il est content de la voir pressée, acculée, prise par les manœuvres polies de son adversaire, et se réjouit avec l'auteur, qui lui arrache et lui souligne la confession honteuse de sa grimace et de son avidité.

Arrivée à cet endroit, la réflexion satirique quitte la forme littéraire. Pour mieux se déployer, elle s'étale seule. Thackeray vient en son propre nom attaquer le vice. Nul auteur n'est plus fécond en dissertations; il entre à chaque instant dans son récit pour nous tancer ou nous instruire; il ajoute la morale de théorie à la morale en action. On pourrait extraire de ses romans un ou deux volumes d'essais à la façon de la Bruyère ou d'Addison. Il y en a sur l'amour, sur la vanité, sur l'hypocrisie, sur la bassesse, sur toutes les vertus, sur tous les vices, et en tournant quelques pages, on en trouvera un sur les comédies d'héritages et sur les parents trop empressés.

Quelle dignité donne à une vieille dame un compte ouvert chez son banquier! Avec quelle caressante indulgence nous regardons ses imperfections si elle est notre parente! et puisse chaque lecteur avoir une vingtaine de telles parentes!

Qui de nous ne la juge une bonne et excellente vieille? Comme le nouvel associé de Hobs et Dobs sourit en la reconduisant à sa voiture blasonnée, garnie du gros cocher asthmatique! Comme nous savons, lorsqu'elle vient nous rendre visite, découvrir l'occasion d'apprendre à nos amis sa position dans le monde! Nous leur disons (et avec une parfaite sincérité) : « Je voudrais avoir la signature de miss Mac-Whirter pour un bon de cinq mille guinées. — Cela ne la gênerait pas, di votre femme. — Elle est ma tante, » dites-vous d'un air aisé, insouciant, quand votre ami vous demande si par hasard elle ne serait pas votre parente. Votre femme lui envoie à chaque instant de petits témoignages d'affection ; vos petites filles font pour elle un nombre infini de corbeilles, coussins et tabourets en tapisserie. Quel bon feu dans sa chambre lorsqu'elle vient vous rendre visite! Votre femme s'en passe quand elle lace son corset. La maison, pendant tout le temps que dure cette visite, prend un air propre, agréable, confortable, joyeux, un air de fête qu'elle n'a point en d'autres saisons. Vous-même, mon cher monsieur, vous oubliez votre sieste ordinaire après dîner, et vous vous trouvez tout d'un coup (quoique vous perdiez invariablement) très-amoureux du whist. Quels bons dîners vous offrez! Du gibier tous les jours, du madère-malvoisie, et régulièrement du poisson de Londres. Les gens de cuisine eux-mêmes prennent part à la prospérité générale. Je ne sais pas comment la chose arrive; mais pendant le séjour du gros cocher de miss Mac-Whirter, la bière est devenue beaucoup plus forte, et dans la chambre des enfants (où sa bonne prend ses repas) la consommation du thé et du sucre n'est plus surveillée du tout. Cela est-il vrai ou non? J'en appelle aux classes moyennes. Ah! pouvoirs célestes! que ne m'envoyez-vous une vieille tante, — une tante fille, — une tante avec une voiture blasonnée et un tour de cheveux couleur café clair! Comme mes enfants broderaient pour elle des sacs à ouvrage! comme ma Julia et moi nous serions aux petits soins pour elle! Douce, douce vision! O vain, trop vain rêve[1]!

1. What a dignity it gives an old lady, that balance at the ban-

Il n'y a pas à se méprendre. Le lecteur le plus décidé à ne pas être averti est averti. Quand nous aurons une tante à grosse succession, nous estimerons à leur juste valeur nos attentions et notre tendresse. L'auteur a pris la place de notre conscience, et le roman, transformé par la réflexion, devient une école de mœurs.

ker's! How tenderly we look at her faults if she is a relative (and may every reader have a score of such)! What a kind good-natured old creature we find her! How the junior partner of Hobbs and Dobbs leads her smiling to the carriage with the lozenge upon it, and the fat wheezy coachman! How, when she comes to pay us a visit, we generally find an opportunity to let our friends know her station in the world! We say (and with perfect truth) I wish I had miss Mac Whirter's signature to a cheque for five thousand pounds. She wouldn't miss it, says your wife. She is my aunt, say you, in an easy careless way, when your friend asks if miss Mac Whirter is any relative? Your wife is perpetually sending her little testimonies of affection, your little girls work endless worsted baskets, cushions, and foot-stools for her. What a good fire there is in her room when she comes to pay you a visit, although your wife laces her stays without one! The house during her stay assumes a festive, neat, warm, jovial, snug appearance not visible at other seasons. You yourself, dear sir, forget to go to sleep after dinner, and find yourself all of a sudden (though you invariably lose) very fond of a rubber. What good dinners you have — game every day, Malmsey-Madeira, and no end of fish from London. Even the servants in the kitchen share in the general prosperity; and, somehow, during the stay of miss Mac Whirter's fat coachman, the beer is grown much stronger, and the consumption of tea and sugar in the nursery (where her maid takes her meals) is not regarded in the least. Is it so, or is it no so? I appeal to the middle classes. Ah, gracious powers! I wish you would send me an old aunt — a maiden aunt — an aunt with a lozenge on her carriage, and a front of light coffee-coloured hair — how my children should work work-bags for her, and my Julia and I would make her comfortable! Sweet — sweet vision! Foolish dream! (*Vanity Fair*, t. II, p. 121.)

II

On fouette très-fort dans cette école; c'est le goût anglais. Des goûts et des verges, il ne faut pas disputer; mais sans disputer on peut comprendre, et le plus sûr moyen de comprendre le goût anglais est de l'opposer au goût français.

Je vois chez nous, dans un salon de gens d'esprit ou dans un atelier d'artistes, vingt personnes vives : elles ont besoin de s'amuser, c'est là leur fond. Vous pouvez leur parler de la scélératesse humaine, mais c'est à la condition de les divertir. Si vous vous mettez en colère, elles seront choquées; si vous faites la leçon, elles bâilleront. Riez, c'est ici la règle, non pas cruellement et par inimitié visible, mais par belle humeur et par agilité d'esprit. Cet esprit si leste veut agir; pour lui, la découverte d'une bonne sottise est la rencontre d'une bonne fortune. Comme une flamme légère, il glisse et gambade par subites échappées sur la surface effleurée des objets. Contentez-le en l'imitant, et, pour plaire à des gens gais, soyez gai. — Soyez poli, c'est le second commandement, tout semblable à l'autre. Vous parlez à des gens sociables, délicats, vaniteux, qu'il faut ménager et flatter. Vous les blesseriez en essayant d'emporter leur conviction de force, à coups pressés d'arguments solides, par un étalage d'éloquence et d'indignation. Faites-leur assez d'honneur pour supposer qu'ils vous entendent à demi-mot, qu'un sourire indiqué vaut pour eux un syllogisme établi, qu'une fine allusion entrevue au vol les touche mieux que la lourde invasion d'une grosse satire géométrique. — Songez enfin (ceci entre nous) qu'en politique comme en religion, depuis mille ans, ils sont très-gouvernés, trop gouvernés ; que lorsqu'on est gêné, on a envie de ne plus l'être, qu'un habit trop étroit craque aux coudes et ailleurs. Volontiers ils sont frondeurs ; volontiers ils entendent insinuer les choses défendues, et souvent, par abus de logique, par entraînement, par vivacité, par mauvaise humeur, ils frappent à travers le gouvernement la société, à travers la religion, la morale. Ce sont des écoliers tenus trop longtemps sous la férule ; ils cassent les vitres en ouvrant les portes. Je n'ose pas vous exhorter à leur plaire ; je remarque seulement que pour leur plaire un grain d'humeur séditieuse ne nuit pas.

Je franchis sept lieues de mer, et me voici dans une grande salle sévère, garnie de bancs multipliés, ornée de becs de gaz, balayée, régulière, club de controverses ou temple de sermons. Il y a là cinq cents longues figures, tristes, roides[1], et au premier coup d'œil il est clair qu'elles n'y sont point pour s'amuser. Dans ce pays, un tempérament plus grossier, surchargé d'une nourriture plus lourde et plus forte, a ôté aux impressions leur mobilité rapide, et

---

1. Their usual english expression of intense gloom, and subdued agony. (Thackeray, *the Book of Snobs.*)

la pensée, moins facile et moins prompte, a perdu avec sa vivacité sa gaieté. Si vous raillez devant eux, songez que vous parlez à des hommes attentifs, concentrés, capables de sensations durables et profondes incapables d'émotions changeantes et soudaines. Ces visages immobiles et contractés veulent garder la même attitude : ils répugnent aux sourires fugitifs et demi-formés ; ils ne savent se détendre, et leur rire est une convulsion aussi roide que leur gravité. N'effleurez pas, appuyez ; ne glissez pas, enfoncez ; ne jouez pas, frappez ; comptez que vous devez remuer violemment des passions violentes, et qu'il faut des secousses pour mettre ces nerfs en action.—Comptez encore que vos gens sont des esprits pratiques, amateurs de l'utile, qu'ils viennent ici pour être instruits, que vous leur devez des vérités solides, que leur bon sens un peu étroit ne s'accommode point d'improvisations aventureuses ni d'indications hasardées, qu'ils exigent des réfutations développées et des explications complètes, et que s'ils ont payé leur billet d'entrée, c'est pour écouter des conseils applicables et de la satire prouvée. Leur tempérament vous demande des émotions fortes ; leur esprit vous demande des démonstrations précises. Pour plaire à leur tempérament, il ne faut point égratigner, mais supplicier le vice ; pour plaire à leur esprit, il ne faut point railler par des saillies, mais par des raisonnements. — Encore un mot : là-bas, au milieu de l'assemblée, regardez ce livre doré, magnifique, royalement posé sur un coussin de velours. C'est la Bible ; il y a autour d'elle cinquante moralistes qui dernièrement se sont donné rendez-vous au théâtre, et ont chassé à coups de pommes un acteur coupable d'avoir pour maîtresse la femme d'un bourgeois. Si du bout du doigt, avec toutes les salutations et tous les déguisements du monde, vous touchez un seul des feuillets sacrés ou la plus petite des convenances morales, à l'instant cinquante mains accrochées au collet de votre habit vous mettront à la porte. Devant des Anglais, il faut être Anglais; avec leur passion et leur bon sens, prenez leurs lisières. Ainsi enfermée dans les vérités reconnues, votre satire deviendra plus âpre, et ajoutera le poids de la croyance publique à la pression de la logique et à la force du ressentiment.

III

Nul écrivain ne fut mieux doué que Thackeray pour ce genre de satire ; c'est que nulle faculté n'est plus propre à ce genre de satire que la réflexion. La réflexion est l'attention concentrée, et l'attention concentrée centuple la force et la durée des émotions. Celui qui s'est enfoncé dans la contemplation du vice ressent de la haine pour le vice, et l'intensité de sa haine a pour mesure l'intensité de sa contemplation. Au premier instant, la colère est un vin généreux qui enivre et qui exalte ; conservée et enfermée, elle devient une liqueur qui brûle tout ce qu'elle touche, et corrode jusqu'au vase qui la contient. De tous les satiriques, Thackeray, après Swift, est le plus triste. Ses compatriotes eux-mêmes[1] lui ont reproché de peindre le monde plus laid qu'il n'est. L'indignation, la douleur, le mépris, le dégoût, sont ses sentiments ordinaires. Lorsqu'il s'en écarte et imagine des âmes tendres, il exagère leur sensibilité pour rendre leur oppression plus odieuse; l'égoïsme qui les brise paraît horrible, et leur douceur résignée est une mortelle injure contre leurs tyrans : c'est la même haine qui a calculé la bonté des victimes et la dureté des persécuteurs[2].

Cette colère exaspérée par la réflexion est encore armée par la réflexion. On voit qu'il n'est pas emporté par une indignation ou par une pitié passagère. Il s'est maîtrisé avant de parler. Il a pesé plusieurs fois la coquinerie qu'il va décrire. Il en possède les motifs, l'espèce, les suites, comme un naturaliste ses classifications. Il est sûr de son jugement, et l'a mûri. Il punit en homme convaincu, qui tient sur sa table une liasse de preuves, qui n'avance rien sans un document ou un raisonnement, qui a prévu toutes les objections et réfuté toutes les excuses, qui ne pardonnera jamais, qui a raison d'être inflexible, qui a conscience de sa justice, et qui appuie sa sentence et sa vengeance sur toutes les forces de la méditation et de l'équité. L'effet de cette haine justifiée et contenue est accablant. Lorsqu'on achève de lire

1. Dans la *Revue d'Édimbourg*.
2. Rôle d'Amélia dans *Vanity Fair*. — Rôle du colonel Newcome dans *les Newcomes*.

les romans de Balzac, on éprouve le plaisir d'un naturaliste promené dans un musée à travers une belle collection de spécimens et de monstres. Lorsqu'on achève de lire Thackeray, on éprouve le saisissement d'un étranger amené devant le matelas de l'amphithéâtre le jour où l'on pose les moxas et où l'on fait les amputations.

En pareil cas, l'arme la plus naturelle est l'ironie sérieuse, car elle témoigne d'une haine réfléchie : celui qui l'emploie supprime son premier mouvement; il feint de parler contre lui-même, et se maîtrise jusqu'à prendre le parti de son adversaire. D'autre part, cette attitude pénible et voulue est le signe d'un mépris excessif; la protection apparente qu'on prête à son ennemi est la pire des insultes. Il semble qu'on lui dise : « J'ai honte de vous attaquer; vous êtes si faible, que même avec un appui vous tombez; vos raisons sont votre opprobre, et vos excuses sont votre condamnation. » Aussi, plus l'ironie est grave, plus elle est forte; plus on met de soin à défendre son ennemi, plus on l'avilit; plus on paraît l'aider, plus on l'écrase. C'est pourquoi le sarcasme sérieux de Swift est terrible; on croit qu'il salue, et il tue; son approbation est une flagellation. Entre ses élèves, Thackeray est le premier. Plusieurs chapitres dans *le Livre des Snobs*[1], par exemple celui des *snobs* littéraires, sont dignes de *Gulliver*. L'auteur vient de pas-

---

1. *Snob*, mot d'argot intraduisible, désignant un homme « qui admire bassement des choses basses. »

ser en revue tous les *snobs* d'Angleterre : que va-t-il dire de ses frères, les *snobs* littéraires? Osera-t-il en parler? Certainement. Mon cher et excellent lecteur, ne savez-vous pas que Brutus fit couper la tête à ses propres fils? En vérité, vous auriez bien mauvaise opinion de la littérature moderne et des modernes littérateurs, si vous doutiez qu'un seul d'entre nous hésitât à enfoncer un couteau dans le corps de son confrère en cas de besoin public.

Mais le fait est que dans la profession de littérateur il n'y a point de *snobs*. Regardez de tous côtés dans toute l'assemblée des écrivains anglais, et je vous défie d'y montrer un seul exemple de vulgarité, ou d'envie, ou de présomption. — Hommes et femmes, tous, autant que j'en connais, sont modestes dans leur maintien, élégants dans leurs manières, irréprochables dans leur vie, et honorables dans leur conduite soit entre eux, soit à l'égard du monde. — Il n'est pas impossible peut-être que (par hasard) vous entendiez un littérateur dire du mal de son frère; mais pourquoi? Par malice? Point du tout. Par envie? En aucune façon. Simplement par amour de la vérité et par devoir public. Supposez par exemple que, tout bonnement, j'indique un défaut dans la personne de mon ami M. Punch, et que je dise que M. P. est bossu, que son nez et son menton sont plus crochus que le nez et le menton d'Apollon et de l'Antinoüs; ceci prouve-t-il que je veuille du mal à M. Punch? Pas le moins du monde. C'est le devoir du critique de montrer les défauts aussi bien que les mérites, et invariablement il accomplit son devoir avec la plus entière sincérité et la plus parfaite douceur. — Le sentiment de l'égalité et de la fraternité entre les auteurs m'a toujours frappé comme une des plus aimables qualités distinctives de cette classe. C'est parce que nous nous apprécions et nous nous respectons les uns les autres que le monde nous respecte si fort, que nous tenons un si bon rang dans la société et que nous

nous y comportons d'une manière si irréprochable. La littérature est si fort en honneur en Angleterre, qu'il y a une somme d'environ douze cents guinées par an mise de côté pour pensionner les personnes de cette profession. C'est un grand honneur pour eux, et aussi une preuve que leur condition est généralement prospère et florissante. Ils sont ordinairement si riches et si économes, qu'il n'y a presque point besoin d'argent pour les aider [1].

On est tenté de se méprendre, et pour entendre ce passage, on a besoin de se rappeler que, dans une société aristocratique et marchande, sous le culte de l'argent et l'adoration du rang, le talent pauvre et

---

1. My dear and excellent querist, whom does the scholl-master flog so resolutely as his own son? Didn't BRUTUS chop his offspring's head off? You have a very bad opinion indeed of the present state of literature and of literary men, if you fancy that any one of us would hesitate to stick a knife into his neighbour penman, if the latter's death could do the state any service.

But the fact is, that in the literary profession THERE ARE NO SNOBS. Look round at the whole body of British men of letters, and I defy you to point out among them a single instance of vulgarity, or envy, or assumption.

Men and women, as far as I have known them, they are all modest in their demeanour, elegant in their manners, spotless in their lives, and honourable in their conduct to the world and to each other. You *may*, occasionally, it is true, hear one literary man abusing his brother; but why? Not in the least out of malice; not at all from envy; merely from a sense of truth and public duty. Suppose, for instance, I good-naturedly point out a blemish in my friend *Mr. Punch's* person, and say *Mr. P.* has a hump-back, and his nose and chin are more crooked than those features in the APOLLO or ANTINOUS, which we are accustomed to consider as our standards of beauty; does this argue malice on my part towards *Mr. Punch?* Not in the least. It is the critic's duty to point out defects as well as merits, and he invariably does his duty with the utmost gentleness and candour.

That sense of equality and fraternity amongst Authors has always

roturier est traité comme le méritent sa roture et sa pauvreté[1]. Ce qui rend ces ironies encore plus fortes, c'est leur durée; il y en a qui se prolongent pendant un roman entier, par exemple celui des *Bottes fatales*. Un Français ne pourrait continuer aussi longtemps le sarcasme. Il s'échapperait à droite ou à gauche par des émotions différentes, il changerait de visage et ne soutiendrait pas une attitude si fixe, indice d'une animosité si décidée, si calculée et si amère. Il y a des caractères que Thackeray développe pendant trois volumes, Blanche Amory, Rebecca Sharp, et dont il ne parle jamais sans insulte;

---

struck me as one of the most amiable characteristics of the class. It is because we know and respect each other, that the world respects us so much; that we hold such a good position in society, and demean ourselves so irreproachably when there.

Literary persons are held in such esteem by the nation, that about two of them have been absolutely invited to Court during the present reign: and it is probable that towards the end of the season, one or two will be asked to dinner by SIR ROBERT PEEL.

They are such favourites with the public, that they are continually obliged to have their pictures taken and published; and one or two could be pointed out, of whom the nation insists upon having a fresh portrait every year. Nothing can be more gratifying than this proof of the affectionnate regard which the people has for its instructors.

Literature is held in such honour in England, that there is a sum of near twelve hundred pounds per annum set apart to pension deserving persons following that profession. And a great compliment this is, too, to the professors, and a proof of their generally prosperous and flourishing condition. They are generally so rich and thrifty, that scarcely any money is wanted to help them. (*The Snobs of England*, p. 201.)

1. « L'esprit et le génie perdent vingt-cinq pour cent de leur valeur en abordant en Angleterre. » (Stendhal.)

toutes deux sont des coquines, et jamais il ne les
introduit sans les combler de tendresses : la chère Rebecca ! la tendre Blanche ! La tendre Blanche est une
jeune fille sentimentale et littéraire, obligée de vivre
avec des parents qui ne la comprennent pas. Elle
souffre tant, qu'elle les ridiculise tout haut devant
tout le monde ; elle est si opprimée par la sottise de
sa mère et de son beau-père, qu'elle ne perd pas une
occasion de leur faire sentir leur stupidité. En bonne
conscience, peut-elle faire autrement? Ne serait-ce
point de sa part un manque de sincérité que d'affecter
une gaieté qu'elle n'a pas, ou un respect qu'elle ne
peut ressentir? On comprend que la pauvre enfant
ait besoin de sympathie ; en quittant les poupées, ce
cœur aimant s'est épris d'abord de Trenmor, de Sténio, du prince Djalma et autres héros des romanciers
français. Hélas! le monde imaginaire ne suffit pas
aux âmes blessées, et le désir de l'idéal, pour s'assouvir, se rabaisse enfin jusqu'aux êtres de la terre.
A onze ans, Mlle Blanche eut une inclination pour un
petit Savoyard, joueur d'orgue à Paris, qu'elle crut
un jeune prince enlevé ; à douze ans, un vieux et hideux maître de dessin agita son cœur vierge ; à l'institution de Mme de Caramel, elle eut une correspondance
avec deux jeunes écoliers du collége Charlemagne.
Chère âme délaissée, ses pieds délicats se sont déjà
froissés aux sentiers de la vie ; chaque jour ses illusions s'effeuillent, et c'est en vain qu'elle les consigne en vers, dans un petit livre relié de velours bleu
avec un fermoir d'or, intitulé : *Mes Larmes*. Dans cet

isolement, que faire? Elle s'enthousiasme pour les jeunes filles qu'elle rencontre, elle ressent à leur vue une attraction magnétique, elle devient leur sœur, sauf à les mettre de côté demain, comme une vieille robe : nous ne commandons pas à nos sentiments, et rien n'est plus beau que le naturel. Du reste, comme l'aimable enfant a beaucoup de goût, l'imagination vive, une inclination poétique pour le changement, elle tient sa femme de chambre Pincott à l'ouvrage nuit et jour. En personne délicate, vraie *dilettante* et amateur du beau, elle la gronde pour ses yeux battus et son visage pâle. Là-dessus, pour l'encourager, elle lui dit avec ses ménagements et sa franchise ordinaires : « Pincott, je vous renverrai, car vous êtes beaucoup trop faible, et vos yeux vous manquent, et vous êtes toujours à gémir, à pleurnicher, à demander le médecin ; mais je sais que vos parents ont besoin de vos gages, et je vous garde pour l'amour d'eux ! — Pincott, votre air misérable et vos façons serviles me donnent vraiment la migraine. Je crois que je vous ferai mettre du rouge. — Pincott, vos parents meurent de faim ; mais si vous me tiraillez ainsi les cheveux, je vous prierai de leur écrire et de leur dire que je n'ai plus besoin de vos services. » Cette pécore de Pincott n'apprécie pas son bonheur. Peut-on être triste quand on sert un être aussi supérieur que miss Blanche ? Quelle joie de lui fournir des sujets de style ! car, il faut bien l'avouer, miss Blanche n'a pas dédaigné d'écrire une charmante pièce de vers sur la petite servante arrachée au foyer paternel, « triste exilée sur la terre étrangère. » Hélas! le plus petit événement suffit pour blesser ce cœur trop sensible. A la moindre émotion, ses larmes coulent, ses sentiments frémissent, comme un papillon délicat qu'on écrase dès qu'on le touche. La voilà qui passe, aérienne, les yeux au ciel, un faible sourire arrêté sur ses lèvres roses, touchante sylphide, si consolante pour tous ceux qui l'entourent que chacun la souhaite au fond d'un puits.

Un degré ajouté à l'ironie sérieuse produit la caricature sérieuse. Ici, comme tout à l'heure, l'auteur plaide les raisons du prochain ; la seule différence est qu'il les plaide avec trop de chaleur : c'est une insulte sur une insulte. A ce titre, elle abonde dans Thackeray. Quelques-uns de ses grotesques sont énormes, par exemple M. Alcide de Mirobolan, cuisinier français, artiste en sauces, qui déclare sa flamme à miss Blanche au moyen de tartes symboliques, et se croit un *gentleman ;* Mme la majoresse O'Dowd, sorte de grenadier en bonnet, la plus pompeuse et la plus bavarde des Irlandaises, occupée à régenter le régiment et à marier bon gré mal gré les célibataires; miss Briggs, vieille dame de compagnie, née pour recevoir des affronts, faire des phrases et verser des larmes ; le Docteur, qui prouve à ses élèves mauvais latinistes que l'habitude des barbarismes conduit à l'échafaud. Ces difformités calculées n'excitent qu'un rire triste. On aperçoit toujours derrière la grimace du personnage l'air sardonique du peintre, et l'on conclut à la bassesse et à la stupidité du genre humain. D'autres figures, moins grossies, ne sont point cependant plus naturelles. On voit que l'auteur les jette exprès dans des sottises palpables et dans des contradictions marquées. Telle est miss Crawley, vieille fille immorale et libre penseuse, qui loue les mariages disproportionnés, et tombe en convulsions quand à la page suivante son neveu en fait un; qui appelle Rebecca Sharp son égale, et au même instant lui dit d'apporter les pincettes; qui, apprenant le départ de sa favorite, s'écrie avec désespoir : « Bonté du ciel! qui est-ce qui maintenant va me faire mon chocolat? » Ce sont là des scènes de comédie, et non des peintures de mœurs. Il y en a vingt pareilles. Vous voyez une excellente tante, mistress Hoggarthy, du château de Hoggarthy, s'imposer dans la maison de son neveu Titmarsh, le jeter dans de grosses dépenses, persécuter sa femme, chasser ses amis, désoler son mariage. Le pauvre diable ruiné est mis en prison. Elle le dénonce aux créanciers avec une indignation vraie et le foudroie de la meilleure foi du monde. Le misérable a été le bourreau de sa tante. Elle a été attirée par lui hors de chez elle, tyrannisée par lui, volée par lui, outragée par sa femme. Elle a vu le beurre prodigué comme l'eau, le charbon dilapidé, les chandelles brûlées par les deux bouts. « Et maintenant vous avez l'audace, emprisonné comme vous l'êtes et justement pour vos crimes, de me prier de payer vos dettes! Non, monsieur, c'est assez que votre mère tombe à la charge de sa paroisse, et que votre femme aille balayer les rues. Pour moi, je suis à l'abri de vos perfidies. Le mobilier de la maison est à moi, et, puisqu'il entre dans vos intentions que madame votre femme couche sur le pavé, je vous préviens que je le ferai enlever demain. M. Smithers vous dira que j'étais décidée à vous laisser toute ma fortune. Ce matin, en sa présence, j'ai solennellement déchiré mon testament, et, par cette lettre, je renonce à toute relation avec vous et avec votre famille de mendiants. J'ai recueilli une vipère dans mon sein, elle m'a piquée. » — Cette femme juste et compatissante rencontre son égal, un homme pieux, John Brough, esquire, membre du parlement, directeur de la compagnie indépendante d'assurances contre l'incendie et sur la vie du Diddlesex oriental. Ce chrétien vertueux a humé de loin la réjouissante odeur de ses terres, maisons, capitaux et autres valeurs mobilières et immobilières. Il court sus à la belle fortune de mistress Hoggarthy, affligé de voir qu'elle rapporte à peine quatre pour cent à mistress Hoggarthy, décidé à doubler le revenu de mistress Hoggarthy. Il la rencontre à l'hôtel le visage enflé. (Toute la nuit, elle avait été mangée aux puces.) « Bonté du ciel, s'écrie John Brough esquire, une dame de votre rang souffrir une pareille chose ! L'excellente parente de mon cher ami Titmarsh ! Jamais on ne dira que mistress Hoggarthy, du château de Hoggarthy, pourra être soumise à une si horrible humiliation, tant que John Brough aura une maison à lui offrir, une maison humble, heureuse, chrétienne, madame, quoique peut-être inférieure à la splendeur de celles auxquelles vous avez été accoutumée dans votre illustre carrière! Isabelle, mon amour! Belinda! Parlez à mistress Hoggarthy. Dites-lui que la maison de John Brough est à elle depuis la mansarde jusqu'à la cave. Je le répète, madame, depuis la cave jusqu'à la mansarde : je désire, je supplie, j'ordonne que les malles de mistress Hoggarthy, du château de Hoggarthy, soient en ce moment même portées dans ma voiture. » Ce style fait rire, si l'on veut, mais d'un rire triste. On vient d'apprendre que l'homme est hypocrite, injuste, tyrannique, aveugle. Affligé, on se retourne vers l'auteur, et l'on ne voit sur ses lèvres que des sarcasmes, sur son front que du chagrin.

IV.

Cherchons bien; peut-être en des sujets moins graves trouverons-nous quelque occasion de franc rire. Considérons, non plus une coquinerie, mais une mésaventure : une coquinerie révolte, une mésaventure peut amuser. Il n'en est rien; jusque dans un amusement, la satire ici conserve sa force, parce que la réflexion conserve ici son intensité. Il y a dans la drôlerie anglaise un sérieux, un effort, une application étonnante, et leurs folies comiques sont composées avec autant de science que leurs sermons. La puissante attention décompose son objet en toutes ses parties, et le reproduit avec une minutie, un relief qui font illusion. Swift décrit la contrée des chevaux parlants, la politique de Lilliput, les inventeurs de l'Ile-Volante, avec des détails aussi précis et aussi concordants qu'un voyageur expérimenté, explorateur exact des mœurs et du pays. Ainsi soutenus, le monstre impossible et le grotesque littéraire entrent dans la vie réelle, et le fantôme de l'imagination prend la consistance des objets que nous touchons. Thackeray porte dans la farce cette gravité imperturbable, cette solidité de conception et ce talent d'illusion. Regardez une de ses thèses morales : il veut prouver que dans le monde il faut se conformer aux usages reçus, et transforme ce lieu commun en une anecdote orientale. Comptez les détails de mœurs, de géographie, de chronologie, de cuisine, la désignation mathématique de chaque objet, de chaque personne et de chaque geste, la lucidité d'imagination, la profusion de vérités locales; vous comprendrez pourquoi sa moquerie vous frappe d'une impression si originale et si poignante, et vous y retrouverez le même degré d'étude et la même énergie d'attention que dans les ironies et dans les exagérations précédentes : son enjouement est aussi réfléchi et aussi fort que sa haine; il a changé d'attitude, il n'a point changé de faculté.

J'ai une aversion naturelle pour l'*égotisme*, et je déteste infiniment l'habitude de se louer soi-même ; mais je ne puis m'empêcher de raconter ici une anecdote qui éclaire le point en question, et où j'ai agi, je crois, avec une remarquable présence d'esprit.

Étant à Constantinople, il y a quelques années, pour une mission délicate (les Russes jouaient un double jeu, et de notre côté il devint nécessaire d'envoyer un négociateur supplémentaire), Leckerbiff, pacha de Roumélie, alors premier *galéongi* de la Porte, donna un banquet diplomatique dans son palais d'été à Bukjédéré. J'étais à la gauche du galéongi, et l'agent russe, le comte Diddlof, était à sa droite. Diddlof est un dandy qui mourrait d'un trop fort parfum de rose. Il avait essayé trois fois de me faire assassiner dans le cours de la négociation ; mais naturellement nous étions amis en public, et nous échangions des saluts de la façon la plus cordiale et la plus charmante.

Le galéongi est, ou plutôt était (car hélas ! un lacet lui a serré le cou) un fidèle sectateur en politique de la vieille école turque. Nous dînâmes avec nos doigts, et nous eûmes des quartiers de pain pour vaisselle. La seule innovation qu'il admit était l'usage de liqueurs européennes, et il s'y livrait avec un grand goût. Il mangeait énormément. Parmi les plats, il y en eut un très-vaste qu'on plaça devant lui, un agneau apprêté dans sa laine, bourré d'ail, d'assa-fœtida, de piment et autres assaisonnements, le plus abominable mélange que jamais mortel ait flairé ou goûté. Le galéongi en mangea énormément ; suivant la coutume orientale, il insistait pour servir ses amis à droite et à gauche, et, quand il arrivait un morceau particulièrement épicé, il l'enfonçait de ses propres mains jusque dans le gosier de ses convives.

Je n'oublierai jamais le regard du pauvre Diddlof, quand Son Excellence, ayant roulé en boule un gros paquet de cette mixture, et s'écriant *tuk, tuk* (c'est très-bon), administra l'horrible pilule à Diddlof. Les yeux du Russe roulèrent effroyablement au moment où il la reçut. Il l'avala avec une grimace qui annonçait une convulsion imminente, et saisissant à côté de lui une bouteille qu'il croyait du Sauterne, mais qui se trouva être de l'eau-de-vie française, il en but près d'une pinte avant de reconnaître son erreur. Ce coup l'acheva. Il fut emporté presque mort de la salle à manger, et déposé au frais dans un pavillon d'été sur le Bosphore.

Quand mon tour vint, j'avalai le condiment avec un sourire, je dis *Bismillah*, et je léchai mes lèvres avec un air de contentement aimable ; puis, quand on servit le plat voisin, j'en fis moi-même une boule avec tant de dextérité et je la fourrai

dans le gosier du vieux galéongi avec tant de grâce, que son cœur fut gagné. La Russie fut mise d'emblée hors de cause, et le *traité de Kabobanople fut signé*. Quant à Diddlof, tout était fini pour lui ; il fut rappelé à Saint-Pétersbourg, et sir Roderick Murchison le vit, sous le n° 3967, travaillant aux mines de l'Oural[1].

L'anecdote évidemment est authentique, et, quand De Foë racontait l'apparition de mistress Veal, il n'imitait pas mieux le style d'un procès-verbal.

Cette réflexion si attentive est une source de tristesse. Pour se divertir des passions humaines, il faut les considérer en curieux, comme des marionnettes

---

1. I am naturally averse to egotism, and hate self-laudation consumedly ; but I can't help relating here a circumstance illustrative of the point in question, in which I must think I acted with considerable prudence.

Being at Constantinople a few years since — (on a delicate mission) — the Russians were playing a double game, between ourselves, and it became necessary on our part to employ an *extra negociator*. — LECKERBISS PASHA of Roumelia, then Chief Galeongee of the Porte, gave a diplomatic banquet at his summer palace at Bujukdere. I was on the left of the Galeongee ; and the Russian agent COUNT DE DIDDLOFF on his dexter side. DIDDLOFF is a dandy who would die of a rose in aromatic pain : he had tried to have me assassinated three times in the course of the negotiation : but of course we were friends in public, and saluted each other in the most cordial and charming manner.

The Galeongee is — or was, alas! for a bow-string has done for him — a staunch supporter of the old school of Turkish politics. We dined with our fingers, and had flaps of bread for plates ; the only innovation he admitted was the use of European liquors, in which he indulged with great gusto. He was an enormous eater. Amongst the dishes a very large one was placed before him of a lamb dressed in its wool, stuffed with prunes, garlic, assafœtida, capsicums, and other condiments, the most abominable mixture that ever mortal smelt or tasted. The Galeongee ate of this hugely ; and

changeantes, ou en savant, comme des rouages réglés, ou en artiste, comme des ressorts puissants. Si vous ne les observez que comme vertueuses ou vicieuses, vos illusions perdues vous enchaîneront dans des pensées noires, et vous ne trouverez en l'homme que faiblesse et que laideur. C'est pourquoi Thackeray déprécie notre nature tout entière. Il fait dans le roman ce que Hobbes fit en philosophie. Presque toujours, lorsqu'il décrit de beaux sentiments, il les dérive d'une vilaine source. La tendresse, la bonté, l'amour sont dans ses personnages un effet des nerfs, de l'instinct, ou d'une maladie morale. Amélia Sedley,

pursuing the Eastern fashion, insisted on helping his friends right and left, and when he came to a particularly spicy morsel, would push it with his own hands into his guest's very mouths.

I never shall forget the look of poor DIDDLOFF, when his Excellency, rolling up a large quantity of this into a ball and exclaiming, " *Buk Buk* " (it is very good), administered the horrible bolus to DIDDLOFF. The Russian's eyes rolled dreadfully as he received it : he swallowed it with a grimace that I thought must precede a convulsion, and seizing a bottle next him, which he thought was Sauterne, but which turned out to be french brandy, he drank off nearly a pint before he knew his error. It finished him ; he was carried away from the dining room almost dead, and laid out to cool in a summer house on the Bosphorus.

When it came to my turn, I took down the condiment with a smile, said " *Bismillah*," licked my lips with easy gratification, and when the next dish was served, made up a ball myself so dexterously, and popped it down the old Galeongee's mouth with so much grace, that his heart was won. Russia was put out of Court at once, *and the treaty* of Kabobanople *was signed.* As for DIDDLOFF, all was over with *him,* he was recalled to Saint-Petersburg, and SIR RODERIC MURCHISON saw him, under the n° 3967, working in the Ural mines.

(*The Snobs of England*, p. 146.)

sa favorite et l'un de ses chefs-d'œuvre, est une pauvre petite femme, pleurnicheuse, incapable de réflexion et de décision, aveugle, adoratrice exaltée d'un mari égoïste et grossier, toujours sacrifiée par sa volonté et par sa faute, dont l'amour se compose de sottise et de faiblesse, souvent injuste, habituée à voir faux, et plus digne de compassion que de respect. Lady Castlewood, si bonne et si tendre, se trouve éprise, comme Amélia, d'un rustre buveur et imbécile, et sa jalousie sauvage, exaspérée au moindre soupçon, implacable contre son mari, épanchée violemment en paroles cruelles, montre que son amour vient non de la vertu, mais du tempérament. Hélène Pendennis, le modèle des mères, est une prude provinciale un peu niaise, d'éducation étroite, jalouse aussi, et portant dans sa jalousie toute la dureté du puritanisme et de la passion. Elle s'évanouit en apprenant que son fils a une maîtresse : c'est une action « odieuse, abominable, horrible ; » elle voudrait que « son enfant fût mort avant d'avoir commis ce crime. » Toutes les fois qu'on lui parle de la petite Fanny, « son visage prend une expression cruelle et inexorable. » Rencontrant Fanny au chevet du jeune homme malade, elle la chasse comme une prostituée et comme une servante. L'amour maternel, chez elle comme chez toutes les autres, est un aveuglement incurable ; son fils est son dieu ; à force d'adoration, elle trouve le moyen de le rendre insupportable et malheureux. Quant à l'amour des hommes pour les femmes, si on le juge d'après les peintures de l'auteur, on ne peut éprouver pour lui que de la compassion, et voir en lui que du ridicule. A un certain âge[1], selon Thackeray, la nature parle ; quelqu'un se rencontre ; sot ou non, bon ou mauvais, on l'adore : c'est une fièvre. A six mois, les chiens ont leur maladie ; l'homme a la sienne à vingt ans. Si l'on aime, ce n'est point que la personne soit aimable, c'est qu'on a besoin d'aimer. « Croyez-vous que vous boiriez si vous n'aviez pas soif, ou que vous mangeriez si vous n'aviez pas faim ? » Il raconte l'histoire de cette faim et de cette soif avec une verve amère. Il a l'air d'un homme dégrisé qui se moquerait de l'ivresse. Il explique tout au long, d'un ton demi-sarcastique, les sottises du major Dobbin pour Amélia, comment le major achète les mauvais vins du père d'Amélia, comment il presse les postillons, réveille les valets, persécute ses amis pour revoir Amélia plus vite ; comment, après dix ans de sacrifices, de tendresse et de services, il se voit préférer le vieux portrait d'un mari infidèle, grossier, égoïste et défunt. Le plus triste de ces récits est celui du premier amour de Pendennis : miss Fotheringay, l'actrice qu'il aime, personne positive, bonne ménagère, a l'esprit et l'instruction d'une servante de cuisine. Elle parle au jeune homme du beau temps qu'il fait et du poudding qu'elle vient de préparer : Pendennis découvre dans ces deux phrases une profondeur d'intelligence étonnante et une majesté d'abnégation surhumaine. Il demande à miss

---

1. *Pendennis*, t. III, p. 111.

Fotheringay, qui vient de jouer Ophélie, si Ophélie est amoureuse d'Hamlet. « Moi, amoureuse de ce petit cabotin rabougri, Bingley! » Pen explique qu'il s'agit de l'Ophélie de Shakspeare. « Bien, il n'y a pas d'offense; mais pour Bingley, je n'en donnerais pas ce verre de punch. » Et elle avale le verre plein. Pen la questionne sur Kotzebue : « Kotzebue! qui est-ce? — L'auteur de la pièce où vous avez joué si admirablement. — Je ne savais pas; le nom de l'homme au commencement du volume est Thompson. » Pen est ravi de cette simplicité adorable : « Pendennis, Pendennis! comme elle a dit ce nom!... Émilie, Émilie! qu'elle est bonne, qu'elle est noble, qu'elle est belle, qu'elle est parfaite! » Le premier volume roule tout entier sur ce contraste; il semble que Thackeray dise à ses lecteurs : « Mes chers confrères en humanité, nous sommes des coquins quarante-neuf jours sur cinquante; le cinquantième, si nous échappons à l'orgueil, à la vanité, à la méchanceté, à l'égoïsme, c'est que nous tombons en fièvre chaude; notre folie fait notre dévouement. »

V

Pourtant, à moins d'être Swift, il faut bien aimer quelque chose; on ne peut pas toujours blesser et détruire, et le cœur, lassé de mépris et de haine, a besoin de se reposer dans l'éloge et l'attendrissement. D'un autre côté, blâmer un défaut, c'est louer la qualité contraire, et l'on ne peut immoler une victime sans bâtir un autel; ce sont les circonstances qui désignent l'une, ce sont les circonstances qui élèvent l'autre, et le moraliste qui combat le vice dominant de son pays et de son siècle prêche la vertu contraire au vice de son siècle et de son pays. Dans une société aristocratique et marchande, ce vice est l'égoïsme et l'orgueil; Thackeray exaltera donc la douceur et la tendresse. Que l'amour et la bonté soient aveugles, instinctifs, déraisonnables, ridicules, peu lui importe; tels qu'ils sont, il les adore, et il n'y a pas de plus singulier contraste que celui de ses héros et de son admiration. Il fait des sottes et s'agenouille devant elles; l'artiste en lui contredit le commentateur; le premier est ironique, le second est louangeur; le premier met en scène les niaiseries de l'amour, le second en fait le panégyrique; le haut de la page est une satire en action, le bas de la page est un dithyrambe en tirades. Les compliments qu'il prodigue à Amélia Sedley, à Hélène Pendennis, à Laura, sont infinis; jamais auteur n'a fait plus visiblement et plus obstinément la cour à ses femmes : il leur immole les hommes, non pas une fois, mais cent. « Très-vraisemblablement les pélicans aiment à saigner sous le bec égoïste de leurs petits. Il est certain que c'est le goût des femmes. Il doit y avoir dans la douleur du sacrifice une sorte de plaisir que les hommes ne comprennent pas.... Ne méprisons pas ces instincts parce que nous ne pouvons les sentir. Les femmes ont été faites pour notre bien-être et notre agrément, messieurs, comme toute la troupe des animaux inférieurs. Que ce soit un mari fainéant, un fils dissipateur, un bien-aimé garnement de frère, comme leurs cœurs sont prêts à répandre sur lui leurs trésors de tendresse! Et comme nous sommes prêts, de notre part, à leur fournir abondamment cette sorte de jouissance! A peine y a-t-il un de mes lecteurs qui n'ait administré du plaisir sous cette forme à ses femmes, et ne les ait régalées du contentement de lui pardonner! » Lorsqu'il entre dans la chambre d'une bonne mère ou d'une jeune fille honnête, il baisse les yeux comme à la porte d'un sanctuaire. En présence de Laura résignée, pieuse, il s'arrête. « Comme elle faisait son devoir en silence, et que, pour obtenir la force de l'accomplir, elle priait toujours seule et loin de tous les regards, nous aussi nous devons nous taire sur des vertus qui s'offensent du grand jour, pareilles à des roses qui ne sauraient fleurir dans une salle de bal. » Comme Dickens, il a le culte de la famille, des sentiments tendres et simples, des contentements tranquilles et purs qu'on goûte au coin du foyer domestique, entre un enfant et une femme. Lorsque ce misanthrope si réfléchi et si âpre rencontre un épanchement filial ou une douleur maternelle, il est blessé à l'endroit sensible, et, comme Dickens, il fait pleurer[1].

On a des ennemis parce qu'on a des amis, et des aversions parce qu'on a des préférences. Si l'on pré-

---

1. Voyez, par exemple, dans *the Great Hoggarthy Diamond*, p. 121, la mort du petit enfant. — Dans *le livre des Snobs*, voyez la dernière ligne : « Fun is good, truth is still better, and love best of all. »

fère la bonté dévouée et les affections tendres, on prend en aversion l'arrogance et la dureté; la cause de l'amour est aussi la cause de la haine, et le sarcasme, comme la sympathie, est la critique d'une forme sociale et d'un vice public. C'est pourquoi les romans de Thackeray sont une guerre contre l'aristocratie. Comme Rousseau, il a loué les mœurs simples et affectueuses; comme Rousseau, il hait la distinction des rangs.

Il a écrit là-dessus un livre entier, sorte de pamphlet moral et demi-politique, *le Livre des Snobs*. Nous n'avons pas le mot, parce que nous n'avons pas la chose. Le *snob* est un enfant des sociétés aristocratiques; perché sur son barreau dans la grande échelle, il respecte l'homme du barreau supérieur et méprise l'homme du barreau inférieur, sans s'informer de ce qu'ils valent, uniquement en raison de leur place; du fond du cœur, il trouve naturel de baiser les bottes du premier et de donner des coups de pied au second. Thackeray énumère tout au long les suites de cette habitude. Écoutez la conclusion :

Je ne puis supporter cela plus longtemps. — Cette diabolique invention des mœurs nobiliaires, qui tue la bonté naturelle et l'amitié honnête ! Juste fierté, n'est-ce pas ? rang et préséance ? Bon Dieu ! — La table des rangs et des distinctions est un mensonge, et devrait être jetée au feu. Organiser les rangs et les préséances ! cela était bon pour les maîtres de cérémonies des anciens âges. Vienne maintenant quelque grand maréchal pour organiser l'*égalité* [1].

1. I can bear it no longer — this diabolical invention of gentility

Puis il ajoute avec bon sens, une âpreté et une familiarité tout anglaises :

Si jamais nos cousins les Smigmags m'invitaient en même temps que lord Longues-Oreilles, je saisirais une occasion après dîner, et je lui dirais avec la plus grande bonhomie du monde : « Monsieur, la fortune vous a fait cadeau de plusieurs milliers de guinées de revenu. L'ineffable sagesse de nos ancêtres vous a placé au-dessus de moi comme chef et législateur héréditaire. Notre admirable constitution (l'orgueil des Anglais et l'envie des nations voisines) m'oblige à vous recevoir comme mon sénateur, mon supérieur et mon tuteur. Votre fils aîné, Fitz-Hi-Han, est sûr d'un siége au parlement. Vos plus jeunes fils, les de Bray, daigneront consentir à être capitaines de vaisseau et lieutenants-colonels, à nous représenter dans les cours étrangères, à accepter de bons bénéfices, quand il s'en présentera de convenables. Ces avantages, notre admirable constitution (l'orgueil des Anglais et l'envie, etc.) déclare qu'ils vous sont dus, sans tenir compte de votre imbécillité, de vos vices, de votre égoïsme, ou de votre incapacité et de votre parfaite extravagance. Si imbécile que vous soyez (et nous avons le droit de supposer que milord est un âne aussi justement que de prendre pour accordé qu'il est un patriote éclairé), si imbécile que vous soyez (je me répète), personne ne vous accusera d'une folie assez monstrueuse pour croire que vous soyez indifférent à votre bonne fortune, ou que vous ayez la moindre envie d'y renoncer. Non, et tout patriotes que nous sommes, Smith et moi, si nous étions ducs, je ne doute pas que nous ne fussions les partisans de notre caste ; mais Smith et moi nous ne

---

which kills natural kindliness and honest friendship. Proper pride, indeed! Rank and precedence, forsooth! The table of ranks and degrees is a lie, and should be flung into the fire. Organise rank and precedence! that was well for the masters of ceremonies of former ages. Come forward, some great marshal, and organise EQUALITY in society.

(*The snobs of England*, p. 322.)

sommes pas encore comtes. Nous ne croyons pas utile à l'armée de Smith que le jeune de Bray soit colonel à vingt-cinq ans, — aux relations diplomatiques de Smith que lord Longues-Oreilles soit ambassadeur à Constantinople, — à notre politique, que Longues-Oreilles y fourre son pied héréditaire. — Nous ne pouvons nous empêcher de voir, Longues-Oreilles, que nous valons autant que vous. Nous savons même l'orthographe mieux que vous ; nous sommes capables de raisonner aussi juste ; nous ne voulons point vous avoir pour maitre, ni cirer plus longtemps vos souliers[1].

Cette opinion du politique ne fait que résumer les remarques du moraliste. S'il hait l'aristocratie, c'est moins parce qu'elle opprime l'homme que parce qu'elle corrompt l'homme ; en déformant la vie sociale, elle déforme la vie privée ; en instituant des injustices, elle institue des vices ; après avoir accaparé l'État, elle empoisonne l'âme, et Thackeray retrouve sa trace dans la perversité et dans la sottise de toutes les classes et de tous les sentiments.

Le roi ouvre cette galerie de portraits vengeurs. C'est Georges IV, « le premier gentilhomme du monde. » Ce grand monarque, si justement regretté, sut tailler des patrons d'habits, mener une voiture aussi bien qu'un cocher de Brighton et jouer du violon. Dans la vigueur de la jeunesse et dans le premier

---

1. If ever our cousins the SMIGSMAGS asked me to meet LORD LONG-EARS, I would like to take an opportunity after dinner and say, in the most good-natured way in the world : — Sir, Fortune makes you a present of a number of thousand pounds every year. The ineffable wisdom of our ancestors has placed you as a chief and hereditary legislator over me. Our admirable Constitution (the pride of Britons and envy of surrounding nations) obliges me to receive

feu de l'invention, il inventa le punch au marasquin, une boucle de soulier et un pavillon chinois, le plus hideux bâtiment du monde. « Nous l'avons vu au

you as my senator, superior, and guardian. Your eldest son, FITZ-HEEHAW, is sure of a place in Parliament; your younger sons, the DE BRAYS, will kindly condescend to be post captains and lieutenant-colonels, and to represent us in foreign courts, or to take a good living when it falls convenient. These prizes our admirable constitution (the pride and envy of, etc.) pronounces to be your due; without count of your dulness, your vices, your selfishness, of your entire incapacity and folly. Dull as you may be (and we have as good a right to assume that my lord is an ass, as the other proposition, that he is an enlightened patriot); — dull, I say, as you may be, no one will accuse you of such monstrous folly, as to suppose that you are indifferent to the good luck which you possess, or have any inclination to part with it. No — and patriots as we are, under happier circumstances, SMITH and I, I have no doubt, were we dukes ourselves, would stand by our order.

We would submit good-naturedly to sit in a high place. We would acquiesce in that admirable Constitution (pride and envy of, etc.) which made us chiefs and the world our inferiors; we would not cavil particularly at that notion of hereditary superiority which brought so many simple people cringing to our knees. May be, we would rally round the Corn-Laws : we would make a stand against the Reform bill ; we would die rather than repeal the acts against Catholics and Dissenters; we would, by our noble system of class-legislation, bring Ireland to its present admirable condition.

But SMITH and I are not earls as yet. We don't believe that it is for the interest of SMITH's army that young DE BRAY should be a colonel at five-and-twenty, — of SMITH's diplomatic relations that LORD LONGEARS should go ambassador to Constantinople, — of our politics, that LONGEARS should put his hereditary foot into them.

This bowing and cringing SMITH believes to be the act of snobs ; and he will do all in his might and main to be a snob and to submit to snobs no longer. To LONGEARS he says, " We can't help seeing, LONGEARS, that we are as good as you. We can spell even better; we can think quite as rightly; we will not have you for our master, or black your shoes any more.

(The Snobs of England, p. 322.)

théâtre de Drury-Lane, nous l'avons vu, l'unique ! *le roi!* oui, le roi. Il y était. Les estafiers se tenaient devant la loge auguste. Le marquis de Steyne (lord du cabinet à poudre) et plusieurs autres grands officiers de l'État étaient debout derrière le fauteuil où il était assis..., où il était assis, sa face rouge toute fleurie, sa riche chevelure frisée, son noble ventre tendu en avant. Comme on criait! comme on applaudissait! comme on agitait les mouchoirs! Les dames pleuraient, les mères embrassaient leurs enfants. Quelques-unes s'évanouirent. Oui, nous l'avons vu. La fortune ne peut plus maintenant nous priver de cette joie. D'autres ont vu Napoléon. Que ce soit notre juste orgueil devant notre postérité d'avoir contemplé Georges le Bon, Georges le Magnifique, Georges le Grand. »

Cher prince ! la vertu émanée de son trône héroïque se répandait dans le cœur de tous ses courtisans. Qui jamais offrit un plus bel exemple que le marquis de Steyne? Ce seigneur, roi chez lui, a voulu prouver qu'il l'était. Il force sa femme à s'asseoir à table à côté de filles perdues, ses maîtresses. En vrai prince, il a pour ennemi principal son fils ainé, héritier présomptif du marquisat, qu'il laisse jeûner et qu'il engage à faire des dettes. En ce moment il courtise une charmante personne, mistress Rebecca Crawley, qu'il aime pour son hypocrisie, son sang-froid et son insensibilité sans égale. Le marquis, à force d'avilir et de tyranniser ceux qui l'entourent, a fini par haïr et mépriser l'homme; il n'a plus de goût que pour les scélérats parfaits. Celle-ci le réveille ; un jour même elle le transporte d'enthousiasme. Elle jouait Clytemnestre dans une charade, et son mari, Agamemnon ; elle court au lit les yeux enflammés, l'épée prête, d'un tel air que chacun frémit. « *Brava! brava!* crie le vieux Steyne d'une voix stridente. Par Dieu, elle le ferait! » On voit qu'il a le sentiment du devoir conjugal. Sa conversation est d'une franchise touchante. « Je ne peux pas renvoyer ma pauvre chère Briggs, lui dit Rebecca. — Vous lui devez ses gages? — Bien plus; je l'ai ruinée. — Ruinée? Alors pourquoi ne la chassez-vous pas? » Du reste, *gentleman* accompli et d'une douceur engageante; il traite ses femmes en pacha, et ses paroles valent des coups de verge. Je recommande au lecteur la scène domestique où il donne l'ordre d'inviter mistress Rebecca Crawley. Lady Gaunt, sa belle-fille dit qu'elle n'assistera pas au dîner, et restera chez elle. « Très-bien! vous y trouverez les recors; cela me dispensera de prêter à vos parents et de voir vos airs tragiques. Qui êtes-vous pour donner des ordres ici ? Vous n'avez pas d'argent; vous n'avez pas de cervelle. Vous étiez ici pour avoir des enfants, et vous n'en avez pas. Gaunt est las de vous. Votre belle-sœur est la seule de la famille qui ne vous souhaite point morte, parce que Gaunt se remarierait si vous l'étiez. Vous, prude! De grâce, madame, vous raconterai-je quelques petites anecdotes sur milady Bareacres, votre maman?» Le reste est du même style. Ses belles-filles, poussées à bout, disent qu'elles voudraient êtres mortes. Cette déclaration le met en joie, et il conclut par ce principe : « Ce temple de la vertu m'appartient, et, si j'y invite tout Newgate ou tout Bedlam, par Dieu ! ils y seront bien reçus. » L'habitude du despotisme fait les despotes, et le meilleur moyen de mettre des tyrans dans les familles, c'est de garder des nobles dans l'État.

Reposons-nous à contempler le gentilhomme de campagne. L'innocence des champs, les respects héréditaires, les traditions de famille, la pratique de l'agriculture, l'exercice des magistratures locales, ont dû produire là des hommes probes, sensés, pleins de bonté et d'honnêteté, protecteurs de leur comté et serviteurs de leur pays. Sir Pitt Crawley leur offre un modèle ; il a 100 000 francs de rente, deux sièges au parlement. Il est vrai que les deux sièges lui sont donnés par des bourgs pourris, et qu'il vend le second moyennant 1 500 louis par an. Il est excellent économe, et tond de si près ses fermiers, qu'il ne trouve pour locataires que des faillis. Entrepreneur de diligences, fournisseur du gouvernement, concessionnaire de mines, il paye si mal ses agents et épargne si fort sur la dépense, que ses mines s'inondent, ses chevaux crèvent, ses fournitures lui sont renvoyées. Homme populaire, il préfère toujours la société d'un maquignon à la compagnie d'un *gentleman*. Il jure, boit, plaisante avec les filles d'auberge, vide un verre de vin à la table d'un fermier qu'il exproprie le lendemain, rit avec un braconnier qu'il envoie deux jours après *convict* en Australie. Il a l'accent d'un provincial, l'esprit d'un laquais, les façons d'un rustre. A table, servi par trois laquais et par un sommelier dans de l'argent massif, il demande compte des plats et des bêtes qui les ont fournis. « Qui était ce mouton, Horrock, et quand l'avez-vous tué? — Un des écossais à tête noire, sir Pitt. Nous l'avons tué jeudi. — Qui en a pris? — Steel de Mudbury a pris le dos et les deux cuisses, sir Pitt; mais il dit que le dernier était trop jeune et diablement laineux, sir Pitt. — Et les épaules? » Le dialogue continue sur le même ton : après le mouton d'Écosse, le cochon noir de Kent; ces bêtes semblent la famille de sir Pitt, tant il s'y intéresse. Pour ses filles, il les laisse vagabonder dans la loge du jardinier, où elles prendront l'éducation qui se trouvera. Pour sa femme, il la bat de temps à autre. Pour ses gens, il leur redemande les liards de sa monnaie. « Un liard par jour fait sept schellings par an; sept schellings par an sont l'intérêt de sept guinées. Ayez soin de vos liards, vieille Tinker, et les guinées vous viendront d'elles-mêmes. — Il n'a jamais donné un liard dans sa vie, dit la vieille en grommelant. — Jamais, et je n'en donnerai jamais un; c'est contre mon principe. » Il est impudent, brutal, grossier, ladre, retors, extravagant. Du reste, courtisé par les ministres, grand shérif, honoré, puissant, il roule en carrosse doré et se trouve un des piliers de l'État.

Ceux-là sont riches; probablement l'argent les a corrompus. Cherchons un noble pauvre, exempt de tentations; sa grande âme, livrée à elle-même, laissera voir toute sa beauté native : sir Francis Clavering est dans ce cas. Il a joué, bu et soupé jusqu'à se mettre sur la paille. Il a escroqué de l'argent dans son régiment, « montré sa plume blanche[1], » et, après avoir couru tous les billards de l'Europe, s'est vu déposer en prison par des créanciers discourtois. Pour en sortir, il a épousé une bonne veuve créole qui traite outrageusement l'orthographe, et dont l'argent n'est pas net. Il la ruine, se met à genoux devant elle pour obtenir des écus et son pardon, jure sur la Bible de ne plus faire de dettes, et court en sortant chez l'usurier. De tous les coquins que les romanciers ont mis en scène, il est le plus ignoble. Il n'a plus ni volonté ni bon sens : c'est un homme dissous. Il avale les affronts comme l'eau, pleure, demande pardon et recommence. Il s'humilie, se prosterne, et un instant après jure et tempête, pour retomber dans l'abattement de la plus extrême lâcheté. Il implore, menace, et dans le même quart d'heure prend l'homme menacé pour confident intime et ami de cœur. « N'est-ce pas dur, Altamont, que milady ne veuille plus me confier une seule cuiller? Cela n'est pas d'une lady, Altamont. Il est bien cruel à elle de ne pas me montrer plus de confiance! Et les domestiques qui commencent à rire, les infâmes gredins! Ils ne répondent plus à ma sonnette. Et mon valet qui était au Vauxhall la nuit dernière avec une de mes chemises de toilette et mon gilet de velours! Je l'ai bien reconnu, mon gilet. Ce maudit chien d'insolent! Et il est venu dan-

---

1. Refusé un duel.

ser devant mon nez, le diable l'emporte. Tous ces infernaux gredins de valets! » Sa conversation est un composé de jurons, de lamentations et de radotages ; ce n'est plus un homme, mais les débris d'un homme : il ne subsiste en lui que des restes discordants de passions viles, pareilles aux tronçons d'un serpent écrasé, et qui, faute de pouvoir mordre, se froissent et se tordent dans la bave et dans la boue. L'aspect d'un billet de banque le fait courir les yeux fermés à travers un monceau de supplications et de mensonges. Pour lui l'avenir a disparu ; il ne voit que le présent. Il signera une lettre de change de vingt louis à trois mois pour avoir vingt francs tout de suite. Son abrutissement est devenu de l'imbécillité ; ses yeux sont bouchés ; il ne voit pas que ses protestations excitent la défiance, que ses mensonges excitent le dégoût, qu'à force de bassesse il perd le fruit de ses bassesses, tellement qu'en le voyant entrer on éprouve la violente envie de prendre au cou le noble baronnet, membre du parlement, auguste habitant d'un manoir historique, pour le jeter, comme un panier d'ordures, du haut en bas de l'escalier.

Il faut s'arrêter ; un volume n'épuiserait pas la liste des perfections que Thackeray découvre dans l'aristocratie anglaise. C'est le marquis de Farintosh, vingt-cinquième du nom, illustre imbécile, bien portant et content de soi, que toutes les femmes lorgnent et que tous les hommes saluent ; c'est lady Kew, vieille femme du monde, tyrannique et corrompue, qui fait la guerre à sa fille et la chasse aux mariages ; c'est sir Barnes Newcome, un des êtres les plus poltrons, les plus méchants, les plus menteurs, les mieux bafoués et les plus battus qui aient souri dans un salon et harangué dans un parlement. Je n'en vois qu'un seul estimable, personnage effacé, lord Kew, qui, après beaucoup de sottises et de débauches, est touché par sa vieille mère puritaine et se repent. Mais ces portraits sont doux auprès des dissertations; le commentateur est plus amer encore que l'artiste; il blesse mieux en parlant qu'en faisant parler. Il faut lire ses poignantes diatribes contre les mariages de convenance et le sacrifice des filles, contre l'inégalité des héritages et l'envie des cadets, contre l'éducation des nobles et leurs traditions d'insolence, contre l'achat des grades à l'armée, contre l'isolement des classes, contre tous les attentats à la nature et à la famille inventés par la société et par la loi. Par derrière cette philosophie s'étend une seconde galerie de portraits aussi insultants que les premiers : car l'inégalité, ayant corrompu les grands qu'elle exalte, corrompt les petits qu'elle ravale, et le spectacle de l'envie ou de la bassesse dans les petits est aussi laid que le spectacle de l'insolence ou du despotisme dans les grands. Selon Thackeray, la société anglaise est un composé de flatteries et d'intrigues, chacun s'efforçant de se guinder d'un échelon et de repousser ceux qui montent. Être reçu à la cour, voir son nom dans les journaux sur une liste d'illustres convives, offrir chez soi une tasse de thé à quelque illustre pair hébété et bouffi, telle est la borne suprême de l'am-

bition et de la félicité humaine. Pour un maître, il y
a toujours cent valets. Le major Pendennis, homme
résolu, de sang-froid et habile, a contracté cette lèpre. Son bonheur aujourd'hui est de saluer un lord.
Il ne se trouve bien que dans un salon ou dans un
parc d'aristocratie. Il a besoin d'être traité avec cette
bienveillance humiliante dont les grands assomment
leurs inférieurs. Il embourse très-bien les manques
d'égards, et dîne gracieusement à une table illustre
où on l'invite en trois ans deux fois pour boucher un
trou. Il quitte un homme de génie ou une femme d'esprit pour causer avec une pécore titrée ou un lord
ivrogne. Il aime mieux être toléré chez un marquis
que respecté chez un bourgeois. Ayant érigé ces
belles inclinations en principes, il les inculque à son
neveu qu'il aime, et, pour le pousser dans le monde,
lui offre en mariage une fortune escroquée et la fille
d'un *convict*. — D'autres se glissent dans les salons
augustes, non plus par mœurs de parasites, mais à
beaux deniers comptants. Autrefois en France les
seigneurs, avec des écus bourgeois, fumaient leurs
terres ; aujourd'hui en Angleterre les bourgeois, avec
un mariage noble, anoblissent leur argent. Moyennant cent mille guinées donnés au père, Pump le
marchand épouse lady Blanche Cou-Roide, laquelle
reste lady, quoique sa femme. Naturellement il est
méprisé par elle, comme bourgeois, et de plus dé-
testé, comme l'ayant faite à demi bourgeoise. Il n'ose
voir ses amis chez lui, ce sont gens trop bas pour sa
femme. Il n'ose visiter les amis de sa femme chez eux,

ce sont gens trop hauts pour lui. Il est le sommelier da sa femme, la risée de son beau-père, le domestique de son fils, et se console en espérant que ses petits-fils, devenus barons Pump, rougiront de lui et ne voudront jamais prononcer son nom. — Une troisième façon d'entrer dans la noblesse est de se ruiner et de ne voir personne. Ce moyen ingénieux est employé à la campagne par Mme la majoresse Punto. Elle a pour ses filles une gouvernante incomparable, qui croit que Dante s'appelait Alighieri parce qu'il était d'Alger, mais qui a fait l'éducation de deux marquis et d'une comtesse. « Cette solitude est triste, lui dit quelqu'un, vous pourriez recevoir l'homme de loi. — Une famille comme la nôtre, cher monsieur, est-ce possible ? — Le docteur ? — Lui peut-être ; mais sa femme et ses enfants, fi donc ! — Les gens de cette grande maison là-bas ? — Là-bas ? Le château calicot ? un drapier retiré ! Des gens comme nous sont obligés de se respecter eux-mêmes. — Le ministre ? — Horreur ! Il prêche en surplis, mon cher monsieur, c'est un puséiste. » Cette famille sensée bâille toute seule six mois durant, et le reste de l'année jouit de la gloutonnerie des hobereaux qu'elle régale et des rebuffades des grands lords qu'elle visite. Le fils, officier de hussards, a besoin de luxe pour vivre de pair avec les seigneurs ses camarades, et son tailleur prend au père trois cents guinées par an sur neuf cents qui font tout le revenu de toute la famille. Je ne finirais pas si je comptais toutes les vilenies et toutes les misères que Thackeray attribue à l'esprit aristocratique : la division des familles, la hauteur de la sœur anoblie, la jalousie de la sœur roturière, l'abaissement des caractères dressés dès l'école à vénérer les petits lords, la dégradation des filles qui veulent accrocher des maris nobles, la rage des vanités refoulées, la lâcheté des complaisances offertes, le triomphe de la sottise, le mépris du talent, l'injustice consacrée, le cœur dénaturé, les mœurs perverties. Devant ce tableau frappant de vérité et de génie, on a besoin de se rappeler que cette inégalité blessante est la cause d'une liberté salutaire, que l'iniquité sociale produit la prospérité politique, qu'une classe de grands héréditaires est une classe d'hommes d'État héréditaires, qu'en un siècle et demi l'Angleterre a eu cent cinquante ans de bon gouvernement, qu'en un siècle et demi la France a eu cent vingt ans de mauvais gouvernement, que tout se paye et qu'on peut payer cher des chefs capables, une politique suivie, des élections libres, et la surveillance du gouvernement par la nation. On a besoin aussi de se rappeler que ce talent, fondé sur la réflexion intense et concentré dans les préoccupations morales, a dû transformer la peinture des mœurs en satire systématique et militante, exaspérer la satire jusqu'à l'animosité calculée et implacable, noircir la nature humaine, et s'acharner, avec une haine choisie, redoublée et naturelle, contre le vice principal de son pays et de son temps.

§ 2.

L'ARTISTE.

I

En littérature comme en politique, on ne peut tout avoir. Les talents, comme les bonheurs, s'excluent. Quelque constitution qu'il choisisse, un peuple est toujours à demi malheureux ; quelque génie qu'il ait, un écrivain est toujours à demi impuissant. Nous ne pouvons garder à la fois qu'une attitude. Transformer le roman, c'est le déformer : celui qui, comme Thackeray, donne au roman la satire pour objet cesse de lui donner l'art pour règle, et toutes les forces du satirique sont des faiblesses du romancier.

Qu'est-ce qu'un romancier ? A mon avis, c'est un psychologue, un psychologue qui naturellement et involontairement met la psychologie en action ; ce n'est rien d'autre, ni de plus. Il aime à se représenter des sentiments, à sentir leurs attaches, leurs précédents, leurs suites, et il se donne ce plaisir. A ses yeux, ce sont des forces ayant des directions et des grandeurs différentes. De leur justice ou de leur injustice, il s'inquiète peu. Il les assemble en caractères, conçoit la qualité dominante, aperçoit les traces qu'elle laisse sur les autres, note les influences contraires ou concordantes du tempérament, de l'éducation, du métier, et travaille à manifester le monde invisible des inclinations et des dispositions intérieures par le monde visible des paroles et des actions extérieures. A cela se réduit son œuvre. Quels que soient ces penchants, peu lui importe. Un vrai peintre regarde avec plaisir un bras bien attaché et des muscles vigoureux, quand même ils seraient employés à assommer un homme. Un vrai romancier jouit par contemplation de la grandeur d'un sentiment nuisible ou du mécanisme ordonné d'un caractère pernicieux. Pour talent il a la sympathie, car elle est la seule faculté qui copie exactement la nature ; occupé à ressentir les émotions de ses personnages, il ne songe qu'à en marquer la vigueur, l'espèce et les contrecoups. Il nous les représente telles qu'elles sont, tout entières, sans les blâmer, sans les punir, sans les mutiler; il les transporte en nous intactes et seules, et nous laisse le droit d'en juger comme il nous convient. Tout son effort est de les rendre visibles, de dégager les types obscurcis et altérés par les accidents et les imperfections de la vie réelle, de mettre en relief les larges passions humaines, d'être ébranlé par la grandeur des êtres qu'il ranime, de nous soulever hors de nous-mêmes par la force de ses créations. Nous reconnaissons l'art dans cette puissance créatrice, indifférente et universelle comme la nature, plus libre et plus puissante que la nature, reprenant l'œuvre ébauchée ou défigurée de sa rivale pour corriger ses fautes et effectuer ses conceptions.

Tout est changé par l'arrivée de la satire, et d'abord le rôle de l'auteur. Quand dans le roman pur il parle en son nom propre, c'est pour faire comprendre un sentiment ou marquer la cause d'une faculté ; dans le roman satirique, c'est pour nous donner un conseil moral. On a vu combien de leçons Thackeray nous fait subir. Qu'elles soient bonnes, personne n'en dispute : à tout le moins elles prennent la place des explications utiles. Le tiers du volume, employé en avertissements, est perdu pour l'art. Sommés de réfléchir sur nos fautes, nous connaissons moins bien le personnage. L'auteur laisse de parti pris cent nuances fines qu'il aurait pu découvrir et nous montrer. Le personnage, moins complet, est moins vivant ; l'intérêt, moins concentré, est moins vif. Détournés de lui, au lieu d'être ramenés sur lui, nos yeux s'égarent et l'oublient ; au lieu d'être absorbés, nous sommes distraits. Bien plus et bien pis, nous finissons par éprouver un peu d'ennui. Nous jugeons ces sermons vrais, mais rebattus. Il nous semble entendre des instructions de collége ou des manuels de séminaire. On trouve des choses pareilles dans les livres dorés, à couvertures historiées, qu'on donne pour étrennes aux enfants. Êtes-vous bien réjoui d'apprendre que les mariages de convenance ont leurs inconvénients, qu'en l'absence de son ami on dit volontiers du mal de son ami, qu'un fils par ses désordres afflige souvent sa mère, que l'égoïsme est un vilain défaut? Tout cela est vrai ; mais tout cela est trop vrai. Nous venons écouter un homme pour entendre de lui des choses nouvelles. Ces vieilles moralités, quoique utiles et bien dites, sentent le pédant payé, si commun en Angleterre, l'ecclésiastique en cravate blanche planté comme un piquet au centre de sa table, et débitant pour trois cents louis d'admonestations quotidiennes aux jeunes *gentlemen* que les parents ont mis en serre chaude dans sa maison.

Cette présence assidue d'une intention morale nuit au roman comme au romancier. Il faut bien l'avouer : tel volume de Thackeray a le cruel malheur de répéter les romans de miss Edgeworth ou les contes du chanoine Schmidt. Le voici qui nous montre Pendennis orgueilleux, dépensier, écervelé, paresseux, refusé aux examens avec honte, pendant que ses camarades, moins spirituels, mais studieux, sont reçus avec honneur. Cette opposition édifiante nous laisse froids ; nous n'avons pas envie de retourner à l'école ; nous fermons le livre, et nous le conseillons comme pilule à notre petit cousin. D'autres puérilités moins choquantes finissent par lasser autant. On n'aime pas le contraste prolongé du bon colonel Newcome et de ses mauvais parents. Ce colonel donne de l'argent et des gâteaux à tous les enfants, de l'argent et des cachemires à toutes les cousines, de l'argent et de bonnes paroles à tous les domestiques, et ces gens ne lui répondent que par de la froideur et des grossièretés. Il est clair, dès la première page, que l'auteur veut nous persuader d'être affables, et nous regimbons contre cette invitation trop claire ; nous n'aimons pas à être tancés dans un roman ; nous sommes de mauvaise humeur contre cette invasion de pédagogie. Nous voulions aller au théâtre ; nous avons été trompés par l'affiche, et nous grondons tout bas d'être au sermon.

Consolons-nous : les personnages souffrent autant que nous-mêmes ; l'auteur les gâte en nous prêchant ; ils sont sacrifiés, comme nous, à la satire. Ce ne sont point des êtres qu'il anime, ce sont des marionnettes qu'il fait jouer[1]. Il ne combine leurs actions que pour leur donner du ridicule, de l'odieux ou des désappointements. Au bout de quelques scènes, on connaît ce ressort, et dorénavant on prévoit sans cesse et sans erreur qu'il va partir. Cette prévision ôte au personnage une partie de sa vérité, et au lecteur une partie de son illusion. Les sottises parfaites, les mésaventures complètes, les méchancetés achevées, sont choses rares. Les événements et les sentiments de la vie réelle ne s'arrangent pas de manière à former des contrastes si calculés et des combinaisons si habiles. La nature n'invente point ces jeux de scène ; l'on s'aperçoit vite qu'on est devant une rampe, en face d'acteurs fardés, dont les paroles sont écrites et les gestes sont notés.

Pour se représenter exactement cette altération de la vérité et de l'art, il faut comparer pied à pied deux caractères. Il y a un personnage que l'on reconnaît

1. Ce sont ses propres paroles. (Préface de *Vanity Fair*.)

unanimement comme le chef-d'œuvre de Thackeray, Rebecca Sharp, intrigante et courtisane, mais femme supérieure et de bonnes façons. Comparons-le à un personnage semblable de Balzac dans *les Parents pauvres*, Valérie Marneffe. La différence des deux œuvres marquera la différence des deux littératures. Autant les Anglais l'emportent comme moralistes et satiriques, autant les Français l'emportent comme artistes et romanciers.

Balzac aime sa Valérie; c'est pourquoi il l'explique et la grandit. Il ne travaille pas à la rendre odieuse, mais intelligible. Il lui donne une éducation de courtisane, un mari « dépravé comme un bagne, » l'habitude du luxe, l'insouciance, la prodigalité, des nerfs de femme, des dégoûts de jolie femme, une verve d'artiste. Ainsi née et élevée, sa corruption est naturelle. Elle a besoin d'élégance comme on a besoin d'air. Elle en prend n'importe où, sans remords, comme on boit de l'eau au premier fleuve. Elle n'est pas pire que son métier; elle en a toutes les excuses innées, acquises, de tempérament, de tradition, de circonstance, de nécessité; elle en a toutes les forces, l'abandon, la grâce, la gaieté folle, les alternatives de trivialité et d'élégance; l'audace improvisée, les inventions comiques, la magnificence et le succès. Elle est parfaite en son genre, pareille à un cheval dangereux et superbe qu'on admire en le redoutant. Balzac se plaît à la peindre sans autre but que de la peindre. Il l'habille, il lui pose des mouches, il déploie ses robes, il frémit devant ses mouvements de danseuse.

Il détaille ses gestes avec autant de plaisir et de vérité que s'il eût été femme de chambre. Sa curiosité d'artiste trouve un aliment dans les moindres traits de caractère et de mœurs. Au bout d'une scène violente, il s'arrête sur un moment vide, et la montre, paresseuse, étendue sur des divans, comme une chatte qui bâille et se détire au soleil. En physiologiste, il sait que les nerfs de la bête de proie s'amollissent et qu'elle ne cesse de bondir que pour dormir. Mais quels bonds! Elle éblouit, elle fascine, elle tient tête coup sur coup à trois accusations prouvées ; elle réfute l'évidence; tour à tour elle s'humilie, elle se glorifie, elle raille, elle adore, elle démontre, changeant vingt fois de tons, d'idées, d'expédients, dans le même quart d'heure. Un vieux boutiquier, cuirassé contre les émotions par le métier et par l'avarice, tressaille sous sa parole : « Elle me met les pieds sur le cœur, elle m'écrase, elle m'abasourdit; ah! quelle femme! quand elle me regarde froidement, elle me remue autant qu'une colique.... *Comme elle descendait l'escalier en l'éclairant de ses regards!* » Partout la fougue, la force, l'atrocité, couvrent la laideur et la corruption. Attaquée dans sa fortune par une femme honnête, elle improvise une comédie incomparable, jouée avec l'éloquence et l'exaltation d'un grand poëte, et rompue tout d'un coup par l'éclat de rire et la trivialité crue d'une actrice fille de portier. Le style et les actions s'élèvent jusqu'à la grandeur de l'épopée. « Au mot Hulot et deux cent mille francs, Valérie eut un regard qui passa, comme la lueur du canon dans sa fumée, entre ses deux longues paupières. » Un peu plus loin, surprise en flagrant délit par un de ses amants, Brésilien et capable de la tuer, elle fléchit un instant; redressée dans la même seconde, ses larmes sèchent. « Elle vint à lui, et le regarda si fièrement que ses yeux étincelèrent comme des armes. » Le danger la relève et l'inspire, et ses nerfs tendus envoient à flots le génie et le courage dans son cerveau. Pour achever de peindre cette nature impétueuse, supérieure et mobile, Balzac, au dernier instant, la fait repentante. Pour mesurer sa fortune à son vice, il la conduit triomphante à travers la ruine, la mort ou le désespoir de vingt personnes, et la brise au moment suprême d'une chute aussi horrible que son succès.

Devant cette passion et cette logique, qu'est-ce que Rebecca Sharp? Une intrigante raisonnable, d'un tempérament froid, pleine de bon sens, ancienne sous-maîtresse, ayant des habitudes de parcimonie, véritable homme d'affaires, toujours décente, toujours active, dénuée du caractère féminin, de la mollesse voluptueuse et de l'entrain diabolique qui peuvent donner de l'éclat à son caractère et de la grâce à son métier. Ce n'est pas une courtisane, c'est un avocat en jupon et sans cœur. Rien de plus propre à inspirer l'aversion. L'auteur ne manque pas une occasion de lui témoigner la sienne; pendant trois volumes, il la poursuit de sarcasmes et de mésaventures; il ne lui prête que des paroles fausses, des actions perfides, des sentiments révoltants. Dès son entrée en scène, à

dix-sept ans, accueillie avec la bonté la plus rare par
une honnête famille, elle ment depuis le matin jusqu'au soir, et, par des provocations grossières, essaye d'y pêcher un mari. Pour mieux l'accabler, Thackeray fait ressortir lui-même toutes ces bassesses,
tous ces mensonges et toutes ces indécences. Rebecca
a serré tendrement la main du gros Joseph. « C'était
une avance, et, à ce titre, quelques dames d'une éducation et d'un ton parfait condamneront l'action
comme immodeste ; mais vous voyez, notre pauvre
chère Rebecca était obligée de faire tout par elle-même. Quand une personne est trop pauvre pour
avoir une servante, si élégante qu'elle soit, elle est
bien forcée de balayer sa propre chambre. Si une
chère jeune fille n'a pas de chère maman pour
arranger l'affaire avec les jeunes gens, il faut bien
qu'elle l'arrange elle-même. » — Gouvernante chez
sir Pitt, elle gagne l'amitié de ses élèves en lisant
avec elles Crébillon jeune et Voltaire. « La femme du
recteur, écrit-elle, m'a fait une vingtaine de compliments sur les progrès de mes élèves, pensant sans
doute toucher mon cœur ; pauvre et simple campagnarde ! comme si je me souciais pour un fétu de mes
élèves ! » Cette phrase est une imprudence peu naturelle dans une personne si réfléchie, et que l'auteur
ajoute au rôle pour rendre le rôle odieux. Un peu
plus loin, Rebecca est grossièrement flatteuse et vile
avec la vieille miss Crawley, et ses tirades pompeuses,
visiblement fausses, au lieu d'exciter l'admiration,
soulèvent le dégoût. Elle est égoïste et menteuse avec

son mari, et, le sachant sur le champ de bataille, ne s'occupe qu'à se faire une petite bourse. Thackeray insiste à dessein sur le contraste : le lourd officier a compté en partant tous ses effets, calculant la somme qu'ils pourront produire à sa femme ; il endosse pour être tué économiquement son habit le plus vieux et le plus râpé. « Il y eut sur ses lèvres quelque chose de pareil à une prière pour celle qu'il quittait. Il la souleva de terre, la garda une minute serrée contre son cœur qui battait fort. Son visage était pourpre et ses yeux mouillés, quand il la déposa à terre. Pour Rebecca, comme nous l'avons dit, elle avait pris la sage résolution de ne point céder à une sentimentalité inutile. « Je suis affreuse à voir, » dit-elle en s'examinant dans la glace. « Quelle figure vous donne « cette toilette rose ! » Là-dessus elle se débarrassa de sa toilette rose, posa son bouquet de bal dans un verre d'eau, se mit au lit et dormit très-confortablement. » Par ces exemples, jugez du reste ; Thackeray n'est occupé qu'à dégrader Rebecca Sharp. Il la convainc de dureté envers son fils, de vol contre ses fournisseurs, d'imposture contre tout le monde. Pour l'achever, il fait d'elle une dupe ; quoi qu'elle fasse, elle n'arrive à rien. Compromise par les avances qu'elle a prodiguées à l'imbécile Joseph, elle attend de minute en minute une demande en mariage. Une lettre arrive, annonçant que Joseph est parti pour l'Écosse, et qu'il offre ses compliments à miss Rebecca. — Trois mois plus tard, elle a épousé secrètement le capitaine Rawdon, lourdaud pauvre. Sir Pitt, père de Rawdon, se jette à ses pieds, muni de cent mille livres de rentes, et s'offre pour mari. Consternée, elle pleure de désespoir. « Mariée, mariée, mariée déjà ! » c'est là son cri, et il y a de quoi percer les âmes sensibles. — Plus tard elle essaye de gagner sa belle-sœur en se donnant pour bonne mère. « Pourquoi m'embrassez-vous ici, maman ? lui dit son fils ; vous ne m'embrassez jamais à la maison. » Là-dessus, discrédit complet ; cette fois encore elle est perdue. — Lord Steyne, son amant, la présente dans le monde, la comble de bijoux, de banknotes, et fait nommer son mari gouverneur de quelque île orientale. Le mari rentre maladroitement, soufflette lord Steyne, restitue les diamants et la chasse. — Vagabonde sur le continent, elle essaye cinq ou six fois de devenir riche et de paraître honnête. Toujours, au moment de parvenir, le hasard la rejette à terre. Thackeray se joue d'elle, comme un enfant d'un hanneton ; la laissant grimper péniblement au haut de l'échelle pour la tirer par le pied et la faire honteusement choir. Il finit par la traîner dans les tavernes et dans les coulisses, et de loin la montre du doigt, joueuse, ivrogne, sans plus vouloir la toucher. A la dernière page, il l'installe bourgeoisement dans une médiocre fortune escroquée par des manœuvres obscures, et la laisse, décriée, inutilement hypocrite, reléguée dans le demi-monde. Sous cette pluie d'ironies et de mécomptes, l'héroïne s'est rapetissée, l'illusion s'est affaiblie, l'intérêt a diminué, l'art s'est amoindri, la poésie a disparu, et le personnage, plus utile, est devenu moins vrai et moins beau.

II

Supposez qu'un heureux hasard écarte ces causes de faiblesse et ouvre ces sources de talent. Entre tous ces romans altérés paraîtra un roman véritable, élevé, touchant, simple, original, l'histoire de Henry Esmond. Thackeray n'en a pas fait de moins populaire ni de plus beau.

Ce livre comprend les mémoires fictifs du colonel Esmond, contemporain de la reine Anne, qui, après une vie agitée en Europe, se retira avec sa femme en Virginie, et y fut planteur. Esmond parle, et l'obligation d'approprier le ton au personnage supprime le style satirique, l'ironie répétée, le sarcasme sanglant, les scènes apprêtées pour railler la sottise, les événements combinés pour écraser le vice. Dès lors on rentre dans le monde réel, on se laisse aller à l'illusion, on jouit d'un spectacle varié, aisément déroulé, sans prétention morale. Vous n'êtes plus persécuté de conseils personnels; vous restez à votre place, tranquille, en sûreté, sans que le doigt d'un acteur, levé vers votre figure, vous avertisse, au moment intéressant, que la pièce se joue à votre intention et pour opérer votre salut. En même temps, et sans y penser, vous vous trouvez à votre aise. Au sortir de la satire acharnée, la pure narration vous charme; vous vous reposez de haïr. Vous êtes comme un chirurgien d'armée qui, après une journée de combats et d'opérations, s'assierait sur un tertre et contemplerait le mouvement du camp, le défilé des équipages et les horizons lointains adoucis par les teintes brunes du soir.

D'autre part, les longues réflexions, qui semblaient banales et déplacées sous la plume de l'écrivain, deviennent naturelles et attachantes dans la bouche du personnage. Esmond est un vieillard qui écrit pour ses enfants et leur commente son expérience. Il a le droit de juger la vie; ses maximes appartiennent à son âge; devenues des traits de mœurs, elles perdent leur air doctoral; on les écoute avec complaisance, et l'on aperçoit, en tournant la page, le sourire calme et triste qui les a dictées.

Avec les réflexions, on souffre les détails. Ailleurs les minutieuses descriptions paraissent souvent puériles; nous blâmions l'auteur de s'arrêter, avec un scrupule de peintre anglais, sur des aventures d'école, des scènes de diligence, des accidents d'auberge; nous jugions que cette attention intense, faute de pouvoir se prendre aux grands sujets de l'art, se rabaissait enchaînée à des observations de microscope et à des détails de photographie. Ici tout change. Un auteur de mémoires a le droit de raconter ses impressions d'enfance. Ses souvenirs lointains, débris mutilés d'une vie oubliée, ont un charme extrême; on redevient enfant avec lui. Une leçon de latin, un passage de soldats, un voyage en croupe, deviennent des événements importants que la distance embellit; on jouit de son plaisir si paisible et si intime, et l'on éprouve comme lui une douceur très-grande à voir renaître avec tant d'aisance, et dans une lumière si pleine, les fantômes familiers du passé. Le détail minutieux ajoute à l'intérêt en ajoutant au naturel. Les récits de campagnes, les jugements épars sur les livres et les événements du temps, cent petites scènes, mille petits faits visiblement inutiles, font par cela même illusion. On oublie l'auteur, on entend le vieux colonel, on se trouve transporté cent ans en arrière, et l'on a le contentement extrême et si rare de croire à ce qu'on lit.

En même temps que le sujet supprime les défauts ou les tourne en qualités, il offre aux qualités la plus belle matière. Cette puissante réflexion a décomposé et reproduit les mœurs du temps avec une fidélité étonnante. Thackeray connaît Swift, Steele, Addison, Saint-John, Malborough, aussi profondément que l'historien le plus attentif et le plus instruit. Il peint leurs habits, leur ménage, leur conversation, comme Walter Scott lui-même, et, ce que Walter Scott ne sait pas faire, il imite leur style, tellement qu'on s'y trompe, et que plusieurs de leurs phrases authentiques intercalées dans son texte ne s'en distinguent pas. Cette parfaite imitation ne se borne pas à quelques scènes choisies ; elle embrasse tout le volume. Le colonel Esmond écrit comme en 1700. Le tour de force, j'allais dire le tour de génie, est aussi grand que l'effort et le succès de Courier retrouvant le style de l'antique Grèce. Celui d'Esmond a la mesure, la justesse, la simplicité, la solidité des classiques. Nos témérités modernes, nos images prodiguées, nos figures heurtées, notre usage de gesticuler, notre volonté de faire effet, toutes nos mauvaises habitudes littéraires ont disparu. Thackeray a dû remonter au sens primitif des mots, retrouver des tours oubliés, recomposer un état d'intelligence effacé et une espèce d'idées perdue, pour rapprocher si fort la copie de l'original. L'imagination de Dickens elle-même eût manqué cette œuvre. Il a fallu, pour la tenter et l'accomplir, toute la sagacité, tout le calme et toute la force de la science et de la méditation.

Mais le chef-d'œuvre du livre est le caractère d'Esmond. Thackeray lui a donné cette bonté tendre, presque féminine, qu'il élève partout au-dessus des autres vertus humaines, et cet empire de soi qui est l'effet de la réflexion habituelle. Ce sont là toutes les plus belles qualités de son magasin psychologique ; chacune d'elles, par son opposition, ajoute au prix de l'autre. Nous voyons un héros, mais original et nouveau, Anglais par sa volonté froide, moderne par la délicatesse et la sensibilité de son cœur.

Henry Esmond est un pauvre enfant, bâtard présumé d'un lord Castlewood et recueilli par les héritiers du nom. Dès la première scène, on est pénétré de l'émotion modérée et noble qu'on gardera jusqu'au bout du volume. Lady Castlewood, arrivant pour la première fois au château, vient à lui dans la grande bibliothèque ; instruite par la femme de charge, elle rougit, s'éloigne ; un instant après, tou-

chée de remords, elle revient. « Avec un regard de
tendresse infinie, elle lui prit la main, lui posant son
autre belle main sur la tête, et lui disant quelques
mots si affectueux et d'une voix si douce, que l'enfant, qui jamais n'avait vu auparavant de créature si
belle, sentit comme l'attouchement d'un être supérieur ou d'un ange qui le faisait fléchir jusqu'à terre,
et baisa la belle main protectrice en s'agenouillant
sur un genou. Jusqu'à la dernière heure de sa vie,
Esmond se rappellera les regards et la voix de la
dame, les bagues de ses belles mains, jusqu'au parfum de sa robe, le rayonnement de ses yeux éclairés
par la bonté et la surprise, un sourire épanoui sur
ses lèvres, et le soleil faisant autour de ses cheveux
une auréole d'or.... Il semblait, dans la pensée de
l'enfant, qu'il y eût dans chaque geste et dans chaque
regard de cette belle créature une douceur angélique, une lumière de bonté. Au repos, en mouvement, elle était également gracieuse. L'accent de sa
voix, si communes que fussent ses paroles, lui donnait un plaisir qui montait presque jusqu'à l'angoisse. On ne peut pas appeler amour ce qu'un
enfant de douze ans, presque un domestique, ressentait pour une dame de si haut rang, sa maîtresse;
c'était de l'adoration. » Ce sentiment si noble et si
pur se déploie par une suite d'actions dévouées, racontées avec une simplicité extrême; dans les moindres paroles, dans un tour de phrase, dans un entretien indifférent, on aperçoit un grand cœur, passionné de gratitude, ne se lassant jamais d'inventer

des bienfaits ou des services, consolateur, ami, conseiller, défenseur de l'honneur de la famille et de la fortune des enfants. Deux fois Esmond s'est interposé entre lord Castlewood et le duelliste lord Mohun ; il n'a point tenu à lui que l'épée du meurtrier ne trouvât sa poitrine. Quand lord Castlewood mourant lui révèle qu'il n'est point bâtard, que le titre et la fortune lui appartiennent, il brûle sans rien dire la confession qui pourrait le tirer de la pauvreté et de l'humiliation où il a langui si longtemps. Outragé par sa maîtresse, malade d'une blessure qu'il a reçue aux côtés de son maître, accusé d'ingratitude et de lâcheté, sa justification dans sa main, il persiste à se taire. « Quand le combat fut fini dans son âme, un rayon de pure joie la remplit, et, avec des larmes de reconnaissance, il remercia Dieu du parti qu'il lui avait donné la force d'embrasser. » Plus tard, amoureux d'une autre femme, certain de ne pouvoir l'épouser si sa naissance reste tachée aux yeux du monde, acquitté envers sa bienfaitrice dont il a sauvé le fils, supplié par elle de reprendre le nom qui lui appartient, il sourit doucement et lui répond de sa voix grave :

« La chose a été réglée, il y a douze ans, auprès du lit de mon cher lord. Les enfants n'en doivent rien savoir. Franck et ses héritiers porteront notre nom. Il est à lui légitimement ; je n'ai pas même la preuve du mariage de mon père et de ma mère[1], quoique mon pauvre cher lord, à son lit de mort, m'ait dit que le P. Holt en avait apporté une à Castle-

---

1. Il l'a.

wood. Je n'ai pas voulu la chercher quand j'étais sur le continent. Je suis allé regarder le tombeau de ma pauvre mère dans son couvent; que lui importe maintenant? Aucun tribunal, sur ma simple parole, n'ôterait à milord vicomte son titre pour me le donner. Je suis le chef de la maison, chère Lady; mais Franck reste vicomte de Castlewood, et, plutôt que de le troubler, je me ferais moine, ou je disparaîtrais en Amérique. »

Comme il parlait ainsi à sa chère maîtresse, pour laquelle il aurait consenti à donner sa vie ou à faire à tout instant tout sacrifice, la tendre créature se jeta à genoux devant lui et baisa ses deux mains dans un transport d'amour passionné et de gratitude tel que son cœur fondit et qu'il se sentit très-fier et très-reconnaissant que Dieu lui eût donné le pouvoir de montrer son amour pour elle et de le prouver par quelque petit sacrifice de sa part. Être capable de répandre des bienfaits et du bonheur sur ceux qu'on aime est la plus grande bénédiction accordée à un homme. Et quelle richesse ou quel nom, quel contentement de vanité ou d'ambition eût pu se comparer au plaisir qu'éprouvait Esmond en ce moment, de pouvoir témoigner quelque affection à ses meilleurs et à ses plus chers amis?

« Chère sainte, dit-il, âme pure qui avez eu tant à souffrir, qui avez comblé le pauvre orphelin délaissé d'un si grand trésor de tendresse, c'est à moi de m'agenouiller, non à vous; c'est à moi d'être reconnaissant de ce que je puis vous rendre heureuse. Béni soit Dieu de ce que je puis vous servir[1]! »

Ces tendresses si nobles paraissent encore plus touchantes par le contraste des actions qui les en-

---

1. " It was settled twelve years since, by my dear lord's bedside." says Colonel Esmond. " The children must know nothing of this. Frank and his heirs after him must bear our name. 'Tis his rightfully ; I have not even a proof of that marriage of my father and mother, though my poor lord, on his death-bed, told me that Father Holt had brought such a proof to Castlewood. I would not seek it

tourent. Esmond fait la guerre, sert un parti, vit au milieu des dangers et des affaires, jugeant de haut les révolutions et la politique, homme expérimenté, instruit, lettré, prévoyant, capable de grandes entreprises, muni de prudence et de courage, poursuivi de préoccupations et de chagrins, toujours triste et toujours fort. Il finit par mener en Angleterre le prétendant, frère de la reine Anne, et le tient déguisé à Castlewood, attendant l'instant où la reine mourante et gagnée va le déclarer héritier du trône. Ce jeune prince, vrai Stuart, fait la cour à la fille de lord Castlewood, Béatrix, aimée d'Esmond, et s'é-

when I was abroad. I went and looked at my poor mother's grave in her convent. What matter to her now? No court of law on earth, upon my mere word, would deprive my Lord Viscount and set me up. I am the head of the house, dear lady; but Frank is Viscount of Castlewood still. And rather than disturb him, I would turn monk, or disappear in America."

As he spoke so to his dearest mistress, for whom he would have been willing to give up his life, or to make any sacrifice any day, the fond creature flung herself down on her knees before him, and kissed both his hands in an outbreak of passionate love and gratitude, such as could not but melt his heart, and make him feel very proud and thankful that God had given him the power to show his love for her, and to prove it by some little sacrifice on his own part. To be able to bestow benefits or happiness on those one loves is sure the greatest blessing conferred upon a man, and what wealth or name, or gratification of ambition or vanity could compare with the pleasure Esmond now had of being able to confer some kindness upon his best and dearest friends?

" Dearest saint, " says he — " purest soul, that has had so much to suffer, that has blessed the poor lonely orphan with such a treasure of love. ' Tis for me to kneel, not for you : 'tis for me to be thankful that I can make you happy. Hath my life any other aim ? Blessed be God that I can serve you ! "

(*Henry Esmond*, t. II, p. 119.)

chappe de nuit pour la rejoindre. Esmond, qui l'attend, voit la couronne perdue et sa maison déshonorée. Son honneur insulté et son amour outragé éclatent d'un élan superbe et terrible. Pâle, les dents serrées, le cerveau fiévreux par quatre nuits de pensées et de veilles, il garde sa raison lucide, son ton contenu, et explique au prince en style d'étiquette, avec la froideur respectueuse d'un rapporteur officiel, la sottise que le prince a faite et la lâcheté que le prince a voulu faire. Il faut lire la scène pour sentir ce que ce calme et cette amertume témoignent de supériorité et de passion.

Le prince murmura le mot de guet-apens.

« Le guet-apens, sire, n'est pas de nous. Ce n'est pas nous qui vous avons invité ici. Nous sommes venus pour venger, non pour achever le déshonneur de notre famille.

— Déshonneur! dit le prince en devenant pourpre; morbleu! il n'y a point eu de déshonneur, seulement un peu de gaieté innocente....

— Qui devait avoir une fin sérieuse.

— Je jure, milords, cria le prince impérieusement, sur l'honneur d'un gentilhomme....

— Que nous sommes arrivés à temps. Il n'y a point eu de mal encore, Franck, » dit le colonel Esmond en se tournant vers le jeune Castlewood. Regardez; voici un papier où Sa Majesté a daigné commencer quelques vers en l'honneur ou au déshonneur de Béatrix. Voici *madame* et *flamme, cruelle* et *rebelle, amour* et *jour*, avec l'écriture et l'orthographe royale. Si l'auguste amant eût été heureux, il n'eût point passé son temps à soupirer.

— Monsieur, dit le prince enflammé de fureur, suis-je venu ici pour recevoir des insultes?

— Pour en faire, sauf le bon plaisir de Votre Majesté, dit

le colonel en s'inclinant très-bas, et les gentilshommes de notre famille sont venus pour vous remercier.

— Malédiction! dit le jeune homme les larmes aux yeux de rage impuissante et de mortification. Que voulez-vous de moi, messieurs?

— Si Votre Majesté veut bien entrer dans l'appartement voisin, dit Esmond du même ton grave, j'ai quelques papiers que je voudrais lui soumettre, et avec sa permission je vais l'y conduire. » Puis, prenant le flambeau, et reculant devant le prince avec grande cérémonie, M. Esmond passa dans la petite chambre du chapelain. « Franck, veuillez avancer un siége pour Sa Majesté, dit le colonel ; et, ouvrant le secret au-dessus de la cheminée, il en tira les papiers qui y étaient demeurés si longtemps.

« Plaise à Votre Majesté, dit-il, voici la patente de marquis envoyée de Saint-Germain par votre royal père au vicomte Castlewood mon père. Voici le certificat du mariage de mon père avec ma mère, de ma naissance et de mon baptême. J'ai été baptisé dans la religion dont votre père canonisé a donné pendant toute sa vie un si éclatant exemple. Voilà mes titres, cher Franck, et voici ce que j'en fais. Au feu baptême et mariage, et le marquisat, et l'auguste seing dont votre prédécesseur a daigné honorer notre famille. » Et comme Esmond parlait, il jeta les papiers dans le brasier; puis, continuant : « Vous voudrez bien, sire, vous rappeler que notre famille s'est ruinée par sa fidélité pour la vôtre, que mon grand-père a dépensé son domaine et donné son sang et le sang de son fils pour votre service, que le grand-père de mon cher lord (car vous êtes lord maintenant, Franck, par droit et par titre aussi) est mort pour la même cause, que ma pauvre parente, la seconde femme de mon père, après avoir sacrifié son honneur à votre race perverse et parjure, a envoyé toute sa fortune au roi et obtenu en retour ce précieux titre que voilà en cendres et cet inestimable bout de ruban bleu. Je le mets à vos pieds et je marche dessus; je tire cette épée, et je la brise, et je vous renie. Et si vous aviez achevé l'outrage que vous méditiez contre nous, par le ciel, je l'au-

rais passée dans votre cœur, et je ne vous aurais pas plus pardonné que votre père n'a pardonné à Monmouth¹. »

Deux pages après, il parle ainsi de son mariage avec lady Castlewood : « Ce bonheur ne peut être écrit avec des paroles. Il est de sa nature sacré et secret. On ne peut en parler, si pleine que soit la re-

---

1. " What mean you, my Lord ? " says the Prince, and muttered something about a *guêt-apens*, which Esmond caught up.

" The snare, Sir, " said he, " was not of our laying; it is not we that invited you. We came to avenge, and not to compass, the dishonour of our family. "

" Dishonour! Morbleu! there has been no dishonour, " says the Prince, turning scarlet, " only a little harmless playing. "

" That was meant to end seriously. "

" I swear, " the Prince broke out impetuously, " upon the honour of a gentleman, my Lords, — "

" That we arrived in time. No wrong hath been done, Frank, " says Colonel Esmond, turning round to young Castlewood, who stood at the door as the talk was going on. " See! here is a paper whereon his Majesty hath deigned to commence some verses in honour, or dishonour, of Beatrix. Here is ' Madame' and 'Flamme,' ' Cruelle' and ' Rebelle,' and ' Amour' and ' Jour,' in the Royal writing and spelling. Had the Gracious lover been happy, he had not passed his time in sighing. " In fact, and actually as he was speaking, Esmond cast his eyes down towards the table, and saw a paper on which my young Prince had been scrawling a Madrigal, that was to finish his charmer on the morrow.

" Sir, " says the Prince, burning with rage (he had assumed his Royal coat unassisted by this time), " did I come here to receive insults ? »

" To confer them, may it please your Majesty, " says the Colonel, with a very low bow, " and the gentlemen of our family are come to thank you. "

" *Malédiction!* " says the young man, tears starting into his eyes, with helpless rage and mortification. " What will you with me, gentlemen ? "

" If your Majesty will please to enter the next apartment, " says Esmond, preserving his grave tone, " I have some papers there

connaissance, excepté à Dieu, et à un seul cœur, à la chère créature, à la plus fidèle, à la plus tendre, à la plus pure des femmes qui ait été accordée à un homme. Et quand je pense à l'immense félicité qui m'était réservée, à la profondeur et à l'intensité de cet amour qui m'a été prodigué pendant tant d'années,

which I would gladly submit to you, and by your permission I will lead the way; " and taking the taper up, and backing before the Prince with very great ceremony, Mr. Esmond passed into the little Chaplain's room, through which we had just entered into the house : — " Please to set a chair for his Majesty, Frank, " says the Colonel to his companion, who wondered almost as much at this scene, and was as much puzzled by it, as the other actor in it. Then going to the crypt over the mantel-piece, the Colonel opened it, and drew thence the papers which so long had lain there.

" Here, may it please your Majesty, " says he, " is the Patent of Marquis sent over by your Royal Father at St. Germain's to Viscount Castlewood, my father : here is the witnessed certificate of my father's marriage to my mother, and of my birth and christening ; I was christened of that religion of which your sainted sire gave all through life so shining an example. These are my titles, dear Frank, and this what I do with them : here go Baptism and Marriage, and here the Marquisate and the August Sign-Manual, with which your predecessor was pleased to honour our race. " And as Esmond spoke he set the papers burning in the brazier. " You will please, Sir, to remember, " he continued, " that our family hath ruined itself by fidelity to yours : that my grandfather spent his estate, and gave his blood and his son to die for your service; that my dear lord's grandfather (for lord you are now, Frank, by right and title too), died for the same cause ; that my poor kinswoman, my father's second wife, after giving away her honour to your wicked perjured race, sent all her wealth to the king : and got in return that precious title that lies in ashes, and this inestimable yard of blue ribband. I lay this at your feet and stamp upon it : I draw this sword, and break it and deny you; and had you completed the wrong you designed us, by Heaven, I would have driven it through your heart, and no more pardoned you than your father pardoned Monmouth. " (*Henry Esmond*, t. II, p. 303.)

j'avoue que je ressens un transport d'étonnement et de gratitude pour une telle faveur. Oui, je suis reconnaissant d'avoir reçu un cœur capable de connaître et d'apprécier la beauté et la gloire immense du don que Dieu m'a fait. Sûrement l'amour *vincit omnia;* il est à cent mille lieues au-dessus de toute ambition, plus précieux que la richesse, plus noble que la gloire. Celui qui l'ignore ignore la vie; celui qui n'en a pas joui n'a pas senti la plus haute faculté de l'âme. En écrivant le nom de ma femme, j'écris l'achèvement de toute espérance et le comble de tout bonheur. Avoir possédé un tel amour est la bénédiction unique. Auprès d'elle toute joie terrestre est nulle. Penser à elle, c'est louer Dieu[1]. »

Un caractère capable de tels contrastes est une grande œuvre; on se souvient que Thackeray n'en a

---

[1]. That happiness, which hath subsequently crowned it, cannot be written in words; 't is of its nature sacred and secret, and not to be spoken of, though the heart be ever so full of thankfulness, save to Heaven and the One Ear alone — to one fond being, the truest and tenderest and purest wife ever man was blessed with. As I think of the immense happiness which was in store for me, and of the depth and intensity of that love, which, for so many years, hath blessed me, I own to a transport of wonder and gratitude for such a boon — nay, am thankful to have been endowed with a heart capable of feeling and knowing the immense beauty and value of the gift which God hath bestowed upon me. Sure, love *vincit omnia*; is immeasurably above all ambition, more precious than wealth, more noble than name. He knows not life who knows not that: he hath not felt the highest faculty of the soul who hath not enjoyed it. In the name of my wife I write the completion of hope, and the summit of happiness. To have such a love is the one blessing, in comparison of which all earthly joy is of no value; and to think of her, is to praise God. (*Henry Esmond*, t. II p. 310.)

point fait d'autre; on regrette que les intentions morales aient détourné du but ces belles facultés littéraires, et l'on déplore que la satire ait enlevé à l'art un pareil talent.

III

Qui est-il, et que vaut cette littérature dont il est un des princes? Au fond, comme toute littérature, elle est une définition de l'homme, et pour la juger, il faut la comparer à l'homme. Nous le pouvons en ce moment; nous venons d'étudier un esprit, Thackeray lui-même; nous avons considéré ses facultés, leurs liaisons, leurs suites, leur degré; nous avons sous les yeux un exemplaire de la nature humaine. Nous avons le droit de juger de la copie par l'exemplaire et de contrôler la définition que ses romans rédigent par la définition que son caractère fournit.

Les deux définitions sont contraires, et son portrait est la critique de son talent. On a vu que les mêmes facultés produisent chez lui le beau et le laid, la force et la faiblesse, le succès et la défaite; que la réflexion morale, après l'avoir muni de toutes les puissances satiriques, le rabaisse dans l'art; qu'après avoir répandu sur ses romans contemporains une teinte de vulgarité et de fausseté, elle relève son roman historique jusqu'au niveau des plus belles œuvres; que la même constitution d'esprit lui enseigne le style sarcastique et violent avec le style tempéré et simple, l'acharnement et l'âpreté de la haine avec les effusions et les délicatesses de l'amour. Le mal et le bien, le beau et le laid, le rebutant et l'agréable, ne sont donc en lui que des effets lointains, d'importance médiocre, nés par la rencontre de circonstances changeantes, qualités dérivées et fortuites, non essentielles et primitives, formes diverses que des rives diverses peignent dans le même courant. Il en est ainsi pour les autres hommes. Sans doute, les qualités morales sont de premier ordre; elles sont le moteur de la civilisation, et font la noblesse de l'individu; la société ne subsiste que par elles, et l'homme n'est grand que par elles. Mais si elles sont le plus beau fruit de la plante humaine, elles n'en sont pas la racine; elles nous donnent notre valeur, mais elles ne constituent pas notre fonds. Ni les vices, ni les vertus de l'homme ne sont sa nature; ce n'est point le connaître que le louer ou le blâmer; ni l'approbation, ni la désapprobation ne le définissent; les noms de bons et de mauvais ne nous disent rien de ce qu'il est. Mettez Cartouche dans une cour italienne du quinzième siècle: il sera un grand homme d'État. Transportez ce noble, ladre et d'esprit étroit, dans une boutique; ce sera un marchand exemplaire. Cet homme public, d'une probité inflexible, est dans son salon un vaniteux insupportable. Ce père de famille si humain est un politique imbécile. Changez une vertu de milieu, elle devient un vice; changez un vice de milieu, il devient une vertu. Regardez la même qualité par deux endroits; d'un côté elle est un défaut, de l'autre elle est un mérite. L'essence de l'homme se trouve cachée bien loin au-dessous de ces étiquettes morales : elles ne désignent que l'effet utile ou nuisible de notre constitution intérieure ; elles ne révèlent pas notre constitution intérieure. Elles sont des lanternes de sûreté ou d'annonce appliquées sur notre nom pour engager le passant à s'écarter ou à s'approcher de nous ; elles ne sont point la carte explicative de notre être. Notre véritable essence consiste dans les causes de nos qualités bonnes ou mauvaises, et ces causes se trouvent dans le tempérament, dans l'espèce et le degré d'imagination, dans la quantité et la vélocité de l'attention, dans la grandeur et la direction des passions primitives. Un caractère est une force, comme la pesanteur ou la vapeur d'eau, capable par rencontre d'effets pernicieux ou profitables, et qu'on doit définir autrement que par la quantité des poids qu'il soulève ou par la valeur des dégâts qu'il cause. C'est donc méconnaître l'homme que de le réduire, comme fait Thackeray et comme fait la littérature anglaise, à un assemblage de vertus ou de vices ; c'est n'apercevoir de lui que la surface extérieure et sociale ; c'est négliger le fond intime et naturel. Vous trouverez le même défaut dans leur critique toujours morale, jamais psychologique, occupée à mesurer exactement le degré d'honnêteté des hommes, ignorant le mécanisme de nos sentiments et de nos facultés ; vous trouverez le même défaut dans leur religion, qui n'est qu'une émotion ou une discipline, dans leur philosophie, vide de métaphysique, et si vous remontez à la source, selon la règle qui fait dériver les vices des vertus et les vertus des vices, vous verrez toutes ces faiblesses dériver de leur énergie native, de leur éducation pratique et de cette sorte d'instinct poétique religieux et sévère qui les a faits jadis protestants et puritains.

CHAPITRE III.

La critique et l'histoire. Macaulay.

I. Rôle et position de Macaulay en Angleterre.

II. Ses *Essais*. — Agrément et utilité du genre. — Ses opinions. — Sa philosophie. En quoi elle est anglaise et pratique. — Son *Essai sur Bacon*. Quel est, selon lui, le véritable objet des sciences. — Comparaison de Bacon et des anciens.

III. Sa critique. — Ses préoccupations morales. — Comparaison de la critique en France et en Angleterre. — Pourquoi il est religieux. — Liaison de la religion et du libéralisme en Angleterre. — Libéralisme de Macaulay. — *Essai sur l'Église et l'État*.

IV. Sa passion pour la liberté politique. — Comment il est l'orateur et l'historien du parti whig. — *Essais sur la Révolution et les Stuarts*.

V. Son talent. — Son goût pour la démonstration. — Son goût pour les développements. Caractère oratoire de son esprit. — En quoi il diffère des orateurs classiques. — Son estime pour les faits particuliers, les expériences sensibles, et les souvenirs personnels. — Importance des spécimens décisifs en tout ordre de connaissance. — *Essais sur Warren Hastings et sur Clive*.

VI. Caractères anglais de son talent. — Sa rudesse. — Sa plaisanterie. — Sa poésie.

VII. Son œuvre. — Harmonie de son talent, de son opinion et de son œuvre. — Universalité, unité, intérêt de son histoire. — Peinture des *Highlands*. — *Jacques II en Irlande*. — *L'Acte de Tolérance*. — *Le massacre de Glencoe*. — Traces d'amplification et de rhétorique.

VIII. Comparaison de Macaulay et des historiens français. — En quoi il est classique. — En quoi il est anglais. — Position intermédiaire de son esprit entre l'esprit latin et l'esprit germanique.

Je n'entreprendrai point ici d'écrire la vie de lord

Macaulay; c'est dans vingt ans seulement qu'on pourra la raconter, lorsque ses amis auront recueilli leurs souvenirs. Pour ce qui est public aujourd'hui, il me semble inutile de le rappeler ; chacun sait qu'il eut pour père un philanthrope abolitioniste, qu'il fit les plus brillantes et les plus complètes études classiques, qu'à vingt-cinq ans son essai sur Milton le rendit célèbre, qu'à trente ans il entra au Parlement, et y marqua entre les premiers orateurs, qu'il alla dans l'Inde réformer la loi, et qu'au retour il fut nommé à de grandes places, qu'un jour, ses opinions libérales en matière de religion lui ôtèrent les voix de ses électeurs, qu'il fut réélu aux applaudissements universels, qu'il demeura le publiciste le plus célèbre et l'écrivain le plus accompli du parti whig, et qu'à ce titre, à la fin de sa vie, la reconnaissance de son parti et l'admiration publique le firent lord et pair d'Angleterre. — Ce sera une belle vie à raconter, honorée et heureuse, dévouée à de nobles idées et occupée par des entreprises viriles, littéraire par excellence, mais assez remplie d'action et assez mêlée aux affaires pour fournir la substance et la solidité à l'éloquence et au style, pour former l'observateur à côté de l'artiste, et le penseur à côté de l'écrivain. Je ne veux décrire aujourd'hui que ce penseur et cet écrivain ; je laisse la vie, je prends ses livres et d'abord ses *Essais*.

§ 1.

CRITICAL AND HISTORICAL ESSAYS.

I

Ceci est un recueil d'articles ; j'aime, je l'avoue, ces sortes de livres. D'abord on peut jeter le volume au bout de vingt pages, commencer par la fin, ou au milieu ; vous n'y êtes pas serviteur, mais maître; vous pouvez le traiter comme journal ; en effet, c'est le journal d'un esprit. — En second lieu, il est varié; d'une page à l'autre vous passez de la Renaissance au dix-neuvième siècle, de l'Inde à l'Angleterre; cette diversité surprend et plaît. — Enfin, involontairement, l'auteur y est indiscret ; il se découvre à nous, sans rien réserver de lui-même; c'est une conversation intime, et il n'y en a point qui vaille celle du plus grand historien de l'Angleterre. On est content d'observer les origines de ce généreux et puissant esprit, de découvrir quelles facultés ont nourri son talent, quelles recherches ont formé sa science, quelles opinions il s'est faites sur la philosophie, sur la religion, sur l'État, sur les lettres, ce qu'il était et ce qu'il est devenu, ce qu'il veut et ce qu'il croit.

Assis sur un fauteuil, les pieds au feu, on voit

peu à peu, en tournant les feuillets, une physionomie animée et pensante se dessiner comme sur la toile obscure; ce visage prend de l'expression et du relief; ses divers traits s'expliquent et s'éclairent les uns les autres; bientôt l'auteur revit pour nous et devant nous; nous sentons les causes et la génération de toutes ses pensées, nous prévoyons ce qu'il va dire; ses façons d'être et de parler nous sont aussi familières que celles d'un homme que nous voyons tous les jours; ses opinions corrigent et ébranlent les nôtres; il entre pour sa part dans notre pensée et dans notre vie; il est à deux cents lieues de nous, et son livre imprime en nous son image, comme la lumière réfléchie va peindre au bout de l'horizon l'objet d'où elle est partie. Tel est le charme de ces livres qui remuent tous les sujets, qui donnent l'opinion de l'auteur sur toutes choses, qui nous promènent dans toutes les parties de sa pensée, et, pour ainsi dire, nous font faire le tour de son esprit.

Macaulay traite la philosophie à la façon des Anglais, en homme pratique. Il est disciple de Bacon, et le met au-dessus de tous les philosophes; il juge que la véritable science date de lui, que les spéculations des anciens penseurs ne sont que des jeux d'esprit, que pendant deux mille ans l'esprit humain a fait fausse route, que depuis Bacon seulement il a découvert le but vers lequel il doit tendre et la méthode par laquelle il peut y parvenir. Ce but est l'*utile*. L'objet de la science n'est pas la théorie, mais l'application. L'objet des mathématiques n'est pas la satisfaction d'une curiosité oisive, mais l'invention de machines propres à alléger le travail de l'homme, à augmenter sa puissance à dompter la nature, à rendre la vie plus sûre, plus commode et plus heureuse. L'objet de l'astronomie n'est pas de fournir matière à d'immenses calculs et à des cosmogonies poétiques, mais de servir à la géographie, et de guider la navigation. L'objet de l'anatomie et des sciences zoologiques n'est pas de suggérer d'éloquents systèmes sur la nature de l'organisation, ou d'exposer aux yeux l'ordre des animaux par une classification ingénieuse, mais de conduire la main du chirurgien et les prévisions du médecin. L'objet de toute recherche et de toute étude est de diminuer la douleur, d'augmenter le bien-être, d'améliorer la condition de l'homme ; les lois théoriques, ne valent que par leurs usages pratiques ; les travaux du laboratoire et du cabinet ne reçoivent leur sanction et leur prix que par l'emploi qu'en font les ateliers et les usines ; l'arbre de la science ne doit s'estimer que par ses fruits. Si l'on veut juger d'une philosophie, il faut regarder ses effets ; ses œuvres ne sont point ses livres mais ses actes. Celle des anciens a produit de beaux écrits, des phrases sublimes, des disputes infinies, des rêveries creuses, des systèmes renversés par des systèmes, et a laissé le monde aussi ignorant, aussi malheureux et aussi méchant qu'elle l'a trouvé. Celle de Bacon a produit des observations, des expériences, des découvertes, des machines, des arts et des industries entières. « Elle a allongé la vie, elle a diminué la douleur, elle a éteint des maladies ; elle a accru la fertilité du sol ; elle a enlevé la foudre au ciel ; elle a éclairé la nuit de toute la splendeur du jour ; elle a étendu la portée de la vue humaine ; elle a accéléré le mouvement, anéanti les distances ; elle a rendu l'homme capable de pénétrer dans les profondeurs de l'océan, de s'élever dans l'air, de traverser la terre sur des chars qui roulent sans chevaux, et l'océan sur des navires qui filent dix nœuds à l'heure contre le vent. » L'une s'est consumée à déchiffrer des énigmes indéchiffrables, à fabriquer les portraits d'un sage imaginaire, à se guinder d'hypothèses en hypothèses, à rouler d'absurdités en absurdités ; elle a méprisé ce qui était praticable ; elle a promis ce qui était impraticable, et, parce qu'elle a méconnu les limites de l'esprit humain, elle en a ignoré la puissance. L'autre, mesurant notre force et notre faiblesse, nous a détournés des routes qui nous étaient fermées, pour nous lancer dans les routes qui nous étaient ouvertes ; elle a connu les faits et leurs lois, parce qu'elle s'est résignée à ne point connaître leur essence ni leurs principes ; elle a rendu l'homme plus heureux, parce qu'elle n'a point prétendu le rendre parfait ; elle a découvert de grandes vérités et produit de grands effets, parce qu'elle a eu le courage et le bon sens d'étudier de petits objets et de se traîner longtemps sur des expériences vulgaires ; elle est devenue glorieuse et puissante, parce qu'elle a daigné se faire humble et utile. La science autrefois ne formait que des prétentions vaniteuses, et des conceptions chimériques, lorsqu'elle se tenait à l'écart, loin de la vie pratique, et se disait souveraine de l'homme. La science aujourd'hui possède des vérités acquises, l'espérance de découvertes plus hautes, une autorité sans cesse croissante, parce qu'elle est entrée dans la vie active, et qu'elle s'est déclarée servante de l'homme. Qu'elle se renferme dans ses fonctions nouvelles; qu'elle n'essaye pas de pénétrer dans le domaine de l'invisible; qu'elle renonce à ce qu'il faut ignorer; elle n'a point son but en elle-même, elle n'est qu'un moyen; l'homme n'est point fait pour elle, elle est faite pour l'homme; elle ressemble à ces thermomètres et à ces piles qu'elle construit pour ses expériences; toute sa gloire, tout son mérite, tout son office est d'être un instrument.

« Un disciple d'Épictète et un disciple de Bacon, compagnons de route, arrivent ensemble dans un village où la petite vérole vient d'éclater. Ils trouvent les maisons fermées, les communications suspendues, les malades abandonnés, les mères saisies de terreur et pleurant sur leurs enfants. Le stoïcien assure à la population désolée qu'il n'y a rien de mauvais dans la petite vérole, et que pour un homme sage la maladie, la difformité, la mort, la perte des amis ne sont point des maux. Le baconien tire sa lancette et commence à vacciner. — Ils trouvent une troupe de mineurs dans un grand effroi. Une explosion de vapeurs délétères a tué plusieurs de ceux qui étaient à l'ouvrage, et les survivants n'osent entrer dans la caverne. Le stoïcien leur assure qu'un tel accident n'est rien qu'un simple ἀποπροηγμένον. Le baconien, qui n'a pas de si beaux mots à sa disposition, se contente de fabriquer une lampe de sûreté. — Ils rencontrent sur le rivage un marchand naufragé qui se tord les mains. Son navire vient de sombrer avec une cargaison d'un prix énorme, et il se trouve réduit en un moment de l'opulence à la mendicité. Le stoïcien l'exhorte à ne point chercher le bonheur en des objets qui sont hors de lui-même, et lui récite tout le chapitre d'Épictète : *à ceux qui craignent la pauvreté*. Le baconien construit une cloche à plongeur, y entre, descend et revient avec les objets les plus précieux de la cargaison. Telle est la différence entre la philosophie des mots et la philosophie des effets[1]. »

Je n'ai point à discuter ces opinions ; c'est au lecteur de les blâmer ou de les louer, s'il le trouve à propos ; je ne veux point juger des doctrines, mais peindre un homme ; et certainement rien de plus

---

[1]. We have sometimes thought that an amusing fiction might be written, in which a disciple of Epictetus and a disciple of Bacon should be introduced as fellow travellers. They come to a village where the small-pox has just begun to rage, and find houses shut up, intercourse suspended, the sick abandoned, mothers weeping in terror over their children. The Stoic assures the dismayed population that there is nothing bad in the small-pox, and that to a wise man disease, deformity, death, the loss of friends are not evils. The Baconian takes out a lancet and begins to vaccinate. They find a body of miners in great dismay. An explosion of noisome vapours has just killed many of those who were at work ; and the survivors are afraid to venture into the cavern. The Stoic assures them that such an accident is nothing but a mere ἀποπροηγμένον. The Baconian, who has no such fine word at his command, contents himself with devising a safety-lamp. They find a shipwrecked merchant wringing his hands on the shore. His vessel with an inestimable cargo has just gone down, and he is reduced in a moment from opulence to beggary. The Stoic exhorts him not to seek happiness in things which lie without himself, and repeats the whole chapter of Epictetus Πρὸς τοὺς τὴν ἀπορίαν δεδοικότας. The Baconian constructs a diving-bell, goes down in it, and returns with the most precious effects from the wreck. It would be easy to multiply illustrations of the difference between the philosophy of words and the philosophy of works.

Critical and Historical Essays, t. III, p. 118. Éd. Tauschnitz.)

frappant que ce mépris absolu de la spéculation et cet amour absolu de la pratique. Une telle disposition d'esprit est tout à fait conforme au génie de la nation; en Angleterre, un baromètre s'appelle encore un instrument philosophique; aussi la philosophie y est-elle chose inconnue. On y voit des moralistes, des psychologues, mais point de métaphysiciens; si l'on en rencontre un, par exemple, M. Hamilton, il est sceptique en métaphysique; il n'a lu les philosophes allemands que pour les réfuter; il regarde la philosophie spéculative comme une extravagance de cerveaux creux, et il est obligé de demander grâce à ses lecteurs pour l'étrangeté de la matière, lorsqu'il essaye de tâcher de leur faire entendre quelque chose des conceptions de Hégel. Les Anglais, hommes positifs et pratiques, excellents pour la politique, l'administration, la guerre et l'action, ne sont pas plus propres que les anciens Romains aux abstractions de la dialectique subtile et des systèmes grandioses; et Cicéron jadis s'excusait aussi, lorsqu'il tentait d'exposer à son auditoire de sénateurs et d'hommes publics les profondes et audacieuses déductions des stoïciens.

La seule partie de la philosophie qui plaise aux hommes de ce caractère est la morale, parce qu'ainsi qu'eux elle est toute pratique, et ne s'occupe que des actions. On n'étudiait point autre chose à Rome, et chacun sait quelle part elle a dans la philosophie anglaise : Hutcheson, Price, Ferguson, Wollaston, Adam Smith, Bentham, Reid, et tant d'autres, ont rempli le siècle dernier de dissertations et de discussions sur la règle qui fixe nos devoirs, et sur la faculté qui les découvre ; et les *Essais* de Macaulay sont un nouvel exemple de cette inclination nationale et dominante ; ses biographies sont moins des portraits que des jugements. Quel est au juste le degré d'honnêteté et de malhonnêteté du personnage, voilà pour lui la question importante ; il y rapporte toutes les autres ; il ne s'attache partout qu'à justifier, excuser, accuser ou condamner. Qu'il parle de lord Clive, de Warren Hastings, de sir William Temple, d'Addison, de Milton, ou de tout autre, il s'applique avant tout à mesurer exactement le nombre et la grandeur de leurs défauts ou de leurs vertus ; il s'interrompt au milieu d'une narration pour examiner si l'action qu'il raconte est juste ou injuste ; il la considère en légiste et en moraliste, d'après la loi positive et d'après la loi naturelle ; il tient compte au prévenu de l'état de l'opinion publique, des exemples qui l'entouraient, des principes qu'il professait, de l'éducation qu'il avait reçue ; il appuie son opinion sur des analogies qu'il tire de la vie ordinaire, de l'histoire de tous les peuples, de la législation de tous les pays ; il apporte tant de preuves, des faits si certains, des raisonnements si concluants, que le meilleur avocat pourrait trouver en lui un modèle, et quand enfin il prononce la sentence, on croit entendre le résumé d'un président de cour d'assises. S'il analyse une littérature, par exemple celle de la Restauration, il institue devant le lecteur une sorte de jury pour la juger. Il la fait comparaître, et lit l'acte d'accusation; il présente ensuite le plaidoyer des défenseurs, qui essayent d'excuser ses légèretés et ses indécences; enfin, il prend la parole à son tour, et prouve que les raisonnements exposés ne s'appliquent pas au cas en question, que les écrivains inculpés ont travaillé avec effet et préméditation à corrompre les mœurs, que non-seulement ils ont employé des mots inconvenants, mais qu'ils ont à dessein et de propos délibéré représenté des choses inconvenantes; qu'ils ont pris soin partout d'effacer l'odieux du vice, de rendre la vertu ridicule, de ranger l'adultère parmi les belles façons et les exploits obligés d'un homme de goût, que cette intention est d'autant plus manifeste qu'elle était dans l'esprit du temps, et qu'ils flattaient un travers de leur siècle. Si j'osais employer, comme Macaulay, des comparaisons religieuses, je dirais que sa critique ressemble au jugement dernier, où la diversité des talents, des caractères, des rangs, des emplois, disparaîtra devant la considération de la vertu et du vice, et où il n'y aura plus d'artistes, mais un juge entre des justes et des pécheurs.

La critique en France a des allures plus libres; elle est moins asservie à la morale, et ressemble plus à l'art. Quand nous essayons de raconter la vie ou de figurer le caractère d'un homme, nous le considérons assez volontiers comme un simple objet de peinture ou de science : nous ne songeons qu'à exposer les divers sentiments de son cœur, la liaison de ses idées et la nécessité de ses actions; nous ne le jugeons pas, nous ne voulons que le représenter aux yeux et le faire comprendre à la raison. Nous sommes des curieux et rien de plus. Que Pierre ou Paul soit un coquin, peu nous importe, c'était l'affaire des contemporains; ils souffraient de ses vices, et ne devaient penser qu'à le mépriser et à le condamner. Aujourd'hui nous sommes hors de ses prises, et la haine à disparu avec le danger. A cette distance et dans la perspective historique, je ne vois plus en lui qu'une machine spirituelle, munie de ressorts donnés, lancée par une impulsion première, heurtée par diverses circonstances : je calcule le jeu de ses moteurs, je ressens avec elle les coups des obstacles, je vois d'avance la courbe que son mouvement va décrire; je n'éprouve pour elle ni aversion ni dégoût; j'ai laissé ces sentiments à la porte de l'histoire, et je goûte le plaisir très-profond et très-pur de voir agir une âme selon une loi définie, dans un milieu fixé, avec toute la variété des passions humaines, avec la suite et l'enchaînement que la construction intérieure de l'homme impose au développement extérieur de ses passions.

Dans un pays où l'on s'occupe tant de morale et si peu de philosophie, il y a beaucoup de religion. Faute d'une théologie naturelle, on s'en tient à la théologie positive, et l'on demande à la Bible la métaphysique que ne donne pas la raison[1]. Macaulay est

1. T. IV, p. 102.

protestant, et quoique d'un esprit fort ouvert et fort libéral, il garde parfois les préjugés anglais contre la religion catholique[1]. Le papisme passe toujours en Angleterre pour une idolâtrie impie, et pour une servitude dégradante. Depuis les deux révolutions, le protestantisme, allié à la liberté, a paru la religion de la liberté, et le catholicisme, allié au despotisme, a paru la religion du despotisme; les deux doctrines ont pris, toutes les deux, le nom de la cause qu'elles avaient soutenue. On a reporté sur la première l'amour et la vénération qu'on avait pour les droits qu'elle défendait; on a versé sur la seconde le mépris et la haine qu'on ressentait pour la servitude qu'elle voulait introduire; les passions politiques ont enflammé les croyances religieuses; le protestantisme s'est confondu avec la patrie victorieuse, le catholicisme avec l'ennemi vaincu; le préjugé a subsisté quand la lutte cessait, et aujourd'hui encore les protestants d'Angleterre n'ont point pour les doctrines des catholiques la bienveillance ou même l'impartialité que les catholiques de France ont pour les doctrines des protestants.

---

1. Charles himself and his creature Laud, while they abjured the innocent badges of Popery, retained all his worst vices, a complete subjection of reason to authority, a weak preference of form to substance, a childish passion for mummeries, an idolatrous veneration for the priestly character, and above all a merciless intolerance. (T. I, p. 31. Éd. Tauschnitz.)

It is difficult to relate without a pitying smile, that, in the sacrifice of the mass, Loyola saw transubstantiation take place, and that, as he stood praying on the steps of St. Dominic, he saw the Trinity in Unity and wept aloud with joy and wonder. (T. IV, p. 116.)

Mais ces opinions anglaises sont tempérées dans Macaulay par l'amour ardent de la justice. Il est libéral dans le plus large et le plus beau sens du mot. Il demande que tous les citoyens soient égaux devant la loi, que les hommes de toutes les sectes soient déclarés capables de toutes les fonctions publiques, que les catholiques et les juifs puissent, comme les luthériens, les anglicans et les calvinistes, s'asseoir au parlement. Il réfute M. Gladstone et les partisans des religions d'État avec une ardeur d'éloquence, une abondance de preuves, une force de raisonnement incomparables; il démontre jusqu'à l'évidence que l'État n'est qu'une association laïque, que son but est tout temporel, que son seul objet est de protéger la vie, la liberté et la propriété des citoyens; qu'en lui confiant la défense des intérêts spirituels, on renverse l'ordre des choses, et que lui attribuer une croyance religieuse, c'est ressembler à un homme qui, non content de marcher avec ses pieds, confierait encore à ses pieds le soin d'entendre et de voir. On a bien des fois traité cette question en France; on la traite encore aujourd'hui; mais personne n'y a porté plus de bon sens, des raisons plus pratiques, des arguments plus palpables. Macaulay tire la discussion de la région métaphysique; il la ramène sur terre; il la rend accessible à tous les esprits; il prend ses preuves et ses exemples dans les faits les plus connus de la vie ordinaire; il s'adresse au marchand, au bourgeois, à l'artiste, au savant, à tout le monde; il attache la vérité qu'il démontre aux vérités familières et intimes que personne ne peut s'empêcher d'admettre, et qu'on croit avec toute la force de l'expérience et de l'habitude; il emporte et maîtrise la croyance par des raisons si solides que ses adversaires lui sauront bon gré de les avoir convaincus; et si par hasard quelques personnes, chez nous, avaient besoin d'une leçon de tolérance, c'est dans cet *Essai* qu'elles devraient la chercher.

Cet amour de la justice devient une passion quand il s'agit de la liberté politique; c'est là le point sensible, et quand on la touche, on touche l'écrivain au cœur. Macaulay l'aime par intérêt, parce qu'elle est la seule garantie des biens, du bonheur et de la vie des particuliers; il l'aime par orgueil, parce qu'elle est l'honneur de l'homme; il l'aime par patriotisme, parce qu'elle est un héritage légué par les générations précédentes, parce que, depuis deux cents ans, une succession d'hommes honnêtes et de grands hommes l'ont défendue contre toutes les attaques et sauvée de tous les dangers, parce qu'elle fait la force et la gloire de l'Angleterre, parce qu'en enseignant aux citoyens à vouloir et à juger par eux-mêmes, elle accroît leur dignité et leur intelligence, parce qu'en assurant la paix intérieure et le progrès continu, elle garantit le pays des révolutions sanglantes et de la décadence tranquille. Tous ces biens sont perpétuellement présents à ses yeux; et quiconque attaque la liberté qui les fonde devient à l'instant son ennemi. Il ne peut voir paisiblement l'oppression de l'homme; tout attentat à la volonté humaine le blesse comme un outrage personnel. A chaque pas, les mots amers lui échappent, et les plates adulations des courtisans qu'il rencontre amènent sur ses lèvres des sarcasmes d'autant plus violents qu'ils sont plus mérités. Pitt, dit-il, fit au collége des vers latins sur la mort de George Ier. « Dans cette pièce, les Muses sont priées de venir pleurer sur l'urne de César ; car César, dit le poëte, aimait les Muses, César qui n'était pas capable de lire un vers de Pope, et qui n'aimait rien que le punch et les femmes grasses. » — Ailleurs, dans la biographie de miss Burney, il raconte comment la pauvre jeune fille, devenue célèbre par ses deux premiers romans, reçut en récompense, et par grande faveur, une place de femme de chambre chez la reine Charlotte ; comment, épuisée de veilles, malade, presque mourante, elle demanda en grâce la permission de s'en aller ; comment « la douce reine » s'indigna de cette impertinence, ne pouvant comprendre qu'on refusât de mourir à son service et pour son service, ou qu'une femme de lettres préférât la santé, la vie et la gloire, à l'honneur de plier les robes de Sa Majesté. Mais c'est lorsque M. Macaulay arrive à l'histoire de la révolution qu'il tire justice et vengeance de ceux qui ont violé les droits du public, qui ont haï ou trahi la cause nationale, qui ont attenté à la liberté. Il ne parle pas en historien, mais en contemporain ; il semble que sa vie et son honneur sont en jeu, qu'il plaide pour lui-même, qu'il est membre du Long Parlement, qu'il entend à la porte les mousquets et les épées des gardes envoyés pour arrêter Pym et Hampden. M. Guizot a raconté la même histoire ; mais vous reconnaissez dans son livre le jugement calme et l'émotion impartiale d'un philosophe. Il ne condamne point les actions de Strafford ou de Charles ; il les explique ; il montre dans Strafford le naturel impérieux, le génie dominateur qui se sent né pour commander et briser les résistances, qu'un penchant invincible révolte contre la loi ou le droit qui l'enchaîne, qui opprime par une sorte de nécessité intérieure, et qui est fait pour gouverner comme une épée pour frapper. Il montre dans Charles le respect inné de la royauté, la croyance au droit divin, la conviction enracinée que toute remontrance ou réclamation est une insulte à sa couronne, un attentat à sa propriété, une sédition impie et criminelle : dès lors, vous ne voyez plus dans la lutte du roi et du parlement que la lutte de deux doctrines ; vous cessez de prendre intérêt à une ou à l'autre pour prendre intérêt à toutes les deux ; vous êtes les spectateurs d'un drame ; vous n'êtes plus les juges d'un procès. C'est un procès que Macaulay instruit devant nous ; il y prend parti ; son récit est un réquisitoire, le plus entraînant, le plus âpre, le mieux raisonné qu'on ait écrit. Il approuve la condamnation de Strafford ; il honore et admire Cromwell ; il exalte le caractère des puritains ; il loue Hampden jusqu'à l'égaler à Washington ; il n'a pas de paroles assez méprisantes et assez insultantes pour Laud ; et ce qu'il y a de plus terrible, c'est que chacun de ses jugements est justifié par autant de citations, d'autorités, de précédents historiques, de raisonnements, de preuves concluantes, qu'en pourrait amasser la vaste érudition de Hallam ou la calme dialectique de Mackintosh. Qu'on juge de cette passion emportée et de cette logique accablante par un seul passage :

Pendant plus de dix ans, le peuple avait vu les droits qui lui appartenaient à double titre, par héritage immémorial et par achat récent, brisés par le roi perfide qui les avait reconnus. A la fin, les circonstances forçaient Charles de convoquer un nouveau parlement; une chance nouvelle s'offrait à nos pères : devaient-ils la rejeter comme ils avaient rejeté la première ? devaient-ils encore une fois se laisser duper par un *le roi le veut* ? devaient-ils encore une fois avancer leur argent sur des promesses violées, et puis violées encore ? devaient-ils aller déposer une seconde pétition des droits au pied du trône, prodiguer une seconde fois des subsides en échange d'une seconde cérémonie vaine, ensuite prendre leur congé, jusqu'à ce que, après dix autres années de fraude et d'oppression, leur prince demandât un nouveau subside et le payât d'un nouveau parjure ? Ils étaient forcés de choisir entre deux partis : se fier à un tyran ou l'abattre. Nous pensons qu'ils choisirent sagement et noblement.

Les avocats de Charles, comme les avocats d'autres malfaiteurs, contre lesquels on produit des preuves accablantes, évitent ordinairement toute discussion sur les faits, et se contentent d'en appeler aux témoignages portés sur son caractère. Il avait tant de vertus privées ! Est-ce que Jacques II n'avait pas de vertus privées ? Et quelles sont, après tout, ces vertus attribuées à Charles ? un zèle religieux qui n'était pas plus sincère que celui de son fils, et qui était tout aussi étroit et tout aussi puéril, et un petit nombre de ces qualités ordinaires de ménage et de bienséance, que la moitié des pierres tumulaires réclament chez nous pour les morts qu'elles recouvrent ! Bon père ! Bon mari ! Grande apologie sans doute pour quinze ans de persécution, de tyrannie et de mensonge!

Nous lui imputons d'avoir violé son vœu de couronnement, et on nous répond qu'il a gardé son vœu de mariage! Nous l'accusons d'avoir livré son peuple aux sévérités impitoyables des prélats les plus fanatiques et les plus durs, et son excuse est qu'il prit son petit garçon sur ses genoux pour l'embrasser! Nous lui reprochons d'avoir violé les articles de la Pétition des droits, après avoir, moyennant bonnes et solides compensations, promis de les respecter, et on nous apprend qu'il avait coutume d'aller écouter des prières dès six heures du matin! C'est à des considérations de ce genre, et aussi à son habit par Van Dick, à sa belle figure, à sa barbe en pointe, qu'il doit, nous le croyons fermement, la popularité dont il jouit auprès de notre génération.

Quant à nous, nous ne comprenons pas cette phrase banale : homme de bien, mais mauvais roi. Nous concevrions aussi aisément qu'on dît: homme de bien, et père dénaturé; homme de bien, et ami déloyal. Nous ne pouvons, en appréciant le caractère d'un individu, faire abstraction, dans l'examen de sa conduite, de l'office le plus important de l'homme; et si, dans cet office, nous le trouvons égoïste, cruel et trompeur, nous prendrons la liberté de l'appeler méchant homme; en dépit de toute sa tempérance à table et de toute sa régularité à la chapelle [1].

Voilà pour le père; voici pour le fils. Le lecteur sentira, à la fureur de l'invective, quel excès de ran-

---

1. For more than ten years the people had seen the rights which were theirs by a double claim, by immemorial inheritance and by recent purchase, infringed by the perfidious king who had recognised them. At length circumstances compelled Charles to summon another parliament : another chance was given to our fathers, were they to throw it away as they had thrown away the former? Were they again to be cozened by *le Roi le veut?* Were they again to advance their money on pledges which had been forfeited over and over again? Were they to lay a second Petition of Right at the foot

cune le gouvernement des Stuarts a laissé dans le cœur d'un patriote, d'un whig, d'un protestant et d'un Anglais :

> Alors vinrent ces jours dont on ne se souviendra jamais sans rougir, jours de servitude sans fidélité, de sensualité sans amour, de talents imperceptibles et de vices gigantesques, le paradis des cœurs froids et des esprits étroits, l'âge d'or des lâches, des bigots et des esclaves. Le roi rampa devant son rival pour obtenir les moyens de fouler aux pieds son peuple, descendit jusqu'à être un vice-roi de France, et empocha, avec une infamie complaisante, ses insultes dégradantes et son or plus dégradant encore. Les caresses des prostituées et les plaisanteries des bouffons réglèrent la politique de l'État ; le gouvernement eut juste assez d'habileté pour tromper, et juste assez de religion pour persécuter ; les principes de la liberté furent la dérision de tout arlequin de

of the throne, to grant another lavish aid in exchange for another unmeaning ceremony, and then to take their departure, till, after ten years more of fraud and oppression, their prince should again require a supply, and again repay it with a perjury? They were compelled to choose whether they would trust a tyrant or conquer him. We think that they chose wisely and nobly.

The advocates of Charles, like the advocates of other malefactors against whom overwhelming evidence is produced, generally decline all controversy about the facts, and content themselves with calling testimony to character. He had so many private virtues ! And had James the Second no private virtues? Was Oliver Cromwell, his bitterest enemies themselves being judges, destitute of private virtues? And what, after all, are the virtues ascribed to Charles? A religious zeal, not more sincere than that of his son, and fully as weak and narrow-minded, and a few of the ordinary household decencies which half the tomb-stones in England claim for those who lie beneath them. A good father! A good husband! Ample apologies indeed for fifteen years of persecution, tyranny, and falsehood!

We charge him with having broken his coronation oath ; and we are told that he kept his marriage vow! We accuse him of having

cour et l'anathème de tout valet d'église. Dans tous les hauts lieux, on rendit culte et hommage à Charles et à Jacques, à Bélial et à Moloch ; et l'Angleterre apaisa ces obscènes et cruelles idoles avec le sang des meilleurs et des plus braves de ses enfants. Le crime succéda au crime, la honte à la honte, jusqu'à ce que la race maudite de Dieu et des hommes fût une seconde fois chassée pour errer sur la face de la terre, pour servir de proverbe aux peuples et pour être montrée au doigt par les nations [1].

Je n'ai pu traduire toutes les métaphores bibliques de ce morceau, qui a gardé quelque chose de l'accent de Milton et des prophètes puritains ; il suffit cependant pour montrer vers quelle issue se portent les diverses tendances de ce grand esprit, quelle est sa pente, comment l'esprit pratique, la science et le ta-

---

given up his people to the merciless inflictions of the most hot-headed and hard-hearted of prelates; and the defence is, that he took his little son on his knee and kissed him! We censure him for having violated the articles of the Petition of Right, after having, for good and valuable consideration, promised to observe them; and we are informed that he was accustomed to hear prayers as six o'clock, in the morning! It is to such considerations as these, together with his Vandyke-dress, his handsome face, and his peaked beard, that he owes, we verily believe, most of his popularity with the present generation.

For ourselves, we own that we do not understand the common phrase, a good man, but a bad king. We can as easily conceive a good man and an unnatural father, or a good man and a treacherous friend. We cannot, in estimating the character of an individual, leave out of our consideration his conduct in the most important of all human relations; and if in that relation we find him to have been selfish, cruel, and deceitful, we shall take the liberty to call him a bad man, in spite of all his temperance at table, and all his regularity at chapel.

(*Critical and Historical Essays*, t. I, p. 36.)

[1] Then came those days, never to be recalled without a blush,

lent historique, la présence incessante des idées morales et religieuses, l'amour de la patrie et de la justice, concourent à faire de lui l'historien de la liberté.

II

Son talent y a aidé; car ses opinions sont de la même famille que son talent.

Ce qui frappe en lui d'abord, c'est l'extrême solidité de son esprit. Il prouve tout ce qu'il dit, avec une force et une autorité étonnantes. On est presque sûr de ne jamais s'égarer en le suivant. S'il emprunte un témoignage, il commence par mesurer la véracité et l'intelligence des auteurs qu'il cite, et par

> the days of servitude without loyalty and sensuality without love, of dwarfish talents and gigantic vices, the paradise of cold hearts and narrow minds, the golden age of the coward, the bigot, and the slave. The king cringed to his rival that he might trample on his people, sank into a viceroy of France, and pocketed, with complacent infamy, her degrading insults, and her more degrading gold. The caresses of harlots, and the jests of buffoons, regulated the policy of the State. The government had just ability enough to deceive, and just religion enough to persecute. The principles of liberty were the scoff of every grinning courtier, and the Anathema Maranatha of every fawning dean. In every high place, worship was paid to Charles and James, Belial and Moloch; and England propitiated those obscene and cruel idols with the blood of her best and bravest children. Crime succeeded to crime, and disgrace to disgrace, till the race, accursed of God and man, was a second time driven forth, to wander on the face of the earth, and to be a byword and a shaking of the head to the nations.
>
> (*Critical and Historical Essays*, t. I, p. 46.)

corriger les erreurs qu'ils peuvent avoir commises par négligence ou partialité. S'il prononce un jugement, il s'appuie sur les faits les plus certains, sur les principes les plus clairs, sur les déductions les plus simples et les mieux suivies. S'il développe un raisonnement, il ne se perd jamais dans une digression; il a toujours son but devant les yeux ; il y marche par le chemin le plus sûr et le plus droit. S'il s'élève à des considérations générales, il monte pas à pas tous les degrés de la généralisation, sans en omettre un seul; il sonde à chaque instant le terrain; il n'ajoute ni ne retranche rien aux faits; il veut, au prix de toutes les précautions et de toutes les recherches, arriver à l'exacte vérité. Il sait un nombre infini de détails de toute espèce; il possède un très-grand nombre d'idées philosophiques et de tout ordre ; mais son érudition est d'aussi bon aloi que sa philosophie, et l'une et l'autre forment une monnaie digne d'avoir cours auprès de tous les esprits pensants. On sent qu'il ne croit rien sans raison; que, si on révoquait en doute l'un des faits qu'il avance ou l'une des vues qu'il propose, on verrait arriver à l'instant une multitude de documents authentiques et un bataillon serré d'arguments convaincants. Nous sommes trop habitués en France et en Allemagne à recevoir des hypothèses sous le nom de lois historiques, et des anecdotes douteuses sous le nom d'événements attestés. Nous voyons trop souvent des systèmes entiers se fonder du jour au lendemain, au caprice d'un écrivain, sortes de châ-

teaux fantastiques dont l'ordonnance régulière simule l'apparence des édifices véritables, et qui s'évanouissent d'un souffle dès qu'on veut les toucher. Nous avons tous fait des théories, au coin du feu, dans une discussion, pour le besoin de la cause, lorsque, faute d'une raison, il nous fallait un argument postiche, semblables à ces généraux chinois qui, pour effrayer les ennemis, rangent parmi leurs troupes des monstres formidables de carton peint. Nous avons jugé les hommes à la volée, sur l'impression du moment, sur une action détachée, sur un document isolé, et nous les avons affublés de vices ou de vertus, de sottise ou de génie, sans contrôler par la logique ni par la critique les décisions aventureuses où notre précipitation nous avait emportés. Aussi éprouve-t-on un contentement profond et une sorte de paix intérieure, lorsqu'on quitte tant de doctrines écloses au jour le jour dans nos livres ou dans nos revues, pour suivre la marche assurée d'un guide si clairvoyant, si réfléchi, si instruit, si capable de nous bien conduire. On comprend pourquoi les Anglais accusent les Français d'être légers et les Allemands d'être chimériques. Macaulay porte dans les sciences morales cet esprit de circonspection, ce besoin de certitude et cet instinct du vrai qui composent l'esprit pratique, et qui, depuis Bacon, font dans les sciences le mérite et la puissance de sa nation. Si l'art et la beauté y perdent, la vérité et la certitude y gagnent ; et, par exemple, personne n'ose lui savoir mauvais gré

d'avoir inséré la démonstration suivante dans la vie d'Addison :

Pope voulait refondre son poëme sur la *Boucle de cheveux enlevée*. Addison essaya de l'en détourner, et Pope déclara dans la suite que ce conseil insidieux lui avait fait deviner pour la première fois la déloyauté de celui qui l'avait donné. Aujourd'hui il ne peut y avoir de doute que le plan de Pope ne fût très-ingénieux et qu'il ne l'ait exécuté avec une habileté et un succès très-grands. Mais s'ensuit-il nécessairement que l'avis d'Addison fût mauvais? Et si l'avis d'Addison était mauvais, s'ensuit-il nécessairement qu'il ait été donné avec de mauvaises intentions? Supposons qu'un ami vienne nous demander si nous lui conseillons de risquer toute sa fortune dans une loterie où il n'a qu'une chance contre dix, nous ferions de notre mieux pour l'empêcher de courir un pareil risque. Quand il serait assez heureux pour gagner le lot de trente mille guinées, nous n'admettrions pas que notre conseil fût pour cela mauvais, et nous croirions certainement que ce serait à lui le comble de l'injustice de nous accuser d'avoir agi par méchanceté. Nous pensons que l'avis d'Addison était un bon avis. Il était appuyé sur un principe solide, fruit d'une longue et vaste expérience. La règle générale est indubitablement que lorsqu'un ouvrage d'imagination a réussi, on ne doit pas le refondre. Nous ne pouvons en ce moment nous rappeler un seul exemple où cette règle ait été transgressée avec un heureux effet, excepté l'exemple de la *Boucle de cheveux*. Le Tasse refondit sa *Jérusalem*. Akenside refondit ses *Plaisirs de l'imagination* et son *Épître à Curion;* Pope lui-même, enhardi sans doute par le succès avec lequel il avait étendu et remanié la *Boucle de cheveux*, fit la même expérience sur la *Dunciade*. Tous ces essais échouèrent. Qui pouvait prévoir que Pope, une fois dans sa vie, serait capable de faire ce qu'il ne put faire lui-même une seconde fois, et ce que personne autre n'a jamais fait?

L'avis d'Addison était bon. Mais, quand même il eût été mauvais, pourquoi le déclarerions-nous déloyal? Walter

Scott nous dit qu'un de ses meilleurs amis prédisait une chute à son *Waverley*. Herder conjura Gœthe de ne pas prendre un sujet si défavorable que *Faust*. Hume voulut dissuader Robertson d'écrire l'*Histoire de Charles-Quint*. Bien plus, Pope lui-même fut parmi ceux qui prédisaient que *Caton* ne réussirait jamais sur la scène, et il engagea Addison à l'imprimer, sans risquer une représentation. Mais Walter Scott, Gœthe, Robertson, Addison, eurent le bon sens et la générosité de supposer à leurs conseillers des intentions pures. Pope n'avait point un cœur comme eux [1].

Que pense le lecteur de ce dilemme et de cette double série d'inductions ? La démonstration ne serait ni plus soignée, ni plus rigoureuse, s'il s'agissait de prouver une loi de physique.

Ce talent de démontrer est accru par le talent de développer. Macaulay porte la lumière dans les

---

1. He asked Addison's advice. Addison said that the poem as it stood was a delicious little thing, and entreated Pope not to run the risk of marring what was so excellent in trying to mend it. Pope afterwards declared that this insidious counsel first opened his eyes to the baseness of him who gave it.

Now there can be no doubt that Pope's plan was most ingenious, and that he afterwards executed it with great skill and success. But does it necessarily follow that Addison's advice was bad? And if Addison's advice was bad, does it necessarily follow that it was given from bad motives? If a friend were to ask us whether we would advise him to risk his all in a lottery of which the chances were ten to one against him, we should do our best to dissuade him from running such a risk. Even if he were so lucky as to get the thirty thousand pound prize, we should not admit that we had counselled him ill ; and we should certainly think it the height of injustice in him to accuse us of having been actuated by malice. We think Addison's advice a good advice. It rested on a sound principle, the result of long and wide experience. The general rule undoubtedly is that, when a successful work of imagination has been produced, it should not be recast. We cannot at this moment call to mind a

esprits inattentifs, comme il porte la conviction dans les esprits rebelles ; il fait voir aussi bien qu'il fait croire, et répand autant d'évidence sur les questions obscures, que de certitude sur les points douteux. Il est impossible de ne pas le comprendre; il aborde son sujet par toutes les faces, il le retourne de tous les côtés; il semble qu'il s'occupe de tous les spectateurs, et songe à se faire entendre de chacun en particulier; il calcule la portée de chaque esprit, et cherche, pour chacun d'eux, une forme d'exposition convenable; il nous prend tous par la main et nous conduit tour à tour au but qu'il s'est marqué. Il part des données les plus simples, il descend à notre niveau, il se met de plain-pied avec notre esprit; il nous épargne la peine du plus léger effort ; puis il nous em-

---

single instance in which this rule has been transgressed with happy effect, except the instance of the Rape of the Lock. Tasso recast his Jerusalem, Akenside recast his Pleasures of the Imagination, and his Epistle to Curio. Pope himself, emboldened no doubt by the success with which he had expanded and remodeled the Rape of the Lock, made the same experiment on the Dunciad. All these attempts failed. Who was to foresee that Pope would, once in his life, be able to do what he could not himself do twice, and what nobody else has ever done?

Addison's advice was good. But had it been bad, why should we pronounce it dishonest? Scott tells us that one of his best friends predicted the failure of Waverley. Herder adjured Goethe not to take so unpromising a subject as Faust. Hume tried to dissuade Robertson from writing the History of Charles the Fifth. Nay, Pope himself was one of those who prophesied that Cato would never succeed on the stage, and advised Addison to print out without risking a representation. But Scott, Goethe, Robertson, Addison, had the good sense and generosity to give their advisers credit for the best intentions. Pope's heart was not of the same kind with theirs.

(*Critical and Historical Essays*, t. V, p. 144.)

mène, et partout sur la route il nous aplanit le chemin ; nous montons peu à peu sans nous apercevoir de la pente, et à la fin, nous nous trouvons sur la hauteur, après avoir marché aussi commodément qu'en plaine. Lorsqu'un sujet est obscur, il ne se contente pas d'une première explication, il en donne une seconde, puis une troisième ; il jette à profusion la lumière, il l'apporte de tous côtés, il va la chercher dans toutes les parties de l'histoire ; et ce qu'il y a de merveilleux, c'est qu'il n'est jamais long. En le lisant, on se trouve dans son naturel ; on sent qu'on est fait pour comprendre ; on se sait mauvais gré d'avoir pris si longtemps le demi-jour pour le jour ; on se réjouit de voir sortir et jaillir à flots cette clarté surabondante ; le style exact, les antithèses d'idées, les constructions symétriques, les paragraphes opposés avec art, les résumés énergiques, la suite régulière des pensées, les comparaisons fréquentes, la belle ordonnance de l'ensemble, il n'est pas une idée ni une phrase de ses écrits où n'éclatent le talent et le besoin d'expliquer, qui sont le propre de l'orateur. Il était membre du parlement, et parlait si bien, dit-on, qu'on l'écoutait pour le seul plaisir de l'entendre. L'habitude de la tribune est peut-être la cause de cette lucidité incomparable. Pour convaincre une grande assemblée, il faut s'adresser à tous ses membres ; pour garder l'attention d'hommes distraits et fatigués, il faut leur éviter toute fatigue ; il faut qu'ils comprennent trop pour comprendre assez. Parler en public, c'est vulgariser les idées ; c'est tirer la vérité des hauteurs où elle habite avec quelques penseurs pour la faire descendre au milieu de la foule ; c'est la mettre au niveau des esprits communs qui, sans cette intervention, ne l'auraient jamais aperçue que de loin, et bien au-dessus d'eux. Aussi, lorsque les grands orateurs consentent à écrire, ils sont les plus puissants des écrivains ; ils rendent la philosophie populaire ; ils font monter tous les esprits d'un étage, et semblent agrandir l'intelligence du genre humain. Entre les mains de Cicéron les dogmes des stoïciens et la dialectique des académiciens perdent leurs épines. Les subtils raisonnements des Grecs deviennent unis et aisés ; les difficiles problèmes de la providence, de l'immortalité, du souverain bien, entrent dans le domaine public. Les sénateurs, hommes d'affaires, les jurisconsultes, amateurs des formules et de la procédure, les massives et étroites intelligences des publicains comprennent les déductions de Chrysippe ; et le livre *des Devoirs* a rendu vulgaire la morale de Panætius. Aujourd'hui M. Thiers, dans ses deux grandes histoires, a mis à la portée du premier venu les questions les plus embrouillées de stratégie et de finances ; s'il voulait faire un cours d'économie politique au commissionnaire du coin, je suis sûr qu'il se ferait comprendre ; et des écoliers de seconde ont pu lire l'*Histoire de la civilisation* par M. Guizot.

Lorsqu'avec la faculté de prouver et d'expliquer, on en ressent le désir, on arrive à la véhémence. Ces raisonnements serrés et multipliés qui se portent tous vers un seul but, ces coups répétés de logique qui viennent à chaque instant, et l'un sur l'autre, ébranler l'adversaire, communiquent au style la chaleur et la passion. Rarement éloquence fut plus entraînante que celle de Macaulay. Il a le souffle oratoire; toutes ses phrases ont un accent; on sent qu'il veut gouverner les esprits, qu'il s'irrite de la résistance, qu'il combat en dissertant. Toujours, dans ses livres, la discussion saisit et emporte le lecteur; elle avance d'un mouvement égal, avec une force croissante, en ligne droite, comme ces grands fleuves d'Amérique, aussi impétueux qu'un torrent et aussi larges qu'une mer. Cette abondance de pensée et de style, cette multitude d'explications, d'idées et de faits, cet amas énorme de science historique va roulant, précipité en avant par la passion intérieure, entraînant les objections sur son passage, et ajoutant à l'élan de l'éloquence la force irrésistible de sa masse et de son poids. On peut dire que l'histoire de Jacques II est un discours en deux volumes, prononcé d'une haleine, sans que la voix ait jamais faibli. On voit l'oppression et le mécontentement commencer, grandir, s'étendre, les partisans de Jacques l'abandonner un à un, l'idée de la révolution naître dans tous les cœurs, s'affermir, se fixer, les préparatifs se faire, l'événement s'approcher, devenir imminent, puis tout d'un coup fondre sur l'aveugle et injuste monarque, et balayer son trône et sa race avec la violence d'une tempête prévue et fatale. La véritable éloquence est celle qui achève ainsi le raisonnement par l'émotion, qui reproduit par l'unité de la passion l'unité des événements, qui répète le mouvement et l'enchaînement des faits par le mouvement et l'enchaînement des idées. Elle est la véritable imitation de la nature; elle est plus complète que la pure analyse; elle ranime les êtres; son élan et sa véhémence font partie de la science et de la vérité. Quelle que soit la question qu'il traite, économie politique, morale, philosophie, littérature, histoire, Macaulay se passionne pour son sujet. Le courant qui emporte les choses excite en lui, dès qu'il l'aperçoit, un courant qui emporte sa pensée. Il n'expose pas son opinion; il la plaide. Il a ce ton énergique, soutenu et vibrant, qui fait fléchir les oppositions et conquiert les croyances. Sa pensée est une force active; elle s'impose à l'auditeur; elle l'aborde avec tant d'ascendant, elle arrive avec un si grand cortége de preuves, avec une autorité si manifeste et si légitime, avec un élan si puissant, qu'on ne songe pas à lui résister, et elle maîtrise le cœur par sa véhémence en même temps que par son évidence elle maîtrise la raison.

Tous ces dons sont communs aux orateurs; on les retrouve avec des proportions et des degrés différents chez des hommes comme Cicéron et Tite-Live, comme Bourdaloue et Bossuet, comme Fox et Burke. Ces beaux et solides esprits forment une famille naturelle, et les uns comme les autres ont pour trait principal l'habitude et le talent de passer des idées particulières aux idées générales, avec ordre et avec suite, comme on monte un escalier en posant le pied tour à tour sur chaque degré. L'inconvénient de cet art, c'est l'emploi du lieu commun. Les hommes qui le pratiquent ne peignent pas les objets avec précision, ils tombent aisément dans la rhétorique vague. Ils ont en main des développements tout faits, sorte d'échelles portatives qui s'appliquent également bien sur les deux faces contraires de la même question et de toute question. Ils demeurent volontiers dans une région moyenne parmi des tirades et des arguments d'avocat, avec une connaissance telle quelle du cœur humain, et un nombre raisonnable d'amplifications sur l'utile et le juste. En France et à Rome, chez les races latines, surtout au dix-septième siècle, ils aiment à se tenir au-dessus de la terre, parmi les mots nobles ou dans les considérations générales, dans le style de salon et d'académie. Ils ne descendent pas jusqu'aux petits faits, jusqu'aux détails probants, jusqu'aux exemples circonstanciés de la vie vulgaire. Ils sont plus enclins à plaider qu'à démontrer. En cela Macaulay se sépare d'eux. Son principe est qu'un fait particulier a plus de prise sur l'esprit qu'une réflexion générale. Il sait que pour donner à des hommes une idée nette et vive, il faut les reporter à leur expérience personnelle. Il remarque que pour[1] leur faire comprendre une tempête, le seul moyen est de leur rappeler tel orage qu'ils ont vu de leurs yeux, entendu de leurs oreilles, dont leur mémoire est encore pleine, et qui, par contre-coup, bruisse encore

---

1. Essai sur Addison, remarques sur *the Campaign*.

dans tous leurs sens. Il pratique dans son style la philosophie de Bacon et de Locke. Selon lui comme selon eux, le commencement de toute idée est une sensation. Tout raisonnement compliqué, toute conception d'ensemble a pour unique soutien quelques faits particuliers. Il en est pour tout échafaudage d'idées comme pour une théorie scientifique. Au-dessous des longs calculs, des formules d'algèbre, des déductions subtiles, des volumes écrits qui contiennent les combinaisons et les élaborations des cervelles savantes, il y a deux ou trois expériences sensibles, deux ou trois petits faits qu'on vous fait toucher du doigt, un tour de roue dans une machine, une coupure de scalpel sur un corps vivant, une coloration imprévue dans un liquide. Ce sont là les *spécimens décisifs*. Toute la substance de la théorie, toute la force de la preuve y est contenue. La vérité y est comme une noix dans sa coque; la pénible et ingénieuse discussion n'y ajoute rien; elle ne fait qu'extraire la noix. C'est pourquoi si l'on veut bien prouver, on doit avant tout présenter ces spécimens, insister sur eux, les rendre visibles et tangibles au lecteur autant qu'on le peut avec des mots. Cela est difficile, car les mots ne sont pas les choses. La seule ressource de l'écrivain est d'employer des mots qui mettent les choses devant les yeux. Pour cela, il faut faire appel à l'observation personnelle du lecteur, partir de son expérience, comparer les objets inconnus qu'on lui montre aux objets connus qu'il voit tous les jours, rapprocher les événements anciens des événements contemporains. Macaulay a toujours devant les yeux des imaginations anglaises, remplies par des images anglaises, je veux dire par le souvenir détaillé et présent d'une rue de Londres, d'un cellier à spiritueux, d'une allée de pauvres, d'une après-midi à à Hyde-Park, d'un paysage humide et vert, d'une maison blanche et garnie de lierre à la campagne, d'un clergyman en cravate blanche, d'un matelot en casquette de cuir. C'est à ces souvenirs qu'il s'adresse; il les rend encore plus précis par des peintures et des statistiques; il marque les couleurs et les qualités; il est passionné pour l'exactitude; ses descriptions sont dignes à la fois d'un peintre et d'un géographe; il écrit en homme qui voit l'objet physique et sensible, et qui en même temps le classe et l'évalue. Vous le verrez porter ses nombres jusque dans les valeurs morales ou littéraires, assigner à une action, à une vertu, à un livre, à un talent sa case et son rang dans l'échelle avec une telle netteté et un tel relief qu'on se croirait volontiers dans un muséum cadastré non pas de peaux empaillées, je vous prie de le croire, mais d'animaux sentants, souffrants et vivants.

Considérez, par exemple, ces phrases par lesquelles il essaye de rendre sensibles à un public anglais les événements de l'Inde : « Au temps de Warren Hastings, dit-il, la grande affaire d'un serviteur de la Compagnie était d'extorquer aux indigènes cent ou deux cent mille livres sterling aussi promptement que possible, afin de pouvoir revenir en Angleterre avant que sa constitution eût souffert du climat, pour épouser la fille d'un pair, acheter des bourgs pourris dans le Cornouailles, et donner des bals à Saint-James square.... Il y avait encore un nabab du Bengale, qui jouait le même rôle vis-à-vis des dominateurs anglais de son pays, qu'Augustule auprès d'Odoacre, ou les derniers Mérovingiens avec Charles Martel et Pépin le Bref. Il vivait à Moorshedabad, entouré d'un appareil magnifique et princier. On l'approchait avec des marques extérieures de respect, et son nom figurait dans les actes officiels. Mais pour le gouvernement du pays, il y avait moins de part que le plus jeune commis ou cadet au service de la Compagnie.... » Pour Nuncomar, le ministre-indigène de la Compagnie, « il est difficile d'en donner une idée à ceux qui ne connaissent la nature humaine que par les traits sous lesquels elle se montre dans notre île. Ce que l'Italien est à l'Anglais, ce que l'Hindou est à l'Italien, ce que le Bengalais est aux autres Hindous, Nuncomar l'était aux autres Bengalais. L'organisation physique du Bengalais est si faible qu'elle est efféminée. Il vit dans un bain perpétuel de vapeur. Ses occupations sont sédentaires, ses membres délicats, ses mouvements languissants. Pendant plusieurs siècles, il a été foulé aux pieds par des hommes de race plus hardie et plus entreprenante. Le courage, l'esprit d'indépendance, la véracité sont des qualités auxquelles sa constitution et sa situation sont également défavorables. Son esprit est singulièrement analogue à son corps. Il est faible jusqu'à s'abandonner lorsqu'il faut une résistance virile; mais sa souplesse et son tact excitent chez les enfants des climats plus rudes une admiration qui n'est pas exempte de dédain. Tous les artifices qui sont la défense naturelle du faible sont plus familiers à cette race subtile qu'à l'Ionien du temps de Juvénal, ou au juif du moyen âge. Ce que les cornes sont pour le buffle, ce que la griffe est pour le tigre, ce que l'aiguillon est pour l'abeille, ce que la beauté, selon la vieille chanson grecque, est pour la femme, la ruse et la perfidie le sont pour le Bengalais. Grandes promesses, excuses mielleuses, tissus élaborés de mensonges compliqués, chicanes, parjures, faux, telles sont les armes défensives et offensives des gens du Bas-Gange. Tous ces millions d'hommes ne fournissent pas un cipaye aux armées de la Compagnie. Mais comme usuriers, changeurs, procureurs retors, aucune classe d'êtres ne peut supporter avec eux la comparaison[1].... » Ce sont ces

---

1. During that interval the business of a servant of the Company was simply to wring out of the natives a hundred or two hundred thousand pounds as speedily as possible, that he might return home before his constitution had suffered from the heat, to marry a peer's daughter, to buy rotten boroughs in Cornwall, and to give balls in Saint-James square.... There was still a nabob of Bengal who stood to the English rulers of his country in the same relation in which Augustulus stood to Odoacer, or the last Merovingians to Charles Martel and Pepin. He lived at Moorshedabad, surrounded by princely magnificence. He was approached with outward marks of reverence, and his name was used in public instruments. But in the government of the country, he had less real share than the youngest writer or cadet in the Company's service.... Of his moral character it is difficult to give a notion to those who are acquainted with human nature only as it appears in our island. What the Italian, is to the

hommes et ces affaires qui allaient fournir à Burke la plus ample et la plus éclatante matière d'éloquence, et lorsque Macaulay décrit le talent propre du grand orateur, c'est le sien par contre-coup qu'il décrit.

Il avait au plus haut degré la magnifique faculté par laquelle l'homme est capable de vivre dans le passé et dans l'avenir, dans les choses éloignées, et dans les choses imaginaires. L'Inde et ses habitants n'étaient point pour lui comme pour la plupart des Anglais de simples noms, des abstractions, mais un pays réel et des hommes réels. Le soleil brûlant, l'étrange végétation de cocotiers et de palmiers, le champ de riz, le réservoir d'eau, les arbres énormes, plus vieux que l'empire Mogol, sous lesquels s'assemblent les foules villa-

---

Englishman, what the Hindoo is to the Italian, what the Bengalee is to other Hindoos, that was Nuncomar to other Bengalees. The physical organisation of the Bengalee is feeble even to effeminacy. He lives in a constant vapour bath. His pursuits are sedentary, his limbs delicate, his movements languid. During many ages he has been trampled upon by men of bolder and more hardy breeds. Courage, independance, veracity are qualities to which his constitution and his situation are equally unfavourable. His mind bears a singular analogy to his body. It is weak even to helplessness for purposes of manly resistance; but its suppleness and its tact move the children of sterner climates to admiration non unmingled with contempt. All those arts which are the natural defence of the weak are more familiar to this subtle race than to the Ionian of the time of Juvenal or to the Jew of the dark ages. What the horns are to the buffalo, what the paw is to the tiger, what the sting is to the bee, what beauty, according to the old Greek song, is to woman, deceit is to the Bengalee. Large promises, smooth excuses, elaborate tissues of circumstantial falsehood, chicanery, perjury, forgery are the weapons, offensive and defensive, of the people of the Lower Ganges. All those millions do not furnish one sepoy to the armies of the Company. But as usurers, as money-changers, as sharp legal practitioners, no class of human beings can bear a comparison with them.

geoises, le toit de chaume de la hutte du paysan, les riches
arabesques de la mosquée où l'iman prie la face tournée vers
la Mecque, les tambours et les bannières, les idoles parées,
le pénitent balancé dans l'air, la gracieuse jeune fille, avec
sa cruche sur la tête, descendant les marches de la rivière,
les figures noires, les longues barbes, les bandes jaunes des
sectaires, les turbans et les robes flottantes, les lances et les
masses d'armes, les éléphants avec leurs pavillons de parade,
le splendide palanquin du prince, la litière fermée de la noble
dame ; toutes ces choses étaient pour lui comme les objets
parmi lesquels sa vie s'était passée, comme les objets qui
sont sur la route entre Beaconsfield et Saint-James Street.
L'Inde entière était présente devant les yeux de son esprit,
depuis les salles où les suppliants déposent l'or et les parfums
aux pieds des monarques, jusqu'au marais sauvage où le
camp des Bohémiens est dressé, depuis les bazars qui bour-
donnent comme des ruches d'abeilles avec la foule des ven-
deurs et des acheteurs, jusqu'à la jungle où le courrier solitaire secoue son paquet d'anneaux de fer pour écarter les
hyènes. Il avait une idée précisément aussi vive de l'insurrection de Bénarès que de l'émeute de lord George Gordon,
et de l'exécution de Nuncomar que de l'exécution du docteur
Dodd. L'oppression au Bengale était la même chose pour lui
que l'oppression dans les rues de Londres [1].

[1]. He had in the highest degree that noble faculty whereby man is
able to live in the past and in the future, in the distant and in the
unreal. India and its inhabitants were not to him as to most En-
glishmen mere names and abstractions, but a real country and a
real people. The burning sun, the strange vegetation of the palm
and cocoa-tree, the rice-field, the tank, the huge trees, older than
the Mogul empire, under which the village crowds assemble, the
thatched roof of the peasant's hut, the rich tracery of the mosque
where the imaun prays with his face to the Mecca, the drums and
banners and gaudy idols, the devotee swinging in the air, the graceful maiden, with the pitcher on her head, descending the steps to
the river-side, the black faces, the long beards, the yellows streaks
of sect, the turbans and the flowing robes, the spears and the silver
maces, the elephants with their canopies of state, the gorgeous pa-

CHAPITRE III. MACAULAY.

D'autres parties de ce talent sont plus particulièrement anglaises. Macaulay a la main rude ; quand il frappe, il assomme. Chez nous, disait Béranger,

> Chez nous point
> Point de ces coups de poing
> Qui font tant d'honneur à l'Angleterre.

Et le lecteur français s'étonnerait s'il entendait un grand historien traiter un illustre poëte de la façon que voici :

Dans tous les ouvrages où M. Southey a complétement abandonné la narration, et essayé de traiter des questions morales et politiques, sa chute a été complète et ignominieuse. En ces occasions, ses écrits n'ont été protégés contre l'extrême mépris et l'extrême dérision que par la beauté et la pureté du style. Nous trouvons, nous l'avouons, un si grand charme dans son anglais, que même lorsqu'il écrit des absurdités, nous le lisons généralement avec plaisir, excepté lorsqu'il essaye d'être plaisant. Un plus intolérable bouffon n'a jamais existé. Il s'efforce très-souvent d'être comique, et pourtant nous ne nous rappelons pas une seule occasion où

lanquin of the prince, and the close litter of the noble lady, all those things were to him as the objects amidst which his own life had been placed, as the objects which lay on the road between Beaconsfield and Saint-James street. All India was present to the eye of his mind, from the hall where suitors laid gold and perfumes at the feet of sovereigns to the wild moor where the gipsy camp was pitched, from the bazars humming like bee-hives with the crowd of buyers and sellers, to the jungle where the lonely courier shakes his bunch of iron rings to scare away the hyenas. He had just as lively an idea of the insurrection at Benares as of lord George Gordon's riot and of the execution of Nuncomar as of the execution of Dr Dodd. Oppression in Bengal was to him the same thing as oppression in the streets of London.

il ait réussi à être autre chose que bizarrement et étourdiment insipide. Un homme sensé pourrait dire des sottises pareilles au coin de son feu; mais qu'un être humain, après avoir fait de tels jeux de mots, les écrive, les recopie, les transmette à l'imprimeur, en corrige les épreuves et les lance dans le monde, c'en est assez pour nous faire rougir de notre espèce [1].

On devine bien qu'il n'est pas plus doux pour les morts que pour les vivants. Par exemple, s'il s'agit de l'archevêque Laud :

Le plus sévère châtiment que les deux chambres eussent pu lui infliger, était de le mettre en liberté et de l'envoyer à Oxford. Là il serait demeuré, torturé par son humeur diabolique, affamé de mettre au pilori et de mutiler les protestants, tourmentant les cavaliers, faute d'autres, par sa sottise et son aigreur, s'acquittant dans la cathédrale de ses

---

[1]. But in all those works in which Mr. Southey has completely abandoned narration, and has undertaken to argue moral and political questions, his failure has been complete and ignominious. On such occasions his writings are rescued from utter contempt and derision solely by the beauty and purity of the English. We find, we confess, so great a charm in Mr. Southey's style that, even when he writes nonsense, we generally read it with pleasure, except indeed when he tries to be droll. A more insufferable jester never existed. He very often attempts to be humorous, and yet we do not remember a single occasion on which he has succeeded farther than to be quaintly and flippantly dull. In one of his works he tells us that Bishop Spratt was very properly so called, inasmuch as he was a very small poet. And in the book now before us he cannot quote Francis Bugg, the renegade Quaker, without a remark on his unsavoury name. A wise man might talk folly like this by his own fireside; but that any human being, after having made such a joke, should write it down, and copy it out, and transmit it to the printer, and correct the proof-sheets, and send it forth into the world, is enough to make us ashamed of our species.

(*Critical and Historical Essays*, t. 1, p. 215.)

génuflexions et de ses grimaces, continuant cet incomparable journal que nous ne regardons jamais sans que l'imbécillité de son intelligence nous fasse oublier les vices de son cœur, notant minutieusement ses rêves, comptant les gouttes de sang qui coulaient de son nez, surveillant de quel côté tombait le sel et écoutant les cris de la chouette. Le mépris et la pitié étaient la seule vengeance que le parlement aurait dû prendre d'un si ridicule vieux bigot [1].

Quand il plaisante, il reste grave, ainsi que font presque tous les écrivains de son pays. L'*humour* consiste à dire d'un ton solennel des choses extrêmement comiques, et à garder le style noble et la phrase ample, au moment même où l'on fait rire tous ses auditeurs. Tel est le commencement d'un article sur un nouvel historien de Burleigh :

L'ouvrage du docteur Nares, dit-il, nous a rempli d'un étonnement semblable à celui qu'éprouva le capitaine Lemuel Gulliver, lorsqu'il aborda pour la première fois à Brobdingnag, et vit des tiges de blé aussi hautes que des chênes, des dés aussi grands que des seaux, et des roitelets aussi gros

---

[1]. The severest punishment which the two Houses could have inflicted on him would have been to set him at liberty and send him to Oxford. There he might have staid, tortured by his own diabolical temper, hungering for puritans to pillory and mangle, plaguing the cavaliers, for want of somebody else to plague, with his peevishness and absurdity, performing grimaces and antics in the cathedral, continuing that incomparable diary, which we never see without forgetting the vices of his heart in the imbecility of his intellect, minuting down his dreams, counting the drops of blood which fell from his nose, watching the direction of the salt, and listening for the note of the screech-owls. Contemptuous mercy was the only vengeance which it became the Parliament to take on such a ridiculous old bigot.
(*Critical and Historical Essays*, t. I, p. 165.)

que des dindons. L'ouvrage et toutes ses parties sont composés sur une échelle gigantesque ; le titre est aussi long qu'une préface ordinaire, la préface remplirait un livre ordinaire, et le livre contient autant de matière qu'une bibliothèque. Nous ne pouvons mieux résumer les mérites de cette prodigieuse masse de papier qu'en disant qu'elle consiste en deux mille pages in-4° environ d'impression serrée, qu'elle occupe en volume quinze cents pouces cubes, et qu'elle pèse soixante livres bien comptées. Un tel livre, avant le déluge, eût été considéré comme une lecture aisée par Hilpa et Shalum ; mais malheureusement la vie de l'homme n'est aujourd'hui que de soixante-dix ans, et nous ne pouvons nous empêcher de dire au docteur Nares que ce n'est pas bien à lui de nous demander une grande portion d'une si courte existence [1].

Cette comparaison, empruntée à Swift, est une moquerie dans le goût de Swift. Les mathématiques deviennent, entre les mains des Anglais, un excellent moyen de raillerie, et l'on se rappelle comment le

---

1. The work of Dr. Nares has filled us with astonishment similar to that which Captain Lemuel Gulliver felt when first he landed in Brobdingnag, and saw corn as high as the oaks in the New Forest, thimbles as large as buckets, and wrens of the bulk of turkeys. The whole book, and every component part of it, is on a gigantic scale. The title is as long as an ordinary preface: the prefatory matter would furnish out an ordinary book ; and the book contains as much reading as an ordinary library. We cannot sum up the merits of the stupendous mass of paper which lies before us better than by saying that it consists of about two thousand closely printed quarto pages, that it occupies fifteen hundred inches cubic measure, and that it weights sixty pounds avoirdupoids. Such a book might, before the deluge, have been considered as light reading by Hilpa and Shalum. But unhappily the life of man is now threescore years and ten; and we cannot but think it somewhat unfair in Dr. Nares to demand from us so large a portion of so short an existence.

(*Critical and Historical Essays*, t. II, p. 81.)

spirituel doyen, comparant par des chiffres la générosité romaine et la générosité anglaise, accablait Marlborough sous une addition. L'*humour* emploie contre les gens des faits positifs, des arguments de commerçant, des contrastes bizarres tirés de la vie vulgaire. Cela surprend et déroute tout d'un coup le lecteur ; on tombe brusquement sous quelque détail familier et grotesque ; le choc est violent ; on éclate de rire sans beaucoup de gaieté ; la détente part si soudainement et si durement qu'elle est comme un coup d'assommoir. En voici un exemple : Macaulay réfute ceux qui ne veulent pas qu'on imprime les auteurs classiques indécents :

Nous avons peine à croire, dit-il, que dans un monde aussi plein de tentations que celui-ci, un homme, qui aurait été vertueux s'il n'avait pas lu Aristophane et Juvénal, devienne vicieux parce qu'il les a lus. Celui qui, exposé à toutes les influences d'un état de société semblable au nôtre, craint de s'exposer aux influences de quelques vers grecs et latins, agit selon nous, comme le voleur qui demandait aux shérifs de lui faire tenir un parapluie au-dessus de la tête, depuis la porte de Newgate jusqu'à la potence, parce que la matinée était pluvieuse et qu'il craignait de prendre froid [1].

[1] ....We find it difficult to believe that, in a world so full of temptation as this, any gentleman whose life would have been virtuous if he had not read Aristophanes and Juvenal, will be made vicious by reading them. A man who, exposed to all the influences of such a state of society as that in which we live, is yet afraid of exposing himself to the influence of a few Greek or Latin verses, acts, we think, much like the felon who begged the sheriffs to let him have an umbrella held over his head from the door of Newgate to the gallows, because it was a drizzling morning and he was apt to take cold. (*Critical and Historical Essays*, t. V, p. 146.)

L'ironie, le sarcasme, les genres de plaisanterie les plus amers sont habituels aux Anglais : ils déchirent lorsqu'ils égratignent. Si l'on veut s'en convaincre, on peut comparer la médisance française telle que Molière l'a représentée dans le *Misanthrope*, et la médisance anglaise telle que Shéridan l'a représentée en imitant Molière et le *Misanthrope*. Célimène pique, mais ne blesse pas ; les amis de lady Sneerwell blessent et laissent dans toutes les réputations qu'ils touchent des marques sanglantes ; la raillerie que je vais traduire est une des plus douces de Macaulay.

Les ministres donnèrent, dit-il, le commandement à lord Galway, vétéran expérimenté, qui était dans la guerre ce que les docteurs de Molière étaient en médecine, qui trouvait beaucoup plus honorable d'échouer en suivant les règles que de réussir par des innovations, et qui aurait été très-honteux de lui-même s'il avait pris Montjouy par les moyens singuliers que Peterborough employa. Ce grand commandant conduisit la campagne de 1707 de la manière la plus scientifique. Il rencontra l'armée des Bourbons dans la plaine d'Almanza. Il rangea ses troupes d'après les méthodes prescrites par les meilleurs écrivains, et en peu d'heures perdit dix-huit mille hommes, cent vingt étendards, tout son bagage et toute son artillerie [1].

1. They therefore gave the command to lord Galway, an experienced veteran, a man who was in war what Molière's doctors were in medicine, who thought it much more honourable to fail according to rule, than to succeed by innovation, ad who would have been very much ashamed of himself if he had taken Monjuich by means so strange as those which Peterborough employed. This great commander conducted the campaign of 1707 in the most scientific manner. On the plain of Almanza he encountered the army of the

Ces rudesses sont d'autant plus fortes, que le ton ordinaire est plus noble et plus sérieux.

On n'a vu jusqu'ici que le raisonneur, le savant, l'orateur et l'homme d'esprit ; il y a encore dans Macaulay un poëte ; et, quand on n'aurait pas lu ses *Chants de l'ancienne Rome*, il suffirait, pour le deviner, de lire quelques-unes de ses phrases où l'imagination, longtemps contenue par la sévérité de la démonstration, déborde tout d'un coup par des métaphores magnifiques, et se répand en comparaisons splendides, dignes par leur ampleur d'être reçues dans une épopée.

L'Arioste, dit-il, nous raconte l'histoire d'une fée, qui par une loi mystérieuse de sa nature, était condamnée à paraître en certaines saisons sous la forme d'un hideux et venimeux serpent. Ceux qui la maltraitaient pendant la période de son déguisement étaient à jamais exclus des bienfaits qu'elle prodiguait aux hommes. Mais pour ceux qui, en dépit de son aspect repoussant, avaient pitié d'elle et la protégeaient, elle se révélait plus tard à leurs yeux sous la belle et céleste forme qui lui était naturelle, accompagnait leurs pas, exauçait tous leurs désirs, remplissait leur maison de richesses, les rendait heureux dans l'amour et victorieux dans la guerre. Telle est cette déesse qu'on nomme la Liberté. Parfois elle prend la forme d'un odieux reptile ; elle rampe, elle siffle, elle mord. Mais malheur à ceux qui, saisis de dégoût, essayeront de l'écraser! Et heureux les hommes, qui, ayant osé la recevoir sous sa forme effrayante et dégradée, seront

---

Bourbons. He drew up his troops according to the methods prescribed by the best writers, and in a few hours lost eighteen thousand men, a hundred and twenty standards, all his baggage and all his artillery.

enfin récompensés par elle au temps de sa beauté et de sa gloire[1]!

Ces généreuses paroles partent du cœur; la source est pleine, elle a beau couler, elle ne tarit pas ; dès que l'écrivain parle de la cause qu'il aime, dès qu'il voit se lever devant lui la Liberté, l'Humanité et la Justice, la Poésie naît d'elle-même dans son âme, et vient poser sa couronne sur le front de ses nobles sœurs.

La Réforme, dit-il ailleurs, est un événement depuis longtemps accompli; ce volcan a épuisé sa rage; les vastes ravages causés par son irruption sont oubliés. Les bornes qu'il avait emportées ont été replacées; les édifices ruinés ont été réparés. La lave a couvert d'une croûte féconde les champs que jadis elle avait dévastés, et après avoir changé un riche et beau jardin en un désert, elle a changé de nouveau le désert en un jardin plus riche et plus beau. La seconde irruption n'est pas encore terminée. Les marques de son ravage sont toujours autour de nous; les cendres sont encore chaudes

---

1. Ariosto tels a pretty story of a fairy, who, by some mysterious law of her nature, was condemned to appear at certain seasons in the form of a foul and poisonous snake. Those who injured her during the period her disguise were for ever excluded from participation in the blessings which she bestowed. But to those who, in spite of her loathsome aspect, pitied and protected her, she afterwards revealed herself in the beautiful and celestial form which was natural to her, accompanied their steps, granted all their wishes, filled their houses with wealth, made them happy in love and victorious in war. Such a spirit is Liberty. At times she takes the form of a hateful reptile. She grovels, she hisses, she stings. But woe to those who in disgust shall venture to crush her! And happy are those who, having dared to receive her in her degraded and frightful shape, shall at length be rewarded by her in the time of her beauty and her glory! (T. I, p. 40.)

CHAPITRE III. MACAULAY. 191

sous nos pieds. Dans quelques directions, ce déluge de feu continue encore à s'étendre. Cependant l'expérience nous autorise à croire avec certitude que cette explosion, comme celle qui l'a précédée, fertilisera le sol qu'elle a dévasté. Déjà, dans les parties qui ont souffert le plus cruellement, d'opulentes cultures et de paisibles habitations commencent à s'élever au milieu de la solitude. Plus nous lirons l'histoire des âges passés, plus nous observerons les signes de notre époque, plus nous sentirons nos cœurs se remplir et se soulever d'espérance à la pensée des futures destinées du genre humain [1].

Je devrais peut-être, en achevant cette analyse, indiquer quelles imperfections sont l'effet de ces grandes qualités ; comment l'aisance, la grâce, la verve aimable, la variété, la simplicité, l'enjouement, manquent à cette mâle éloquence, à cette solide raison, à cette ardente dialectique ; pourquoi l'art d'écrire et la pureté classique ne se rencontrent point

---

1. The Reformation is an event long past. That volcano has spent its rage. The wide waste produced by its outbreak is forgotten. The landmarks which were swept away have been replaced. The ruined edifices have been repaired. The lava has covered with a rich incrustation the fields which it once devastated, and, after having turned a beautiful and fruitful garden into a desert, has again turned the desert into a still more beautiful and fruitful garden. The second great eruption is not yet over. The marks of its ravages are still all around us. The ashes are still hot beneath our feet. In some directions, the deluge of fire still continues to spread. Yet experience surely entitles us to believe that this explosion, like that which preceded it, will fertilise the soil which it has devastated. Already, in those parts which have suffered most severely, rich cultivation and secure dwellings have begun to appear amidst the waste. The more we read of the history of past ages, the more we observe the signs of our own times, the more do we feel our hearts filled and swelled up by a good hope for the future destinies of the human race. (T. II, p. 92.)

toujours dans cet homme de parti, combattant de tribune ; bref, pourquoi un Anglais n'est ni un Français ni un Athénien. J'aime mieux traduire encore un passage, dont la solennité et la magnificence donneront quelque idée des sérieux et riches ornements qu'il jette sur son récit, sorte de végétation puissante, fleurs de pourpre éclatante, pareilles à celles qui s'épanouissent à chaque page du *Paradis perdu* et de *Childe Harold*. Warren Hasting arrivait de l'Inde et venait d'être décrété d'accusation.

Le 13 février 1788, les séances de la cour commencèrent. On a vu des spectacles plus éblouissants pour l'œil, plus resplendissants de pierreries et de drap d'or, plus attrayants pour des hommes enfants ; mais peut-être il n'y en eut jamais de mieux calculé pour frapper un esprit réfléchi et une imagination cultivée. Tous les genres divers d'intérêt qui appartiennent au passé et au présent, aux objets voisins et aux objets éloignés, étaient rassemblés dans un même lieu et dans une même heure. Tous les talents et toutes les facultés qui sont développés par la liberté et par la civilisation étaient en ce moment déployés avec tous les avantages qu'ils pouvaient emprunter à leur alliance et à leur contraste. Chaque pas du procès reportait à l'esprit, soit en arrière, à travers tant de siècles troublés, jusqu'aux jours où les fondements de notre constitution furent posés ; soit bien loin dans l'espace, par-dessus des mers et des déserts sans bornes, jusque parmi des nations bronzées, qui habitent sous des étoiles inconnues, qui adorent des dieux inconnus, et qui écrivent en caractères étranges de droite à gauche. La grande cour du parlement allait siéger, selon les formes transmises depuis les jours des Plantagenets, et juger un Anglais accusé d'avoir exercé la tyrannie sur le souverain de la sainte cité de Bénarès, et sur les dames de la maison princière d'Oude.

L'endroit était digne d'un tel jugement. C'était la grande

salle de Guillaume le Roux, la salle qui avait retenti d'acclamations à l'inauguration de trente rois, la salle qui avait vu la juste condamnation de Bacon, et le juste acquittement de Somers, la salle où l'éloquence de Strafford avait pour un moment confondu et touché un parti victorieux enflammé d'un juste ressentiment, la salle où Charles avait fait face à la haute cour de justice avec ce tranquille courage qui a racheté à demi sa réputation. Ni la pompe militaire, ni la pompe civile ne manquaient à ce spectacle. Les avenues étaient bordées d'une ligne de grenadiers; des postes de cavalerie maintenaient les rues libres. Les pairs, en robe d'or et d'hermine, étaient conduits à leurs places par des hérauts sous l'ordre de Jarretière, le roi d'armes; les juges, dans leurs vêtements d'office, étaient là pour donner leur avis sur les points de loi. Près de cent soixante-dix lords, les trois quarts de la chambre haute, marchaient en ordre solennel de leur lieu ordinaire d'assemblée au tribunal; le plus jeune des barons conduisait le cortége, Georges Elliot, lord Heathfield, récemment anobli pour sa mémorable défense de Gibraltar contre les flottes et les armées de France et d'Espagne. La longue procession était fermée par le duc de Norfolk, comte maréchal du royaume, par les grands dignitaires, par les frères et fils du roi; le prince de Galles venait le dernier, remarquable par la beauté de sa personne et par sa noble attitude. Les vieux murs gris étaient tendus d'écarlate; les longues galeries étaient couvertes d'un auditoire tel qu'il s'en trouva rarement de semblable pour exciter les craintes ou l'émulation des orateurs. Là étaient rassemblés, de toutes les parties d'un empire vaste, libre, éclairé et prospère, la grâce et l'amabilité féminines, l'esprit et la science, les représentants de toute science et de tout art. Là étaient assis autour de la reine les jeunes princesses de la maison de Brunswick avec leurs blonds cheveux; là, les ambassadeurs de grands rois et de grandes républiques contemplaient avec admiration un spectacle que nulle autre contrée ne pouvait leur présenter. Là, Siddons, dans toute la fleur de sa majestueuse beauté, regardait avec émotion une scène qui surpassait toutes les imitations du théâtre. Là, l'historien de l'empire romain pensait aux jours où Cicéron plaidait la cause de la Sicile contre Verrès, où, devant un sénat qui retenait encore quelque apparence de liberté, Tacite tonnait contre l'oppresseur de l'Afrique. Là, on voyait assis l'un à côté de l'autre, le plus grand peintre et le plus grand érudit de l'époque. Ce spectacle avait fait quitter à Reynold le chevalet qui nous a conservé les fronts pensifs de tant d'écrivains et d'hommes d'État, et les doux sourires de tant de nobles dames. Il avait engagé Parr à suspendre les travaux qu'il poursuivait dans la sombre et profonde mine d'où il avait tiré un si vaste trésor d'érudition, trésor trop souvent enseveli dans la terre, trop souvent étalé avec ostentation, sans jugement et sans goût, mais cependant précieux, massif et splendide. Là, se montraient les charmes voluptueux de celle à qui l'héritier du trône avait en secret engagé sa foi; là aussi était cette beauté, mère d'une race si belle, la sainte Cécile dont les traits délicats, illuminés par l'amour et la musique, ont été dérobés par l'art à la destruction commune; là étaient les membres de cette brillante société qui citait, critiquait et échangeait des reparties sous les riches tentures en plumes de paon qui ornaient la maison de mistress Montague; là enfin, ces dames dont les lèvres, plus persuasives que celles de Fox lui-même, avaient emporté l'élection de Westminster en dépit de la cour et de la trésorerie, brillaient autour de Georgiana, duchesse de Devonshire [1].

1. On the thirteenth of February 1788, the sittings of the Court commenced. There have been spectacles more dazzling to the eye, more gorgeous with jewellery and cloth of gold, more attractive to grown-up children, than that which was then exhibited at Westminster; but perhaps there never was a spectacle so well calculated to strike a highly cultivated, a reflecting, an imaginative mind. All the various kinds of interests which belong to the near and to the distant, to the present and to the past were collected on one spot and in one hour. All the talents and all the accomplishments which are developed by liberty and civilisation were now displayed with every advantage that could be derived both from cooperation and from contrast. Every step in the proceedings carried the mind either backward, through many cen-

CHAPITRE III. MACAULAY.

Cette évocation de l'histoire, de la gloire et de la constitution nationale forme un tableau d'un genre

turies, to the days when the foundations of our constitution were laid; or far away over boundless seas and deserts, to dusky natives living under strange stars, worshipping strange gods and writing strange characters from right to left. The high Court of Parliament was to sit, according to forms handed down from the days of the Plantagenest, on an Englishman accused of exercising tyranny over the lord of the holy city of Benares and over the ladies of the princely house of Oude.

The place was worthy of such a trial. It was the great Hall of William Rufus, the hall which had resounded with acclamations at the inauguration of thirty kings, the hall which had witnessed the just sentence of Bacon and the just absolution of Somers, the hall where the eloquence of Strafford had for a moment awed and melted a victorious party inflamed with just resentment, the hall where Charles had confronted the high court of justice with the placid courage which has half redeemed his fame. Neither military nor civil pomp was wanting. The avenues were lined with grenadiers. The streets were kept clear by cavalry. The peers robed in gold and ermine were marshalled by the heralds under Garter king-at-arms. The judges in their vestments of state attended to give advice on points of law. Near a hundred and seventy lords, three fourths of the Upper-house, as the Upper-house then was, walked in solemn order from their usual place of assembly to the tribunal. The junior baron present led the way, George Elliot, lord Heathfield, recently ennobled for his memorable defence of Gibraltar against the fleets and armies of France and Spain. The long procession was closed by the duke of Norfolk earl marshal of the realm, by the great dignitaries, and by the brothers and sons of the king. Last of all came the prince of Wales conspicuous by his fine person and noble bearing. The grey old walls were hung with scarlet. The long galleries were crowded by an audience such as has rarely excited the fears or the emulation of an orator. There were gathered together from all parts of a great, free, enlightened and prosperous empire, grace and female loveliness, wit and learning, the representation of every science and of every art. There were seated round the queen the fair-haired young daughters of the house of Brunswick. There the ambassadors of great kings and commonwealths gazed with admiration on a spectacle which no other country in the world unique. L'espèce de patriotisme et de poésie qu'elle révèle est le résumé du talent de Macaulay ; et le talent, comme le tableau, est tout anglais.

could present. There Siddons in the prime of her majestic beauty looked with emotion on a scene surpassing all the imitations of the stage. There the historian of the Roman empire thought of the days when Cicero pleaded the cause of Sicily against Verres, and when, before a senate which still retained some show of freedom, Tacitus thundered against the oppressor of Africa. There were seen side by side the greatest painter and the greatest scholar of the age. The spectacle had allured Reynolds from that easel, which has preserved to us the thoughtful foreheads of so many writers and statesmen, and the sweet smiles of so many noble matrons. It had induced Parr to suspend his labours in that dark and profound mine from which he had extracted a vast treasure of erudition, a treasure too often buried in the earth, too often paraded with injudicious and inelegant ostentation, but still precious, massive, and splendid. There appeared the voluptuous charms of her to whom the heir of the throne had in secret plighted his faith. There too was she, the beautiful mother of a beautiful race, the St Cecilia whose delicate features, lighted up by love and music, art has rescued from the common decay. There were the members of that brilliant society which quoted, criticised, and exchanged reparties, under the rich peacock-hangings of Mrs Montague. And there the ladies whose lips, more persuasive than those of Fox himself, had carried the Westminster election against palace and treasury, shone round Georgiana-duchess of Devonshire.

§ 2.

Ainsi préparé, il a abordé l'histoire d'Angleterre ; il y a choisi l'époque qui convenait le mieux à ses opinions politiques, à son style, à sa passion, à sa science, au goût de sa nation, à la sympathie de l'Europe. Il a raconté l'établissement de la constitution anglaise, et concentré tout le reste de l'histoire autour de cet événement unique, « le plus beau qu'il y ait au monde [1], » aux yeux d'un Anglais et d'un politique. Il a porté dans cette œuvre une méthode nouvelle d'une grande beauté, d'une extrême puissance : le succès a été extraordinaire. Quand parut le second volume, trente mille exemplaires étaient demandés d'avance. Essayons de décrire cette histoire, de la rattacher à cette méthode, et cette méthode à ce genre d'esprit.

Cette histoire est universelle et n'est point brisée. Elle comprend les événements de tout genre et les mène de front. Les uns ont raconté l'histoire des races, d'autres celle des classes, d'autres celle des gouvernements, d'autres celle des sentiments, des idées et des mœurs ; Macaulay les raconte toutes : « J'accomplirais bien imparfaitement la tâche que j'ai

---

1. Sic rerum facta est pulcherrima Roma.

entreprise, si je ne parlais que des batailles et des siéges, de l'élévation et de la chute des gouvernements, des intrigues du palais, des débats du parlement. Mon but et mes efforts seront de faire l'histoire de la nation aussi bien que l'histoire du gouvernement, de marquer le progrès des beaux-arts et des arts utiles, de décrire la formation des sectes religieuses et les variations du goût littéraire, de peindre les mœurs des générations successives, et de ne point négliger même les révolutions qui ont changé les habits, les ameublements, les repas et les amusements publics. Je porterai volontiers le reproche d'être descendu au-dessous de la dignité de l'histoire, si je réussis à mettre sous les yeux des Anglais du dix-neuvième siècle un tableau vrai de la vie de leurs ancêtres[1]. » Il a tenu parole. Il n'a rien séparé et rien omis. Chez lui, les portraits se mêlent au récit. Vous voyez ceux de Danby, de Nottingham, de Shrewsbury, de Howe, dans l'histoire d'une session, entre deux décisions du parlement. Les petites anec-

[1]. I should very imperfectly execute the task which I have undertaken if I were merely to treat of battles and sieges, of the rise and fall of administrations, of intrigues in the palace, and of debates in the parliament. It will be my endeavour to relate the history of the people as well as the history of the government, to trace the progress of useful and ornamental arts, to describe the rise of religious sects and the changes of literary taste, to portray the manners of successive generations, and not to pass by with neglect even the revolutions which have taken place in dress, furniture, repasts, and public amusements. I shall cheerfully bear the reproach of having descended below the dignity of history, if I can succeed in placing before the English of the nineteenth century a true picture of the life of their ancestors. (*History of England*, t. I, p. 3. Éd. Tauchnitz.)

dotes curieuses, les détails d'intérieur, la description
d'un mobilier viennent couper l'exposé d'une guerre
sans le rompre. En quittant le récit des grandes affaires, on voit volontiers les goûts hollandais du roi
Guillaume, le musée chinois, les grottes, les laby-
rinthes, les volières, les étangs, les parterres géométriques, dont il enlaidit Hampton-Court. Une dissertation politique précède ou suit la narration d'une bataille ; d'autres fois l'auteur se fait touriste ou psychologue avant de devenir politique ou tacticien. Il
décrit les hautes terres d'Écosse, demi-papistes et
demi-païennes, les voyants enveloppés dans une peau
de bœuf, attendant le moment de l'inspiration, des
hommes baptisés faisant aux démons du lieu des
libations de lait ou de bière ; les femmes grosses, les
filles de dix-huit ans labourant un misérable champ
d'avoine, pendant que leurs maris ou leurs pères,
hommes athlétiques, se chauffent au soleil ; les bri-
gandages et les barbaries regardés comme de belles
actions ; les gens poignardés par derrière ou brûlés
vifs ; les mets rebutants, l'avoine de cheval et les gâteaux de sang de vache vivante offerts aux hôtes par
faveur et politesse ; les huttes infectes, où l'on se
couchait sur la fange, et où l'on se réveillait à demi
étouffé, à demi aveuglé et à demi lépreux. Un instant
après, il s'arrête pour noter un changement du goût
public, l'horreur qu'on éprouvait alors pour ces repaires de brigands, pour cette contrée de rocs sauvages et de landes stériles ; l'admiration qu'on ressent
aujourd'hui pour cette patrie de guerriers héroïques,

pour ce pays de montagnes grandioses, de cascades bouillonnantes, de défilés pittoresques. Il trouve dans le progrès du bien-être physique les causes de cette révolution morale, et juge que si nous louons les montagnes et la vie sauvage, c'est que nous sommes rassasiés de sécurité. Il est tour à tour économiste, littérateur, publiciste, artiste, historien, biographe, conteur, philosophe même ; par cette diversité de rôles, il égale la diversité de la vie humaine, et présente aux yeux, au cœur, à l'esprit, à toutes les facultés de l'homme, l'histoire complète de la civilisation de son pays.

D'autres, comme Hume, ont essayé ou essayent de le faire. Ils mettent ici les affaires religieuses, un peu plus loin les événements politiques, ensuite des détails littéraires, à la fin des considérations générales sur les changements de la société et du gouvernement, croyant qu'une collection d'histoires est l'histoire, et que des membres attachés bout à bout sont un corps. Macaulay ne l'a point cru, et a bien fait. Quoique Anglais, il a l'esprit d'ensemble. Tant d'événements amassés font chez lui non un total, mais un tout. Explications, récits, dissertations, anecdotes, peintures, rapprochements, allusions aux événements modernes, tout se tient dans son livre. C'est que tout se tient dans son esprit. Il a le plus vif sentiment des causes ; et ce sont les causes qui lient les faits. Par elles les événements épars se rassemblent en un événement unique ; elles les unissent parce qu'elles les produisent, et l'historien qui les recherche toutes ne peut manquer d'apercevoir ou de sentir l'unité qui est leur effet. Lisez, par exemple, le voyage du roi Jacques en Irlande : point de peinture plus curieuse ; n'est-ce pourtant qu'une peinture curieuse ? Arrivé à Cork, il ne trouve point de chevaux pour le porter. Le pays est un désert. Plus d'industrie, plus de culture, plus de civilisation, depuis que les colons anglais et protestants ont été chassés, volés, tués. Il est reçu entre deux haies de brigands demi-nus, armés de couteaux et de bâtons ; sous les pas de son cheval, on étend en guise de tapis des manteaux de grosse toile comme en portent les bandits et les bergers. On lui offre des guirlandes de tiges de choux en manière de couronnes de lauriers. Dans un large district, il ne se trouve en tout que deux charrettes. Le palais du lord lieutenant est si mal bâti que la pluie noie les appartements. On part pour l'Ulster ; les officiers français croient « voyager dans les solitudes de l'Arabie. » Le comte d'Avaux écrit à sa cour que, pour trouver une botte de foin, il faut courir à cinq ou six milles. A Charlemont, à grand'peine, comme marque de grande faveur, on procura un sac de gruau à l'ambassade française. Les officiers supérieurs couchent dans des tanières qu'ils auraient trouvées trop sales pour leurs chiens. Les soldats irlandais sont des maraudeurs demi-sauvages qui ne savent que crier, égorger et se débander. Mal rassasiés de pommes de terre et de lait aigre, ils se jettent en affamés sur les grands troupeaux des protestants. Ils déchirent, à belles dents, la chair des bœufs et des moutons, et l'avalent demi-saignante et demi-pourrie. Faute de chaudières, ils la font cuire dans la peau. Le carême survenant, ils cessent d'engloutir les viandes, et ne cessent pas de tuer les bêtes. Un paysan abat une vache pour se faire une paire de souliers. Parfois, une bande égorge d'un coup cinquante ou soixante bêtes, enlève les peaux et abandonne les corps qui empoisonnent l'air. L'ambassadeur de France estime qu'en six semaines il y eut cinquante mille bêtes à cornes abattues qui pourrirent sur le sol. On évaluait le nombre des moutons et brebis tués à trois ou quatre cent mille. — Ne voit-on pas d'avance l'issue de la révolte? Qu'attendre de ces serfs gloutons, stupides et sauvages? Que pourra-t-on tirer d'un pays dévasté, et peuplé de dévastateurs? A quelle discipline voudra-t-on soumettre ces maraudeurs et ces bouchers? Quelle résistance feront-ils à la Boyne, quand ils verront les vieux régiments de Guillaume, les furieux escadrons des réfugiés français, les protestants acharnés et insultés de Londonderry et d'Enniskillen se lancer dans la rivière et courir l'épée haute contre leurs mousquets? Ils s'enfuiront le roi en tête, et les minutieuses anecdotes, éparses dans le récit des réceptions, des voyages et des cérémonies, auront annoncé la victoire des protestants. L'histoire des mœurs se trouve ainsi rattachée à l'histoire des événements; les uns causent les autres, et la description explique le récit.

Ce n'est pas assez de voir des causes; il faut encore

en voir beaucoup. Tout événement en a une multitude. Me suffit-il, pour comprendre l'action de Marlborough ou de Jacques, de me rappeler une disposition ou qualité qui l'explique ? Non, car, puisqu'elle a pour cause toute une situation et tout un caractère, il faut que j'aperçoive d'un seul coup et en abrégé tout le caractère et toute la situation qui l'ont produite. Le génie concentre. Il se mesure au nombre des souvenirs et des idées qu'il ramasse en un seul point. Ce que Macaulay en rassemble est énorme. Je ne sache point d'historien qui ait une mémoire plus sûre, mieux fournie, mieux réglée. Lorsqu'il raconte les actions d'un homme ou d'un parti, il revoit en une minute tous les événements de son histoire, et toutes les maximes de sa conduite ; il a tous les détails présents ; ils lui reviennent à chaque instant par multitudes. Il n'a rien oublié ; il les parcourt aussi aisément, aussi complétement, aussi sûrement que le jour où il les a énumérés et écrits. Personne n'a si bien enseigné et si bien su l'histoire. Il en est aussi pénétré que ses personnages. Le whig ou le tory ardent, expérimenté, rompu aux affaires, qui se levait et agitait la chambre, n'avait pas des arguments plus nombreux, mieux rangés, plus précis. Il ne savait pas mieux le fort et le faible de sa cause ; il n'était pas plus familier avec les intrigues, les rancunes, les variations des partis, les chances de la lutte, les intérêts des particuliers et du public. Les grands romanciers entrent dans l'âme de leurs personnages, prennent leurs sentiments, leurs idées, leur langage ;

il semble que Balzac ait été commis-voyageur, portière, courtisane, vieille fille, poëte, et qu'il ait employé sa vie à être chacun de ces personnages : son être est multiple et son nom est légion. Avec un talent différent, Macaulay a la même puissance : avocat incomparable, il plaide un nombre infini de causes ; et il possède chacune de ces causes aussi pleinement que son client. Il a des réponses pour toutes les objections, des éclaircissements pour toutes les obscurités, des raisons pour tous les tribunaux. Il est prêt à chaque instant, et sur toutes les parties de sa cause. Il semble qu'il ait été wigh, tory, puritain, membre du conseil privé, ambassadeur. Il n'est point poëte comme M. Michelet ; il n'est point philosophe comme M. Guizot ; mais il possède si bien toutes les puissances oratoires, il accumule et ordonne tant de faits, il les tient dans sa main si serrés, il les manie avec tant d'aisance et de vigueur, qu'il réussit à recomposer la trame entière et suivie de l'histoire, sans en omettre un fil et sans en séparer les fils. Le poëte ranime les êtres morts ; le philosophe formule les lois créatrices ; l'orateur connaît, expose et plaide des causes. Le poëte ressuscite des âmes, le philosophe ordonne un système, l'orateur reforme des chaînes de raisons ; mais tous trois vont au même but par des voies différentes, et l'orateur comme ses rivaux, et par d'autres moyens que ses rivaux, reproduit dans son œuvre l'unité et la complexité de la vie.

Un second caractère de cette histoire est la clarté. Elle est populaire ; personne n'explique mieux et n'explique autant que Macaulay. Il semble qu'il fasse une gageure contre son lecteur, et qu'il lui dise : « Soyez aussi distrait, aussi sot, aussi ignorant qu'il vous plaira. Vous aurez beau être distrait, vous m'écouterez ; vous aurez beau être sot, vous comprendrez ; vous aurez beau être ignorant, vous apprendrez. Je répéterai la même idée sous tant de formes, je la rendrai sensible par des exemples si familiers et si précis, je l'annoncerai si nettement au commencement, je la résumerai si soigneusement à la fin, je marquerai si bien les divisions, je suivrai si exactement l'ordre des idées, je témoignerai un si grand désir de vous éclairer et vous convaincre, que vous ne pourrez manquer d'être éclairé et convaincu. » Certainement, il pensait ainsi, quand il préparait ce morceau sur la loi qui, pour la première fois, accorda aux dissidents l'exercice de leur culte.

De toutes les lois qui furent jamais portées par un parlement, l'Acte de Tolérance est peut-être celle qui met le mieux en lumière les vices particuliers et l'excellence particulière de la législation anglaise. La science de la politique, à quelques égards, ressemble fort à la science de la mécanique. Le mathématicien peut aisément démontrer qu'une certaine force, appliquée au moyen d'un certain levier ou d'un certain système de poulies, suffira pour élever un certain poids. Mais sa démonstration part de cette supposition que la machine est telle que nulle charge ne la fera fléchir ou rompre. Si le mécanicien, qui doit soulever une grande masse de granit au moyen de poutres réelles et de cordes réelles, se fiait sans réserve à la proposition qu'il trouve dans les traités de dynamique, et ne tenait pas compte de l'imperfection de ses matériaux, tout son appareil de leviers, de roues et de cordes s'écroulerait bientôt en débris, et avec toute sa science géométrique, on le jugerait bien inférieur dans l'art de bâtir à ces barbares barbouillés d'ocre, qui, sans jamais avoir entendu parler du parallélogramme des forces, trouvèrent le moyen d'empiler les pierres de Stonehenge. Ce que le mécanicien est au mathématicien, l'homme d'État pratique l'est à l'homme d'État spéculatif. A la vérité, il est très-important que les législateurs et les administrateurs soient versés dans la philosophie du gouvernement ; de même qu'il est très-important que l'architecte qui doit fixer un obélisque sur son piédestal, ou suspendre un pont tubulaire sur une embouchure de fleuve, soit versé dans la philosophie de l'équilibre et du mouvement. Mais, de même que celui qui veut bâtir effectivement doit avoir dans l'esprit beaucoup de choses qui n'ont jamais été remarquées par d'Alembert ni Euler, celui qui veut gouverner effectivement doit être perpétuellement guidé par des considérations dont on ne trouvera point la moindre trace dans les écrits d'Adam Smith et de Jérémie Bentham. Le parfait législateur est un exact intermédiaire entre l'homme de pure théorie, qui ne voit rien que des principes généraux, et l'homme de pure pratique, qui ne voit rien que des circonstances particulières. Le monde, pendant ces quatre-vingts dernières années, a été singulièrement fécond en législateurs en qui l'élément spéculatif prédominait à l'exclusion de l'élément pratique. L'Europe et l'Amérique ont dû à leur sagesse des douzaines de constitutions avortées, constitutions qui ont vécu juste assez longtemps pour faire un tapage misérable, et ont péri dans les convulsions. Mais dans la législature anglaise, l'élément pratique a toujours prédominé, et plus d'une fois prédominé avec excès sur l'élément spéculatif. Ne point s'inquiéter de la symétrie, et s'inquiéter beaucoup de l'utilité ; n'ôter jamais une anomalie, uniquement parce qu'elle est une anomalie ; ne jamais innover, si ce n'est lorsque quelque malaise se fait sentir, et alors innover juste assez pour se débarrasser du malaise ; n'établir jamais une proposition plus large que le cas particulier auquel on remédie : telles sont les règles qui, depuis l'âge de Jean jusqu'à l'âge de Victoria, ont généralement guidé les délibérations de nos deux cent cinquante parlements [1].

L'idée est-elle encore obscure, douteuse ? A-t-elle encore besoin de preuves, d'éclaircissement ? Souhaite-t-on quelque chose de plus ? Vous répondez non ; Macaulay répond oui. Après l'explication générale vient l'explication particulière ; après la théorie, l'application ; après la démonstration théorique, la démonstration pratique. Vous vouliez vous arrêter, il poursuit :

L'Acte de Tolérance approche très-près de l'idéal d'une grande loi anglaise. Pour un juriste versé dans la théorie de

1. Of all the Acts that have ever been passed by Parliament, the Toleration Act is perhaps that which most strikingly illustrates the peculiar vices and the peculiar excellence of English legislation. The science of Politics bears in one respect a close analogy to the science of Mechanics. The mathematician can easily demonstrate that a certain power, applied by means of a certain lever or of a certain system of pulleys, will suffice to raise a certain weight. But his demonstration proceeds on the supposition that the machinery is such as no load will bend or break. If the engineer, who has to lift a great mass of real granite by the instrumentality of real timber and real hemp, should absolutely rely on the proposition which he finds in treatises on Dynamics, and should make no allowance for the imperfection of his materials, his whole apparatus of beams, wheels, and ropes would soon come down in ruin, and, with all his geometrical skill, he would be found a far inferior builder to those painted barbarians who, though they never heard of the parallelogram of forces, managed to pile up Stonehenge. What the engineer is to the mathematician, the active statesman is to the contemplative statesman. It is indeed most important that legislators and administrators should be versed in the philosophy of government, as it is most important that the architect, who has to fix an obelisk on its piedestal, or to hang a tubular bridge over an estuary, should be versed in the philosophy of equilibrium and motion. But, as he who

la législation, mais qui ne connaîtrait point à fond les dispositions des partis et des sectes entre lesquels l'Angleterre était divisée au temps de la Révolution, cet acte ne serait qu'un chaos d'absurdités et de contradictions. Il ne supporte pas l'examen, si on le juge d'après des principes généraux solides. Bien plus, il ne supporte pas l'examen, si on le juge d'après un principe solide ou non. Le principe solide est évidemment que la simple erreur théologique ne doit pas être punie par le magistrat civil. Ce principe non-seulement n'est pas reconnu par l'Acte de Tolérance, mais encore il est rejeté positivement. Pas une seule des lois cruelles portées contre les non-conformistes par les Tudors et les Stuarts n'est rapportée. La persécution continue à être la règle générale; la tolérance est l'exception. Ce n'est point tout. La Liberté qui est donnée à la conscience est donnée de la façon la plus capricieuse. Un quaker, qui fait une déclaration de foi en termes

has actually to build must bear in mind many things never noticed by D'Alembert and Euler, so must he who has actually to govern be perpetually guided by considerations to which no allusion can be found in the writings of Adam Smith or Jeremy Bentham. The perfect lawgiver is a just temper between the mere man of theory, who can see nothing but general principles, and the mere man of business, who can see nothing but particular circumstances. Of lawgivers in whom the speculative element has prevailed to the exclusion of the practical, the world has during the last eighty years been singularly fruitful. To their wisdom Europe and America have owed scores of abortive constitutions, scores of constitutions have lived just long enough to make a miserable noise, and have then gone off in convulsions. But in the English legislature the practical element has always predominated, and not seldom unduly predominated, over the speculative. To think nothing of symmetry and much of convenience; never to remove an anomaly merely because it is an anomaly; never to innovate except when some grievance is felt; never to innovate except so far as to get rid of the grievance; never to lay down any proposition of wider extent than the particular case for which it is necessary to provide; these are the rules which have, from the age of John to the age of Victoria, generaly guided the deliberations of our two hundred and fifty Parliaments.

(*History of England*, t. IV, p. 84.)

généraux, obtient le plein bénéfice de l'acte, sans signer un seul des trente-neuf articles; un ministre indépendant, qui est parfaitement disposé à faire la déclaration demandée au quaker, mais qui a des doutes sur six ou sept des articles, demeure sous le coup des lois pénales. Howe est exposé à des châtiments, s'il prêche avant d'avoir solennellement déclaré qu'il adhère à la doctrine anglicane touchant l'Eucharistie. Penn, qui rejette entièrement l'Eucharistie, obtient la parfaite liberté de prêcher sans faire aucune déclaration, quelle qu'elle soit, à ce sujet.

Voilà quelques-uns des défauts qui ne peuvent manquer de frapper toute personne qui examinera l'Acte de Tolérance d'après ces lois de la raison qui sont les mêmes dans tous les pays et dans tous les âges. Mais ces défauts paraîtront peut-être des mérites, si nous prenons garde aux passions et aux préjugés de ceux pour qui l'Acte de Tolérance fut composé. Cette loi, remplie de contradictions que peut découvrir le premier écolier venu en philosophie politique, fit ce que n'eût pu faire une loi composée par toute la science des plus grands maîtres de philosophie politique. Que les articles résumés tout à l'heure soient gênants, puérils, incompatibles entre eux, incompatibles avec la vraie théorie de la liberté religieuse, chacun doit le reconnaître. Tout ce qu'on peut dire pour leur défense est qu'ils ont ôté une grande masse de maux sans choquer une grande masse de préjugés; que, d'un seul coup et pour toujours, sans un seul vote de division dans l'une ou dans l'autre chambre, sans une seule émeute dans les rues, sans presque un seul murmure même dans les classes qui étaient le plus profondément imprégnées de bigoterie, ils ont mis fin à une persécution qui s'était déchaînée pendant quatre générations, qui avait brisé un nombre infini de cœurs, qui avait désolé un nombre infini de foyers, qui avait rempli les prisons d'hommes dont le monde n'était pas digne, qui avait chassé des milliers de ces laboureurs et de ces artisans honnêtes, actifs, religieux, qui sont la vraie force des nations, et les avait forcés à chercher un refuge au delà de l'Océan, parmi les wigwams des Indiens rouges et les

repaires des panthères. Une telle défense paraîtra faible peut-être à des théoriciens étroits. Mais probablement les hommes d'État la jugeront complète [1].

Pour moi, ce que je trouve complet ici, c'est l'art de développer. Ces antithèses d'idées soutenues par des antithèses de mots, ces phrases symétriques, ces expressions répétées à dessein pour attirer l'attention, cet épuisement de la preuve mettent sous nos yeux le talent d'avocat et d'orateur que nous rencontrions tout à l'heure dans l'art de plaider toutes les causes, de posséder un nombre infini de moyens, de les pos-

---

1. The Toleration Act approaches very near to the idea of a great English law. To a jurist, versed in the theory of legislation, but not intimately acquainted with the temper of the sects and parties into which the nation was divided at the time of the Revolution, that act would seem to be a mere chaos of absurdities and contradictions. It will not bear to be tried by sound general principles. Nay, it will not bear to be tried by any principle, sound or unsound. The sound principle undoubtedly is, that mere theological error ought not to be punished by the civil magistrate. This principle the Toleration Act not only does not recognise, but positively disclaims. Not a single one of the cruel laws enacted against nonconformists by the Tudors or the Stuarts is repealed. Persecution continues to be the general rule. Toleration is the exception. Nor is this all. The freedom which is given to conscience is given in the most capricious manner. A Quaker, by making a declaration of faith in general terms, obtains the full benefit of the act without signing one of the thirty nine articles. An Independant minister, who is perfectly willing to make the declaration required from the quaker, but who has doubts about six or seven of the articles, remains still subject to the penal laws. Howe is liable to punishment if he preaches before he has solemnly declared his assent to the anglican doctrine touching the Eucharist. Penn, who altogether rejects the Eucharist, is at perfect liberty to preach without making any declaration whatever on the subject.

These are some of the obvious faults which must strike every

séder tous et toujours à chaque incident du procès. Ce qui achève de manifester ce genre d'esprit, ce sont les fautes où son talent l'entraîne. A force de développer, il allonge. Plus d'une fois ses explications sont des lieux communs. Il prouve ce que tout le monde accorde. Il éclaircit ce qui est clair. Tel passage sur la nécessité des réactions semble l'amplification d'un bon élève [1]. Tel autre, excellent et nouveau, ne peut être lu qu'une fois avec plaisir. A la seconde, il paraît trop vrai; on a tout vu du premier

---

person who examines the Toleration Act by that standard of just reason which is the same in all countries and in all ages. But these very faults may perhaps appear to be merits, when we take into consideration the passions and prejudices of those for whom the Toleration Act was framed. This law, abounding with contradictions which every smatterer in political philosophy can detect, did what a law framed by the utmost skill of the greatest masters of political philosophy might have failed to do. That the provisions which have been recapitulated are cumbrous, puerile, inconsistent with each other, inconsistent with the true theory of religious liberty, must be acknowledged. All that can be said in their defence is this; that they removed a vast mass of evil without shocking a vast mass of prejudice; that they put an end, at once and for ever, without one division in either house of Parliament; without one riot in the streets, with scarcely one audible murmur even from the classes most deeply tainted with bigotry, to a persecution which had raged during four generations, which had broken innumerable hearts, which had made innumerable firesides desolate, which had filled the prisons with men of whom the world was not worthy, which had driven thousands of those honest, diligent and God-fearing yeomen and artisans who are the true strength of a nation, to seek a refuge beyond the ocean among the wigwams of red Indians and the lairs of panthers. Such a defence, however weak it may appear to some shallow speculators, will probably be thought complete by statesmen. (*History of England*, t. IV, p. 86.)

1. T. IV, p. 5. Éd. Tauchnitz.

coup, et l'on s'ennuie. J'ai omis un tiers du morceau sur l'Acte de Tolérance ; et les esprits vifs diront que j'aurais dû en omettre un autre tiers.

Le dernier trait, le plus singulier, le moins anglais de cette histoire, c'est qu'elle est intéressante. Macaulay a écrit, dans *la Revue d'Édimbourg*, cinq volumes d'Essais ; et chacun sait que le premier mérite d'un *reviewer*, ou d'un journaliste, est de se faire lire. Un gros volume a le droit d'ennuyer ; il n'est pas gros pour rien ; sa taille réclame d'avance l'attention de celui qui l'ouvre. La solide reliure, la table symétrique, la préface, les chapitres substantiels alignés comme des soldats en bataille, tout vous ordonne de prendre un fauteuil, d'endosser une robe de chambre, de mettre vos pieds au feu, et d'étudier ; vous ne devez pas moins à l'homme grave qui se présente à vous armé de six cents pages de texte et de trois ans de réflexion. Mais un journal qu'on parcourt dans un café, une revue qu'on feuillette dans un salon, le soir avant de se mettre à table, ont besoin d'attirer les yeux, de vaincre la distraction, de conquérir leurs lecteurs. Macaulay a pris ce besoin dans cet exercice, et il a conservé dans l'histoire les habitudes qu'il avait gagnées dans les journaux. Il emploie tous les moyens de garder l'attention, bons ou médiocres, dignes ou indignes d'un grand talent, entre autres, l'allusion aux circonstances actuelles. Vous savez ce mot d'un directeur de revue à qui Pierre Leroux proposait un article sur Dieu. « Dieu ! cela n'a pas d'actualité ! » Macaulay en profite. S'il nomme un régiment, il indique en quelques lignes les actions d'éclat qu'il a faites depuis son institution jusqu'à nos jours : voilà les officiers de ce régiment campés en Crimée, à Malte ou à Calcutta, obligés de lire son histoire. — Il raconte la réception de Schomberg par la Chambre : qui s'intéresse à Schomberg? A l'instant il ajoute que Wellington, cent ans plus tard, fut reçu en pareilles circonstances avec un cérémonial copié du premier : quel Anglais ne s'intéresse pas à Wellington? — Il raconte le siége de Londonderry, il désigne la place que les anciens bastions occupent dans la ville actuelle, le champ qui était couvert par le camp irlandais, le puits où buvaient les assiégeants : quel habitant de Londonderry pourra s'empêcher d'acheter son livre? — Quelque ville qu'il aborde, il marque les changements qu'elle a subis, les nouvelles rues ajoutées, les bâtiments réparés ou construits, l'augmentation du commerce, l'introduction d'industries nouvelles : voilà tous les aldermen et tous les négociants obligés de souscrire à son ouvrage. — Ailleurs nous rencontrons une anecdote sur un acteur et une actrice : comme les superlatifs intéressent, il commence par dire que William Mountford était « le plus agréable comédien, » qu'Anne Bracegirdle était « l'actrice la plus populaire » du temps. S'il introduit un homme d'État, il l'annonce toujours par quelque grand mot : c'était « le plus insinuant, » ou bien « le plus équitable, » ou bien « le plus instruit, » ou bien « le plus acharné et le plus débauché » de tous les politiques d'alors —

Mais ses grandes qualités le servent aussi bien là-dessus que ces machines littéraires un peu trop visibles, un peu trop nombreuses, un peu trop grossières. La multitude étonnante des détails, le mélange de dissertations psychologiques et morales, des descriptions, des récits, des jugements, des plaidoiries, des portraits, par-dessus tout la bonne composition et le courant continu d'éloquence occupent et retiennent l'attention jusqu'au bout. On éprouve de la peine à finir un volume de Lingard et de Robertson ; on aurait de la peine à ne pas finir un volume de Macaulay.

Voici une narration détachée qui montre fort bien et en abrégé les moyens d'intéresser qu'il emploie, et le grand intérêt qu'il excite. Il s'agit du massacre de Glencoe. Il commence par décrire l'endroit en voyageur qui l'a vu, et le signale aux bandes de touristes et d'amateurs, historiens et antiquaires, qui tous les ans partent de Londres.

Mac-Ian habitait à l'entrée d'un ravin situé près du rivage méridional de Lochleven. Près de la maison étaient deux ou trois petits hameaux habités par sa tribu. La population qu'il gouvernait n'excédait pas, dit-on, deux cents âmes. Dans le voisinage de ce petit groupe de villages, il y avait quelques bois-taillis et quelques pâturages ; mais, en remontant un peu le défilé, on ne voyait aucun signe d'habitation et de culture. En langue gaélique, Glencoe signifie Vallée des Larmes ; en effet, elle est le plus mélancolique et le plus désolé de tous les défilés écossais. C'est vraiment la vallée de l'Ombre de la Mort[1]. Des brouillards et des orages pèsent sur elle pen-

---

[1]. Allusion à un livre populaire, *the Pilgrim's progress*, par Bunyan.

dant la plus grande partie des beaux étés ; et même dans les jours rares où le soleil est brillant, quand il n'y a aucun nuage dans le ciel, l'impression que laisse le paysage est triste et accablante. Le sentier longe un ruisseau qui sort du plus sombre et du plus lugubre des étangs de montagne. De grands murs de roc menacent des deux côtés. Même en juillet, on peut souvent distinguer des lignes de neige dans les fentes, près des sommets. Sur tous les versants, des amas de ruines marquent la course furieuse des torrents. Mille après mille, le voyageur cherche en vain des yeux la fumée d'une hutte, ou une forme humaine enveloppée dans un plaid ; il écoute en vain pour entendre les aboiements d'un chien de berger ou le bêlement d'un agneau. Mille après mille, le seul son qui indique la vie est le cri indistinct d'un oiseau de proie, perché sur quelque créneau de roche battu par la tempête. Le progrès de la civilisation qui a changé tant de landes incultes en champs dorés de moissons, ou égayés par les fleurs des pommiers, n'a fait que rendre Glencoe plus désolée. Toute la science et toute l'industrie d'un âge pacifique ne peuvent extraire rien d'utile de ce désert ; mais dans un âge de violence et de rapine, le désert lui-même devenait utile par l'abri qu'il offrait au bandit et à son butin [1].

La description, quoique fort belle, est écrite en style démonstratif. L'antithèse de la fin l'explique ;

1. Mac Ian dwelt in the mouth of a ravine situated not far from the southern shore of Lochleven, an arm of the sea which deeply indents the western coast of Scotland, and separates Argyleshire from Invernesshire. Near his house were two or three small hamlets inhabited by his tribe. The whole population which he governed was not supposed to exceed two hundred souls. In the neighbourhood of the little cluster of villages was some copsewood and some pasture land : but a little further up the defile no sign of population or of fruitfulness was to be seen. In the Gaelic tongue Glencoe signifies the Glen of Weeping : and in truth that pass is the most dreary and melancholy of all the Scottish passes, the very Valley of the Shadow of Death. Mists and storms brood over it through the greater part of

l'auteur l'a faite pour montrer que les gens de Glencoe étaient les plus grands brigands du pays.

Le maître de Stairs, qui représentait Guillaume en Écosse, s'autorisant de ce que Mac-Ian n'avait pas prêté le serment de fidélité au jour marqué, voulut détruire le chef et son clan. Il n'était poussé ni par une haine héréditaire, ni par un intérêt privé; il était homme de goût, poli et aimable. Il fit ce crime par humanité, persuadé qu'il n'y avait pas d'autre moyen de pacifier les hautes terres. Là-dessus, Macaulay insère une dissertation de quatre pages, fort bien faite, pleine d'intérêt et de science, dont la diversité nous repose, qui nous fait voyager à travers toutes sortes d'exemples historiques, et toutes sortes de leçons morales.

the finest summer; and even on those rare days when the sun is bright, and when there is no cloud in the sky, the impression made by the landscape is sad and awful. The path lies along a stream which issues from the most sullen and gloomy of mountain pools. Huge precipices of naked stone frown on both sides. Even in July the streaks of snow may often be discerned in the rifts near the summits. All down the sides of the crags heaps of ruin mark the headlong paths of the torrents. Mile after mile the traveller looks in vain for the smoke of one hut, for one human form wrapped in a plaid, and listens in vain for the bark of a shepherd's dog or a bleat of a lamb. Mile after mile the only sound that indicates life is the faint cry of a bird of prey form some storm-beaten pinnacle of rock. The progress of civilisation, which has turned so many wastes into fields yellow with harvests or gay with apple blossoms, has only made Glencoe more desolate. All the science and industry of a peaceful age can extract nothing valuable from that wilderness: but, in an age of violence and rapine, the wilderness itself was valued on account of the shelter which it afforded to the plunderer and his plunder. (T. VII, p. 4.)

Nous voyons chaque jour des hommes faire pour leur parti, pour leur secte, pour leur pays, pour leurs projets favoris de réforme politique et sociale, ce qu'ils ne voudraient pas faire pour s'enrichir ou se venger eux-mêmes. Devant une tentation directement offerte à notre cupidité privée ou à notre animosité privée, ce que nous avons de vertu prend l'alarme. Mais la vertu elle-même contribue à la chute de celui qui croit pouvoir, en violant quelque règle morale importante, rendre un grand service à une Église, à un État, à l'humanité. Il fait taire les objections de sa conscience, et endurcit son cœur contre les spectacles les plus émouvants, en se répétant à lui-même que ses intentions sont pures, que son objet est noble, et qu'il fait un petit mal pour un grand bien. Par degrés, il arrive à oublier entièrement l'infamie des moyens en considérant l'excellence de la fin, et accomplit sans un seul remords de conscience des actions qui feraient horreur à un boucanier. Il n'est pas à croire que saint Dominique, pour le meilleur archevêché de la chrétienté, eût poussé des pillards féroces à voler et à massacrer une population pacifique et industrieuse, qu'Éverard Digby, pour un duché, eût fait sauter une grande assemblée en l'air, ou que Robespierre eût tué, moyennant salaire, une seule des personnes dont il tua des milliers par philanthropie[1].

Ne reconnaît-on pas ici l'Anglais élevé parmi les essais et les sermons psychologiques et moraux, qui

---

1. We daily see men do for their party, for their sect, for their country, for their favourite schemes of political and social reform, what they would not do to enrich or to avenge themselves. At a temptation directly addressed to our private cupidity or to our private cupidity or to our private animosity, whatever virtue we have takes the alarm. But virtue itself may contribute to the fall of him who imagines that it is in his power, by violating some general rule of morality, to confer an important benefit on a church, on a commonwealth, on mankind. He silences the remonstrances of conscience, and hardens his heart against the most touching spectacles of misery, by repeating to himself that his intentions are pure, that his ob-

involontairement, à chaque instant, en répand quelqu'un sur le papier? Ce genre est inconnu dans nos chaires et dans nos revues; c'est pourquoi il est inconnu dans nos histoires. Chez nos voisins, pour entrer dans l'histoire, il n'a qu'à descendre de la chaire et du journal.

Je ne traduis pas la suite de l'explication, les exemples de Jacques V, de Sixte-Quint et de tant d'autres, que Macaulay cite pour donner des précédents au maître de Stairs. Suit une discussion très-circonstanciée et très-solide prouvant que le roi Guillaume n'est pas responsable du massacre. Il est clair que l'objet de Macaulay, ici comme ailleurs, est moins de faire une peinture que de suggérer un jugement. Il veut que nous ayons une opinion sur la moralité de l'acte, que nous l'attribuions à ses véritables auteurs, que chacun d'eux ait exactement sa part, et point davantage. Un peu plus loin, quand il s'agira de punir le crime, et que Guillaume, ayant châtié sévèrement les exécuteurs, se contentera de révoquer le maître de Stairs, Macaulay compose une disserta-

---

jects are noble, that he is doing a little evil for the sake of a great good. By degrees he comes altogether to forget the turpitude of the means in the excellence of the end, and at length perpetrates without one internal twinge acts which would shock a buccaneer. There is no reason to believe that Dominic would, for the best archbishopric in Christendom, have incited ferocious marauders to plunder and slaughter a peaceful and industrious population, that Everard Digby would for a dukedom have blown a large assembly of people into the air, or that Robespierre would have murdered for hire one of the thousands whom he murdered from philanthropy.

(*Ibid.*, p. 12.)

tion de plusieurs pages pour juger cette injustice et pour blâmer le roi. Ici, comme ailleurs, il est encore orateur et moraliste ; aucun moyen n'a plus de force pour intéresser un lecteur anglais. Heureusement pour nous, il redevient enfin narrateur; les menus détails qu'il choisit alors fixent l'attention et mettent la scène sous les yeux.

La vue des habits rouges qui approchaient inquiéta un peu la population de la vallée. John, le fils aîné du chef, accompagné par vingt hommes de son clan, vint à la rencontre des étrangers, et leur demanda ce que signifiait cette visite. Le lieutenant Lindsay répondit que les soldats venaient en amis et ne demandaient que des logements. Ils furent accueillis amicalement et logés sous les toits de chaume de la petite communauté. Glenlyon et plusieurs de ses hommes furent reçus dans la maison d'un montagnard qui s'appellait Inverrigen, du nom du groupe de huttes sur lesquelles il avait autorité. Lindsay eut son logis plus près de la demeure du vieux chef. Auchintriater, un des principaux du clan, qui gouvernait le petit hameau d'Auchnaion, y trouva des quartiers pour une troupe d'hommes commandée par le sergent Barbour. Les provisions furent libéralement fournies. On mangea des bœufs qui probablement avaient été engraissés dans des pâturages éloignés ; aucun payement ne fut demandé ; car, en hospitalité comme en brigandage, les maraudeurs celtes étaient rivaux des Bédouins. Pendant douze jours, les soldats vécurent familièrement avec les habitants de la vallée. Le vieux Mac-Ian, qui avait été fort inquiet, ne sachant s'il était considéré comme sujet ou comme rebelle, paraît avoir vu cette visite avec plaisir. Les officiers passaient une grande partie de leur temps avec lui et avec sa famille. Les longues soirées coulaient gaiement auprès du feu de tourbe, grâce à quelques paquets de cartes, qui avaient trouvé leur chemin jusqu'à ce coin reculé du monde, et à quelques flacons d'eau-de-vie française, qui probablement, étaient l'adieu de Jacques à ses partisans des hautes terres. Glenlyon paraissait chaudement attaché à la nièce du vieux chef et à son mari Alexandre. Chaque jour il venait dans leur maison pour boire le coup du matin. Cependant il observait avec une attention scrupuleuse tous les chemins par où les Macdonalds pourraient essayer de s'enfuir quand on donnerait le signal du massacre, et il envoyait le résultat de ses observations à Hamilton [1]....

La nuit était rude. Très-tard dans la soirée, le vague soup-

---

1. The sight of the red coats approaching caused some anxiety among the population of the valley. John, the eldest son of the Chief, came, accompanied by twenty clansmen, to meet the strangers, and asked what this visit meant. Lieutenant Lindsay answered that the soldiers came as friends, and wanted nothing but quarters. They were kindly received, and were lodged under the thatched roofs of the little community. Glenlyon and several of his men were taken into the house of a tacksman who was named, from the cluster of cabins over which he exercised authority, Inverriggen. Lindsay was accommodated nearer to the abode of the old chief. Auchintriater, one of the principal men of the clan, who governed the small hamlet of Auchnaion, found room there for a party commanded by a serjeant named Barbour. Provisions were liberally supplied. There was no want of beef, which had probably fattened in distant pastures; nor was any payment demanded: for in hospitality, as in thievery, the Gaelic marauders rivalled the Bedouins. During twelve days the soldiers lived familiarly with the people of the glen. Old Mac Ian, who had before felt many misgivings as to the relation in which he stood to the government, seems to have been pleased with the visit. The officers passed much of their time with him and his family. The long evenings were cheerfully spent by the peat fire with the help of some packs of cards which had found their way to that remote corner of the world, and of some French brandy which was probably part of James's farewell gift to his Highland supporters. Glenlyon appeared to be warmly attached to his niece and her husband Alexander. Every day he came to their house to take his morning draught. Meanwhile he observed with minute attention all the avenues by which, when the signal for the slaughter should be given, the Macdonalds might attempt to escape to the hills; and he reported the result of his observations to Hamilton.

çon de quelque mauvais dessein traversa l'esprit du fils aîné du chef. Les soldats étaient évidemment dans un état d'agitation ; et quelques-uns d'entre eux prononçaient des cris singuliers. On entendit, à ce que l'on prétend, deux hommes chuchoter : « Je n'aime pas cette besogne. » Un d'entre eux murmura : « Je serais content de combattre les Macdonalds. Mais tuer des hommes dans leur lit ! — Il faut faire ce qu'on nous commande, répondit une autre voix ; s'il y a là quelque chose de mal, c'est l'affaire de nos officiers. » — John Macdonald fut si inquiet qu'un peu après minuit il alla au quartier de Glenlyon. Glenlyon et ses hommes étaient tous debout, et semblaient mettre leurs armes en état pour une action. John, très-alarmé, demanda pourquoi ces préparatifs. Glenlyon se répandit en protestations amicales. « Des gens de Glengarry maraudent dans le pays, nous nous préparons pour marcher contre eux. Vous êtes bien en sûreté. Croyez-vous que si vous couriez quelque danger, je n'aurais pas donné un avis à votre frère Sandy et à sa femme ? Les soupçons de John se calmèrent. Il revint chez lui, et se coucha [1].

Le lendemain, à cinq heures du matin, le vieux chef fut assassiné, ses hommes fusillés dans leur lit ou au coin de leur feu. Des femmes furent égorgées ; un enfant de douze ans, qui demandait la vie à ge-

---

1. The night was rough. Hamilton and his troops made slow progress, and were long after their time. While they were contending with the wind and snow, Glenlyon was supping and playing at cards with those whom he meant to butcher before daybreak. He and lieutenant Lindsay had engaged themselves to dine with the old Chief on the morrow.
Late in the evening a vague suspicion that some evil was intended crossed the mind of the Chief's eldest son. The soldiers were evidently in a restless state; and some of them uttered strange cries. Two men, it is said, were overheard whispering. "I do not like this job : " one of them muttered, " I should be glad to fight the Macdonalds. But to kill men in their beds! " — " We must do as

noux, tué ; ceux qui s'étaient enfuis demi-nus, les femmes, les enfants, périrent de froid et de faim dans la neige.

Ces détails précis, ces conversations de soldats, cette peinture des soirées passées au coin du foyer, donnent à l'histoire le mouvement et la vie du roman. Et pourtant l'historien reste orateur ; car il a choisi tous ces faits pour mettre en lumière la perfidie des assassins et l'horreur du massacre, et il s'en servira plus tard pour demander, avec toute la puissance de la passion et de la logique, la punition des criminels.

Ainsi, cette histoire dont les qualités semblent si peu anglaises porte partout la marque d'un talent vraiment anglais. Universelle, suivie, elle enveloppe tous les faits dans sa vaste trame sans la diviser ni la rompre. Développée, abondante, elle éclaircit les faits obscurs, et ouvre aux plus ignorants les questions les plus compliquées. Intéressante, variée, elle attire à elle l'attention et la garde. Elle a la vie, la clarté, l'unité, qualités qui semblaient toutes fran-

---

we are bid, " answered another voice. " If there is any thing wrong, our officers must answer for it. " John Macdonald was so uneasy that, soon after midnight, he went to Glenlyon's quarters. Glenlyon and his men were all up, and seemed to be getting their arms ready for action. John, much alarmed, asked what these preparations meant. Glenlyon was profuse of friendly assurances. " Some of Glengarry's people have been harrying the country. We are getting ready to march against them. You are quite safe. Do you think that, if you were in any danger, I should not have given a hint to your brother Sandy and his wife ? " John's suspicions were quieted. He returned to his house, and lay down to rest.

çaises. Il semble que l'auteur soit un vulgarisateur comme M. Thiers, un philosophe comme M. Guizot, un artiste comme M. Thierry. La vérité est qu'il est orateur, et orateur à la façon de son pays ; mais comme il possède au plus haut degré les facultés oratoires, et qu'il les possède avec un tour et des instincts nationaux, il paraît suppléer par elles aux facultés qu'il n'a pas. Il n'est pas véritablement philosophe : la médiocrité de ses premiers chapitres sur l'ancienne histoire d'Angleterre le prouve assez ; mais sa force de raisonnement, ses habitudes de classification et d'ordre mettent l'unité dans son histoire. Il n'est pas véritablement artiste : quand il fait une peinture, il songe toujours à prouver quelque chose ; il insère des dissertations aux endroits les plus touchants ; il n'a ni grâce, ni légèreté, ni vivacité, ni finesse, mais une mémoire étonnante, une science énorme, une passion politique ardente, un grand talent d'avocat pour exposer et plaider toutes les causes, une connaissance précise des faits précis et petits qui attachent l'attention, font illusion, diversifient, animent et échauffent un récit. Il n'est pas simplement vulgarisateur : il est trop ardent, trop acharné à prouver, à conquérir des croyances, à abattre ses adversaires, pour avoir le limpide talent de l'homme qui explique et qui expose, sans avoir d'autre but que d'expliquer et d'exposer, qui répand partout de la lumière, et ne verse nulle part la chaleur ; mais il est si bien fourni de détails et de raisons, si avide de convaincre, si riche en développements, qu'il ne peut manquer d'être populaire. Par cette ampleur de science, par cette puissance de raisonnement et de passion, il a produit un des plus beaux livres du siècle, en manifestant le génie de sa nation. Cette solidité, cette énergie, cette profonde passion politique, ces préoccupations de morale, ces habitudes d'orateur, cette puissance limitée en philosophie, ce style un peu uniforme, sans flexibilité ni douceur, ce sérieux éternel, cette marche géométrique vers un but marqué, annoncent en lui l'esprit anglais. Mais s'il est anglais pour nous, il ne l'est pas pour sa nation. L'animation, l'intérêt, la clarté, l'unité de son récit les étonnent. Ils le trouvent brillant, rapide, hardi ; c'est, disent-ils, un esprit français. Sans doute, il l'est en plusieurs points ; s'il entend mal Racine, il admire Pascal et Bossuet ; ses amis disent qu'il faisait de Mme de Sévigné sa lecture journalière. Bien plus, par la structure de son esprit, par son éloquence et par sa rhétorique, il est latin ; en sorte que la charpente intérieure de son talent le range parmi les classiques ; c'est seulement par son vif sentiment du fait particulier, complexe et sensible, par son énergie et sa rudesse, par la richesse un peu lourde de son imagination, par l'intensité de son coloris, qu'il est de sa race. Comme Addison et Burke, il ressemble à une greffe étrangère alimentée et transformée par la séve du tronc national. En tout cas, ce jugement est la plus forte marque de la différence des deux peuples. Pour aller chez ses voisins, un Français doit faire deux voyages. Quand il a franchi la première distance, qui est grande, il aborde sur Macaulay. Qu'il se rembarque; il lui faut entreprendre une seconde traversée aussi longue pour parvenir sur Carlyle, par exemple, sur un esprit foncièrement germanique, sur le vrai sol anglais.

CHAPITRE IV.

La philosophie et l'histoire. Carlyle.

§ 1.

SON STYLE ET SON ESPRIT.

Position excentrique et importante de Carlyle en Angleterre.
I. Ses bizarreries, ses obscurités, ses violences. — Son imagination, ses enthousiasmes. — Ses crudités, ses bouffonneries.
II. L'*humour*. En quoi elle consiste. Comment elle est germanique. — Peintures grotesques et tragiques. — Les dandies et les mendiants. — Catéchisme des cochons. — Extrême tension de son esprit et de ses nerfs.
III. Quelles barrières qui le contiennent et le dirigent. — Le sentiment du réel et le sentiment du sublime.
IV. Sa passion pour le fait exact et prouvé. — Sa recherche des sentiments éteints. — Véhémence de son émotion et de sa sympathie. — Intensité de sa croyance et de sa vision. — *Past and Present. Cromwell's Letters and speeches.* — Son mysticisme historique. — Grandeur et tristesse de ses visions. — Comment il figure le monde d'après son propre esprit.
V. Que tout objet est un groupe, et que tout l'emploi de la pensée humaine est la reproduction d'un groupe. — Deux façons principales de le reproduire, et deux sortes principales d'esprit. — Les classificateurs. — Les intuitifs. — Inconvénients du second procédé. — Comment il est obscur, hasardé, dénué de preuves. — Comment il pousse à l'affectation et à l'exagération. — Duretés et outrecuidance qu'il provoque. — Avantages de ce genre d'es-

CHAPITRE IV. CARLYLE.

prit. — Il est seul capable de reproduire l'objet. — Il est le plus favorable à l'invention originale. — Quel emploi Carlyle en a fait.

§ 2.

SON RÔLE.

Introduction des idées allemandes en Europe et en Angleterre. — Études allemandes de Carlyle.

I. De l'apparition des formes d'esprit originales. — Comment elles agissent et finissent. — Le génie artistique de la Renaissance. — Le génie oratoire de l'âge classique. — Le génie philosophique de l'âge moderne. — Analogie probable des trois périodes.

II. En quoi consiste la forme d'esprit moderne et allemande. — Comment l'aptitude aux idées universelles a renouvelé la linguistique, la mythologie, l'esthétique, l'histoire, l'exégèse, la théologie et la métaphysique. — Comment le penchant métaphysique a transformé la poésie.

III. Idée capitale qui s'en dégage. — Conception des parties solidaires et complémentaires. — Nouvelle conception de la nature et de l'homme.

IV. Inconvénients de cette aptitude. — L'hypothèse gratuite et l'abstraction vague. — Discrédit momentané des spéculations allemandes.

V. Comment chaque nation peut les reforger. — Exemples anciens : L'Espagne au seizième et au dix-septième siècle. — Les puritains et les jansénistes au dix-septième siècle. — La France au dix-huitième siècle. — Par quels chemins ces idées peuvent entrer en France. — Le positivisme. — La critique.

VI. Par quels chemins ces idées peuvent entrer en Angleterre. — L'esprit exact et positif. — L'inspiration passionnée et poétique. — Quelle voie suit Carlyle.

§ 3.

SA PHILOSOPHIE, SA MORALE ET SA CRITIQUE.

Sa méthode est morale, non scientifique. — En quoi il ressemble aux puritains. — *Sartor resartus*.

I. Les choses sensibles ne sont que des apparences. — Caractère divin et mystérieux de l'être. — Sa métaphysique.
II. Comment on peut traduire les unes dans les autres les idées positivistes, poétiques, spiritualistes et mystiques. — Comment chez Carlyle la métaphysique allemande s'est changée en puritanisme anglais.
III. Caractère moral de ce mysticisme. — Conception du devoir. — Conception de Dieu.
IV. Conception du christianisme. — Le christianisme véritable et le christianisme officiel. — Les autres religions. — Limite et portée de la doctrine.
V. Sa critique. — Quelle valeur il attribue aux écrivains. — Quelle classe d'écrivains il exalte. — Quelle classe d'écrivains il déprécie. — Son esthétique. — Son jugement sur Voltaire.
VI. Avenir de la critique. — En quoi elle est contraire aux préjugés de siècle et de rôle. — Le goût n'a qu'une autorité relative.

§ 4.

SA CONCEPTION DE L'HISTOIRE.

I. Suprême importance des grands hommes. — Qu'ils sont des révélateurs. — Nécessité de les vénérer.
II. Liaison de cette conception et de la conception allemande. — En quoi Carlyle est imitateur. — En quoi il est original. — Portée de sa conception.
III. Comment la véritable histoire est celle des sentiments héroïques. — Que les véritables historiens sont des artistes et des psychologues.
IV. Son histoire de Cromwell. — Pourquoi elle ne se compose que de textes reliés par un commentaire. — Sa nouveauté et sa valeur. — Comment il faut considérer Cromwell et les puritains. — Importance du puritanisme dans la civilisation moderne. — Carlyle l'admire sans restriction.
V. Son histoire de la Révolution française. — Sévérité de son jugement. — En quoi il est clairvoyant et en quoi il est injuste.
VI. Son jugement sur l'Angleterre moderne. — Contre le goût du bien-être et la tiédeur des convictions. — Sombres prévisions pour l'avenir de la démocratie contemporaine. — Contre l'autorité des votes. — Théorie du souverain.

VII. Critique de ces théories. — Dangers de l'enthousiasme. — Comparaison de Carlyle et de Macaulay.

Lorsqu'on demande aux Anglais, surtout à ceux qui n'ont pas quarante ans, quels sont chez eux les hommes qui pensent, ils nomment d'abord Carlyle ; mais en même temps ils vous conseillent de ne pas le lire, en vous avertissant que vous n'y entendrez rien du tout. Là-dessus, comme il est naturel, on se hâte de prendre les vingt volumes de Carlyle, critique, histoire, pamphlets, fantaisies, philosophie ; on les lit avec des émotions fort étranges, et en démentant chaque matin son jugement de la veille. On découvre enfin qu'on est devant un animal extraordinaire, débris d'une race perdue, sorte de mastodonte égaré dans un monde qui n'est point fait pour lui. On se réjouit de cette bonne fortune zoologique, et on le dissèque avec une curiosité minutieuse, en se disant qu'on n'en retrouvera peut-être pas un second.

§ 1.

SON STYLE ET SON ESPRIT.

I

On est dérouté d'abord. Tout est nouveau ici, les idées, le style, le ton, la coupe des phrases et jusqu'au dictionnaire. Il prend tout à contre-pied, il violente tout, les expressions et les choses. Chez lui les paradoxes sont posés en principe ; le bon sens prend la forme de l'absurde : on est comme transporté dans un monde inconnu dont les habitants marchent la tête en bas, les pieds en l'air, en habits d'arlequins, de grands seigneurs et de maniaques, avec des contorsions, des soubresauts et des cris ; on est étourdi douloureusement de ces sons excessifs et discordants ; on a envie de se boucher les oreilles, on a mal à la tête, on est obligé de déchiffrer une nouvelle langue. On regarde à la table des volumes qui doivent être les plus clairs, l'*Histoire de la Révolution française*, par exemple, et l'on y lit ces titres de chapitres : « Idéaux réalisés — Viatique — *Astræa redux* — Pétitions en hiéroglyphes — Outres — Mercure de Brézé — Broglie le dieu de la guerre. » On se demande quelles liaisons il peut y avoir entre ces charades et les événements si nets que nous connaissons tous. On s'aperçoit alors qu'il parle toujours en énigmes. « Hacheurs de logique¹, » voilà comme il désigne les analystes du dix-huitième siècle. « Sciences de castors, » c'est là son mot pour les catalogues et les classifications de nos savants modernes. « Le clair de lune transcendantal, » entendez par là les rêveries philosophiques et sentimentales importées d'Allemagne. Culte de la « calebasse rotatoire : » cela signifie la religion extérieure et mécanique². Il ne peut pas s'en tenir à l'expression simple ; il entre à chaque pas dans les figures ; il donne un corps à toutes ses idées ; il a besoin de toucher des formes. On voit qu'il est obsédé et hanté de visions éclatantes ou lugubres ; chaque pensée en lui est une secousse ; un flot de passion fumeuse arrive en bouillonnant dans ce cerveau qui regorge, et le torrent d'images déborde et roule avec toutes les boues et toutes les splendeurs. Il ne peut pas raisonner, il faut qu'il peigne. S'agit-il d'expliquer l'embarras d'un jeune homme obligé de choisir une carrière parmi les convoitises et les doutes de l'âge où nous vivons, il vous montre³ « un monde détra-

1. *Logick-choppers.*
2. Parce que les Kalmoucks mettent des prières dans une calebasse que le vent fait tourner, ce qui produit, à leur avis, une adoration perpétuelle. De même les moulins à prière du Tibet.
3. A world all rocking and plunging, like that old Roman one, when the measure of its iniquities was full; the abysses, and subterranean and supernal deluges, plainly broken loose; in the wild dim lighted chaos all stars of heaven gone out. No star of heaven visible, hardly now to any man; the pestiferous fogs and foul exha-

qué, ballotté, et plongeant comme le vieux monde romain quand la mesure de ses iniquités fut comblée ; les abîmes, les déluges supérieurs et souterrains crevant de toutes parts, et dans ce furieux chaos de clarté blafarde, toutes les étoiles du ciel éteintes. A peine une étoile du ciel qu'un œil humain puisse maintenant apercevoir ; les brouillards pestilentiels, les impures exhalaisons devenues incessantes, excepté sur les plus hauts sommets, ont effacé toutes les étoiles du ciel. Des feux follets, qui çà et là courent avec des couleurs diverses, ont pris la place des étoiles. Sur la houle sauvage du chaos, dans l'air de plomb, il n'y a que des flamboiements brusques d'éclairs révolutionnaires ; puis rien que les ténèbres, avec les phosphorescences de la philanthropie, ce vain météore ; çà et là un luminaire ecclésiastique qui se balance encore, suspendu à ses vieilles attaches vacillantes, prétendant être encore une lune ou un soleil, — quoique visiblement ce ne soit plus qu'une lanterne chinoise, composée surtout de *papier*, avec un bout de chandelle qui meurt malproprement dans son cœur. »

lations grown continual, have, except on the highest mountain tops, blotted out all stars; will-o'-wisps, of various course and colour, take the place of stars. Over the wild-surging cahos, in the leaden air, are only sudden glares of revolutionary lightning; then mere darkness with philanthropistic phosphorescences, empty meteoric lights; here and there han ecclesiastical luminary still hovering, hanging on to its old quaking fixtures, pretending still to be a moon or sun, though visibly it is but a chinese lantern made of *paper* mainly with candleend foully dying in the heart of it. (*Life of Sterling*, p. 55).

Figurez-vous un volume, vingt volumes composés de tableaux pareils, reliés par des exclamations et des apostrophes ; l'histoire même, son *Histoire de la Révolution française*, ressemble à un délire. Carlyle est un *voyant* puritain qui voit passer devant lui les échafauds, les orgies, les massacres, les batailles, et qui, assiégé de fantômes furieux ou sanglants, prophétise, encourage ou maudit. Si vous ne jetez pas le livre de colère et de fatigue, vous perdez le jugement ; vos idées s'en vont, le cauchemar vous prend ; un carnaval de figures contractées et féroces tourbillonne dans votre tête ; vous entendez des hurlements d'insurrection, des acclamations de guerre ; vous êtes malade : vous ressemblez à ces auditeurs des covenantaires que la prophétie remplissait de dégoût ou d'enthousiasme, et qui cassaient la tête au prophète, s'ils ne le prenaient pour général.

Ces violentes saillies vous paraîtront encore plus violentes si vous remarquez l'étendue du champ qu'elles parcourent. Du sublime à l'ignoble, du pathétique au grotesque, il n'y a qu'un pas pour Carlyle. Il touche du même coup les deux extrêmes. Ses adorations finissent par des sarcasmes. « L'univers est pour lui aussi bien un oracle et un temple qu'une cuisine et une écurie. » Il est à son aise dans le mysticisme comme dans la brutalité.

« Un silence de mort, dit-il en parlant d'un coucher de soleil au cap Nord[1] ; rien que les roches de

---

1. *Sartor resartus.*

granit avec leurs teintes de pourpre et le pacifique murmure de l'Océan polaire soulevé par une ondulation lente, au-dessus duquel, dans l'extrême nord, pend le grand soleil, bas et paresseux, comme si, lui aussi, il voulait s'assoupir. Pourtant sa couche de nuages est tissue d'écarlate et de drap d'or ; pourtant sa lumière ruisselle sur le miroir des eaux comme un pilier de feu qui vacille descendant vers l'abîme et se couchant sous mes pieds. En de tels moments, la solitude est sans prix ; qui voudrait parler ou être vu, lorsque derrière lui gisent l'Europe et l'Afrique profondément endormies, et que devant lui s'ouvrent l'immensité silencieuse et le palais de l'Éternel, dont notre soleil est une lampe, une lampe du porche[1] ? » Voilà les magnificences qu'il rencontre toutes les fois qu'il est face à face avec la nature. Nul n'a contemplé avec une émotion plus puissante les astres muets qui roulent éternellement dans le firmament pâle et enveloppent notre petit monde. Nul n'a contemplé avec une terreur plus religieuse

---

1. " Silence as of death," writes he ; " for midnight, even in the arctic latitudes, has its character : nothing but the granite cliffs ruddy-tinged, the peaceable gurgle of that slow-heaving polar Ocean, over which in the utmost North the great sun hangs low and lazy, as if he too were slumbering. Yet is his cloud-couch wrought of crimson and cloth of gold ; yet does his light stream over the mirror of waters, like a tremulous firepillar, shooting downwards to the abyss, and hide itself under my feet. In such moments, solitude also is invaluable ; for who would speak, or be looked on, when behind him lies all Europe and Africa, fast asleep, except the watchmen ; and before him the silent immensity, and palace of the Eternal, whereof our sun is but a porch-lamp? "

l'obscurité infinie où notre pauvre pensée apparaît un instant comme une lueur, et tout à côté de nous le morne abîme où « la chaude frénésie de la vie » va s'éteindre. Ses yeux sont habituellement fixés sur ces grandes ténèbres, et il peint avec un frémissement de vénération et d'espérance l'effort que les religions ont fait pour les percer. « Au cœur des plus lointaines montagnes [1], dit-il, s'élève la petite église. Les morts dorment tous à l'entour sous leurs blanches pierres tumulaires, dans l'attente d'une résurrection heureuse. Ton âme serait bien morte, si jamais, à aucune heure, à l'heure gémissante de minuit, quand le spectre de cette église pendait dans le ciel, et que l'être était comme englouti dans les ténèbres ; tu serais bien inerte, si elle ne t'a pas dit des choses indicibles qui sont allées jusqu'à l'âme de ton âme. Celui-là était fort qui avait une église, ce que nous pouvons appeler une église. Il se tenait debout par elle, quoique au centre des immensités, au confluent des éternités ; il se tenait debout comme un homme devant Dieu et devant l'homme. Le vaste univers sans rivage était devenu pour lui une ferme cité, une demeure qu'il connaissait [2]. » Rembrandt seul a rencontré ces sombres visions noyées d'ombre, tra-

1. *French Revolution*, t. I, p. 13.
2. In the heart of the remotest mountains rises the little kirk ; the dead all slumbering round it, under their white memorial-stones, " in hope of happy resurrection. " Dull wert thou, o reader, if never in any hour (say of moaning midnight, when such kirk hung spectral in the sky, and being was as if swallowed up of darkness), it spoke to thee things unspeakable that went to the

versées de rayons mystiques ; voilà l'Église qu'il a peinte¹ ; voilà la mystérieuse apparition flottante pleine de formes radieuses qu'il a posée au plus haut du ciel, au-dessus de la nuit orageuse et de la terreur qui secoue les êtres mortels. Les deux imaginations ont la même grandeur douloureuse, les mêmes rayonnements et les mêmes angoisses. Et toutes les deux s'abattent aussi facilement dans la trivialité et la crudité. Nul ulcère, nulle fange n'est assez repoussante pour dégoûter Carlyle. A l'occasion il comparera la politique qui cherche la popularité² « au chien noyé de l'été dernier qui monte et remonte la Tamise selon le courant et la marée, que vous connaissez de vue, et aussi de nez, que vous trouvez là à chaque voyage, et dont la puanteur devient chaque jour plus intolérable. » Le saugrenu, les disparates abondent dans son style. Quand le cardinal de Loménie, si frivole, propose de convoquer une cour plénière, il le trouve semblable aux « serins dressés qui sont capables de voler gaiement avec une mèche allumée entre leurs pattes, et de mettre le feu à des canons, à des magasins de poudre³. » Au besoin, il tourne aux images drolatiques. Il finit un dithyrambe

---

soul's soul. Strong was he that had a church, what we can call a church ; he stood thereby, though " in the centre of immensities, in the conflux of eternities, " yet manlike toward God and man; the vague shoreless universe had become for him a firm city and dwelling which he knew.

(*History of the French Revolution*, chap. II.)

1. Dans l'*Adoration des bergers.* — 2. *Latter day Pamphlets.*
3. *French Revolution*, t. I, p. 137.

par une caricature. Il éclabousse les magnificences avec des polissonneries baroques. Il accouple la poésie au calembour. « Le génie de l'Angleterre, dit-il à la fin de son livre sur Cromwell, ne plane plus les yeux sur le soleil, défiant le monde, comme un aigle à travers les tempêtes ! Le génie de l'Angleterre, bien plus semblable à une autruche vorace tout occupée de sa pâture et soigneuse de sa peau, présente son *autre* extrémité au soleil, sa tête d'autruche enfoncée dans le premier buisson venu, sous de vieilles chapes ecclésiastiques, sous des manteaux royaux, sous l'abri de toutes les défroques qui peuvent se trouver là ; c'est dans cette position qu'elle attend l'issue. L'issue s'est fait attendre, mais on voit maintenant qu'elle est inévitable. Il n'y a pas d'autruche tout occupée de sa grossière pâture terrestre, et la tête enfoncée dans de vieilles défroques, qui ne soit éveillée un jour d'une façon terrible, *à posteriori*, sinon autrement [1]. »

C'est par cette bouffonnerie qu'il conclut son meil-

---

[1] The genius of England no longer soars sunward, world defiant, like an eagle through the storms, " mewing his mighty gouth, " as John Milton saw her do ; the genius of England, much liker a greedy ostrich intent on provender and a whole skin mainly, stands with its *other* extremity sunward, with its ostrichhead stuck into the readiest bush, of old church-tippets, kingcloaks, or what other " sheltering fallacy " there may be, and so awaits the issue. The issue has been slow ; but it is now seen to have been inevitable. No ostrich intent on gross terrene provender, and sticking its head into fallacies, but will be awakened one day in a terrible *a posteriori* manner, if not otherwise.
(*Cromwell's Letters*, fin.)

leur livre, sans quitter l'accent sérieux, douloureux, au milieu des anathèmes et des prophéties. Il a besoin de ces grandes secousses. Il ne sait pas se tenir en place, n'occuper à la fois qu'une province littéraire. Il bondit par saccades effrénées d'un bout à l'autre du champ des idées ; il confond tous les styles, il entremêle toutes les formes ; il accumule les allusions païennes, les réminiscences de la Bible, les abstractions allemandes, les termes techniques, la poésie, l'argot, les mathématiques, la physiologie, les vieux mots, les néologismes. Il n'est rien qu'il ne foule et ne ravage. Les constructions symétriques de l'art et de la pensée humaine, dispersées et bouleversées, s'amoncellent sous sa main en un gigantesque amas de débris informes, au haut duquel, comme un conquérant barbare, il gesticule et il combat.

II

Cette disposition d'esprit produit l'*humour*, mot intraduisible, car la chose nous manque. L'*humour* est le genre de talent qui peut amuser des Germains, des hommes du Nord ; il convient à leur esprit comme la bière et l'eau-de-vie à leur palais. Pour les gens d'une autre race, il est désagréable ; nos nerfs le trouvent trop âpre et trop amer. Entre autres choses, ce talent contient le goût des contrastes. Swift plaisante avec la mine sérieuse d'un ecclésiastique qui officie, et développe en homme convaincu, les absurdités les plus grotesques. Hamlet, secoué de terreur et désespéré, pétille de bouffonneries. Heine se moque de ses émotions au moment où il s'y livre. Ils aiment les travestissements, mettent une robe solennelle aux idées comiques, une casaque d'arlequin aux idées graves. — Un autre trait de l'*humour* est l'oubli du public. L'auteur nous déclare qu'il ne se soucie pas de nous, qu'il n'a pas besoin d'être compris ni approuvé, qu'il pense et s'amuse tout seul, et que si son goût et ses idées nous déplaisent, nous n'avons qu'à décamper. Il veut être raffiné et original tout à son aise; il est chez lui dans son livre et portes closes; il se met en pantoufles, en robe de chambre, bien souvent les pieds en l'air, parfois sans chemise. Carlyle a son style propre, et note son idée à sa façon; c'est à nous de la comprendre. Il fait allusion à un mot de Gœthe, de Shakspeare, à une anecdote qui en ce moment le frappe; tant pis pour nous si nous ne le savons pas. Il crie quand l'envie lui en prend; tant pis pour nous si nos oreilles ne s'y accommodent pas. Il écrit selon les caprices de l'imagination, avec tous les soubresauts de l'invention; tant pis pour nous si notre esprit va d'un autre pas. Il note au vol toutes les nuances, toutes les bizarreries de sa conception; tant pis pour nous si la nôtre n'y atteint pas. — Un dernier trait de l'*humour* est l'irruption d'une jovialité violente, enfouie sous un monceau de tristesses. L'indécence saugrenue apparaît brusquement. La nature physique, cachée et opprimée sous des habitudes de réflexion mélancolique, se met à nu pour un instant. Vous voyez une grimace, un geste de polisson, puis tout rentre dans la solennité habituelle.—Ajoutez enfin les éclats d'imagination imprévus. L'humoriste renferme un poëte ; tout d'un coup, dans la brume monotone de la prose, au bout d'un raisonnement, un paysage étincelle : beau ou laid, il n'importe ; il suffit qu'il frappe. Ces inégalités peignent bien le Germain solitaire, énergique, imaginatif, amateur de contrastes violents, fondé sur la réflexion personnelle et triste, avec des retours imprévus de l'instinct physique, si différent des races latines et classiques, races d'orateurs ou d'artistes, où l'on n'écrit qu'en vue du public, où l'on ne goûte que des idées suivies, où l'on n'est heureux que par le spectacle des formes harmonieuses, où l'imagination est réglée, où la volupté semble naturelle. Carlyle est profondément germain, plus voisin de la souche primitive qu'aucun de ses contemporains, étrange et énorme dans ses fantaisies et dans ses plaisanteries ; il s'appelle lui-même « un taureau sauvage embourbé dans les forêts de la Germanie[1]. » Par exemple, son premier livre, *Sartor resartus*, qui est une philosophie du costume, contient, à propos des tabliers et des culottes, une métaphysique, une politique, une psychologie. L'homme, d'après lui, est un animal habillé. La société a pour fondement le drap. « Car, comment sans habits pourrions-nous posséder la faculté maîtresse, le siége de l'âme,

---

[1]. Such a bemired auerochs or uras of the German woods..: the poor wood-ox so bemired in the forests.

(*Life of Stirling*, p. 147.)

la vraie glande pinéale du corps social, je veux dire une *bourse?* » D'ailleurs, aux yeux de la pure raison, qu'est-ce que l'homme? « Un esprit, une apparition divine, un moi mystérieux, qui, sous ses guenilles de laine, porte un vêtement de chair tissu dans les métiers du ciel, par lequel il est révélé à ses semblables, par lequel il voit et se fabrique pour lui-même un univers avec des espaces azurés pleins d'étoiles et de longs milliers de siècles[1]. » Le paradoxe continue, à la fois baroque et mystique, cachant des théories sous des folies, mêlant ensemble les ironies féroces, les pastorales tendres, les récits d'amour, les explosions de fureur, et des tableaux de carnaval. Il démontre fort bien que « le plus remarquable événement de l'histoire moderne n'est pas la diète de Worms, ni la bataille d'Austerlitz ou de Wagram, ou toute autre bataille, mais bien l'idée qui vint à Fox le quaker de se faire un habillement de cuir[2]; » car ainsi

---

1. " To the eye of vulgar logic, " says he, " what is man? An omnivorous biped that wears breeches. To the eye of pure reason, what is he? A soul, a spirit, and divine apparition. Round his mysterious ME, there lies, under all those wool-rags, a garment of flesh (or of senses), contextured in the loom of heaven; whereby he is revealed to his like, and dwells with them in UNION and DIVISION; and sees and fashions for himself a universe with azure starry spaces and long thousands of years. Deep hidden is he under that strange garment; amid sounds and colours and forms, as it were, swathed in and inextricably overshrouded : yet it is skywoven and worthy of a God. "

2. Perhaps the most remarkable incident in modern history is not the diet of Worms, still less the battle of Austerlitz, Wagram, Waterloo, or any other battle, but an incident passed carelessly over by most historians, and treated with some degree of ridicule

vêtu pour toute sa vie, logeant dans un arbre et mangeant des baies sauvages, il pouvait rester oisif et inventer à son aise le puritanisme, c'est-à-dire le culte de la conscience. Voilà de quelle façon Carlyle traite les idées qui lui sont les plus chères. Il ricane à propos de la doctrine qui va employer sa vie et occuper tout son cœur.

Veut-on avoir l'abrégé de sa politique et son opinion sur sa patrie ? Il prouve que dans la transformation moderne des religions, deux sectes principales se sont élevées, surtout en Angleterre, l'une, celle des porte-guenilles, l'autre, celle des dandies. « La première est composée de personnes ayant fait vœu de pauvreté et d'obéissance, et qu'on pourrait prendre pour des adorateurs d'Hertha, la Terre ; car ils fouillent avec zèle et travaillent continuellement dans son sein, ou bien renfermés dans des oratoires particuliers, ils méditent et manipulent les substances qu'ils ont extraites de ses entrailles. D'autre part, comme les druides, ils vivent dans des demeures sombres, souvent même ils cassent les vitres de leurs fenêtres et les bourrent de pièces d'étoffes ou d'autres substances opaques, jusqu'à ce que l'obscurité convenable soit rétablie. Ils sont tous rhizophages ou mangeurs de racines. Quelques-uns sont ichthyophages et usent des harengs salés, s'abstenant de toute autre nourriture animale, hormis des animaux morts de mort na-

---

by others, namely George Fox's making to himself a suit of leather.

turelle, ce qui indique peut-être un sentiment brahminique étrangement perverti. Leur moyen universel de subsistance est la racine nommée pomme de terre, qu'ils cuisent avec le feu. Dans toutes les cérémonies religieuses, le fluide appelé whisky est, dit-on, chose requise, et il s'y en fait une large consommation[1]. —

1. Something monastic there appears to be in their constitution; we find them bound by the two monastic vows of poverty and obedience : which vows, especially the former, it is said, they observe with great strictness; nay, as I have understood it, they are pledged, and be it by any solemn Nazarene ordination or not, irrevocably enough consecrated thereto, even *before* birth. That the third monastic vow, of chastity, is rigidly enforced among them, I find no ground to conjecture.

Furthermore, they appear to imitate the Dandiacal sect in their grand principle of wearing a peculiar costume.

Their raiment consists of innumerable skirts, lappets, and irregular wings, of all colours; through the labyrinthic intricacies of which their bodies are introduced by some unknown process. It is fastened together by a multiplex combination of buttons, thrums and skewers, to which frequently is added a girdle of leather, of hempen or even of straw rope, round the loins. To straw rope, indeed, they seem partial and often wear it by way of sandals.

One might fancy them worshippers of Hertha, or the Earth : for they dig and affectionately work continually in her bosom; or else, shut up in private oratories, meditate and manipulate the substances derived from her; seldom looking up towards the heavenly luminaries, and then with comparative indifference. Like the druids, on the other hand, they live in dark dwellings; often even breaking their glass-windows, where they find such, and stuffing them up with pieces of raiment or other opaque substances, till the fit obscurity is restored.

In respect of diet, they have also their observances. All poor slaves are rhizophagous (or root eaters); a few are ichthyophagous, and use salted herrings : other animal food they abstain from, except indeed, with perhaps some strange inverted fragment of a brahminical feeling, such animals as die a natural death. Their universal sustenance is the root named potato, cooked by fire alone.... In all

« L'autre secte, celle des dandies, affecte une grande
pureté et le séparatisme, se distinguant par un costume particulier, et autant que possible par une langue particulière, ayant pour but principal de garder
une vraie tenue nazaréenne, et de se préserver des
souillures du monde. » Du reste, ils professent plusieurs articles de foi dont les principaux sont : « que
les pantalons doivent être très-collants aux hanches ;
qu'il est permis à l'humanité, sous certaines restrictions, de porter des gilets blancs ; — que nulle licence
de la mode ne peut autoriser un homme de goût délicat à adopter le luxe additionnel postérieur des
Hottentots. » — « Une certaine nuance de manichéisme
peut être discernée en cette secte, et aussi une ressemblance assez grande avec la superstition des moi-
nes du mont Athos, qui, à force de regarder de toute
leur attention leur nombril, finissaient par y discerner
la vraie Apocalypse de la nature et le ciel révélé.
Selon mes propres conjectures, cette secte n'est qu'une
modification appropriée à notre temps de la superstition primitive, appelée culte de soi-même[1]. » Cela
posé, il tire les conséquences. « J'appellerais volontiers

---

their religious solemnities Potheen is said to be an indispensable re-
quisite and largely consumed.

1. A certain touch of manicheism, not indeed in the gnostic shape,
is discernible enough : also (for human error walks in a cycle, and
reappears at intervals) a not inconsiderable resemblance to that superstition of the Athos monks, who by fasting from all nourishment,
and looking intensely for a length of time into their own navels,
came to discern therein the true Apocalypse of Nature, and Heaven
unveiled. To my own surmise, it appears as if the Dandiacal sect

ces deux sectes deux machines électriques immenses et vraiment sans modèle (tournées par la grande roue sociale), avec des batteries de qualité opposée; celle des porte-guenilles étant la négative, et celle du dandysme étant la positive; l'une attirant à soi et absorbant heure par heure l'électricité positive de la nation (à savoir, l'argent); l'autre, également occu-

were but a new modification, adapted to the new time, of that primeval superstition, *selfworship*.

They affect great purity and separatism; distinguish themselves by a particular costume (whereof some notices were given in the earlier part of this volume); likewise, so far as possible, by a particular speech (apparently some broken *lingua franca*, or English-French); and on the whole, strive to maintain a true Nazarene deportment, and keep themselves unspotted from the world.

They have their temples, whereof the chief, as the Jewish Temple did, stands in their metropolis; and is named *Almack's*, a word of uncertain etymology. They worship principally by night; and have their highpriests and highpriestesses, who, however, do not continue for life. The rites, by some supposed to be of the Menadic sort, or perhaps with an Eleusinian or Cabiric character, are held strictly secret. Nor are sacred books wanting to the sect; these they call *fashionable Novels*: however, the Canon is not completed, and some are canonical and others not....

1° Coats should have nothing of the triangle about them; at the same time, wrinkles behind should be carefully avoided.

2° The collar is a very important point: it should be low behind, and slightly rolled.

3° No licence of fashion can allow a man of delicate taste to adopt the posterial luxuriance of a Hottentot.

4° There is safety in a swallow-tail.

5° The good sense of a gentleman is nowhere more finely developed than in his rings.

6° It is permitted to mankind, under certain restrictions, to wear white waistcoats.

7° The trowsers must be exceedingly tight across the hips.

All which proposition I, for the present, content myself with modestly but peremptorily and irrevocably denying.

pée à s'approprier la négative (à savoir, la faim, aussi puissante que l'autre). Jusqu'ici vous n'avez vu que des pétillements et des étincelles partielles et passagères. Mais attendez un peu jusqu'à ce que toute la nation soit dans un état électrique, c'est-à-dire jusqu'à ce que toute votre électricité vitale, non plus neutre comme à l'état sain, soit distribuée en deux portions isolées, l'une négative, l'autre positive (à savoir, la faim et l'argent), et enfermées en deux bouteilles de Leyde grandes comme le monde! Le frôlement du doigt d'un enfant les met en contact et[1].... » Il s'arrête brusquement et vous laisse à vos conjectures. Cette amère gaieté est celle d'un homme furieux ou désespéré qui, de parti pris, et justement à cause de la violence de sa passion, la contiendrait et s'obligerait à rire, mais qu'un tressaillement soudain révélerait à la fin tout entier. Il dit quelque part[2] qu'il y a au fond

1. I might call them two boundless and indeed unexampled electric machines (turned by the « machinery of society ») with batteries of opposite quality, Drudgism the negative, Dandyism the positive; one attracts hourly toward it and appropriates all the positive electricity of the nation (namely the money thereof); the other is equally busy with the negative (that is to say the hunger), which is equally potent. Hitherto you see only partial transient sparkles and sputters; but wait a little, till the entire nation is in an electric state; till your whole vital electricity, no longer heathfully neutral, is cut into two isolated portions of positive and negative (of money and of hunger), and stands there bottled up in two world-batteries. The stiring of a childfinger brings the two together, and then....

2. Deep hidden it lies, far down in the centre, like genial central fire, with stratum after stratum of arrangement, traditionary method, composed productiveness, all built above it, vivified and rendered fertile by it : justice, clearness, silence, perseverance un-

du naturel anglais, sous toutes les habitudes de calcul et de sang-froid, une fournaise inextinguible, un foyer de rage extraordinaire, la rage des dévoués Scandinaves[1], qui, une fois lancés au fort de la bataille, ne sentaient plus les blessures et vivaient et combattaient, et tuaient, percés de coups dont le moindre, pour un homme ordinaire, eût été mortel. C'est cette frénésie destructive, ce soulèvement de puissances intérieures, inconnues, ce déchaînement d'une férocité, d'un enthousiasme et d'une imagination désordonnés et irréfrénables, qui a paru chez eux à la Renaissance et à la Réforme, et dont un reste subsiste aujourd'hui dans Carlyle. En voici un vestige dans un morceau presque digne de Swift, et qui est l'abrégé de ses émotions habituelles en même temps que sa conclusion sur l'âge où nous voici[2] :

« Supposons, dit-il, que des cochons (j'entends des cochons à quatre pieds), doués de sensibilité et d'une aptitude logique supérieure, ayant atteint quelque culture, puissent, après examen et réflexion, coucher sur le papier, pour notre usage, leur idée de l'univers, de leurs intérêts et de leurs devoirs ; ces idées pourraient intéresser un public plein de discernement comme le

---

hasting, unresting diligence, hatred of disorder, hatred of injustice, which is the worst disorder, characterise this people : the inward fire we say, as all such fires would be, is hidden in the centre. Deep hidden, but awakenable, but immeasurable ; let no man awaken it.
1. Berserkir. — 2. *Latter day Pamphlets, jesuitism*, p. 28.

nôtre, et leurs propositions en gros seraient celles qui suivent :

« 1° L'univers, autant qu'une saine conjecture peut le définir, est une immense auge à porcs, consistant en solides et en liquides, et autres variétés ou contrastes, mais spécialement en relavures qu'on peut atteindre et en relavures qu'on ne peut pas atteindre, ces dernières étant en quantité infiniment plus grande pour la majorité des cochons.

« 2° Le mal moral est l'impossibilité d'atteindre les relavures. Le bien moral, la possibilité d'atteindre lesdites relavures.

« 3° La poésie des cochons consiste à reconnaître universellement l'excellence des relavures et de l'orge moulue, ainsi que la félicité des cochons dont l'auge est en bon ordre, et qui ont le ventre plein. Grun !

« 4° Le cochon connaît le temps. Il doit mettre le nez au vent pour regarder quelle sorte de temps va venir.

« 5° Qui a fait le cochon ? Inconnu. Peut-être le boucher.

« 6° Définissez le devoir complet des cochons. — La mission de la cochonnerie universelle et le devoir de tous les cochons en tous les temps, est de diminuer la quantité des relavures qu'on ne peut atteindre, et d'augmenter la quantité de celles qu'on peut atteindre. Toute connaissance, toute industrie, tout effort doit être dirigé vers ce terme et vers ce terme seul. La science des cochons, l'enthousiasme des cochons, le dévouement des cochons, n'ont pas d'autre but. C'est le devoir complet des cochons[1]. »

Voilà la fange où il plonge la vie moderne, et pardessous toutes les autres la vie anglaise, noyant du même coup et dans la même bourbe l'esprit positif, le goût du confortable, la science industrielle, l'Église, l'État, la philosophie et la loi. Ce catéchisme cynique, jeté au milieu de déclamations furibondes, donne,

---

1. Supposing swine (I mean fourfooted swine), of sensibility and superior logical parts, had attained such culture; and could, after survey and reflection, set down for us their notion of the Universe, and of their interests and duties there, might it not well interest a discerning public, perhaps in unexpected ways, and give a stimulus to the languishing book trade? The votes of all creatures, it is understood at present, ought to be had, that you may " legislate " for them with better insight. "How can you govern a thing, " say many, " without first asking its vote? " Unless, indeed, you already chance to know its vote, — and even something more, namely, what you are to think of its vote : what *it* wants by its vote; and, still more important, what Nature, wants, — which latter, at the end of the account, is the only thing that will be got! — Pig propositions, in a rough form, are somewhat as follows : .

1° The universe, so far as sane conjecture can go, is an immeasurable swine's-trough, consisting of solid and liquid, and of other contrasts and kinds; — especially consisting of attainable and unattainable, the latter in immensely greater quantities for most pigs.

2° Moral evil is unattainability of pig's-wash; moral good, attainability of ditto.

3° What is paradise, or the state of innocence? Paradise, called also state of innocence, age of gold, and other names, *was* (according to pigs of weak judgment) unlimited attainability of pig's wash; perfect fulfilment of one's wishes, so that the pig imagination could not outrun reality : a fable, an impossibility, as pigs of sense now see.

4° " Define the whole duty of pigs. " It is the mission of universal pighood, and the duty of all pigs, in all times, to diminish the quantity of unattainable and increase that of attainable. All know-

je crois, la note dominante de cet esprit étrange :
c'est cette tension forcenée qui fait son talent; c'est
elle qui produit et explique ses images et ses disparates, son rire et ses fureurs. Il y a un mot anglais
intraduisible qui peint cet état et montre toute la
constitution physique de la race : *His blood is up.* En
effet, le tempérament flegmatique et froid recouvre
la surface ; mais quand le sang soulevé a tourbil-
lonné dans les veines, l'animal enfiévré ne s'assouvit

ledge and device and effort ought to be directed thither and thither
only; pig science, pig enthusiasm and devotion have this one aim.
It is the whole duty of pigs.

5° Pig poetry ought to consist of universal recognition of the
excellence of pig's-wash and ground barley, and the felicity of
pigs whose trough is in order, and who have had enough :
Hrumph!

6° The pig knows the weather; he ought to look out what kind
of weather it will be.

7° " Who made the pig? " Unknown ; — perhaps the pork-
butcher?

8° " Have you law and justice in pigdom? " Pigs of observation have discerned that there is, or was once supposed to be, a
thing called justice. Undeniably at least there is a sentiment in
pig-nature called indignation, revenge, etc., which, if one pig
provoke another, comes out in a more or less destructive manner :
hence laws are necessary, amazing quantities of laws. For quar-
relling is attended with loss of blood, of life, at any rate with
frightful effusion of the general stock of hog's-wash, and ruin (temporary ruin) to large sections of the universal swine's trough : wherefore let justice be observed, that so quarelling be avoided.

9° " What is justice? Your own share of the general swine's-
trough, not any portion of my share.

10° " But what is my share ? " Ah! there in fact lies the grand
difficulty; upon which pig science, meditating this long while, can
settle absolutely nothing. My share — hrumph ! — my share is, on
the whole, whatever I can contrive to get without being hanged or
sent to the hulks.

que par des ravages et ne se contente que par des excès.

III

Il semble qu'une âme si violente, si enthousiaste et si sauvage, si abandonnée aux folies de l'imagination, si dépourvue de goût, d'ordre et de mesure, ne soit capable que de divaguer et de s'user en hallucinations pleines de douleur et de danger. En effet, beaucoup de ceux qui ont eu ce tempérament, et qui sont véritablement ses ancêtres, les pirates norses, les poëtes du seizième siècle, les puritains du dix-septième, ont été des insensés, pernicieux aux autres et à eux-mêmes, occupés à ravager les choses et les idées, dévastateurs de la sécurité publique et de leur propre cœur. Deux barrières tout anglaises ont contenu et dirigé celui-ci : le sentiment du réel, qui est l'esprit positif, et le sentiment du sublime, qui fait l'esprit religieux ; l'un l'a appliqué aux choses réelles, l'autre lui a fourni l'interprétation des choses réelles ; au lieu d'être malade et visionnaire, il s'est trouvé philosophe et historien.

IV

Il faut lire son histoire de Cromwell pour comprendre jusqu'à quel degré ce sentiment du réel le pénètre, de quelles lumières ce sentiment du réel le munit; comme il rectifie les dates et les textes, comme il vérifie les traditions et les généalogies ; comme il visite les lieux, examine les arbres, regarde les ruisseaux, sait les cultures, les prix, toute l'économie domestique et rurale, toutes les circonstances politiques et littéraires ; avec quelle minutie, quelle précision et quelle véhémence il reconstruit devant ses yeux et devant nos yeux le tableau extérieur des objets et des affaires, le tableau intérieur des idées et des émotions ! Et ce n'est point simplement de sa part conscience, habitude ou prudence, mais besoin et passion. Sur ce grand vide obscur du passé, ses yeux s'attachent aux rares points lumineux, comme à un trésor. La noire marée de l'oubli a englouti le reste ; les millions de pensées et d'actions de tant de millions d'êtres ont disparu, et nulle puissance ne les fera de nouveau surgir à la lumière. Ces quelques points subsistent seuls, comme les têtes des plus hauts rocs dans un continent submergé. De quelle ardeur, avec quel profond sentiment des mondes détruits dont elles sont le témoignage, l'historien va-t-il porter sur elles ses mains pressantes, pour découvrir par leur nature et leur structure quelque révélation des grands espaces noyés que nul œil ne reverra plus ! Un chiffre, un détail de dépense, une misérable phrase de latin barbare est sans prix aux yeux de Carlyle. Je voudrais faire lire le commentaire dont il entoure la chronique du moine Jocelyn[1]

---

1. *Past and present.*

pour montrer l'impression qu'un fait prouvé produit sur une telle âme, tout ce qu'un vieux mot barbare, un compte de cuisine y soulève d'attention et d'émotion. « Le roi Jean sans-Terre passa chez nous, écrit Jocelyn, laissant en tout treize pence sterling pour la dépense (*tredecim sterlingii*). » « Il a été là, il y a été,
« lui, véritablement. Voilà la grande particularité,
« l'incommensurable, — celle qui distingue à un de-
« gré effectivement infini le plus pauvre fait histori-
« que de toute espèce de fiction quelle qu'elle soit.
« La fiction, l'imagination, la poésie imaginative,
« quand elles ne sont pas le véhicule de quelque vé-
« rité, c'est-à-dire d'un fait de quelque genre, — que
« sont-elles? — Regardez-y bien. — Cette Angleterre
« de l'an 1200 n'était pas un vide chimérique, une
« terre de songes, peuplée par de simples fantômes
« vaporeux, par les Fœdera de Rymer, par des doc-
« trines sur la constitution, mais une solide terre
« verte où poussaient le blé et diverses autres choses.
« Le soleil luisait sur elle avec les vicissitudes des
« saisons et des fortunes humaines. On y tissait les
« étoffes, on s'en habillait ; des fossés étaient creusés,
« des sillons tracés, des maisons bâties ; jour par
« jour, hommes et animaux se levaient pour aller au
« travail ; nuit par nuit, ils retournaient lassés cha-
« cun dans son gîte. — Ces vieux murs menaçants ne
« sont pas une conjecture, un amusement de dilettante,
« mais un fait sérieux ; c'est pour un but bien réel et
« sérieux qu'ils ont été bâtis. — Oui, il y avait un autre
« monde quand ces noires ruines, blanches dans leur

« nouveau mortier et dans leurs ciselures fraîches,
« étaient des murailles et pour la première fois ont
« vu le soleil — il y a longtemps. — Cette architec-
« ture, dis-tu, ces beffrois, ces charrues de terre
« féodale? Oui. Mais ce n'est là qu'une petite portion
« de la chose. — Mon ami, est-ce que cela ne te fait
« jamais réfléchir, cette autre portion de la chose, je
« veux dire que ces hommes-là avaient une *âme*, —
« non par ouï-dire seulement, et par figure de style,
« — mais comme une vérité qu'ils savaient et d'après
« laquelle ils agissaient[1]. » Et là-dessus il essaye de
faire revivre devant nous cette âme ; car c'est là son
trait propre, le trait propre de tout historien qui a le
sentiment du réel, de comprendre que les parche-
mins, les murailles, les habits, les corps eux-mêmes
ne sont que des enveloppes et des documents ; que le
fait véritable est le sentiment intérieur des hommes
qui ont vécu, que le seul fait important est l'état et
la structure de leur âme, qu'il s'agit avant tout et
uniquement d'arriver à lui, que de lui dépend le

---

1. " For king Lackland *was* there, verily he; there, we say, is the grand peculiarity, the immeasurable one; distinguishing to a really infinite degree the poorest historical fact from all fiction whatsoever. Fiction, " imagination, imaginative poetry, " etc., etc., except as the vehicle for truth, or fact of some sort.... what is it?... Behold therefore; this England of the year 1200 was no chimerical vacuity or dream-land peopled with mere vaporous fantasms, Rymer's Fœdera, and Doctrines of the constitution, but a green solid place, that grew corn and several other things. The sun shone on it; the vicissitude of seasons and human fortunes. Cloth was woven and worn, ditches were dug, furrow-fields ploughed and houses built. Day by day all men and cattles rose to labour, and night by night

reste. Il faut se dire et se répéter ce mot : l'histoire n'est que l'histoire du cœur ; nous avons à chercher les sentiments des générations passées, et nous n'avons à chercher rien autre chose. Voilà ce qu'aperçoit Carlyle ; l'homme est devant lui, ressuscité ; il perce jusque dans son intérieur, il le voit sentir, souffrir et vouloir, de la façon particulière et personnelle, absolument perdue et éteinte, dont il a senti, souffert et voulu. Et il assiste à ce spectacle, non pas froidement, en homme qui voit les objets à demi, « dans une brume grise, » indistinctement et avec incertitude, mais de toute la force de son cœur et de sa sympathie, en spectateur convaincu, pour qui les choses passées, une fois prouvées, sont aussi présentes et visibles que les objets corporels que la main manie et palpe en ce même instant. Il a si bien ce sentiment du fait, qu'il y appuie toute sa philosophie de l'histoire. A son avis, les grands hommes, rois, écrivains, prophètes et poëtes, ne sont grands que par là. « Le caractère de tout héros, en tout temps, en tout lieu, en toute situation, est de revenir aux réa-

---

returned home weary to their several lairs.... And yet these grim old walls are not a dilettantism and dubiety; they are an earnest fact. It was for a most real and serious purpose they were built for. Yes, another world it was, when these black ruins, white in their new mortar and fresh chiselling, first saw the sun as walls, long ago.... Their architecture, belfries, land-carucates? Yes, and that is but a small item of the matter. Does it never give thee pause, this other strange item of it, that men then had a *soul*, — not by hearsay alone, and as a figure of speech, — but as a truth that they *knew*, and practically went upon? (*Past and Present*, p. 65.)

lités, de prendre son point d'appui sur les choses, non sur les apparences des choses¹. » Le grand homme découvre quelque fait inconnu ou méconnu, le proclame; on l'écoute, on le suit, et voilà toute l'histoire. Et non-seulement il le découvre et le proclame, mais il y croit et il le voit. Il y croit non par ouï-dire ou par conjecture, comme à une vérité simplement probable et transmise. Il le voit personnellement et face à face, avec une foi absolue et indomptable. Il a quitté l'opinion pour la conviction, la tradition pour l'intuition. Carlyle est si pénétré de son procédé, qu'il l'attribue à tous les grands hommes. Et il n'a pas tort, car il n'y en a pas de plus puissant. Partout où il entre avec cette lampe, il porte une lumière inconnue. Il perce les montagnes de l'érudition paperassière, et pénètre dans le cœur des hommes. Il dépasse partout l'histoire politique et officielle. Il devine les caractères, il comprend l'esprit des âges éteints, il sent mieux qu'aucun Anglais, mieux que Macaulay lui-même, les grandes révolutions de l'âme. Il est presque Allemand par sa force d'imagination, par sa perspicacité d'antiquaire, par ses larges vues générales. Et néanmoins il n'est pas faiseur de conjectures. Le bon sens national et l'énergique besoin de croyance profonde le retiennent au bord des suppositions; quand il en fait, il les donne pour ce qu'elles sont. Il n'a pas de goût pour l'histoire aven-

1. It is the property of the hero, in every time, in every place, in every situation, that he comes back to reality; that he stands upon things, and not shews of things. (*On Heroes*, p. 193.)

tureuse. Il rejette les ouï-dire et les légendes ; il n'accepte que sous réserve et à demi les étymologies et les hypothèses germaniques. Il veut tirer de l'histoire une loi positive et active pour lui-même et pour nous. Il en chasse et en arrache toutes les additions incertaines et agréables que la curiosité scientifique et l'imagination romanesque y accumulent. Il écarte cette végétation parasite, pour saisir le bois utile et solide. Et quand il l'a saisi, il le traîne si énergiquement devant nous pour nous le faire toucher, il le manie avec des mains si violentes, il le met sous une lumière si âpre, il l'illumine par des contrastes si brutaux d'images extraordinaires, que la contagion nous gagne et que nous atteignons en dépit de nous-mêmes l'intensité de sa croyance et de sa vision.

Il va au delà, ou plutôt il est emporté au delà. Les faits saisis par cette imagination véhémente s'y fondent comme dans une flamme. Sous cette furie de la conception, tout vacille. Les idées, changées en hallucinations, perdent leur solidité ; les êtres semblent des rêves ; le monde apparaissant dans un cauchemar ne semble plus qu'un cauchemar ; l'attestation des sens corporels perd son autorité devant des visions intérieures aussi lucides qu'elle-même. L'homme ne trouve plus de différence entre ses songes et ses perceptions. Le mysticisme entre comme une fumée dans les parois surchauffées de l'intelligence qui craque. C'est ainsi qu'il a pénétré autrefois dans les extases des ascètes indiens et dans les philosophies de nos deux premiers siècles. Partout le même état de l'imagination a produit la même doctrine. Les puritains, qui sont les vrais ancêtres de Carlyle, s'y trouvaient tout portés. Shakspeare y arrivait par la prodigieuse tension de son rêve poétique, et Carlyle répète sans cesse d'après lui « que nous sommes faits de la même étoffe que nos songes. » Ce monde réel, ces événements si âprement poursuivis, circonscrits et palpés, ne sont pour lui que des apparitions ; cet univers est divin. « Ton pain, tes habits, tout y est miracle, la nature est surnaturelle. » — « Oui, il y a un sens divin, ineffable, plein de splendeur, d'étonnement et de terreur, dans l'être de chaque homme et de chaque chose; je veux dire la présence de Dieu qui a fait tout homme et toute chose[1]. » Délivrons-nous de « ces pauvres enveloppes impies, de ces nomenclatures, de ces ouï-dire scientifiques » qui nous empêchent d'ouvrir les yeux et de voir tel qu'il est le redoutable mystère des choses. « La science athée bavarde misérablement du monde, avec ses classifications, ses expériences, et je ne sais quoi encore, comme si le monde était une misérable chose morte, bonne pour être fourrée en des bouteilles de Leyde et vendue sur des comptoirs. C'est une chose vivante, une chose ineffable et divine, devant laquelle notre meilleure attitude, avec toute la science qu'il vous

---

1. Thy daily life is girt with wonder, and based on wonder; thy very blankets and breeches are miracles....

The unspeakable divine signifiance full of splendour and wonder and terror lies in the being of every man and of every thing : the presence of God who made every man and thing.

plaira, est toujours la vénération, le prosternement pieux, l'humilité de l'âme, l'adoration du silence, sinon des paroles[1]. » En effet, telle est l'attitude ordinaire de Carlyle. C'est à la stupeur[2] qu'il aboutit. Au delà et au-dessous des choses, il aperçoit comme un abîme, et s'interrompt par des tressaillements. Vingt fois, cent fois dans l'histoire de la révolution française, on le voit qui abandonne son récit et qui rêve. L'immensité de la nuit noire où surgissent pour un instant les apparitions humaines, la fatalité du crime qui une fois commis reste attaché à la chaîne des choses comme un chaînon de fer, la conduite mystérieuse qui pousse toutes ces masses flottantes vers un but ignoré et inévitable, ce sont là les grandes et sinistres images qui l'obsèdent. Il songe anxieusement à ce foyer de l'Être, dont nous ne sommes que les reflets. Il marche plein d'alarmes parmi ce peuple d'ombres, et il se dit qu'il en est une. Il se trouble à la pensée que ces fantômes humains ont leur substance *ailleurs* et répondront éternellement de leur court passage. Il s'écrie et frémit à l'idée de ce monde immobile, dont le nôtre n'est que la figure chan-

---

1. Atheistic science babbles poorly of it, with scientific nomenclatures, experiments and what not, as if it were a poor dead thing, to be bottled up in Leyden jars, and sold over counters. But the natural sense of man, in all times, if he will honestly apply his sense, proclaims it to be a living thing — ah, an unspeakable, godlike thing, towards which the best attitude for us, after never so much science, is awe, devout prostration and humility of soul, worship if not in words, then in silence. (*On Heroes*, p. 3.)
2. Wonder.

geante. Il y devine je ne sais quoi d'auguste et de terrible. Car il le façonne et façonne le nôtre à l'image de son propre esprit ; il le définit par les émotions qu'il en tire et le figure par les impressions qu'il en reçoit. Un chaos mouvant de visions splendides, de perspectives infinies s'émeut et bouillonne en lui au moindre événement qu'il touche ; les idées affluent, violentes, entrechoquées, précipitées de tous les coins de l'horizon parmi les ténèbres et les éclairs ; sa pensée est une tempête : et ce sont les magnificences, les obscurités et les terreurs d'une tempête qu'il attribue à l'univers. Une telle conception est la source véritable du sentiment religieux et moral. L'homme qui en est pénétré passe sa vie comme les puritains, à vénérer et à craindre. Carlyle passe sa vie à exprimer et à imprimer la vénération et la crainte, et tous ses livres sont des prédications.

V

Voilà certes un esprit étrange, et qui nous fait réfléchir. Rien de plus propre à manifester des vérités que ces êtres excentriques. Ce ne sera pas mal employer le temps que de chercher à celui-ci sa place, et d'expliquer par quelles raisons et dans quelle mesure il doit manquer ou atteindre la beauté et la vérité.

Sitôt que vous voulez penser, vous avez devant vous un objet entier et distinct, c'est-à-dire un ensemble de détails liés entre eux et séparés de leurs alentours. Quel que soit l'objet, arbre, animal, sentiment, événement, il en est toujours de même ; il a toujours des parties, et ces parties forment toujours un tout : ce groupe plus ou moins vaste en comprend d'autres et se trouve compris en d'autres, en sorte que la plus petite portion de l'univers, comme l'univers entier, est un *groupe*. Ainsi tout l'emploi de la pensée humaine est de reproduire des groupes. Selon qu'un esprit y est propre ou non, il est capable, ou incapable. Selon qu'il peut reproduire des groupes grands ou petits, il est grand ou petit. Selon qu'il peut produire des groupes complets ou seulement certaines de leurs parties, il est complet ou partiel.

Qu'est-ce donc que reproduire un groupe? C'est d'abord en séparer toutes les parties, puis les ranger en files selon leurs ressemblances, ensuite former ces files en familles, enfin réunir le tout sous quelque caractère général et dominateur ; bref, imiter les classifications hiérarchiques des sciences. Mais la tâche n'est point finie là ; cette hiérarchie n'est point un arrangement artificiel et extérieur, mais une nécessité naturelle et intérieure. Les choses ne sont point mortes, elles sont vivantes ; il y a une force qui produit et organise ce groupe, qui rattache les détails et l'ensemble, qui répète le type dans toutes ses parties. C'est cette force que l'esprit doit reproduire en lui-même avec tous ses effets ; il faut qu'il la sente par contre-coup et par sympathie, qu'elle engendre en lui le groupe entier, qu'elle se développe en lui comme elle s'est développée hors de lui, que la série des idées intérieures imite la série des choses extérieures, que l'émotion s'ajoute à la conception, que la vision achève l'analyse, que l'esprit devienne créateur comme la nature. Alors seulement nous pourrons dire que nous connaissons.

Tous les esprits entrent dans l'une ou l'autre de ces deux voies. Elles les divisent en deux grandes classes, et correspondent à des tempéraments opposés. Dans la première sont les simples savants, les vulgarisateurs, les orateurs, les écrivains, en général les siècles classiques et les races latines ; dans la seconde sont les poëtes, les prophètes, ordinairement les inventeurs, en général les siècles romantiques et les races germaniques. Les premiers vont pas à pas, d'une idée dans l'idée voisine ; ils sont méthodiques et précautionnés ; ils parlent pour tout le monde et prouvent tout ce qu'ils disent ; ils divisent le champ qu'ils veulent parcourir en compartiments préalables, pour épuiser tout leur sujet ; ils marchent sur des routes droites et unies, pour être sûrs de ne tomber jamais ; ils procèdent par transitions, par énumérations, par résumés ; ils avancent de conclusions générales en conclusions plus générales ; ils font l'exacte et complète classification du groupe. Quand ils dépassent la simple analyse, tout leur talent consiste à plaider éloquemment des thèses ; parmi les contemporains de Carlyle, Macaulay est le modèle le plus achevé de ce genre d'esprit. — Les autres, après avoir fouillé violemment et confusément dans les détails du groupe, s'élancent d'un saut brusque dans l'idée mère. Ils le voient alors tout entier; ils sentent les puissances qui l'organisent; ils le reproduisent par divination; ils le peignent en raccourci par les mots les plus expressifs et les plus étranges; ils ne sont pas capables de le décomposer en séries régulières, ils aperçoivent toujours en bloc. Ils ne pensent que par des concentrations brusques d'idées véhémentes. Ils ont la vision d'effets lointains ou d'actions vivantes; ils sont révélateurs ou poëtes. M. Michelet chez nous est le meilleur exemple de cette forme d'intelligence, et Carlyle est un Michelet anglais.

Il le sait, et prétend fort bien que le génie est une intuition, une vue du dedans (*insight*). « La méthode de Teufelsdrœckh, dit-il en parlant d'un personnage dans lequel il se peint lui-même, n'est jamais celle de la vulgaire logique des écoles, où toutes les vérités sont rangées en file, chacune tenant le pan de l'habit de l'autre, mais celle de la raison pratique, procédant par de larges intuitions qui embrassent des groupes et des royaumes entiers systématiques; ce qui fait régner une noble complexité, presque pareille à celle de la nature, dans sa philosophie; elle est une peinture spirituelle de la nature, un fouillis grandiose, mais qui, comme la foi le dit tout bas, n'est pas dépourvu de plan[1]. » Sans doute, mais les incon-

---

1. Our professor's method is not, in any case, that of common

vénients n'y manquent pas non plus, et en premier lieu l'obscurité et la barbarie. Il faut l'étudier laborieusement pour l'entendre, ou bien avoir précisément le même genre d'esprit que lui; mais peu de gens sont critiques de métier ou voyants de nature; en général, on écrit pour être compris, et il est fâcheux d'aboutir aux énigmes. — D'autre part, ce procédé de visionnaire est hasardeux; quand on veut sauter du premier coup dans l'idée intime et génératrice, on court risque de tomber à côté; la démarche progressive est plus lente, mais plus sûre : les méthodiques, tant raillés par Carlyle, ont au moins sur lui l'avantage de pouvoir vérifier tous leurs pas. — Ajoutez que ces divinations et ces affirmations véhémentes sont fort souvent dépourvues de preuves; Carlyle laisse au lecteur le soin de les chercher; souvent le lecteur ne les cherche pas, et refuse de croire le devin sur parole. — Considérez encore que l'affectation entre infailliblement dans ce style. Il faut bien qu'elle soit inévitable, puisqu'un homme comme Shakspeare en est rempli. Le simple écrivain, prosateur et raisonneur, peut toujours raisonner et rester dans la prose; son inspiration n'a pas d'intermittences et n'exige pas d'efforts. Au contraire, la prophétie est un état violent qui ne soutient pas. Quand elle man-

---

school logic, where the truths all stand in a row, each holding by the skirts of the other; but at best that of practical reason, proceeding by large intuition over whole systematic groups and kingdoms; whereby, we might say, a noble complexity, almost like that of Nature, reigns in his philosophy, or spiritual picture of Nature : a mighty maze, yet, as faith whispers, not without a plan.

que, ou la remplace par de grands gestes. Carlyle se chauffe pour rester ardent. Il se démène, et cette épilepsie voulue, perpétuelle, est le spectacle le plus choquant. On ne peut souffrir un homme qui divague, se répète, revient sur les bizarreries et les exagérations qu'il a déjà osées, s'en fait un jargon, déclame, s'exclame, et prend à tâche, comme un mauvais comédien ampoulé, de nous faire mal aux nerfs.—Enfin, quand ce genre d'esprit rencontre dans une âme orgueilleuse des habitudes de prêcheur triste, il produit les mauvaises manières. Bien des gens trouveront Carlyle outrecuidant, grossier; ils soupçonneront, d'après ses théories et aussi d'après sa façon de parler, qu'il se considère comme un grand homme méconnu, de l'espèce des héros; qu'à son avis le genre humain devrait se remettre entre ses mains, lui confier ses affaires. Certainement il nous fait la leçon et de haut. Il méprise son époque; il a le ton maussade et aigre; il se tient volontiers sur les échasses. Il dédaigne les objections. A ses yeux ses adversaires ne sont pas de sa taille. Il brutalise ses prédécesseurs; quand il parle des biographes de Cromwell, il prend l'air d'un homme de génie égaré parmi des cuistres. Il a le suprême sourire, la condescendance résignée d'un héros qui se sait martyr, et il n'en sort que pour crier à tue-tête, comme un plébéien mal appris.

Tout cela est racheté et au delà par des avantages rares. Il dit vrai : les esprits comme le sien sont les plus féconds. Ils sont presque les seuls qui fassent les découvertes. Les purs classificateurs n'inventent pas, ils sont trop secs. « Pour *connaître* une chose, ce que nous pouvons appeler connaître, il faut d'abord aimer la chose, sympathiser avec elle[1]. » — « L'entendement est ta fenêtre ; tu ne peux pas la rendre trop nette, mais l'imagination est ton œil. — L'imagination est l'organe par lequel nous percevons le divin[2]. » En langage plus simple, cela signifie que tout objet, animé ou inanimé, est doué de forces qui constituent sa nature et produisent son développement ; que pour le connaître, il faut le recréer en nous-mêmes avec le cortége de ses puissances, et que nous ne le comprenons tout entier qu'en sentant intérieurement toutes ses tendances et en *voyant* intérieurement tous ses effets. Et véritablement ce procédé, qui est l'imitation de la nature, est le seul par lequel nous puissions pénétrer dans la nature ; Shakspeare l'avait pour instinct et Gœthe pour méthode. Il n'y en a point de si puissant ni de si délicat, de si accommodé à la complexité des choses et à la structure de notre esprit. Il n'y en a point qui soit plus propre à renouveler nos idées, à nous retirer des formules, à nous délivrer des préjugés dont l'éducation nous recouvre, à renverser les barrières dont notre entourage nous enclôt. C'est par lui que Carlyle,

---

[1] To know a thing, what we can call knowing, a man must first *love* the thing, sympathize with it. (*On Heroes*, p. 167.)

[2] Fantasy is the organ of the Godlike ; the understanding is indeed thy window ; too clear thou canst not make it, but fantasy is thy eye, with its colour-giving retina, healthy or diseased.

étant sorti des idées officielles anglaises, a pénétré dans la philosophie et dans la science de l'Allemagne, pour repenser à sa façon les découvertes germaniques et donner une théorie originale de l'homme et de l'univers.

§ 2.

SON RÔLE.

C'est d'Allemagne que Carlyle a tiré ses plus grandes idées. Il y a étudié. Il en connaît parfaitement la littérature et la langue. Il met cette littérature au premier rang. Il a traduit Wilhelm Meister. Il a composé sur les écrivains allemands une longue série d'articles critiques. En ce moment, il écrit une histoire de Frédéric le Grand. Il a été le plus accrédité et le plus original des interprètes qui ont introduit l'esprit allemand en Angleterre. Ce n'est pas là une petite œuvre, car c'est à une œuvre semblable que tout le monde pensant travaille aujourd'hui.

I

De 1780 à 1830, l'Allemagne a produit toutes les idées de notre âge historique, et pendant un demi-siècle encore, pendant un siècle peut-être, notre grande affaire sera de les repenser. Les pensées qui sont nées et qui ont bourgeonné dans un pays ne manquent pas de se propager dans les pays voisins et de s'y greffer pour une saison ; ce qui nous arrive est déjà arrivé vingt fois dans le monde ; la végétation de l'esprit a toujours été la même, et nous pouvons, avec quelque assurance, prévoir pour l'avenir ce que nous observons pour le passé. A de certains moments paraît une *forme* d'esprit originale, qui produit une philosophie, une littérature, un art, une science, et qui, ayant renouvelé la pensée de l'homme, renouvelle lentement, infailliblement, toutes ses pensées. Tous les esprits qui cherchent et trouvent sont dans le courant ; ils n'avancent que par lui ; s'ils s'y opposent, ils sont arrêtés ; s'ils en dévient, ils sont ralentis ; s'ils y aident, ils sont portés plus loin que les autres. Et le mouvement continue, tant qu'il reste quelque chose à inventer. Quand l'art a donné toutes ses œuvres, la philosophie toutes ses théories, la science toutes ses découvertes, il s'arrête ; une autre forme d'esprit prend l'empire, ou l'homme cesse de penser. Ainsi parut à la Renaissance le génie artistique et poétique qui, né en Italie et porté en Espagne, s'y éteignit au bout d'un siècle et demi dans l'extinction universelle, et qui, avec d'autres caractères, transplanté en France et en Angleterre, y finit au bout de cent ans parmi les raffinements des maniéristes et les folies des sectaires, après avoir fait la Réforme, assuré la libre pensée et fondé la science. Ainsi naquit avec Dryden et Malherbe l'esprit oratoire et classique, qui, ayant produit la littérature du dix-septième siècle et la philosophie du dix-huitième, se dessécha sous les successeurs de Voltaire et de Pope, et mourut au bout de deux cents ans, après avoir poli l'Europe et soulevé la révolution française. Ainsi s'éleva, à la fin du dernier siècle, le génie philosophique allemand, qui, ayant engendré une métaphysique, une théologie, une poésie, une littérature, une linguistique, une exégèse, une érudition nouvelles, descend en ce moment dans les sciences et continue son évolution. Nul esprit plus original, plus universel, plus fécond en conséquences de toute portée et de toute sorte, plus capable de tout transformer et de tout refaire, ne s'est montré depuis trois cents ans. Il est du même ordre que celui de la Renaissance et celui de l'âge classique. Il se rattache, comme eux, toutes les grandes œuvres de l'intelligence contemporaine. Il apparaît comme eux dans tous les pays civilisés. Il se propage comme eux avec le même fonds et sous plusieurs formes. Il est comme eux un des moments de l'histoire du monde. Il se rencontre dans la même civilisation et dans les mêmes races. Nous pouvons donc, sans trop de témérité, conjecturer qu'il aura une durée et une destinée semblables. Nous arrivons par là à fixer avec quelque précision notre place dans le fleuve infini des événements et des choses. Nous savons que nous sommes à peu près au milieu de l'un des courants partiels qui le composent. Nous pouvons démêler la forme d'esprit qui le dirige et chercher d'avance vers quelles idées il nous conduit.

II

En quoi consiste cette forme? Dans la puissance de découvrir les idées générales. Nulle nation et nul âge ne l'a possédée à un si haut degré que ces Allemands. C'est là leur faculté dominante ; c'est par cette force qu'ils ont produit tout ce qu'ils ont fait. Ce don est proprement le don de *comprendre* (*begreifen*). Par lui, on trouve des conceptions d'ensemble (*begriffe*) ; on réunit sous une idée maîtresse toutes les parties éparses d'un sujet ; on aperçoit sous les divisions d'un groupe le lien commun qui les unit ; on concilie les oppositions ; on ramène les contrastes apparents à une unité profonde. C'est la faculté philosophique par excellence, et, en effet, c'est la faculté philosophique qui, dans toutes leurs œuvres, a imprimé son sceau. Par elle, ils ont vivifié des études sèches qui ne semblaient bonnes que pour occuper des pédants d'académie ou de séminaire. Par elle, ils ont deviné la logique involontaire et primitive qui a créé et organisé les langues, les grandes idées qui sont cachées au fond de toute œuvre d'art, les sourdes émotions poétiques et les vagues intuitions métaphysiques qui ont engendré les religions et les mythes. Par elle, ils ont aperçu l'esprit des siècles, des civilisations et des races, et transformé en système de lois l'histoire qui n'était qu'un monceau de faits. Par elle, ils ont retrouvé ou renouvelé le sens des dogmes, relié Dieu au monde, l'homme à la nature, l'esprit à la matière, aperçu l'enchaînement successif et la nécessité originelle des formes dont l'ensemble est l'univers. Par elle, ils ont fait une linguistique, une mythologie, une critique, une esthétique, une exégèse, une histoire, une théologie et une métaphysique tellement neuves, qu'elles sont restées longtemps inintelligibles et n'ont pu s'exprimer que par un langage à part. Et ce penchant s'est trouvé tellement souverain, qu'il a soumis à son empire les arts et la poésie elle-même. Les poëtes se sont faits érudits, philosophes ; ils ont construit leurs drames, leurs épopées et leurs odes d'après des théories préalables, et pour manifester des idées générales. Ils ont rendu sensibles des thèses morales, des périodes historiques ; ils ont fabriqué et appliqué des esthétiques ; ils n'ont point eu de naïveté, ou ils ont fait de leur naïveté un usage réfléchi ; ils n'ont point aimé leurs personnages pour eux-mêmes ; ils ont fini par les transformer en symboles ; leurs idées philosophiques ont débordé à chaque instant hors du moule poétique où ils voulaient les enfermer ; ils ont été tous des critiques[1], occupés à construire ou à reconstruire, possesseurs d'érudition et de méthodes, conduits vers l'imagination par l'art et l'étude, incapables de créer des êtres vivants, sinon par science et par artifice, véritables systématiques qui, pour exprimer leurs conceptions abstraites, ont em-

---

1. Gœthe au premier rang.

ployé, au lieu de formules, les actions des personnages et la musique des vers.

III

De cette aptitude à concevoir les ensembles une seule idée pouvait naître, celle des ensembles. En effet, toutes les idées élaborées depuis cinquante ans en Allemagne se réduisent à une seule, celle du *développement* (*entwickelung*), qui consiste à représenter toutes les parties d'un groupe comme solidaires et complémentaires, en sorte que chacune d'elles nécessite le reste, et que toutes réunies, elles manifestent, par leur succession et leurs contrastes, la qualité intérieure qui les assemble et les produit. Vingt systèmes, cent rêveries, cent mille métaphores ont figuré ou défiguré diversement cette idée fondamentale. Dépouillée de ses enveloppes, elle n'affirme que la dépendance mutuelle qui joint les termes d'une série, et les rattache toutes à quelque propriété abstraite située dans leur intérieur. Si on l'applique à la Nature, on arrive à considérer le monde comme une échelle de formes et comme une suite d'états ayant en eux-mêmes la raison de leur succession et de leur être, enfermant dans leur nature la nécessité de leur caducité et de leur limitation, composant par leur ensemble un tout indivisible, qui, se suffisant à lui-même, épuisant tous les possibles et reliant toutes choses depuis le temps et l'espace jusqu'à la vie et la pensée, ressemble par son harmonie et sa magnificence à quelque Dieu tout-puissant et immortel. Si on l'applique à l'homme, on arrive à considérer les sentiments et les pensées comme des produits naturels et nécessaires, enchaînés entre eux comme les transformations d'un animal ou d'une plante; ce qui conduit à concevoir les religions, les philosophies, les littératures, toutes les conceptions et toutes les émotions humaines comme les suites obligées d'un état d'esprit qui les emporte en s'en allant, qui, s'il revient, les ramène, et qui, si nous pouvons le reproduire, nous donne par contre-coup le moyen de les reproduire à volonté. Voilà les deux doctrines qui circulent à travers les écrits des deux premiers penseurs du siècle, Hegel et Gœthe. Ils s'en sont servis partout comme d'une méthode, Hegel pour saisir la formule de toute chose, Gœthe pour se donner la vision de toute chose; ils s'en sont imbus si profondément, qu'ils en ont tiré leurs sentiments intérieurs et habituels, leur morale et leur conduite. On peut les considérer comme les deux legs philosophiques que l'Allemagne moderne a faits au genre humain.

IV

Mais ces legs n'ont point été purs, et cette passion pour les vues d'ensemble a gâté ses propres œuvres par son excès. Il est rare que notre esprit puisse saisir les ensembles : nous sommes resserrés dans un coin trop étroit du temps et de l'espace; nos sens n'aperçoivent que la surface des choses; nos instruments n'ont qu'une petite portée; nous n'expérimentons que depuis trois cents ans; notre mémoire est courte, et les documents par lesquels nous plongeons dans le passé ne sont que des flambeaux douteux, épars sur un champ immense, qu'ils font entrevoir sans l'éclairer. Pour relier les petits fragments que nous pouvons atteindre, il faut le plus souvent supposer des causes ou employer des idées générales tellement vastes, qu'elles peuvent convenir à tous les faits; il faut avoir recours à l'hypothèse ou à l'abstraction, inventer des explications arbitraires ou se perdre dans les explications vagues. Ce sont là, en effet, les deux vices qui ont corrompu la pensée allemande. La conjecture et la formule y ont abondé. Les systèmes ont pullulé les uns par-dessus les autres et débordé en une végétation inextricable, où nul étranger n'osait entrer, ayant éprouvé que chaque matin amenait une nouvelle pousse, et que la découverte définitive proclamée la veille allait être étouffée par une autre découverte infaillible, capable tout au plus de durer jusqu'au lendemain matin. Le public européen s'étonnait de voir tant d'imagination et si peu de bon sens, des prétentions si ambitieuses et des théories si vides, une pareille invasion d'êtres chimériques et un tel regorgement d'abstractions inutiles, un si étrange manque de discernement et un si grand luxe de déraison. C'est que les folies et le génie découlaient de la même source ; une même faculté, démesurée et toute-puissante, produisait les découvertes et les erreurs. Si aujourd'hui on regarde l'atelier des idées humaines tout surchargé qu'il est et encombré de ses œuvres, on peut le comparer à quelque haut fourneau, machine monstrueuse qui, jour et nuit, a flamboyé infatigablement, à demi obscurcie par des vapeurs suffocantes, et où le minerai brut, empilé par étages, a bouillonné pour descendre en coulées ardentes dans les rigoles où il s'est figé. Nul autre engin n'eût pu fondre la masse informe empâtée par les scories primitives ; il a fallu, pour la dompter, cette élaboration obstinée et cette intense chaleur. Aujourd'hui les coulées inertes jonchent la terre ; leur poids rebute les mains qui les touchent ; si on veut les ployer à quelque usage, elles résistent ou cassent : telles que les voilà, elles ne peuvent servir ; et cependant telles que les voilà, elles sont la matière de tout outil et l'instrument de toute œuvre ; c'est à nous de les refondre. Il faut que chaque esprit les reporte à sa forge, les épure, les assouplisse, les reforme et retire du bloc grossier le pur métal.

V

Mais chaque esprit les reforgera selon la structure de son propre foyer ; car toute nation a son génie original dans lequel elle moule les idées qu'elle prend ailleurs. Ainsi l'Espagne, au seizième et au dix-septième siècle, a renouvelé avec un autre esprit la peinture et la poésie italiennes. Ainsi les puritains et les jansénistes ont repensé dans des cadres neufs le protestantisme primitif. Ainsi les Français du dix-huitième siècle ont élargi et publié les idées libérales que les Anglais avaient appliquées ou proposées en religion et en politique Il en est de même aujourd'hui. Les Français ne peuvent atteindre du premier coup, comme les Allemands, les hautes conceptions d'ensemble. Ils ne savent marcher que pas à pas, en partant des idées sensibles, en s'élevant insensiblement aux idées abstraites, selon les méthodes progressives et l'analyse graduelle de Condillac et de Descartes. Mais cette voie plus lente conduit presque aussi loin que l'autre, et par surcroît elle évite bien des faux pas. C'est par elle que nous parviendrons à corriger et à comprendre les vues de Hegel et de Gœthe, et si l'on regarde autour de soi les idées qui percent, on découvre que nous y arrivons déjà. Le positivisme, appuyé sur toute l'expérience moderne, et allégé, depuis la mort de son fondateur, de ses fantaisies sociales et religieuses, a repris une nouvelle vie en se réduisant à marquer la liaison des groupes naturels et l'enchaînement des sciences établies. D'autre part, l'histoire, le roman et la critique, aiguisés par les raffinements de la culture parisienne, ont fait toucher les lois des événements humains ; la nature s'est montrée comme un ordre de faits, l'homme comme une continuation de la nature ; et l'on a vu un esprit supérieur, le plus délicat, le plus élevé qui se soit montré de nos jours, reprenant et modérant les divinations allemandes, exposer en style français tout ce que la science des mythes, des religions et des langues, emmagasine au delà du Rhin depuis soixante ans[1].

VI

La percée est plus difficile en Angleterre; car l'aptitude aux idées générales y est moindre et la défiance contre les idées générales y est plus grande; on y rejette de prime abord tout ce qui de près ou de loin semble capable de nuire à la morale pratique ou au dogme établi. L'esprit positif semble en devoir exclure toutes les idées allemandes; et cependant c'est l'esprit positif qui les introduit. Par exemple, les théologiens[2], ayant voulu se représenter avec une netteté et une certitude entière les personnages du Nouveau Testament, ont supprimé l'auréole et la brume dans lesquelles l'éloignement les enveloppait; ils se les sont figurés avec leurs vêtements, leurs gestes, leur accent, avec toutes les nuances d'émotion que leur style a notées, avec le genre d'imagination que leur siècle leur a imposé, parmi les paysages qu'ils ont regardés, parmi les monuments devant lesquels ils ont parlé, avec toutes les circonstances physiques ou morales

---

1. M. Renan.
2. Principalement M. Stanley et M. Jowett.

que l'érudition et les voyages peuvent rendre sensibles, avec tous les rapprochements que la physiologie et la psychologie modernes peuvent suggérer; ils nous en ont donné l'idée précise et prouvée, colorée et figurative[1]; ils les ont vus non pas à travers des idées et comme des mythes, mais face à face et comme des hommes. Ils ont appliqué l'art de Macaulay à l'exégèse, et si l'érudition allemande pouvait tout entière repasser par ce creuset, sa solidité serait double, et aussi son prix.

Mais il y a une autre voie toute germanique par laquelle les idées allemandes peuvent devenir anglaises. C'est celle que Carlyle a prise; c'est par elle que la religion et la poésie dans les deux pays se correspondent; c'est par elle que les deux nations sont sœurs. Le sentiment des choses intérieures (*insight*) est dans la race, et ce sentiment est une sorte de divination philosophique. Au besoin, le cœur tient lieu de cerveau. L'homme inspiré, passionné, pénètre dans l'intérieur des choses; il aperçoit les causes par la secousse qu'il en ressent; il embrasse les ensembles par la lucidité et la vélocité de son imagination créatrice; il découvre l'unité d'un groupe par l'unité de l'émotion qu'il en reçoit. Car sitôt que vous créez, vous sentez en vous-même la force qui agit dans les objets que vous pensez; votre sympathie vous révèle leur sens et leur lien; l'intuition est une analyse achevée et vivante; les

---

1. Graphic.

poëtes et les prophètes, Shakspeare et Dante, saint Paul et Luther, ont été sans le vouloir des théoriciens systématiques, et leurs visions renferment des conceptions générales de l'homme et de l'univers. Le mysticisme de Carlyle est une puissance du même genre. Il traduit en style poétique et religieux la philosophie allemande. Il parle comme Fichte « de l'idée divine du monde, de la réalité qui gît au fond de toute apparence. » Il parle comme Gœthe « de l'esprit qui tisse éternellement la robe vivante de la Divinité. » Il emprunte leurs métaphores, seulement il les prend au pied de la lettre. Il considère comme un être mystérieux et sublime le Dieu qu'ils considèrent comme une forme ou comme une loi. Il conçoit par l'exaltation, par la rêverie douloureuse, par le sentiment confus de l'entrelacement des êtres, cette unité de la nature qu'ils démêlent à force de raisonnements et d'abstractions. Voilà un dernier chemin, escarpé sans doute et peu fréquenté, pour atteindre aux sommets où s'est élancée du premier coup la pensée allemande. L'analyse méthodique jointe à la coordination des sciences positives, la critique française raffinée par le goût littéraire et l'observation mondaine, la critique anglaise appuyée sur le bon sens pratique et l'intuition positive ; enfin, dans un recoin écarté, l'imagination sympathique et poétique, ce sont là les quatre routes par lesquelles l'esprit humain chemine aujourd'hui pour reconquérir les hauteurs sublimes où il s'était cru porté et qu'il a perdues. Ces voies mènent toutes sur la même cime, mais à des points de vue différents. Celle où Carlyle a marché, étant la plus lointaine, l'a conduit vers la perspective la plus étrange. Je le laisserai parler lui-même ; il va dire au lecteur ce qu'il a vu.

§ 3.

SA PHILOSOPHIE, SA MORALE ET SA CRITIQUE.

« Ceci n'est pas une métaphysique, ou quelque « autre science abstraite, ayant son origine dans la « tête seule, mais une philosophie de la vie, ayant « son origine aussi dans le cœur, et parlant au cœur[1]. » Carlyle a conté, sous le nom de Teufelsdroeckh, toute la suite des émotions qui y conduisent. Ce sont celles d'un puritain moderne ; ce sont les doutes, les désespoirs, les combats intérieurs, les exaltations et les déchirements par lesquels les anciens puritains arrivaient à la foi : c'est leur foi sous d'autres formes. Chez lui comme chez eux, l'homme spirituel et intérieur se dégage de l'homme extérieur et charnel, démêle le devoir à travers les sollicitations du plaisir, découvre Dieu à travers les apparences de la nature, et, au delà du monde et des instincts sensibles, aperçoit un monde et un instinct surnaturels.

---

1. However it may be with Metaphysics, and other abstract science originating in the head (*Verstand*) alone, no Life-Philosophy (*Lebensphilosophie*), such as this of Clothes pretends to be, which originates equally in the Character (*Gemüth*), and equally speaks thereto, can attain its significance till the Character itself is known and seen.

I

Le propre de Carlyle, comme de tout mystique, c'est de voir en toute chose un double sens. Pour lui, les textes et les objets sont capables de deux interprétations : l'une grossière, ouverte à tous, bonne pour la vie usuelle ; l'autre sublime, ouverte à quelques-uns, propre à la vie supérieure. « Aux yeux de « la vulgaire logique, dit Carlyle, qu'est-ce que « l'homme ? Un bipède omnivore qui porte des cu-« lottes. Aux yeux de la pure raison, qu'est-il ? Une « âme, un esprit, une divine apparition. » — « Il y « a un moi mystérieux caché sous ce vêtement de « chair. Profond est son ensevelissement sous ce vê-« tement étrange, parmi les sons, les couleurs et les « formes, qui sont ses langes et son linceul. Et pourtant ce vêtement est tissé dans le ciel et digne de « Dieu[1]. » — « Car la matière est esprit, manifesta-« tion de l'esprit. La chose visible, qu'est-elle, sinon « un habit, le vêtement de quelque chose de supé-« rieur et d'invisible, d'inimaginable et sans forme, « obscurci par l'excès même de son éclat[2].... Toutes « les choses visibles sont des emblèmes : ce que tu

---

1. *Sartor*, p. 75, 76, 83, 259.
2. For Matter, were it never so despicable, is Spirit, the manifestation of Spirit : were it never so honourable, can it be more? The thing visible, nay the thing imagined, the thing in any way conceived as visible, what is it but a garment, a clothing of the

« vois n'est pas là pour son propre compte. A pro-
« prement parler, il n'y a rien là. La matière n'existe
« que spirituellement, pour représenter quelque idée
« et l'incarner extérieurement. Est-ce que l'imagina-
« tion n'est pas obligée de tisser des vêtements, des
« corps visibles par lesquels les inspirations et les
« créations invisibles de notre raison sont révélées
« comme le seraient des esprits, et deviennent
« toutes-puissantes? » Le langage, la poésie, les
arts, l'Église, l'État ne sont que des symboles.
« Ainsi, c'est par des symboles[1] que l'homme est
« guidé et commandé, heureux ou misérable ; il se
« trouve de toutes parts enveloppé des symboles re-
« connus comme tels ou non reconnus. Tout ce qu'il
« a fait n'est-il pas symbolique? sa vie n'est-elle pas
« une révélation sensible du don de Dieu, de la force
« mystique qui est en lui? » Montons plus haut encore et regardons le Temps et l'Espace, ces deux

---

higher, celestial invisible "unimaginable, formless, dark with excess of bright?"

All visible things are emblems; what thou seest is not there on its own account; strictly taken, is not there at all : Matter exists only spiritually, and to represent some Idea, and *body* it forth.

1. In the Symbol proper, what we can call a Symbol, there is ever, more or less distinctly, and directly, some embodiment and revelation of the Infinite; the Infinite is made to blend itself with the Finite, to stand visible, and as it were, attainable there. By Symbols, accordingly, is man guided and commanded, made happy, made wretched. He everywhere finds himself encompassed with Symbols, recognised as such or not recognised : the Universe is but one vast Symbol of God : nay if thou wilt have it, what is man himself but a Symbol of God? Is not all that he does symbolical; a revelation to Sense of the mystic god-given Force that is in him?

abîmes que rien ne semble pouvoir combler ni détruire, et sur lesquels flottent notre vie et notre univers. « Ils ne sont que les formes de notre pensée... « Il n'y a ni temps ni espace, ce ne sont que de « grandes apparences », enveloppes de notre pensée et de notre monde[1]. Notre racine est dans l'éternité ; nous avons l'air de naître et de mourir, mais véritablement *nous sommes*. « Sache bien que les ombres « du temps ont seules péri et sont seules périssa- « bles, que la substance réelle de tout ce qui fut et « de tout ce qui est existe en ce moment même et « pour toujours. » Tels que nous voilà, avec notre chair et nos sens, nous nous croyons solides ; mais tout cet extérieur n'est qu'un fantôme. » Ces mem- « bres[2], cette forme tempêtueuse, ce sang vivant « avec ses passions ardentes, ce ne sont que pous- « sières et ombres, un système d'ombres rassemblées « autour de notre moi. Nous y glapissons, nous piau- « lons dans nos disputes et nos aigres récriminations « de hiboux criards ; nous passons sinistres, et fai- « bles, et craintifs, ou bien nous hurlons et nous « nous démenons dans notre folle danse des morts, « jusqu'à ce que l'odeur de l'air du matin nous

---

1. But deepest of all illusory Appearances, for hinding Wonder, as for many other ends, are your two grand fundamental world-enveloping. Appearances, SPACE and TIME. These, as spun and woven for us from before Birth itself, to clothe our celestial ME for dwelling here, and yet to blind it, — lie all-embracing, as the universal canvass, or warp and woof, whereby all minor Illusions, in this Phantasm Existence, weave and paint themselves.

2. *Sartor*, p. 313, 412.

« rappelle à notre demeure silencieuse et que la
« nuit pleine de songes s'éveille et devienne le
« jour[1]. »

Qu'y a-t-il donc au-dessous de toutes ces vaines apparences? Quel est cet être immobile dont la nature n'est que la « robe changeante et vivante? » Nul ne le sait; si le cœur le devine, l'esprit ne l'aperçoit pas. « La création s'étale devant nous comme un glorieux « arc-en-ciel; mais le soleil qui le fait reste derrière « nous, hors de notre vue[2]. » Nous n'en avons que le sentiment, nous n'en avons point l'idée. Nous sentons que cet univers est beau et terrible; « mais « son essence restera toujours sans nom[3]. » Nous n'avons qu'à tomber à genoux devant cette face voilée; la stupeur et l'adoration sont notre véritable attitude. « La science sans vénération est stérile, « peut-être vénéneuse. L'homme qui ne peut pas vé- « nérer, qui ne sait pas habituellement vénérer et

---

1. O Heaven, it is mysterious, it is awful to consider that we not only carry each a future Ghost within him; but are, in very deed, Ghosts! These Limbs, whence had we them; this stormy Force; this life-blood with its burning Passion? They are dust and shadow; a shadow-system gathered round our Me; wherein, through some moments or years, the Divine Essence is to be revealed in the flesh.
And again, do we not squeak and gibber (in our discordant, screech-owlish debatings and recriminatings); and glide bodeful, and feeble, and fearful; or uproar (poltern), and revel in our mad dance of the Dead, — till the scent of the morning-air summons us to our still home; and dreamy night becomes awake and day?

2. Creation, says one; lies before us like a glorious rainbow; but the sun that made it lies behind us, hidden from us.

3. *Past and Present*, p. 76. — *Sartor*, p. 78, 304, 314.

« adorer, quand il serait le président de cent Sociétés
« royales, et quand il porterait dans sa seule tête toute
« la Mécanique céleste et toute la philosophie de
« Hegel, et l'abrégé de tous les laboratoires et de
« tous les observatoires avec leurs résultats, — n'est
« qu'une paire de lunettes derrière laquelle il n'y a
« point d'yeux[1]. Vos Instituts, vos Académies des
« sciences luttent bravement, et, parmi les myriades
« d'hiéroglyphes inextricablement entassés et entre-
« lacés, recueillent par des combinaisons adroites
« quelques lettres en écriture vulgaire qu'ils met-
« tent ensemble pour en former une ou deux recettes
« économiques fort utiles dans la pratique[2]. »
« Croient-ils par hasard « que la nature n'est qu'un

---

1. The man who cannot wonder, who does not habitually wonder (and worship) were he president of innumerable Royal Societies, and carried the whole *Mécanique céleste* and *Hegel's Philosophy*, and the epitome of all laboratories and observatories with their results, in his single head, — is but a pair of spectacles behind which there is no eye. Let those who have eyes look through him, then he may be useful.

Thou wilt have no Mystery and Mysticism; wilt walk through thy world by the sunshine of what thou callst Truth, or even by the Hand-lamp of what I call Attorney-Logic : and " explain " all, " account " for all, or believe nothing of it? Nay, thou wilt attempt laughter. Who so recognises the unfathomable, all-pervading domain of Mystery, which is everywhere, under, over feet and among our hands; to whom the Universe is an oracle and temple, as well as a kitchen and cattle stall, he shall be a delirious Mystic; to him thou, with sniffing charity, wilt protusively proffer thy Hand-lamp, and shriek, as one injured, when he kicks his foot through it?

2. We speak of the volume of Nature : and truly a volume it is, — whose author and writer is God. To read it! Dost thou, does man, so much as well know the Alphabet thereof? With its words,

« monceau de ces sortes de recettes, quelque énorme
« livre de cuisine ? » Ote les écailles de tes yeux, et
regarde. « Tu verras que ce sublime univers, dans
« la moindre de ses provinces, est, à la lettre, la cité
« étoilée de Dieu ; qu'à travers chaque étoile, à tra-
« vers chaque brin de gazon, surtout à travers
« chaque âme vivante rayonne la gloire d'un Dieu
« présent. — Génération après génération, l'huma-
« nité prend la forme d'un corps, et, s'élançant de la
« nuit cimmérienne, apparaît avec une mission du
« ciel. Puis l'envoyé céleste est rappelé ; son vête-
« ment de terre tombe, et bientôt devient pour les
« sens eux-mêmes une ombre évanouie. Ainsi, comme
« une artillerie céleste pleine de foudroiements et de
« flammes, cette mystérieuse humanité tonne et

sentences, and grand descriptive pages, poetical and philosophical, spread out through Solar systems, and thousands of years, we shall not try thee. It is a volume written in celestial hieroglyphs, in the true Sacred writing; of which even Prophets are happy that they can read here a line and there a line. As for your Institutes, and Academies of science, they strive bravely; and, from amid the thickcrowded, inextricably intertwisted hieroglyphic writing, pick out, by dexterous combination, some letters in the vulgar character, and therefrom put together this and the other economic recipe, of high avail in practice. That Nature is more than some boundless volume of such recipes, or huge, well-nigh inexhaustible domestic cookery-book, of which the whole secret will in this manner one day evolve itself.

And what is that Science, which the scientific head alone, were it screwed off, and (like the Doctor's in the Arabian tale) set in a basin, to keep it alive, could prosecute without shadow of a heart, — but one other of the mechanical and menial handicrafts, for which the Scientific Head (having a soul in it) is too noble an organ? I mean that Thought without reverence is barren, perhaps poiso-nous.

« flamboie, en files grandioses, en successions ra-
« pides, à travers l'abîme inconnu. Ainsi, comme une
« armée d'esprits enflammés, créés par Dieu, nous
« sortons du vide, nous nous hâtons orageusement
« à travers la terre, puis nous nous replongeons
« dans le vide. Mais d'où venons-nous? ô Dieu, où
« allons-nous? Les sens ne répondent pas, la foi
« ne répond pas; seulement nous savons que c'est
« d'un mystère à un autre mystère, et de Dieu à
« Dieu[1]. »

II

Cette véhémente poésie religieuse, toute remplie des souvenirs de Milton et de Shakspeare, n'est qu'une *transcription* anglaise des idées allemandes. Il y a une règle fixe pour *transposer*, c'est-à-dire pour

---

[1]. Generation after generation takes to itself the form of a Body; and forth-issuing from Cimmerian night, on Heaven's mission APPEARS. What force and Fire is in each he expends : one grinding in the mill of Industry; one hunter-like climbing the giddy Alpine heights of Science; one madly dashed in pieces on the rocks of Strife, in war with his fellow :— and then the Heaven-sent is recalled; his earthly vesture falls away, and soon even to Sense becomes a vanished Shadow. Thus, like some wild-flaming, wild-thundering train of Heaven's artillery, does this mysterious MANKIND thunder and flame, in long drawn, quick-succeeding grandeur, through the unknown Deep. Thus, like a God-created, fire breathing Spirit-host, we emerge from the Inane; haste stormfully across the astonished Earth, then plunge again into the Inane.
But whence? — O Heaven, whither? Sense knows not; Faith knows not; only that it is through mystery to mystery, from God and to God.

convertir les unes dans les autres les idées d'un positiviste, d'un panthéiste, d'un spiritualiste, d'un mystique, d'un poëte, d'une tête à images et d'une tête à formules. On peut marquer tous les pas qui conduisent la simple conception philosophique à l'état extrême et violent. Prenez le monde tel que le montrent les sciences : c'est un groupe régulier, ou, si vous voulez, une série qui a sa loi; selon elles, ce n'est rien davantage. Comme de la loi on déduit la série, vous pouvez dire qu'elle l'engendre, et considérer cette loi comme une force. Si vous êtes artiste, vous saisirez d'ensemble la force, la série des effets et la belle façon régulière dont la force produit la série ; à mon gré, cette représentation sympathique est, de toutes, la plus exacte et la plus complète ; la connaissance est bornée tant qu'elle ne s'avance pas jusque-là, et la connaissance est achevée quand elle est arrivée là. Mais au delà commencent les fantômes que l'esprit crée, et par lesquels il se dupe lui-même. Si vous avez un peu d'imagination, vous ferez de cette force un être distinct, situé hors des prises de l'expérience, spirituel, principe et substance des choses sensibles. Voilà un être métaphysique. Ajoutez un degré à votre imagination et à votre enthousiasme, vous direz que cet esprit, situé hors du temps et de l'espace, se manifeste par le temps et par l'espace, qu'il subsiste en toute chose, qu'il anime toute chose, que nous avons en lui le mouvement, l'être et la vie. Poussez jusqu'au bout dans la vision et l'extase, vous déclarerez que ce principe est seul réel, que le reste n'est qu'apparence ; dès lors vous voilà privé de tous les moyens de le définir ; vous n'en pouvez rien affirmer, sinon qu'il est la source des choses et qu'on ne peut rien affirmer de lui ; vous le considérez comme un abîme grandiose et insondable ; vous cherchez, pour arriver à lui, une voie autre que les idées claires ; vous préconisez le sentiment, l'exaltation. Si vous avez le tempérament triste, vous le cherchez, comme les sectaires, douloureusement, parmi les prosternements et les angoisses. Par cette échelle de transformations, l'idée générale devient un être poétique, puis un être philosophique, puis un être mystique, et la métaphysique allemande, concentrée et échauffée, se trouve changée en puritanisme anglais.

III

Ce qui distingue ce mysticisme des autres, c'est qu'il est pratique. Le puritain s'inquiète non-seulement de ce qu'il doit croire, mais encore de ce qu'il doit faire ; il veut une réponse à ses doutes, mais surtout une règle à sa conduite ; il est tourmenté par le sentiment de son ignorance, mais aussi par l'horreur de ses vices ; il cherche Dieu, mais en même temps le devoir. A ses yeux, les deux n'en font qu'un ; le sens moral est le promoteur et le guide de la philosophie. « Est-ce qu'il n'y a pas de Dieu, ou tout
« au plus un Dieu en voyage, oisif, qui reste assis
« depuis le premier sabbah à la porte de son univers

« et le regarde aller ? Est-ce que le mot *devoir* n'a
« pas de sens ? Faut-il dire que ce que nous appelons
« devoir n'est point un messager divin et un guide,
« mais un fantôme terrestre et trompeur fabriqué
« avec le désir et la crainte, avec les émanations de la
« potence et le lit céleste du docteur Graham ? — Le
« bonheur d'une conscience satisfaite ? Est-ce que
« Paul de Tarse, que l'admiration des hommes a dé-
« claré saint, ne sentait pas qu'il était le premier des
« pécheurs ? Est-ce que Néron de Rome, l'esprit
« joyeux, ne passait pas le meilleur de son temps à
« jouer de la lyre ? Malheureux pileur de mots et dé-
« coupeur de motifs, qui, dans ton moulin logique,
« possèdes un mécanisme pour le divin lui-même
« et voudrais m'extraire la vertu des écorces du
« plaisir ; je te dis non[1] ! » Il y a en nous un instinct qui dit non. Nous découvrons en nous « quelque chose de plus haut que l'amour du bonheur, »
l'amour du sacrifice. Voilà la partie divine de notre
âme. Nous apercevons en elle et par elle le Dieu qui,

---

1. Is there no God, then ; but at best an absentee God, sitting idle, ever since the first Sabbath, at the outside of his Universe, and seeing it go ? Has the word Duty no meaning ? Is what we call Duty no divine messenger and guide, but a false earthly fantasm, made up of desire and fear, of emanations from the gallows and from Doctor Graham's celestial bed ? Happiness of an approving conscience ! Did not Paul of Tarsus, whom admiring men have since named Saint, feel that *he* was the " chief of sinners ; " and Nero of Rome, jocund in spirit (*wohlgemuth*), spend much of his time in fiddling ? Foolish word-monger and motive-grinder, who in thy logic-mill hast an earthly mechanism for the Godlike itself, and wouldst fain grind me out virtue from the husks of pleasure,— I tell thee, Nay !

autrement, nous resterait toujours caché. Nous perçons par elle dans un monde inconnu et sublime. Il y a un état extraordinaire de l'âme par lequel elle sort de l'égoïsme, renonce au plaisir, ne se soucie plus d'elle-même, adore la douleur, comprend la sainteté[1]. Cet obscur *au delà* que les sens n'atteignent point, que la raison ne peut définir, que l'imagination figure comme un roi et comme une personne, c'est la sainteté, c'est le sublime. Le héros y habite : « Il y vit[2] dans cette sphère intérieure des choses, dans le vrai, dans le divin, dans l'éternel qui existe toujours, invisible à la foule, sous le temporaire et le trivial; son être est là, sa vie est un fragment du cœur immortel de la nature[3]. » La vertu est une révélation, l'héroïsme est une lumière, la conscience une philosophie, et l'on exprimera en abrégé ce mysticisme moral en disant que Dieu, pour Carlyle, est un mystère dont le seul nom est l'idéal.

---

1. Only this I know, if what thou namest Happiness be our true aim, then are we all astray. With stupidity and sound digestion man may front much. But what in these dull unimaginative days, are the terrors of Conscience to the diseases of the liver! Not on Morality, but on cookery let us build our stronghold : there brandishing our frying-pan, as censer, let us offer sweet incense to the Devil, and live at ease on the fat things which he has provided for his Elect!

2. *On Heroes*, p. 244, 71.

3. The hero is who lives in the inward sphere of things, in the True, Divine, Eternal, which exists always, unseen to most, under the Temporary, Trivial; his being is in that.... His life is a piece of the everlasting heart of nature itself.

(*On Heroes*, p. 245.)

IV

Cette faculté d'apercevoir dans les choses le sens intérieur, et cette disposition à rechercher dans les choses le sens moral, ont produit en lui toutes ses doctrines, et d'abord son christianisme. Ce christianisme est fort libre; Carlyle prend la religion à l'allemande, d'une façon symbolique. C'est pourquoi on l'appelle panthéiste : ce qui, en bon français moderne, signifie fou ou scélérat. En Angleterre aussi, on l'exorcise. Son ami Sterling lui envoie de longues dissertations pour le ramener au Dieu personnel. A chaque instant il blesse au vif les théologiens qui font de la cause primitive un architecte ou un administrateur. Il les choque encore bien mieux quand il entre dans le dogme; il considère le christianisme comme un mythe dont l'essence est « l'adoration de « la douleur. Son temple, fondé il y a dix-huit siècles, « gît en ruines maintenant, recouvert de végétations « parasites, habité par des créatures plaintives. Avance « pourtant : dans une crypte basse, qui a pour arche « des fragments qui croulent, tu trouveras encore « l'autel et la lampe sacrée qui brûle éternellement[1]. »

---

1. Knowest thou that " *Worship of sorrow ?* " The Temple thereof, founded some eighteen centuries ago, now lies in ruins, overgrown with jungle, the habitation of doleful creatures. Nevertheless, venture forward : in a low crypt, arched out of falling fragments, thou findest the altar still there, and its sacred lamp perennially burning.

Mais ses gardiens ne la connaissent plus. Une friperie de décorations officielles la cache aux regards des hommes. L'Église protestante au dix-neuvième siècle, comme l'Église catholique au seizième siècle, a besoin d'une réforme. Il nous faut un nouveau Luther. « Car, dit-il dans son livre du *Tailleur*, l'Église est
« l'habit, le tissu spirituel et intérieur, qui adminis-
« tre la vie et la chaude circulation à tout le reste;
« sans lui, le cadavre, et jusqu'à la poussière de la so-
« ciété, finiraient par s'évaporer et s'anéantir. Ce-
« pendant, en notre âge du monde, ces habits ecclé-
« siastiques se sont misérablement percés aux cou-
« des. Bien pis, la plupart d'entre eux sont devenus
« de simples formes creuses, des masques sous les-
« quels nulle figure vivante, nul esprit n'habite en-
« core, où il n'y a plus que des araignées et de sales
« scarabées, horrible amas, qui de leurs pattes tra-
« cassent à leur métier. Et ce masque fixe encore sur
« vous ses yeux de verre, avec un lugubre simulacre
« de vie. Depuis une génération ou deux, la religion
« s'est retirée de lui, et, dans des coins que nul ne
« remarque, elle se tisse silencieusement de nouveaux
« vêtements dans lesquels elle apparaîtra de nouveau
« pour nous ranimer, nous, nos fils, ou nos petits-
fils[1]. »—Une fois le christianisme réduit au sentiment

---

1. For if Government is, so to speak, the outward SKIN of the Body Politic, holding the whole together and protecting it; and if all your craft-guilds, and Associations for industry, of hand or of head, are the fleshy clothes, the muscular and osseous tissues (lying *under* such SKIN), whereby Society stands and works; — then is Re-

de l'abnégation, les autres religions reprennent par contre-coup leur dignité et leur importance. Elles sont, comme le christianisme, des formes de la religion universelle. « Elles renferment toutes une vérité, « autrement les hommes ne les auraient pas embras-« sées[1]. » Elles ne sont pas une imposture de charlatans ni un jeu d'imaginations poétiques. Elles sont une vie plus ou moins trouble du mystère auguste et infini qui est au fond de l'univers. « Le plus grossier « païen qui adora l'étoile Canope ou la pierre noire de « la Caaba y reconnaissait une beauté, un sens divin.... « Canope luisant sur le désert, avec son éclat de dia-« mant bleuâtre (cet étrange éclat bleuâtre qui semble « celui d'un esprit), perçait jusqu'au cœur du sauvage « Ismaélite qu'elle guidait à travers le désert vide.

ligion the inmost pericardial and nervous tissue which ministers life and warm circulation to the whole.

Meanwhile, in our era of the world, those church-clothes have gone sorrowfully out at elbows : nay, far worse, many of them have become mere hollow shapes, or masks, under which no living Figure or Spirit any longer dwells; but only spiders and unclean beetles, in horrid accumulation, drive their trade; and the mask still glares on you with his glass-eyes, in ghastly affectation of life, — some generation and half after Religion has quite withdrawn from it, and in unnoticed nooks is weaving for herself new vestures, wherewith to reappear, and bless us, or our sons and grandsons.

1. *On Heroes*, 6, 191-92; 14, 217. — *Past and Present*.

Canopus shining down over the desert, with its blue diamond brightness (that wild blue spirit-like brightness far brighter than we ever witness here) would pierce into the heart of the wild Ishmaelitish man, whom it was guiding through that solitary waste there. To his wild heart, with all feelings in it, with no *speech* for any feeling, it might seem a little eye, that Canopus, glancing out on him from the great deep Eternity, revealing the inner splendour to him. (*On Heroes*, p. 14.)

« Pour ce cœur sauvage, plein de toutes les émotions,
« sans langage pour aucune émotion, elle pouvait
« sembler un petit œil, cette étoile Canope, qui le
« regardait du plus profond de l'éternité et lui révé-
« lait la splendeur intérieure. » Le culte du grand
Lama, le papisme lui-même, interprètent à leur façon
le sentiment du divin ; c'est pourquoi le papisme lui-
même est respectable. « Qu'il dure aussi longtemps
« qu'il pourra » (ceci est bien hardi en Angleterre),
« aussi longtemps qu'il pourra guider une vie pieuse. »
On l'appelle idolâtrie, peu importe. Qu'est-ce qu'une
idole, sinon un symbole, une chose vue ou imaginée
qui représente le divin ? « Toutes les religions sont
« des symboles. Le plus rigoureux puritain a sa con-
« fession de foi ; sa représentation intellectuelle des
« choses divines. Toutes les croyances, les liturgies,
« les formes religieuses, les conceptions dont se revêt
« le sentiment religieux, sont en ce sens des *idoles*,
« des choses vues. Tout culte doit s'accomplir par des
« symboles, des idoles ; nous pouvons dire que toute
« idolâtrie est comparative, et que la pire idolâtrie
« n'est qu'une idolâtrie plus grande. » La seule qui
soit détestable est celle d'où le sentiment s'est retiré,
qui ne consiste qu'en cérémonies apprises, en répétition machinale de prières, en profession décente de
formules qu'on n'entend pas. La vénération profonde
d'un moine du douzième siècle prosterné devant les
reliques de saint Edmond, valait mieux que la piété de
convenance et la froide religion philosophique d'un
protestant d'aujourd'hui. Quel que soit le culte,

c'est le sentiment qui lui communique toute sa vertu.
Et ce sentiment est le sentiment moral. « La seule fin[1],
« la seule essence, le seul usage de toute religion
« passée présente ou à venir, est de garder vivante
« et ardente notre conscience morale, qui est no-
» tre lumière intérieure. Toute religion est venue
« ici pour nous rappeler plus ou moins bien ce
« que nous savons déjà plus ou moins bien, à savoir
« qu'il y a une différence absolument *infinie* entre un
« homme de bien et un homme méchant, pour nous
« ordonner d'aimer l'un infiniment, d'abhorrer et
« d'éviter l'autre infiniment, de nous efforcer infini-
« ment d'être l'un et de n'être point l'autre[2]. » —
« Toute religion qui n'aboutit pas à l'action, au tra-
« vail, peut s'en aller et habiter parmi les brahmanes,
« les antinomiens, les derviches tourneurs, partout où
« elle voudra; chez moi, elle n'a pas de place[3]. »
Chez vous, fort bien, mais elle en trouve ailleurs.
Nous touchons ici le trait anglais et étroit de cette

---

1. *Past and Present*, p. 305, 270.
2. The one end, essence and use of all religion past, present, and to come, is this only : to keep the same moral conscience or inner light of ours alive and shining... All Religion was here to remind us better or worse of what we already know better or worse of the quite *infinite* difference there is between a good man and a bad; to bid us love infinitely the one, abhor and avoid infinitely the other; strive infinitely to be the one and not to be the other. " All religion issues in due practical Hero-worship. "
(*Past and Present*, p. 305.)
3. All true work is Religion ; and whatsoever Religion is not work may go and dwell among the Brahmins, Antinomians, spinning Dervishes, or where it will; with me it shall have no harbour. (*Past and Present*, p. 270.)

conception allemande et si large. Il y a beaucoup de religions qui ne sont point morales, il y en a beaucoup plus encore qui ne sont point pratiques. Carlyle veut réduire le cœur de l'homme au sentiment anglais du devoir, et l'imagination de l'homme au sentiment anglais du respect. La moitié de la poésie humaine échappe à ses prises. Car si une portion de nous-même nous soulève jusqu'à l'abnégation et à la vertu, une autre portion nous emmène vers la jouissance et le plaisir. L'homme est païen aussi bien que chrétien ; la nature a deux faces; plusieurs races, l'Inde, la Grèce, l'Italie n'ont compris que la seconde, et n'ont eu pour religions que l'adoration de la force dévergondée et l'extase de l'imagination grandiose, ou bien encore l'admiration de la forme harmonieuse avec le culte de la volupté, de la beauté et du bonheur.

V

Sa critique des œuvres littéraires a la même chaleur et la même violence, la même portée et les mêmes limites, le même principe et les mêmes conclusions que sa critique des œuvres religieuses. Il y a introduit les grandes idées de Hegel et de Gœthe, et les a resserrées sous la discipline étroite du sentiment puritain[1]. Il considère le poète, l'écrivain, l'artiste « comme un interprète de l'idée divine qui est au

---

1. *Heroes*, p. 129, 245. — *Miscellanies*, passim.

fond de toute apparence, comme un révélateur de l'infini, » comme un représentant de son siècle, de sa nation, de son âge ; vous reconnaissez ici toutes les formules germaniques. Elles signifient que l'artiste démêle et exprime mieux que personne les traits saillants et durables du monde qui l'entoure, en sorte qu'on peut extraire de son œuvre une théorie de l'homme et de la nature, en même temps qu'une peinture de sa race et de son temps. Cette découverte a renouvelé la critique. Carlyle lui doit ses plus belles vues, ses leçons sur Shakspeare et sur Dante, ses études sur Gœthe, sur Johnson, sur Burns et sur Rousseau. Là-dessus et par un entraînement naturel, il est devenu le héraut de la littérature allemande ; il s'est fait l'apôtre de Gœthe ; il l'a loué avec une ferveur de néophyte jusqu'à manquer à son endroit d'adresse et de clairvoyance ; il l'appelle héros, il présente sa vie comme un exemple à tous les gens de notre siècle ; il ne veut point voir son paganisme, si visible, mais si contrariant pour un puritain. Par un autre contre-coup des mêmes causes, il a fait de Jean-Paul, le bouffon affecté, l'humoriste extravagant, « un géant, » une sorte de prophète ; il a comblé d'éloges Novalis et les rêveurs mystiques ; il a mis le démocrate Burns au-dessus de Byron ; il a exalté Johnson, ce brave pédant, le plus grotesque des taureaux littéraires. Son principe est que dans une œuvre d'esprit la forme est peu de chose, le fond seul est important. Sitôt qu'un homme a un sentiment profond, une conviction forte, son livre est beau. Un écrit, quel qu'il soit, ne fait que manifester une âme ; si cette âme est sérieuse, si elle est intimement et habituellement ébranlée par les graves pensées qui doivent préoccuper une âme, si elle aime le bien, si elle est dévouée, si elle s'attache de tous ses efforts, sans arrière-pensée d'intérêt ou d'amour-propre, à publier la vérité qui la frappe, elle a touché le but : nous n'avons que faire du talent ; nous n'avons pas besoin d'être flattés par de belles formes ; notre unique objet est de nous trouver face à face avec le sublime ; toute la destinée de l'homme est de sentir l'héroïsme ; la poésie et les arts n'ont pas d'autre emploi ni d'autre mérite. Vous voyez à quel degré et avec quel excès Carlyle a le sentiment germanique, pourquoi il aime les mystiques, les humoristes, les prophètes, les écrivains illettrés et hommes d'action, les poëtes primesautiers, tous ceux qui violentent la beauté régulière par ignorance, par brutalité, par folie ou de parti pris. Il va jusqu'à excuser la rhétorique de Johnson, parce que Johnson fut loyal et sincère ; il ne distingue pas en lui l'homme littéraire de l'homme pratique ; il cesse de voir le déclamateur classique, étrange composé de Scaliger, de Boileau, et de La Harpe, enharnaché majestueusement dans la défroque cicéronienne, pour ne regarder que l'homme religieux et convaincu. Une pareille habitude bouche les yeux sur la moitié des choses. Carlyle parle avec une indifférence méprisante[1] du dilettantisme moderne, semble

---

1. *Life of Sterling.*

mépriser les peintres, n'admet pas la beauté sensible. Tout entier aux écrivains, il néglige les artistes ; en effet, la source des arts est le sentiment de la forme, et les plus grands artistes, les Italiens, les Grecs, n'ont connu, comme leurs prêtres et leurs poëtes, que la beauté de la volupté et de la force. De là vient encore qu'il n'a point de goût pour la littérature française. Cet ordre exact, ces belles proportions, ce perpétuel souci de l'agréable et du convenable, cette architecture harmonieuse d'idées claires et suivies, cette peinture délicate de la société, cette perfection du style, rien de ce qui nous touche n'a de prise sur lui. Sa façon d'entendre la vie est trop éloignée de la nôtre. Il a beau essayer de comprendre Voltaire, il n'arrive qu'à le diffamer[1]. « Il n'y a pas « une seule grande pensée dans ses trente-six in-« quartos.... Son regard s'arrête à la superficie de la « nature ; le grand Tout, avec sa beauté et sa mysté-« rieuse grandeur infinie, ne lui a jamais été révélé, « même un seul instant ; il a regardé et noté seule-« ment tel atome, et puis tel autre, leurs différences « et leurs oppositions[2].... Sa théorie du monde, sa

---

1. *Miscellanies*, p. 11, 121, 148.
2. We find no heroism of character in him, from first to last; nay, there is not, that we know of, one great thought in all his six and thirty quarto.... He sees but a little way into Nature; the mighty All in its beauty and infinite mysterious grandeur, humbling the small *me* into nothingness, has never even for moments been revealed to him; only this and that other atom of it, and the differences and discrepancies of these two, has he looked into and noted down. His theory of the world, his picture of man and man's life is little;

« peinture de l'homme et de la vie de l'homme est
« mesquine, pitoyable même, pour un poëte et un
« philosophe. Il lit l'histoire, non pas avec les yeux
« d'un voyant pieux ou même d'un critique, mais
« avec une simple paire de lunettes anticatholiques.
« Elle n'est point pour lui un drame grandiose, joué
« sur le théâtre de l'infini; avec les soleils pour
« lampes et l'éternité pour fond.... mais une pauvre
« insipide dispute de club dévidée dix siècles durant
« entre l'Encyclopédie et la Sorbonne.. L'univers de
« Dieu est un patrimoine de saint Pierre un peu plus
« grand que l'autre, duquel il serait agréable et bon
« de chasser le pape.... La haute louange d'avoir pour-
« suivi un but juste ou noble ne peut lui être accordée
« sans beaucoup de réserves, et peut même, avec assez
« d'apparence, lui être refusée. La force qui lui était
« nécessaire n'était ni noble ni grande, mais petite et

for a poet and philosopher even pitiful. " The Divine Idea that which lies at the bottom of appearance" was never more invisible to any man. He reads history not with the eyes of a devout seer or even of a critic, but through a pair of mere anticatholic spectacles. It is not a mighty drama enacted on the theater of Infinitude, with suns for lamps and Eternity as back-ground... but a poor wearisome debating-club dispute, spun through ten centuries, between the *Encyclopédie* and the *Sorbonne*.... God's Universe is a larger patrimony of Saint Peter, from where it were pleasant and well to hunt the Pope.... The still higher praise of having had a right or noble aim cannot be conceded to him without many limitations, and may plausibly enough be altogether denied.... The force necessary for him was no wise a great and noble one; but a small, in some respects a mean one, to be nimbly and seasonably put into use. The Ephesian temple which it had employed many wise heads and strong arms, for a life-time, to build, could be *un*-built by one madman, in a single hour.

« à quelques égards de basse espèce. Seulement il
« en fait usage avec dextérité et à propos. Pour
« bâtir le temple d'Éphèse, il avait fallu le travail
« de bien des têtes sages et de bien des bras ro-
« bustes, pendant des vies entières ; et ce même
« temple a pu être détruit par un fou en une
« heure. » Voilà d'assez gros mots ; nous n'en em-
ploierons pas de pareils. Je dirai seulement que si
quelqu'un jugeait Carlyle en Français, comme il
juge Voltaire en Anglais, ce quelqu'un ferait de Carlyle un portrait différent de celui que j'essaye de tracer ici.

VI

Ce commerce de dénigrements était en vigueur il
y a cinquante ans ; dans cinquante ans, il est probable qu'il aura cessé tout à fait. Nous commençons
à comprendre le sérieux des puritains ; peut-être les
Anglais finiront-ils par comprendre la gaieté de Voltaire ; nous travaillons à goûter Shakspeare, ils essayeront sans doute de goûter Racine. Gœthe, le
maître de tous les esprits modernes, a bien su goûter
tous les deux[1]. Il faut que le critique à son âme
naturelle et nationale ajoute cinq ou six âmes arti-
ficielles et acquises, et que sa sympathie flexible
l'introduise en des sentiments éteints ou étrangers.
Le meilleur fruit de la critique est de nous dépren-

---

1. Voyez ce double éloge dans Wilhelm Meister.

dre de nous-mêmes, de nous contraindre à faire la part du milieu où nous vivons plongés, de nous enseigner à démêler les objets eux-mêmes à travers les apparences passagères dont notre caractère et notre siècle ne manquent jamais de les revêtir. Chacun les regarde avec des lunettes de portée et de couleur diverses, et nul ne peut atteindre la vérité qu'en tenant compte de la forme et de la teinte que la structure de ses verres impose aux objets qu'il aperçoit. Jusqu'ici nous nous sommes disputés et battus, l'un disant que les choses sont vertes, d'autres qu'elles sont jaunes, d'autres enfin qu'elles sont rouges, chacun accusant son voisin de mal voir et d'être de mauvaise foi. Voici enfin que nous apprenons l'optique morale; nous découvrons que la couleur n'est point dans les objets, mais en nous-mêmes; nous pardonnons à nos voisins de voir autrement que nous; nous reconnaissons qu'ils doivent voir rouge ce qui nous paraît bleu, vert ce qui nous paraît jaune; nous pouvons même définir l'espèce de lunettes qui produit le jaune et l'espèce de lunettes qui produit le vert, deviner leurs effets d'après leur nature, prédire aux gens la teinte sous laquelle leur apparaîtra l'objet qu'on va leur présenter, construire d'avance le système de tout esprit, et peut-être un jour nous dégager de tout système. « Comme poëte disait Gœthe, je suis polythéiste; comme naturaliste, panthéiste; comme être moral, déiste; et j'ai besoin, pour exprimer mon sentiment, de toutes ces formes. » En effet, toutes ces lunettes sont bonnes, car elles nous montrent toutes quelque aspect nouveau des choses. Le point important, c'est d'en avoir non pas une, mais plusieurs, d'employer chacune d'elles au moment convenable, de faire abstraction de la couleur qui lui est particulière, de savoir que derrière ces milliers de teintes mouvantes et poétiques, l'optique ne constate que des changements régis par une loi.

§ 4.

SA CONCEPTION DE L'HISTOIRE.

I.

« L'histoire universelle[1], dit Carlyle, l'histoire de
« ce que l'homme a accompli dans le monde, est au
« fond l'histoire des grands hommes qui ont travaillé
« ici-bas. Ils ont été les conducteurs des peuples, ces
« grands hommes; les formateurs, les modèles, et,
« dans un sens large, les créateurs de tout ce que la
« masse des hommes pris ensemble est parvenue à
« faire ou à atteindre. Toutes les choses que nous
« voyons debout dans le monde sont proprement le
« résultat matériel extérieur, l'accomplissement pra-
« tique et l'incarnation des pensées qui ont habité
« dans les grands hommes envoyés au monde. L'âme
« de l'histoire entière du monde, ce serait leur his-
« toire[2]. » Quels qu'ils soient, poëtes, réformateurs;

---

1. *On Heroes*, t. I, p. 71.
2. Universal history, the history of what man has accomplished in this world is at bottom the history of the great men who have worked here. They were the leaders of men, these great ones; the modellers, patterns, and in a wide sense creators, of whatsoever the general mass of men contrived to do or to attain; all things that we see standing accomplished in the world are properly the outer mate-

écrivains, hommes d'action, révélateurs, il leur donne à tous un caractère mystique. « Le héros est un mes-
« sager envoyé du fond du mystérieux Infini avec des
« nouvelles pour nous.... Il vient de la substance inté-
« rieure des choses. Il y vit et il y doit vivre en commu-
« nion quotidienne.... Il vient du cœur du monde, de
« la réalité primordiale des choses ; l'inspiration du
« Tout-Puissant lui donne l'intelligence, et véritable-
« ment ce qu'il prononce est une sorte de révélation[1]. »
En vain l'ignorance de son siècle et ses propres imperfections altèrent la pureté de sa vision originale ;
il atteint toujours quelque vérité immuable et vivifiante ; c'est pour cette vérité qu'il est écouté, et c'est
par cette vérité qu'il est puissant. Ce qu'il en a découvert est immortel et efficace[2]. « Les œuvres d'un
« homme, quand vous les enseveliriez dans des mon-
« tagnes de guano, sous les obscènes ordures de tous
« les hibous antiquaires, ne périssent pas, ne peuvent
« pas périr. Ce qu'il y avait de lumière éternelle dans
« un homme et dans sa vie, cela précisément est

rial result, the practical realisation and embodiment of thoughts that dwelt in the great men sent into the world ; the soul of the whole world's history, it may be justly considered were the history of these. (*On Heroes*, p. 1.)

1. Such a man is what we call an *original* man ; he comes to us at first hand. A messenger he, sent from the infinite unknown with tidings to us.... Direct from the inner fact of things. — He lives and has to live in daily communion with that. Hearsays cannot hide it from him ; he is blind, homeless, miserable following hear-says ; *it* glares upon him.... It is from the heart of the world that he comes. He is portion of the primal reality of things. (*On Heroes*, p. 71.)

2. *Cromwell's Speeches and letters*, t. II, p. 668.

« ajouté aux éternités, cela subsiste pour toujours
« comme une nouvelle et divine portion de la somme
« des choses[1]. » C'est pour cela que le culte des héros
« est à cette heure et à toutes les heures la puissance
« vivifiante de la vie humaine ; la religion est fondée
« dessus ; toute société s'y appuie. Car qu'est-ce pro-
« prement que la loyauté[2] qui est le souffle vital de
« toute société, sinon une émanation du culte des hé-
« ros, une admiration soumise pour ceux qui sont vrai-
« ment grands ? » Ce sentiment est le fonds même de
l'homme. Il subsiste aujourd'hui même dans cet âge
de nivellement et de destruction. « Je vois dans cette
« indestructibilité du culte de l'héroïsme la base de
« roc éternel au-dessous de laquelle les ruines con-
« fuses des écroulements révolutionnaires ne peuvent
« tomber. »

II

Il y a là une théorie allemande, mais transformée,
précisée et épaissie à la manière anglaise. Les Allemands disaient que toute nation, toute période, toute
civilisation a son *idée*, c'est-à-dire son trait principal,

---

1. The works of a man, bury them under what guano-mountains and obscene owl-droppings you will, do not perish, cannot perish. What of heroism, what of Eternal light was in man and his life, is with very great exactness added to the Eternities, remains for ever a new divine portion of the sum of things.
(*Cromwell's Letters*, dernier chapitre.)
2. *Loyalty*, mot intraduisible, qui désigne le sentiment de subordination, quand il est noble.

duquel tous les autres dérivent; en sorte que la philosophie, la religion, les arts et les mœurs, toutes les parties de la pensée et de l'action peuvent être déduites de quelque qualité originelle et fondamentale de laquelle tout part et à laquelle tout aboutit. Là où Hegel mettait une idée, Carlyle met un sentiment héroïque. Cela est plus palpable et plus moral. Pour achever de sortir du vague, il considère ce sentiment dans un héros. Il a besoin de donner aux abstractions un corps et une âme; il est mal à son aise dans les conceptions pures, et veut toucher un être réel.

Mais cet être, tel qu'il le conçoit, est un abrégé du reste. Car, selon lui, le héros contient et représente la civilisation où il est compris; il a découvert, proclamé ou pratiqué une conception originale, et son siècle l'y a suivi. La connaissance d'un sentiment héroïque donne ainsi la connaissance d'un âge tout entier. Par là Carlyle est sorti des biographies. Il a retrouvé les grandes vues de ses maîtres. Il a senti comme eux qu'une civilisation, si vaste et si dispersée qu'elle soit à travers le temps et l'espace, forme un tout indivisible. Il a rassemblé sous un héroïsme les fragments épars qu'Hegel réunissait par une loi. Il a dérivé d'un sentiment commun les événements que les Allemands déduisaient d'une définition commune. Il a compris les profondes et lointaines liaisons des choses, celles qui rattachent un grand homme à son temps, celles qui nouent les œuvres de la pensée accomplie aux bégayements de la pen-

sée naissante, celles qui enchaînent les savantes inventions des Constitutions modernes aux fureurs désordonnées de la barbarie primitive[1]. « Ces vieux
« rois de la mer, silencieux, les lèvres serrées, qui
« défiaient le sauvage Océan avec ses monstres, et
« tous les hommes et toutes les choses, ont été les
« ancêtres de nos Blakes et de nos Nelsons. Hrolf ou
« Rollo, duc de Normandie, a une part à cette heure-
« ci dans le gouvernement de l'Angleterre[2]. » — « S'il
« n'y avait pas eu de sauvages saints Dominiques ni
« d'ermites de la Thébaïde, il n'y aurait point eu un
« harmonieux Dante. Le rude effort pratique en
« Scandinavie et ailleurs, depuis Odin jusqu'à Wal-
« ter Raleigh, depuis Ulfila jusqu'à Cranmer, a rendu
« Shakspeare capable de parler. Un poète avec tout
« son charme, qu'est-il, sinon le produit et l'achè-
« vement définitif de la Réforme ou de la Prophétie
« avec son âpreté ? Bien plus, le poëte accompli, je
« le remarque souvent, est un symptôme que son
« époque elle-même vient d'atteindre la perfection

---

1. Silent, with closed lips, as I fancy them, unconscious that they were specially brave, defying the wild Ocean with its monsters and all men and things — progenitors of our own Blakes and Nelsons. — Hrolf or Rollo, duke of Normandy, the wild sea-king, has a share in governing England at this hour.
No wild saint Dominics and Thebaid ermites, there had been no melodious Dante; rough practical endeavour, Scandinavian and other, from Odin to Walter Raleigh, from Ulfila to Cranmer, enabled Shakspeare to speak. Nay the finished poet, I remark sometimes, is a symptom that his epoch itself has reached perfection and is finished; that before long there will be a new epoch, new reformers needed. (*On Heroes*, p. 184.)

2. *On Heroes*, p. 51 et 184.

« et se trouve accomplie, qu'avant longtemps on
« aura besoin d'une nouvelle époque et de nouveaux
« réformateurs. Car chaque âge a son théorème ou
« représentation spirituelle de l'univers. » Ses grandes œuvres poétiques ou pratiques ne font que publier ou appliquer cette idée maîtresse ; l'historien se sert d'elle pour retrouver le sentiment primitif qui les engendre et pour former la conception d'ensemble qui les unit.

III

De là une façon nouvelle d'écrire l'histoire. Puisque le sentiment héroïque est la cause du reste, c'est à lui que l'historien doit s'attacher. Puisqu'il est la source de la civilisation, le moteur des révolutions, le maître et le régénérateur de la vie humaine, c'est en lui qu'il faut observer la civilisation, les révolutions et la vie humaine. Puisqu'il est le ressort de tout mouvement, c'est par lui que l'on comprendra tout mouvement. Libre aux métaphysiciens d'aligner des déductions et des formules, ou aux politiques d'exposer des situations et des constitutions. L'homme n'est point un être inerte façonné par une constitution ni un être mort exprimé par une formule ; il est une âme active et vivante, capable d'agir, de découvrir, de créer, de se dévouer et avant tout d'oser ; la véritable histoire est l'épopée de l'héroïsme.
— Cette idée est, à mon avis, une vive lumière. Car

les hommes n'ont pas fait de grandes choses sans de grandes émotions. Le premier et souverain moteur d'une révolution extraordinaire est un sentiment extraordinaire. A ce moment, on a vu paraître et s'enfler une passion exaltée et toute-puissante qui a rompu les digues anciennes et lancé le courant des choses dans un nouveau lit. Tout part de là, et c'est elle qu'il faut voir. Laissez de côté les formules métaphysiques et les considérations politiques, et regardez l'état intérieur de chaque esprit ; quittez le récit nu, oubliez les explications abstraites, et observez les âmes passionnées. Une révolution n'est que la naissance d'un grand sentiment. Quel est ce sentiment, comment il se lie aux autres, quel est son degré, sa source, son effet, comment il transforme l'imagination, l'entendement, les inclinations ordinaires, quelles passions l'alimentent, quelle proportion de folie et de raison il renferme, ce sont là les questions capitales. Pour me faire l'histoire du bouddhisme, il faut me montrer le désespoir calme des ascètes qui, amortis par la pensée du vide infini et par l'attente de l'anéantissement final, atteignaient, dans leur quiétude monotone, le sentiment de la fraternité universelle. Pour me faire l'histoire du christianisme, il faut me montrer l'âme d'un saint Jean ou d'un saint Paul, le renouvellement subit de la conscience, la foi aux choses invisibles, la transformation de l'âme pénétrée par la présence d'un Dieu paternel, l'irruption de tendresse, de générosité, d'abnégation, de confiance et d'espérance qui vint dégager les malheureux ensevelis sous la tyrannie et la décadence romaine. Expliquer une révolution, c'est faire un morceau de psychologie ; l'analyse des critiques et la divination des artistes sont les seuls instruments qui puissent l'atteindre ; si nous voulions l'avoir précise et profonde, il faudrait la demander à ceux qui, par métier ou par génie, sont connaisseurs de l'âme, à Shakspeare, à Saint-Simon, à Balzac, à Stendhal. Voilà pourquoi on peut la de demander quelquefois à Carlyle. Et il y a telle histoire qu'on peut lui demander mieux qu'à tout autre, celle de la Révolution qui eut pour source la conscience, qui mit Dieu dans les conseils d'État, qui imposa le devoir strict, qui provoqua l'héroïsme austère. Le meilleur historien du puritanisme est un puritain.

IV

Cette histoire de Cromwell, son chef-d'œuvre, n'est qu'une réunion de lettres et de discours commentés et joints par un récit continu. L'impression qu'elle laisse est extraordinaire. Les graves histoires constitutionnelles languissent auprès de cette compilation. Il a voulu faire comprendre une âme, l'âme de Cromwell, le plus grand des puritains, leur chef, leur abrégé, leur héros et leur modèle. Son récit ressemble à celui d'un témoin oculaire. Un covenantaire qui aurait réuni des lettres, des morceaux de journal, et qui jour par jour y aurait ajouté des réflexions, des interprétations, des notes et des anecdotes, n'aurait point écrit un autre livre. Enfin nous voilà face à face avec Cromwell. Nous avons ses paroles, nous pouvons entendre son accent; nous saisissons autour de chaque action les circonstances qui l'ont fait naître; nous le voyons sous sa tente, au conseil, avec le paysage, avec sa physionomie, avec son costume; tout le détail y est, jusqu'aux minuties. Et la sincérité est aussi grande que la sympathie; le biographe avoue ses ignorances, le manque de documents, l'incertitude; il est parfaitement loyal, quoique poëte et sectaire. Avec lui nous restreignons et nous poussons tout à la fois nos conjectures, et nous sentons à chaque pas, à travers nos affirmations et nos réserves, que nous posons solidement le pied sur la vérité. Je voudrais que toute histoire fût, comme celle-ci, un choix de textes munis d'un commentaire; je donnerais pour une histoire pareille tous les raisonnements réguliers, toutes les belles narrations décolorées de Robertson et de Hume. Je puis vérifier, en lisant celle-ci, le jugement de l'auteur; je ne pense plus d'après lui, mais par moi-même : l'historien ne se place pas entre moi et les choses; je vois un fait, et non le récit d'un fait; l'enveloppe oratoire et personnelle dont le récit recouvre la vérité a disparu; je puis toucher la vérité elle-même. Et ce Cromwell, avec ses puritains, sort de cette épreuve réformé et renouvelé. Nous devinions bien déjà qu'il n'était point un simple ambitieux, un hypocrite, mais nous le prenions pour un fanatique disputeur et odieux. Nous considérions ces puritains comme des fous tristes, cerveaux étroits et à scrupules. Sortons de nos idées françaises et modernes, et entrons dans ces âmes ; nous y trouverons autre chose qu'une maladie noire. Il y a là un grand sentiment. — Suis-je un homme juste ? Et si Dieu, qui est la parfaite justice, me jugeait en ce moment, quelle sentence porterait-il sur moi ? — Voilà l'idée originelle qui a fait les puritains, et par eux la révolution d'Angleterre. « Le sentiment de la différence qu'il y a entre « le bien et le mal avait rempli pour eux tout le « temps et tout l'espace, et s'était incarné et expri-« mé pour eux par un ciel et un enfer. » Ils ont été frappés de l'idée du devoir ; ils se sont examinés à cette lumière, sans pitié et sans relâche ; ils ont conçu le modèle sublime de la vertu infaillible et accomplie ; ils s'en sont imbus ; ils ont englouti dans cette pensée absorbante toutes les préoccupations mondaines et toutes les inclinations sensibles ; ils ont pris en horreur jusqu'aux fautes imperceptibles qu'un honnête homme se pardonne ; ils ont exigé d'eux-mêmes la perfection absolue et continue, et ils se sont lancés dans la vie avec la fixe résolution de tout souffrir et de tout faire plutôt que d'en dévier d'un pas. Vous vous moquez d'une révolution faite à propos de surplis et de chasubles : il y avait le sentiment du divin sous ces disputes d'habits. Ces pauvres gens, boutiquiers et fermiers, croyaient de tout leur cœur à un Dieu sublime et terrible, et ce n'était pas une petite chose pour eux que la façon de l'ado-

rer[1]. « Supposez qu'il s'agisse pour vous d'un inté-
« rêt vital et infini, que votre âme tout entière, rendue
« muette par l'excès de son émotion, ne puisse en au-
« cune façon l'exprimer, en sorte qu'elle préfère le si-
« lence à toute expression possible, que diriez-vous
« d'un homme qui s'avancerait pour l'exprimer à votre
« place au moyen d'une mascarade et à la façon d'un
« tapissier décorateur ? — Cet homme-là, qu'il s'en
« aille vite, s'il a souci de lui-même ! — Vous avez
« perdu votre fils unique ; vous êtes muet, écrasé,
« vous n'avez pas même de larmes ; un importun,
« avec toutes sortes d'importunités, vous offre de
« célébrer pour lui des jeux funéraires à la façon des
« anciens Grecs[2] ! » Voilà ce qui a soulevé la révolution, et non la taxe des vaisseaux ou toute autre
vexation politique : « Vous pouvez me prendre ma
« bourse, mais non anéantir mon âme. Mon âme
est à Dieu et à moi[4]. » — Et le même sentiment qui
les a faits rebelles les a faits vainqueurs[2]. On ne com-

1. *On Heroes*, p. 323.
2. Suppose now it were some matter of vital concernment, some transcendant matter (as Divine worship is) about which your whole soul struck dumb with its excess of feeling knew not how to *form* itself into utterance at all, and preferred formless silence to any utterance there possible. — What should we say of a man coming forward to represent or utter it for you in the way of upholsterer-mummery? Such a man — let him depart swiftly, if he love himself! — You have lost your only son, are mute, struck down, without even tears : an importunate man importunately offers to celebrate funeral games for him in the manner of the Greeks. (*On Heroes*, p. 323.)
3. You may take my purse... but the self is mine and God my maker's. (*On Heroes*, p. 330.)
4. T. I, p. 120.

prenait pas comment la discipline avait pu subsister dans une armée où un caporal inspiré gourmandait un colonel tiède. On trouvait étrange que des généraux qui cherchaient en pleurant le Seigneur eussent appris dans la Bible l'administration et la stratégie. On s'étonnait que des fous eussent été des hommes d'affaires. C'est qu'ils n'étaient point des fous, mais des hommes d'affaires ; toute la différence entre eux et les gens pratiques que nous connaissons, c'est qu'ils avaient une conscience : cette conscience était leur flamme : le mysticisme et les rêves n'en étaient que la fumée. Ils cherchaient le vrai, le juste, et leurs longues prières, leurs prédications nasales, leurs citations bibliques, leurs larmes, leurs angoisses, ne font que marquer la sincérité et l'ardeur avec lesquelles ils s'y portaient. Ils lisaient leur devoir en eux-mêmes ; la Bible ne faisait que les y aider. Au besoin, ils la violentaient quand ils voulaient vérifier par des textes les suggestions de leur propre cœur. C'est ce sentiment du devoir qui les réunit, les inspira et les soutint, qui fit leur discipline, leur courage et leur audace, qui souleva jusqu'à l'héroïsme antique Hutchinson, Milton et Cromwell, qui provoqua toutes les actions décisives, toutes les résolutions grandioses, tous les succès extraordinaires, la déclaration de la guerre, le jugement du roi, la purgation du Parlement, l'humiliation de l'Europe, la protection du protestantisme, la domination des mers. Ces hommes sont les véritables héros de l'Angleterre ; ils manifestent en haut relief les caractères originels et les plus nobles traits de l'Angleterre, la piété pratique, le gouvernement de la conscience, la volonté virile, l'énergie indomptable. Ils ont fondé l'Angleterre à travers la corruption des Stuarts et l'amollissement des mœurs modernes, par l'exercice du devoir, par la pratique de la justice, par l'opiniâtreté du travail, par la revendication du droit, par la résistance à l'oppression, par la conquête de la liberté, par la répression du vice. Ils ont fondé l'Écosse ; ils ont fondé les États-Unis ; ils fondent aujourd'hui, par leurs descendants, l'Australie et colonisent le monde. Carlyle est si bien leur frère, qu'il excuse ou admire leurs excès, l'exécution du roi, la mutilation du Parlement, leur intolérance, leur inquisition, le despotisme de Cromvell, la théocratie de Knox. Il nous les impose pour modèles, et ne juge le passé ou le présent que d'après eux.

V

C'est pour cela qu'il n'a vu que le mal dans la Révolution française. Il la juge aussi injustement qu'il juge Voltaire, et pour les mêmes raisons. Il n'entend pas mieux notre manière d'agir que notre manière de penser. Il y cherche le sentiment puritain, et comme il ne l'y trouve pas, il nous condamne. L'idée du devoir, l'esprit religieux, le gouvernement de soi-même, l'autorité de la conscience austère, peuvent seuls, à son gré, réformer une société gâtée, et rien

de tout cela ne se rencontrait dans la société française[1]. La philosophie qui a produit et conduit la révolution était simplement destructive, proclamant pour tout Évangile « que les mensonges sociaux « doivent tomber, et que dans les matières spiri- « tuelles suprasensibles, il n'y a rien de croyable. » La théorie des droits de l'homme, empruntée à Rousseau, n'était « qu'un jeu logique, une pédanterie, à peu près aussi opportune qu'une théorie des verbes irréguliers. » Les mœurs en vogue étaient l'épicurisme de Faublas. La morale en vogue était la promesse du bonheur universel. Incrédulité, bavardage creux, sensualité, voilà les ressorts de cette réforme. On déchaîna les instincts et l'on renversa les barrières. On remplaça l'autorité corrompue par l'anarchie effrénée. A quoi pouvait aboutir une jacquerie de paysans abrutis, lâchés par des raisonneurs athées ? « La destruction accomplie, restèrent « les cinq sens inassouvis, et le sixième sens insatia- « ble, la vanité ; toute la nature démoniaque de « l'homme apparut, » et avec elle le cannibalisme[2]. »
— Ajoutez donc le bien à côté du mal, et marquez

---

1. *French Revolution*, t. I, p. 295, 20 et 77.
2. For ourselves we answer that French Revolution means here the open violent rebellion and victory of disimprisoned anarchy against corrupt worn-out authority.

So thousandfold complex a Society ready to burst up from its infinite depths ; and these men its rulers and healers, without life-rule for themselves — other life-rule than a Gospel according to Jean Jacques! To the wisest of them, what we must call the wisest, man is properly an accident under the sky. Man is without duty round him, except it be to make the Constitution. He is without

les vertus à côté des vices ! Ces sceptiques croyaient à la vérité prouvée, et ne voulaient qu'elle pour maîtresse. Ces logiciens ne fondaient la société que sur la justice, et risquaient leur vie plutôt que de renoncer à un théorème établi. Ces épicuriens embrassaient dans leurs sympathies l'humanité tout entière. Ces furieux, ces ouvriers, ces Jacques sans pain, sans habits, se battaient à la frontière pour des intérêts humanitaires et des principes abstraits. La générosité et l'enthousiasme ont abondé ici comme chez vous ; reconnaissez-les sous une forme qui n'est point la vôtre. Ils sont dévoués à la vérité abstraite comme vos puritains à la vérité divine ; ils ont suivi la philosophie comme vos puritains la religion ; ils ont eu pour but le salut universel comme vos puritains le salut personnel. Ils ont combattu le mal dans la société comme vos puritains dans l'âme. Ils ont été généreux comme vos puritains vertueux. Ils ont eu comme eux un héroïsme, mais sympathique, sociable, prompt à la

Heaven above him, or Hell beneath him, he has no God in the world.

While hollow languor and vacuity is the lot of the upper and want and stagnation of the lower, and universal misery is very certain, what other thing is certain ? That a lie cannot be believed ! Philosophism knows only this : Her other relief is mainly that in spiritual suprasensual matters, no belief is possible.... What will remain ? The five unsatiated sense will remain, the sixth insatiable sense (of vanity) ; the whole *dœmoniac* nature of man will remain.

Man is not what we call a happy animal ; his appetite for sweet victual is too enormous.... (He cannot subsist) except by girding himself together for continual endeavour and endurance.

(*French Revolution*, t. I, passim.)

propagande, et qui a réformé l'Europe pendant que le vôtre ne servait qu'à vous.

VI

Ce puritanisme outré qui a révolté Carlyle contre la Révolution française le révolte contre l'Angleterre moderne. « Nous avons oublié Dieu[1], dit-il, nous
« avons tranquillement fermé les yeux à la substance
« éternelle des choses, et nous les avons ouverts à
« l'apparence et à la fiction. Nous croyons tranquil-
« lement que cet univers est au fond un grand Peut-
« être inintelligible ; à l'extérieur, la chose est assez
« claire : c'est un enclos à bétail et une maison de
« correction fort considérable, avec des tables de
« cuisine et des tables de restaurant non moins con-
« sidérables, où celui-là est sage qui peut trouver
« une place ! Toute la vérité de cet univers est incer-
« taine. Il n'y a que le profit et la perte, le pudding
« et son éloge, qui soient et restent visibles à l'homme
« pratique. Il n'y a plus de Dieu pour nous ! Les lois
« de Dieu sont transformées en principes du *plus
« grand bonheur possible*, en expédients parlementaires ;
« le ciel ne dresse sa coupole au-dessus de nous que
« pour nous fournir une horloge astronomique, un
« but aux télescopes d'Herschel, une matière à for-
« mules, un prétexte à sentimentalités. Voilà vérita-

---

1. *Past and Present*, p. 185.

« blement la partie empestée, le centre de l'univer-
« selle gangrène sociale qui menace toutes les choses
« modernes d'une mort épouvantable. Pour celui qui
« veut y penser, c'est là le mancenillier avec sa sou-
« che, ses racines et son pivot, avec ses branches
« déployées sur tout l'univers, avec ses exsudations
« maudites et empoisonnées, sous lequel le monde
« gît et se tord dans l'atrophie et l'agonie. Vous tou-
« chez le foyer central de nos maux, de notre horri-
« ble nosologie de maux, quand vous posez votre
« main là. Il n'y a plus de religion, il n'y a plus de
« Dieu. L'homme a perdu son âme et cherche en vain
« le sel antiputride qui empêchera son corps de pour-
« rir. C'est en vain qu'il emploie les meurtres de
« rois, des bills de réforme, les révolutions françai-
« ses, les insurrections de Manchester. Il découvre
« que ce ne sont point des remèdes. L'ignoble éléphan-
« tiasis est allégée pour une heure, et sa lèpre repa-
« raît aussi âpre et aussi désespérée l'heure d'après[1]. »

1. We have forgotten God ; — in the most modern dialect and very truth of the matter, we have taken up the fact of this universe as it *is not*. We have quietly closed our eyes to the eternal substance of things, and opened them only to the shews and shams of things. We quietly believe this universe to be intrinsically, a great unintelligible PERHAPS; extrinsically, clear enough, it is a great, most extensive cattlefold and workhouse, with most extensive kitchen-ranges, dining-tables, — whereat he is wise who can find a place! All the truth of this universe is uncertain; only the profit and loss of it, the pudding and praise of it are and remain very visible to the practical man.

There is no longer any God for us! God's laws are become a greatest-happiness principle, a parliamentary expediency : the Heavens overarch us only as an astronomical time-keeper; a butt for

Depuis le retour des Stuarts, nous sommes utilitaires ou sceptiques. Nous ne croyons qu'à l'observation, aux statistiques, aux vérités grossières et sensibles; ou bien nous doutons, nous croyons à demi, par ouï-dire, avec des réserves. Nous n'avons pas de convictions morales, et nous n'avons que des convictions flottantes. Nous avons perdu le ressort de l'action; nous n'enfonçons plus le devoir au centre de notre volonté comme le fondement unique et inébranlable de notre vie; nous nous accrochons à toutes sortes de petites recettes expérimentales et positives, et nous nous amusons à toutes sortes de jolis plaisirs, bien choisis et bien arrangés. Nous sommes égoïstes ou dilettantes. Nous ne regardons plus la vie comme un temple auguste, mais comme une machine à profits solides, ou comme une salle de divertissements fins¹. Nous avons des richards, des industriels, des banquiers qui prêchent l'évangile de l'or; et nous

---

Herschel-telescopes to shoot science at, to shoot sentimentalities at : — in our and old Jonson's dialect, man has lost the *soul* out of him; and now, after the due period, — begins to find the want of it! This is verily the plague-spot; centre of the universal social gangrene, threatening all modern things with frightful death. To him that will consider it, here is the stem with his roots and taproots, with its world-wide Upas-boughs and accursed poison-exsudations, under which the world lies writhing in atrophy and agony. You touch the focal-centre of all our disease, of our frightful nosology of diseases, when you lay your hand on this. There is no religion; there is no God; man has lost his soul, and vainly seeks antiseptic salt. Vainly : in killings kings, in passing Reform bills, in French revolutions, Manchester insurrections, is found no remedy. The foul elephantine leprosy, alleviated for an hour, reappears in new force and desperateness next hour.

Past and Present. — Latter day Pamphlets. Chartism.

avons des gentlemen, des dandies, des seigneurs qui prêchent l'évangile du savoir-vivre. Nous nous surmenons pour entasser les guinées, ou bien nous nous affadissons pour atteindre à la dignité élégante. Notre enfer n'est plus, comme sous Cromwell, « la terreur d'être trouvés coupables devant le juste juge, » mais la crainte de faire de mauvaises affaires ou de manquer aux convenances. Nous avons pour aristocratie des marchands rapaces qui réduisent leur vie au calcul du prix de revient et du prix de vente, et des amateurs oisifs dont la grande préoccupation est de bien garder le gibier de leurs terres. Nous ne sommes plus gouvernés. Notre gouvernement n'a d'autre ambition que de maintenir la paix publique et de faire rentrer l'impôt. Notre constitution pose en principe que, pour découvrir le vrai et le bien, il n'y a qu'à faire voter deux millions d'imbéciles. Notre parlement est un grand moulin à paroles où les intrigants s'époumonnent pour arriver à faire du bruit[1].

1. It is his effort and desire to teach this and the other thinking British man that said finale, the advent namely of actual open Anarchy, cannot be distant now, when virtual disguised Anarchy, long-continued, and waxing daily, has got to such a height; and that the one method of staving off the fatal consummation, and steering towards the continents of the future, lies not in the direction of reforming Parliament, but of what he calls reforming Downing-street; a thing infinitely urgent to be begun, and to be strenuously carried on. To find a Parliament more and more the express image of the people, could, unless the people chanced to be wise as well as miserable, give him no satisfaction. Not this at all; but to find some sort of *King*, made in the image of God, who could a little achieve for the people, if not their spoken wishes, yet their dumb wants, and what they would at last find to have been

Sous cette mince enveloppe de conventions et de phrases gronde sourdement la démocratie irrésistible. L'Angleterre périt si un jour elle cesse de pouvoir vendre l'aune de coton un liard moins cher que les autres. Au moindre arrêt des manufactures, quinze cent mille ouvriers [1] sans ouvrage vivent de la charité publique. La formidable masse, livrée aux chances de l'industrie, poussée par les convoitises, précipitée par la faim, oscille entre les frêles barrières qui craquent ; nous approchons de la débâcle finale, qui sera l'anarchie ouverte, et la démocratie s'y agitera parmi les ruines, jusqu'à ce que le sentiment du divin et du devoir l'ait ralliée autour du culte de l'héroïsme, jusqu'à ce qu'elle ait fondé son gouvernement et son Église, jusqu'à ce qu'elle ait découvert le moyen d'appeler au pouvoir les plus vertueux et les plus capables[2], jusqu'à ce qu'elle leur ait remis sa conduite au lieu de leur imposer ses caprices, jusqu'à ce qu'elle ait reconnu et vénéré son Luther et son Cromwell, son prêtre et son roi [3].

---

their instinctive *will*, — which is a far different matter usually in this babbling world of ours.

A king or leader then, in all bodies of men, there must be; be their work what it may, there is one man here who by character, faculty, position, is fittest of all to do it.

He who is to be my ruler, whose will is to be higher than my will, was chosen for me in Heaven. Neither except in such obedience to the Heaven-chosen, is freedom so much as conceivable.

1. 1842. Rapport officiel.
2. *Latter day Pamphlets*, t. I, Parliament.
3. *Past and Present*, p. 323. « L'Europe demande une aristocratie réelle, un clergé réel, ou bien elle ne peut continuer à exister. »

VII.

Sans doute aujourd'hui, dans tout le monde civilisé, la démocratie enfle ou déborde, et tous les moules dans lesquels elle se coule sont fragiles ou passagers. Mais c'est une offre étrange que de lui présenter pour issue le fanatisme et la tyrannie des puritains. La société et l'esprit que Carlyle propose en modèles à la nature humaine n'ont duré qu'une heure, et ne pouvaient pas durer plus longtemps. L'ascétisme de la république a produit la débauche de la restauration ; les Harrisson ont amené les Rochester, les Bunyan ont suscité les Hobbes, et les sectaires, en instituant le despotisme de l'enthousiasme, ont établi par contre-coup l'autorité de l'esprit positif et le culte du plaisir grossier. L'exaltation n'est pas stable, et l'on ne peut la réclamer de l'homme sans injustice ou sans danger. La générosité sympathique de la Révolution française a fini par le cynisme du Directoire et par les carnages de l'Empire. La piété chevaleresque et poétique de la grande monarchie espagnole a vidé l'Espagne d'hommes et de pensées. La primauté du génie, du goût et de l'intelligence a réduit l'Italie, au bout d'un siècle, à l'inertie voluptueuse et à la servitude politique. « Qui fait l'ange fait la bête, » et le parfait héroïsme, comme tous les excès, aboutit à la stupeur. La nature humaine a ses explosions, mais par des intervalles : le mysticisme est bon, mais quand il est court. Ce sont les circonstances violentes qui produisent les états extrêmes; il faut de grands maux pour susciter de grands hommes, et vous êtes obligé de chercher des naufrages quand vous souhaitez contempler des sauveurs. Si l'enthousiasme est beau, les suites et les origines en sont tristes ; il n'est qu'une crise, et la santé vaut mieux. A cet égard, Carlyle lui-même peut servir de preuve. Il y a peut-être moins de génie dans Macaulay que dans Carlyle; mais, quand on s'est nourri pendant quelque temps de ce style exagéré et démoniaque, de cette philosophie extraordinaire et maladive, de cette histoire grimaçante et prophétique, de cette politique sinistre et forcenée, on revient volontiers à l'éloquence continue, à la raison vigoureuse, aux prévisions modérées, aux théories prouvées du généreux et solide esprit que l'Europe vient de perdre, qui honorait l'Angleterre, et que personne ne remplacera.

CHAPITRE V.

La philosophie. Stuart Mill.

I. La philosophie en Angleterre. — Organisation de la science positive. — Absence des idées générales.
II. Pourquoi la métaphysique manque. — Autorité de la religion.
III. Indices et éclats de la pensée libre. — L'exégèse nouvelle. — Stuart Mill. — Ses œuvres. — Son genre d'esprit. — A quelle famille de philosophes il appartient. — Valeur des spéculations supérieures dans la civilisation humaine.

§ 1.

EXPOSITION.

I. Objet de la logique. — En quoi elle se distingue de la psychologie et de la métaphysique.
II. Ce que c'est qu'un jugement. — Ce que nous connaissons du monde extérieur et du monde intérieur. — Tout l'effort de la science est d'ajouter ou de lier un fait à un fait.
III. Théorie de la définition. — En quoi cette théorie est importante. — Réfutation de l'ancienne théorie. — Il n'y a pas de définitions des choses, mais des définitions des noms.
IV. Théorie de la preuve. — Théorie ordinaire. Réfutation. — Quelle est dans un raisonnement la partie probante.
V. Théorie des axiomes. — Théorie ordinaire. Réfutation. — Les axiomes ne sont que des expériences d'une certaine classe.
VI. Théorie de l'induction. — La cause d'un fait n'est que son anté-

cédent invarjable. — L'expérience seule prouve la stabilité des lois de la nature. — En quoi consiste une loi. — Par quelles méthodes on découvre les lois. — La méthode des concordances, la méthode des différences, la méthode des résidus, la méthode des variations concomitantes.

VII. Exemple et applications. — Théorie de la rosée.

VIII. La méthode de déduction. — Son domaine. — Ses procédés.

IX. Comparaison de la méthode d'induction et de la méthode de déduction. — Emploi ancien de la première. — Emploi moderne de la seconde. — Sciences qui réclament la première. — Sciences qui réclament la seconde. — Caractère positif de l'œuvre de Mill. — Lignée de ses prédécesseurs.

X. Limites de notre science. — Il n'est pas certain que tous les événements arrivent selon des lois. — Le hasard dans la nature.

§ 2.

DISCUSSION.

I. Concordance de cette doctrine et de l'esprit anglais. — Liaison de l'esprit positif et de l'esprit religieux. — Quelle faculté ouvre le monde des causes.

II. Qu'il n'y a ni substances ni forces, mais seulement des faits et des lois. — Nature de l'abstraction. — Rôle de l'abstraction dans la science.

III. Théorie de la définition. — Elle est l'exposé des abstraits générateurs.

IV. Théorie de la preuve. — La partie probante du raisonnement est une loi abstraite.

V. Théorie des axiomes. — Les axiomes sont des relations d'abstraits. — Ils se ramènent à l'axiome d'identité.

VI. Théorie de l'induction. — Ses procédés sont des éliminations ou abstractions.

VII. Les deux grandes opérations de l'esprit, l'expérience et l'abstraction. — Les deux grandes apparences des choses, les faits sensibles et les lois abstraites. — Pourquoi nous devons passer des premiers aux seconds. — Sens et portée de l'axiome des causes.

VIII. Il est possible de connaître les éléments premiers. — Erreur de la métaphysique allemande. — Elle a négligé la part du hasard et les perturbations locales. — Ce qu'une fourmi philosophe pourrait savoir. — Idée et limites d'une métaphysique. — Position de la métaphysique chez les trois nations pensantes. — Une matinée à Oxford.

I

J'étais à Oxford l'an dernier, pendant les séances de la *British Association for the advancement of learning*, et j'y avais trouvé, parmi les rares étudiants qui restaient encore, un jeune Anglais, homme d'esprit, avec qui j'avais mon franc-parler. Il me conduisait le soir au nouveau muséum, tout peuplé de spécimens : on y professe de petits cours, on met en jeu des instruments nouveaux; les dames y assistent et s'intéressent aux expériences; le dernier jour, pleines d'enthousiasme, elles chantèrent *God save the Queen*. J'admirais ce zèle, cette solidité d'esprit, cette organisation de la science, ces souscriptions volontaires, cette aptitude à l'association et au travail, cette grande machine poussée par tant de bras, et si bien construite pour accumuler, contrôler et classer les faits. Et pourtant dans cette abondance il y avait un vide : quand je lisais les comptes rendus, je croyais assister à un congrès de chefs d'usines; tous ces savants vérifiaient des détails et échangeaient des recettes. Il me semblait entendre des contre-maîtres occupés à se communiquer leurs procédés pour le tannage du cuir ou la teinture du coton : les idées générales étaient absentes. Je m'en plaignais à mon ami, et le soir, sous sa lampe, dans ce grand silence qui enveloppe là-bas une ville universitaire, nous en cherchions tous deux les raisons.

II

Un jour, je lui dis : — La philosophie vous manque, j'entends celle que les Allemands appellent métaphysique. Vous avez des savants, vous n'avez pas de penseurs. Votre Dieu vous gêne; il est la cause suprême, et vous n'osez raisonner sur les causes par respect pour lui. Il est le personnage le plus important de l'Angleterre, je le sais, et je vois bien qu'il le mérite; car il fait partie de la constitution, il est le gardien de la morale, il juge en dernier ressort dans toutes les questions, il remplace avec avantage les préfets et les gendarmes dont les peuples du continent sont encore encombrés. Néanmoins, ce haut rang a l'inconvénient de toutes les positions officielles; il produit un jargon, des préjugés, une intolérance et des courtisans. Voici tout près de nous le pauvre M. Max Müller, qui, pour acclimater ici les études sanscrites, a été forcé de découvrir dans les Védas l'adoration d'un dieu moral, c'est-à-dire la religion de Paley et d'Addison. Il y a quinze jours, à Londres, je lisais une proclamation de la reine qui défend aux gens de jouer aux cartes, même chez eux, le dimanche. Il paraît que, si j'étais volé, je ne pourrais appeler mon voleur en justice sans prêter le serment théologique préalable; sinon, on a vu le juge

renvoyer le plaignant, lui refuser justice et l'injurier
par-dessus le marché. Chaque année, quand nous lisons dans vos journaux le discours de la couronne,
nous y trouvons la mention obligée de la divine Providence; cette mention arrive mécaniquement, comme
l'apostrophe aux dieux immortels à la quatrième page
d'un discours de rhétorique, et vous savez qu'un jour
la période pieuse ayant été omise, on fit tout exprès
une seconde communication au parlement pour l'insérer. Toutes ces tracasseries et toutes ces pédanteries indiquent à mon gré une monarchie céleste;
naturellement celle-ci ressemble à toutes les autres :
je veux dire qu'elle s'appuie plus volontiers sur la
tradition et sur l'habitude que sur l'examen et la raison. Jamais monarchie n'invita les gens à vérifier ses
titres. Comme d'ailleurs la vôtre est utile, voulue et
morale, elle ne vous révolte pas ; vous lui restez
soumis sans difficulté, vous lui êtes attachés de cœur;
vous craindriez, en la touchant, d'ébranler la constitution et la morale. Vous la laissez au plus haut
des cieux parmi les hommages publics ; vous vous repliez, vous vous réduisez aux questions de fait, aux
dissections menues, aux opérations de laboratoire.
Vous allez cueillir des plantes et ramasser des coquilles. La science se trouve décapitée; mais tout est pour
le mieux, car la vie pratique s'améliore, et le dogme
reste intact.

III

— Vous êtes bien Français, me dit-il; vous enjambez les faits, et vous voilà de prime-saut installé dans une théorie. Sachez qu'il y a chez nous des penseurs, et pas bien loin d'ici, à Christ-Church par exemple. L'un d'eux, professeur de grec, a parlé si profondément de l'inspiration, de la création et des causes finales, qu'on l'a disgracié. Regardez ce petit recueil tout nouveau, *Essays and Reviews;* vos libertés philosophiques du dernier siècle, les conclusions récentes de la géologie et de la cosmogonie, les hardiesses de l'exégèse allemande y sont en raccourci. Plusieurs choses y manquent, entre autres les polissonneries de Voltaire, le jargon nébuleux d'outre-Rhin et la grossièreté prosaïque de M. Comte; à mon gré, la perte est petite. Attendez vingt ans, vous trouverez à Londres les idées de Paris et de Berlin.—Mais ce seront les idées de Paris et de Berlin. Qu'avez-vous d'original? — Stuart Mill.—Qu'est-ce que Stuart Mill? —Un politique. Son petit écrit *On liberty* est aussi bon que le *Contrat social* de votre Rousseau est mauvais. — C'est beaucoup dire. — Non, car Mill conclut aussi fortement à l'indépendance de l'individu que Rousseau au despotisme de l'État. — Soit, mais il n'y a pas là de quoi faire un philosophe. Qu'est-ce encore que votre Stuart Mill?—Un économiste qui va au delà de sa science, et qui subordonne la production à l'homme au lieu de subordonner l'homme à la production. — Soit, mais il n'y a pas là non plus de quoi faire un philosophe. Y a-t-il encore autre chose dans votre Stuart Mill? — Un logicien. — Bien; mais de quelle école? — De la sienne. Je vous ai dit qu'il est original. — Est-il hégélien? — Oh! pas du tout; il aime trop les faits et les preuves. —Suit-il Port-Royal? — Encore moins; il sait trop bien les sciences modernes. — Imite-t-il Condillac? — Non certes; Condillac n'enseigne qu'à bien écrire. — Alors quels sont ses amis?— Locke et M. Comte au premier rang, ensuite Hume et Newton. — Est-ce un systématique, un réformateur spéculatif? — Il a trop d'esprit pour cela : il ne fait qu'ordonner les meilleures théories et expliquer les meilleures pratiques. Il ne se pose pas majestueusement en restaurateur de la science; il ne déclare pas, comme vos Allemands, que son livre va ouvrir une nouvelle ère au genre humain. Il marche pas à pas, un peu lentement, et souvent terre à terre, à travers une multitude d'exemples. Il excelle à préciser une idée, à démêler un principe, à le retrouver sous une foule de cas différents, à réfuter, à distinguer, à argumenter. Il a la finesse, la patience, la méthode et la sagacité d'un légiste. —Très-bien, voilà que vous me donnez raison d'avance : légiste, parent de Locke, de Newton, de Comte et de Hume, nous n'avons-là que de la philosophie anglaise; mais il n'importe. A-t-il atteint une grande conception d'ensemble? — Oui. — A-t-il une idée personnelle et complète de la nature et de l'esprit?— Oui.— A-t-il rassemblé les opérations et les découvertes de l'intelligence sous un principe unique qui leur donne à toutes un tour nouveau? — Oui; seulement il faut démêler ce principe. — C'est votre affaire, et j'espère bien que vous allez vous en charger. — Mais je vais tomber dans les abstractions. — Il n'y a pas de mal. — Mais tout ce raisonnement serré sera comme une haie d'épines. — Nous nous piquerons les doigts. — — Mais les trois quarts des gens jetteraient là ces spéculations comme oiseuses. — Tant pis pour eux. Pourquoi vit une nation ou un siècle, sinon pour les former? On n'est complétement homme que par là. Si quelque habitant d'une autre planète descendait ici pour nous demander où en est notre espèce, il faudrait lui montrer les cinq ou six grandes idées que nous avons sur l'esprit et le monde. Cela seul lui donnerait la mesure de notre intelligence. Exposez-moi votre théorie; je m'en retournerai plus instruit qu'après avoir vu les tas de briques que vous appelez Londres et Manchester.

§ 1.

L'EXPÉRIENCE.

I

— Alors, nous allons prendre les choses en logiciens, par le commencement. Stuart Mill a écrit une logique. Qu'est-ce que la logique? C'est une science. Quel est son objet? Ce sont les sciences : car supposez que vous ayez parcouru l'univers et que vous le connaissiez tout entier, astres, terre, soleil, chaleur, pesanteur, affinités, espèces minérales, révolutions géologiques, plantes, animaux, événements humains, et tout ce qu'expliquent ou embrassent les classifications et les théories; il vous restera encore à connaître ces classifications et ces théories. Non-seulement il y a l'ordre des êtres, mais il y a encore l'ordre des pensées qui les représentent; non-seulement il y a des plantes et des animaux, mais encore il y a une botanique et une zoologie; non-seulement il y a des lignes, des surfaces, des volumes et des nombres, mais encore il y a une géométrie et une arithmétique. Les sciences sont donc des choses réelles comme les faits eux-mêmes : elles peuvent donc être, comme les faits, un sujet d'étude. On peut les analyser comme on analyse les faits, rechercher leurs éléments, leur composition, leur ordre, leurs rapports et leur fin. Il y a donc une science des sciences : c'est cette science qu'on appelle logique, et qui est l'objet du livre de Stuart Mill. On n'y décompose point les opérations de l'esprit en elles-mêmes, la mémoire, l'association des idées, la perception extérieure ; ceci est une affaire de psychologie. On n'y discute pas la valeur de ces opérations, la véracité de notre intelligence, la certitude absolue de nos connaissances élémentaires ; ceci est une affaire de métaphysique. On y suppose nos facultés en exercice, et l'on y admet leurs découvertes originelles. On prend l'instrument tel que la nature nous le fournit, et l'on se fie à son exactitude. On laisse à d'autres le soin de démontrer son mécanisme et la curiosité de contrôler ses résultats. On part de ses opérations primitives ; on recherche comment elles s'ajoutent les unes aux autres ; comment elles se combinent les unes avec les autres ; comment elles se transforment les unes les autres ; comment, à force d'additions, de combinaisons et de transformations, elles finissent par composer un système de vérités liées et croissantes. On fait la théorie de la science comme d'autres font la théorie de la végétation, de l'esprit, des nombres. Voilà l'idée de la logique, et il est clair qu'elle a, au même titre que les autres sciences, sa matière réelle, son domaine distinct, son importance visible, sa méthode propre et son avenir certain.

II

Ceci posé, remarquez que toutes ces sciences, objet de la logique, ne sont que des amas de *propositions*, et que toute proposition ne fait que lier ou séparer un sujet et un attribut, c'est-à-dire un nom et un autre nom, une qualité et une substance, c'est-à-dire une chose et une autre chose. Cherchons donc ce que nous entendons par une chose, ce que nous désignons par un nom ; en d'autres termes, ce que nous connaissons dans les objets, ce que nous lions et séparons, ce qui est la matière de toutes nos propositions et de toutes nos sciences. Il y a un point par lequel se ressemblent toutes nos connaissances. Il y a un élément commun qui, perpétuellement répété, compose toutes nos idées. Il y a un petit cristal primitif qui, indéfiniment et diversement ajouté à lui-même, engendre la masse totale, et qui, une fois connu, nous enseigne d'avance les lois et la composition des corps complexes qu'il a formés.

Or, quand nous regardons attentivement l'idée que nous nous faisons d'une chose, qu'y trouvons-nous ? Prenez d'abord les substances, c'est-à-dire les corps et les esprits[1]. Cette table est brune, longue, large et

---

1. It is certain, then, that a part of our notion of a body consists of the notion of a number of sensations of our own, or of other sentient beings, habitually occurring simultaneously. My conception of the table at which I am writing is compounded of its visible form and

haute de trois pieds à l'œil : cela signifie qu'elle fait une petite tache dans le champ de la vision, en d'autres termes qu'elle produit une certaine sensation dans le nerf optique. Elle pèse dix livres : cela signifie qu'il faudra pour la soulever un effort moindre que pour un poids de onze livres, et plus grand que pour un poids de neuf livres, en d'autres termes qu'elle produit une certaine sensation musculaire. Elle est dure et carrée ; cela signifie encore qu'étant poussée, puis parcourue par la main, elle y suscitera deux espèces distinctes de sensations musculaires. Et ainsi de suite. Quand j'examine de près ce que je sais d'elle, je trouve que je ne sais rien d'autre que les impressions qu'elle fait sur moi. Notre idée d'un corps ne comprend pas autre chose : nous ne connaissons de lui que les sensations qu'il excite en nous ; nous le déterminons par l'espèce, le nombre et l'ordre de ces sensations ; nous ne savons rien de sa nature intime, ou s'il en a une, nous affirmons simplement qu'il est

---

size, which are complex sensations of sight; its tangible form and size, which are complex sensations of our organs of touch and of our muscles; its weight, which is also a sensation of touch and of the muscles; its colour, which is a sensation of sight; its hardness, which is a sensation of the muscles; its composition, which is another word for all the varieties of sensation which we receive under various circumstances from the wood of which it is made; and so forth. All or most of these various sensations frequently are, and, as we learn by experience, always might be experienced simultaneously, or in many different orders of succession, at our own choice : and hence the thought of any one of them makes us think of the others, and the whole becomes mentally amalgamated into one mixed state of consciousness, which, in the language of the school of Locke and Hartley, is termed a complex idea.

la cause inconnue de ces sensations. Quand nous disons qu'en l'absence de nos sensations il a duré, nous voulons dire simplement que si, pendant ce temps-là, nous nous étions trouvés à sa portée, nous aurions eu les sensations que nous n'avons pas eues. Nous ne le définissons jamais que par nos impressions présentes ou passées, futures ou possibles, complexes ou simples. Cela est si vrai que des philosophes comme Berkeley ont soutenu avec vraisemblance que la matière est un être imaginaire, et que tout l'univers sensible se réduit à un ordre de sensations. A tout le moins, il est tel pour notre connaissance, et les jugements qui composent nos sciences ne portent que sur les impressions par lesquelles il se manifeste à nous.

Il en est de même pour l'esprit. Nous pouvons bien admettre qu'il y a en nous une âme, un moi, un sujet ou « récipient » des sensations et de nos autres façons d'être, distinct de ces sensations et de nos autres façons d'être; mais nous n'en connaissons rien. « Tout ce que nous apercevons en nous-mêmes, dit Mill[1], c'est une certaine trame d'états intérieurs, une série d'impressions, sensations, pensées, émotions

---

1. For, as our conception of a body is that of an unknown exciting cause of sensations, so our conception of a mind is that of an unknown recipient, or percipient, of them; and not of them alone, but of all our other feelings. As body is the mysterious something which excites the mind to feel, so mind is the mysterious which feels and thinks. It is unnecessary to give in the case of mind, as we gave in the case of matter, a particular statement of the sceptical system by which its existence as a Thing in itself, distinct

et volontés.[1] » Nous n'avons pas plus d'idée de l'esprit que de la matière; nous ne pouvons rien dire de plus sur lui que sur la matière. Ainsi les substances quelles qu'elles soient, corps ou esprits, en nous ou hors de nous, ne sont jamais pour nous que des tissus plus ou moins compliqués, plus ou moins réguliers, dont nos impressions ou manières d'être forment tous les fils.

Et cela est encore bien plus visible pour les attributs que pour les substances. Quand je dis que la neige est blanche, je veux dire par là que, lorsque la neige est présente à ma vue, j'ai la sensation de blancheur. Quand je dis que le feu est chaud, je veux dire par là que, lorsque le feu est à portée de mon corps, j'ai la sensation de chaleur. « Quand nous disons d'un esprit qu'il est dévot ou superstitieux, ou méditatif, ou gai, nous voulons dire simplement que les idées, les émotions, les volontés désignées par ces mots reviennent fréquemment dans la série de ses manières d'être[2]. » Quand nous disons que les corps sont pe-

---

- from the series of what are denominated its states, is called in question. But it is necessary to remark, that on the inmost nature of the thinking principle, as well as on the inmost nature of matter, we are, and with our faculties must always remain entirely in the dark. All which we are aware of, even in our own minds, is a certain " thread of consciousness; " a series of feelings, that is, of sensations, thoughts, emotions, and volitions, more or less numerous and complicated.

1. " Feelings, states of consciousness. "

2. Every attribute of a mind consists either in being itself affected in a certain way, or affecting other minds in a certain way. Considered in itself, we can predicate nothing of it but the series of its own feelings. When we say of any mind, that it is devout, or

sants, divisibles, mobiles, nous voulons dire simplement qu'abandonnés à eux-mêmes, ils tomberont ; que tranchés, ils se sépareront ; que, poussés, ils se mettront en mouvement ; c'est-à-dire qu'en telle et telle circonstance ils produiront telle ou telle sensation sur nos muscles ou sur notre vue. Toujours un attribut désigne une de nos manières d'être, ou une série de nos manières d'être. En vain nous les déguisons en les groupant, en les cachant sous des mots abstraits, en les divisant, en les transformant de telle sorte que

---

superstitious, or meditative, or cheerful, we mean that the ideas, emotions, or volitions implied in those words, form a frequently recurring part of the series of feelings, or states of consciousness, which fill up the sentient existence of that mind.

In addition, however, to those attributes of a mind which are grounded on its own states of feeling, attributes may also be ascribed to it, in the same manner as to a body, grounded on the feelings which it excites in other minds. A mind does not, indeed, like a body, excite sensations, but it may excite thoughts or emotions. The most important example of attributes ascribed on this ground, is the employment of terms expressive of approbation or blame. When, for example, we say of any character, or (in other words) of any mind, that it is admirable, we mean that the contemplation of it excites the sentiment of admiration ; and indeed somewhat more, for the word implies that we not only feel admiration, but approve that sentiment in ourselves. In some cases, under the semblance of a single attribute, two are really predicated : one of them, a state of the mind itself, the other, a state with which other minds are affected by thinking of it. As when we say of any one that he is generous, the word generosity expresses a certain state of mind, but being a term of praise, it also expresses that this state of mind excites in us another mental state, called approbation. The assertion made, therefore, is twofold, and of the following purport : Certain feelings form habitually a part of this person's sentient existence ; and the idea of those feelings of his excites the sentiment of approbation in ourselves or others.

souvent nous avons peine à les reconnaître : toutes les fois que nous regardons au fond de nos mots et de nos idées, nous les y trouvons, et nous n'y trouvons pas autre chose. « Décomposez, dit Mill, une proposition abstraite; par exemple : Une personne généreuse est digne d'honneur[1]. — Le mot *généreux* désigne certains états habituels d'esprit et certaines particularités habituelles de conduite, c'est-à-dire des manières d'être intérieures et des faits extérieurs sensibles. Le mot *honneur* exprime un sentiment d'approbation et d'admiration suivi à l'occasion par les actes extérieurs correspondants. Le mot *digne* indique que nous approuvons l'action d'honorer. Toutes ces choses sont des phénomènes ou états d'esprit suivis ou accompagnés de faits sensibles. » Ainsi

---

1. Take the following example : A generous person is worthy of honour. Who would expect te recognize here a case of coexistence between phenomena? But so it is. The attribute which causes a person to be termed generous, is ascribed to him on the ground of states of his mind, and particulars of his conduct: both are phenomena; the former are facts of internal consciousness, the latter, so far as distinct from the former, are physical facts, or perceptions of the senses. Worthy of honour, admits a similar analysis. Honour, as here used, means a state of approving and admiring emotion, followed on occasion by corresponding outward acts. " Worthy of honour " connotes all this, together with our approval of the act of showing honour. All these are phenomena, states of internal consciousness, accompanied or followed by physical facts. When we say: A generous person is worthy of honour, we affirm coexistence between the two complicated phenomena connoted by the two terms respectively. We affirm, that wherever and whenever the inward feelings and outward facts implied in the word generosity have place, then and there the existence and manifestation of an inward feeling, honour, would be followed in our minds by another inward feeling, approval.

nous avons beau nous tourner de tous côtés, nous restons dans le même cercle. Que l'objet soit un attribut ou une substance, qu'il soit complexe ou abstrait, composé ou simple, son étoffe pour nous est la même : nous n'y mettons que nos manières d'être. Notre esprit est dans la nature comme un thermomètre est dans une chaudière : nous définissons les propriétés de la nature par les impressions de notre esprit, comme nous désignons les états de la chaudière par les variations du thermomètre. Nous ne savons de l'un et de l'autre que des états et des changements ; nous ne composons l'un et l'autre que de données isolées et transitoires : une chose n'est pour nous qu'un amas de phénomènes. Ce sont là les seuls éléments de notre science : partant, tout l'effort de notre science sera d'ajouter des faits l'un à l'autre, ou de lier un fait à un fait.

III

Cette petite phrase est l'abrégé de tout le système ; pénétrons-nous-en. Elle explique toutes les théories de Mill. C'est à ce point de vue qu'il a tout défini. C'est d'après ce point de vue qu'il a partout innové. Il n'a reconnu dans toutes les formes et à tous les degrés de la connaissance que la connaissance des faits et de leurs rapports.

Or, l'on sait que la logique a deux pierres angulaires, la théorie de la *définition* et la théorie de la *preuve*. Depuis Aristote, les logiciens ont passé leur temps à les polir. On n'osait y toucher que respectueusement. Elles étaient saintes. Tout au plus, de temps en temps, quelque novateur osait les retourner avec précaution pour les mettre en un meilleur jour. Mill les taille, les tranche, les renverse et les remplace toutes les deux, de la même manière et du même effort.

IV

Je sais bien qu'aujourd'hui on raille des gens qui raisonnent sur la définition ; ce sont les railleurs qui mériteraient la raillerie. Il n'y a pas de théorie plus féconde en conséquences universelles et capitales; elle est la racine par laquelle tout l'arbre de la science humaine végète et se soutient. Car définir les choses, c'est marquer leur nature. Apporter une idée neuve de la définition, c'est apporter une idée neuve de la nature des choses; c'est dire ce que sont les êtres, de quoi ils se composent, en quels éléments ils se réduisent. Voilà le mérite de ces spéculations si sèches; le philosophe a l'air d'aligner des formules ; la vérité est qu'il y renferme l'univers.

Prenez, disent les logiciens, un animal, une plante, un sentiment, une figure de géométrie, un objet ou un groupe d'objets quelconques. Sans doute l'objet a ses propriétés, mais il a aussi son essence. Il se manifeste au dehors par une multitude indéfinie d'effets et de qualités, mais toutes ces manières d'être sont les suites ou les œuvres de sa nature intime. Il y a en lui un certain fonds caché, seul primitif, seul important, sans lequel il ne peut ni exister ni être-conçu, et qui constitue son être et sa notion[1]. Ils appellent définitions les propositions qui la désignent, et décident que le meilleur de notre science consiste en ces sortes de propositions.

Au contraire, dit Mill, ces sortes de propositions n'apprennent rien; elles enseignent le sens d'un mot et sont purement verbales[2]. Qu'est-ce que j'apprends quand vous me dites que l'homme est un animal raisonnable, ou que le triangle est un espace compris entre trois lignes? La première partie de votre phrase m'exprime par un mot abréviatif ce que la seconde partie m'exprime par une locution développée. Vous me dites deux fois la même chose; vous mettez le même fait sous deux termes différents : vous n'ajoutez pas un fait à un fait, vous allez du même au même.

---

[1] Selon les logiciens idéalistes, on démêle cet être en consultant cette notion, et l'idée décomposée met l'essence à nu. Selon les logiciens classificateurs, on atteint cet être en logeant l'objet dans son groupe, et l'on définit cette notion en nommant le genre voisin et la différence propre. Les uns et les autres s'accordent à croire que nous pouvons saisir l'essence.

[2] An essential proposition, then, in one which is purely verbal; which asserts of a thing under a particular name only what is asserted of it in the fact of calling it by that name; and which therefore either gives no information, or gives it respecting the name, not the thing. Non-essential, or accidental propositions, on the contrary, may be called Real Propositions, in opposition to Verbal. They predicate of a thing some fact not involved in the signification of the name by which the proposition speaks of it; some attribute not connoted by that name.

Votre proposition n'est pas instructive. Vous pourriez en amasser un million de semblables, mon esprit resterait aussi vide; j'aurais lu un dictionnaire, je n'aurais pas acquis une connaissance. Au lieu de dire que les propositions qui concernent l'essence sont importantes, et que les propositions qui concernent les qualités sont accessoires, il faut dire que les propositions qui concernent l'essence sont accessoires, et que les propositions qui concernent les qualités sont importantes. Je n'apprends rien quand on me dit qu'un cercle est la figure formée par la révolution d'une droite autour d'un de ses points pris comme centre; j'apprends quelque chose lorsqu'on me dit que les cordes qui sous-tendent dans le cercle des arcs égaux sont égales, ou que trois points suffisent pour déterminer la circonférence. Ce qu'on appelle la nature d'un être est le réseau des faits qui constituent cet être. La nature d'un mammifère carnassier consiste en ce que la propriété d'allaiter, avec toutes les particularités de structure qui l'amènent, se trouve jointe à la possession des dents à ciseaux ainsi qu'aux instincts chasseurs et aux facultés correspondantes. Voilà les éléments qui composent sa nature. Ce sont des faits liés l'un à l'autre comme une maille à une maille. Nous en apercevons quelques-unes, et nous savons qu'au delà de notre science présente et de notre expérience future, le filet étend à l'infini ses fils entrecroisés et multipliés. L'essence ou nature d'un être est la somme indéfinie de ses propriétés. « Nulle définition, dit Mill, n'exprime cette nature tout entière, et toute proposition exprime quelque partie de cette nature[1]. » Quittez donc la vaine espérance de démêler sous les propriétés quelque être primitif et mystérieux, source et abrégé du reste ; laissez les entités à Duns Scott ; ne croyez pas qu'en sondant vos idées comme les Allemands, en classant les objets d'après le genre et l'espèce comme les scolastiques, en renouvelant la science nominale du moyen âge, ou les jeux d'esprit de la métaphysique hégélienne, vous puissiez suppléer à l'expérience. Il n'y a pas de définitions de choses ; s'il y a des définitions, ce ne sont que des définitions de noms. Nulle phrase ne me dira ce que c'est qu'un cheval, mais il y a des phrases qui me diront ce qu'on entend par ces six lettres. Nulle phrase n'épuisera la totalité inépuisable des qualités qui font un être, mais plusieurs phrases pourront désigner les faits qui correspondent à un mot. Dans ce cas, la définition peut se faire, parce qu'on peut toujours faire une analyse. Du terme abstrait et sommaire elle nous fait remonter aux attributs qu'il représente et de ces attributs aux expériences intérieures ou sensibles qui leur servent de fondement. Du terme chien elle nous fait remonter aux attributs mammifère, carnas-

1. The definition, they say, unfolds the nature of the thing : but no definition can unfold its whole nature and every proposition in which any quality whatever is predicated of the thing, unfolds some part of its nature. The true state of the case we take to be this. All definitions are of names, and of names only ; but, in some definitions, it is clearly apparent, that nothing is intended except to explain the meaning of the word ; while in others, besides explaining the meaning of the word, it is intended to be implied that there exists a thing, corresponding to the word.

sier et autres qu'il représente, et de ces attributs aux expériences de vue, de toucher, de scalpel, qui leur servent de fondement. Elle réduit le composé au simple, le dérivé au primitif. Elle ramène notre connaissance à ses origines. Elle transforme les mots en faits. S'il y a des définitions comme celles de la géométrie, qui semblent capables d'engendrer de longues suites de vérités neuves[1], c'est qu'outre l'explication d'un mot, elles contiennent l'affirmation d'une chose. Dans la définition du triangle, il y a deux propositions distinctes, l'une disant qu'il peut y avoir une figure terminée par trois lignes droites; l'autre disant qu'une telle figure s'appelle un triangle. La première est un postulat, la seconde est une définition. La première est cachée, la seconde est visible; la première est susceptible de vérité ou d'erreur, la seconde n'est susceptible ni de l'une ni de l'autre. La première est la source de tous les théorèmes qu'on peut faire sur les triangles, la seconde ne fait que résumer en un mot les faits contenus dans l'autre. La première est une vérité, la seconde une commodité; la première est une partie de la science, la seconde un expédient du langage.

1. The definition above given of a triangle, obviously comprises not one, but two propositions, perfectly distinguishable. The one is, "There may exist a figure bounded by three straight lines;" the other, "And this figure may be termed a triangle." The former of these propositions is not a definition at all; the latter is a mere nominal definition, or explanation of the use and application of a term. The first is susceptible of truth or falsehood, and may therefore be made the foundation of a train of reasoning. The latter can neither be true nor false; the only character it is susceptible of is that of conformity to the ordinary usage of language.

La première exprime une relation possible entre trois lignes droites, la seconde donne le nom de cette relation. La première seule est fructueuse, parce que seule, conformément à l'office de toute proposition fructueuse, elle lie deux faits. Comprenons donc exactement la nature de notre connaissance : elle s'applique ou aux mots, ou aux êtres, ou à tous les deux à la fois. S'il s'agit de mots, comme dans les définitions de noms, tout son effort est de ramener les mots aux expériences primitives, c'est-à-dire aux faits qui leur servent d'éléments. S'il s'agit d'êtres, comme dans les propositions de choses, tout son effort est de joindre un fait à un fait, pour rapprocher la somme finie des propriétés connues de la somme infinie des propriétés à connaître. S'il s'agit des deux, comme dans les définitions de nom qui cachent une proposition de chose, tout son effort est de faire l'un et l'autre. Partout l'opération est la même. Il ne s'agit partout que de s'entendre, c'est-à-dire de revenir aux faits, ou d'apprendre, c'est-à-dire de joindre des faits.

V

Voilà un premier rempart détruit ; les adversaires se réfugient derrière le second, la théorie de la *preuve*. En effet, celle-ci, depuis deux mille ans, passe pour une vérité acquise, définitive, inattaquable. Plusieurs l'ont jugée inutile, mais personne n'a osé la dire fausse. Chacun l'a considérée comme un théorème établi. Regardons-la de près et avec toute notre attention. Qu'est-ce qu'une preuve? Selon les logiciens, c'est un syllogisme. Et qu'est-ce qu'un syllogisme ? C'est un groupe de trois propositions comme celui-ci : « Tous les hommes sont mortels; le prince Albert est un homme; donc le prince Albert est mortel. » Voilà le modèle de la preuve, et toute preuve complète se ramène à celle-là. Or, selon les logiciens, qu'y a-t-il dans cette preuve? Une proposition générale concernant tous les hommes qui aboutit à une proposition particulière concernant un certain homme. De la première on passe à la seconde, parce que la seconde est contenue dans la première. Du général on passe au particulier, parce que le particulier est contenu dans le général. La seconde n'est qu'un cas de la première; sa vérité est enfermée par avance dans celle de la première, et c'est pour cela qu'elle est une vérité. En effet, sitôt que la conclusion n'est plus contenue dans les prémisses, le raisonnement est faux, et toutes les règles compliquées du moyen âge ont été réduites par Port-Royal à cette seule règle, que la conclusion doit être contenue dans les prémisses. Ainsi toute la marche de l'esprit humain, quand il raisonne, consiste à reconnaître dans les individus ce qu'il a connu de la classe, à affirmer en détail ce qu'il a établi pour l'ensemble, à poser une seconde fois et pièce à pièce ce qu'il a posé tout d'un coup une première fois.

Point du tout, répond Mill, car si cela est, le raisonnement ne sert à rien. Il n'est point un progrès, mais une répétition. Quand j'ai affirmé que tous les hommes sont mortels, j'ai affirmé par cela même que le prince Albert est mortel. En parlant de la classe entière, c'est-à-dire de tous les individus, j'ai parlé de chaque individu, et notamment du prince Albert, qui est l'un d'eux. Je ne dis donc rien de nouveau, maintenant que j'en parle. Ma conclusion ne m'apprend rien ; elle n'ajoute rien à ma connaissance positive ; elle ne fait que mettre sous une autre forme une connaissance que j'avais déjà. Elle n'est point fructueuse, elle est purement verbale. Donc, si le raisonnement est ce que disent les logiciens, le raisonnement n'est point instructif. J'en sais autant en le commençant qu'après l'avoir fini. J'ai transformé des mots en d'autres mots ; j'ai piétiné sur place. Or cela ne peut être, puisqu'en fait le raisonnement nous apprend des vérités neuves. J'apprends une vérité neuve quand je découvre que le prince Albert est mortel, et je la découvre par la vertu du raisonnement, puisque le prince Albert étant encore en vie, je n'ai pu l'apprendre par l'observation directe. Ainsi les logiciens se trompent, et par delà la théorie toute scolastique du syllogisme qui réduit le raisonnement à des substitutions de mots, il faut chercher une théorie de la preuve, toute positive, qui démêle dans le raisonnement des découvertes de faits.

Pour cela, il suffit de remarquer que la proposition générale n'est point la véritable preuve de la proposition particulière. Elle le paraît, elle ne l'est pas. Ce n'est pas de la mortalité de tous les hommes que je conclus la mortalité du prince Albert; les prémisses sont ailleurs, et par derrière. La proposition générale n'est qu'un mémento, une sorte de registre abréviatif, où j'ai consigné le fruit de mes expériences. Vous pouvez considérer ce mémento comme un livre de notes où vous vous reportez quand vous voulez rafraîchir votre mémoire; mais ce n'est point du livre que vous tirez votre science : vous la tirez des objets que vous avez vus. Mon mémento n'a de valeur que par les expériences qu'il rappelle. Ma proposition générale n'a de valeur que par les faits particuliers qu'elle résume. « La mortalité de Jean, Thomas et compagnie[1] est après tout la seule preuve que nous ayons de la mortalité du prince Albert. » — « La vraie raison qui nous fait croire que le prince Albert mourra, c'est que ses ancêtres, et nos ancêtres et toutes les autres personnes qui leur étaient contemporaines, sont morts. Ces faits sont les vraies prémisses du raisonnement. » C'est d'eux que nous avons tiré la proposition générale; ce sont eux qui lui communiquent sa portée et la vérité; elle se borne à les

---

1. The mortality of John, Thomas and company is, after all, the whole evidence we have for the mortality of the duke of Wellington. Not one iota is added to the proof by interpolating a general proposition. Since the individual cases are all the evidence we can possess, evidence which no logical form into which we choose to throw it can make greater than it is; and since that evidence is either sufficient in itself, or, if insufficient for the one purpose, cannot be sufficient for the other; I am unable to see why we should be forbidden to take the shortest cut from these sufficient premises to the conclusion, and constrained to travel the " high priori road ", by the arbitrary fiat of logicians.

mentionner sous une forme plus courte; elle reçoit d'eux toute sa substance; ils agissent par elle et à travers elle pour amener la conclusion qu'elle semble engendrer. Elle n'est que leur représentant, et à l'occasion ils se passent d'elle. Les enfants, les ignorants, les animaux savent que le soleil se lèvera, que l'eau les noiera, que le feu les brûlera, sans employer l'intermédiaire de cette proposition. Ils raisonnent et nous raisonnons aussi, non du général au particulier, mais du particulier au particulier. « L'esprit ne va jamais que des cas observés aux cas non observés, avec ou sans formules commémoratives. Nous ne nous en servons que pour la commodité[1]. » — « Si nous avions une mémoire assez ample et la faculté de maintenir l'ordre dans une grosse masse de détails, nous pourrions raisonner sans employer une seule propo-

---

1. All-inference is from particulars to particulars ; General propositions are merely registers of such inferences already made, and short formulæ for making more. The major premiss of a syllogism, consequently, is a formula of this description; and the conclusion is not an inference drawn *from* the formula, but an inference drawn *according* to the formula : the real logical antecedent, or premisses, being the particular facts from which the general proposition was collected by induction. Those facts, and the individual instances which supplied them, may have been forgotten; but a record remains, not indeed descriptive of the facts themselves, but showing how those cases may be distinguished respecting which the facts, when known, were considered to warrant a given inference. According to the indications of this record we draw our conclusion, which is, to all intents and purposes, a conclusion from the forgotten facts. For this it is essential that we should read the record correctly : and the rules of the syllogism are a set of precautions to ensure our doing so.

sition générale[1]. » Ici, comme plus haut, les logiciens se sont mépris : ils ont donné le premier rang aux opérations verbales; ils ont laissé sur l'arrière-plan les opérations fructueuses. Ils ont donné la préférence aux mots sur les faits. Ils ont continué la science nominale du moyen âge. Ils ont pris l'explication des noms pour la nature des choses, et la transformation des idées pour le progrès de l'esprit. C'est à nous de renverser cet ordre en logique, puisque nous l'avons renversé dans les sciences, de relever les expériences particulières et instructives, et de leur rendre dans nos théories la primauté et l'importance que notre pratique leur confère depuis trois cents ans.

VI

Reste une sorte de forteresse philosophique où se réfugient les idéalistes. A l'origine de toutes les preuves il y a la source de toutes les preuves, j'entends les axiomes. Deux lignes droites ne peuvent enclore un espace, deux qualités égales à une troisième sont égales entre elles ; si l'on ajoute des quantités égales à des quantités égales, les sommes ainsi formées sont encore égales : voilà des propositions instructives, car elles expriment non des sens

---

[1] If we had sufficiently capacious memories, and a sufficient power of maintaining order among a huge mass of details, the reasoning could go on without any general propositions; they are mere formulæ for inferring particulars from particulars.

de mots, mais des rapports de choses ; et de plus, ce sont des propositions fécondes, car toute l'arithmétique, l'algèbre et la géométrie sont des suites de leur vérité. D'autre part, cependant, elles ne sont point l'œuvre de l'expérience, car nous n'avons pas besoin de voir effectivement et avec nos yeux deux lignes droites pour savoir qu'elles ne peuvent enclore un espace ; il nous suffit de consulter la conception intérieure que nous en avons : le témoignage de nos sens à cet égard est inutile ; notre croyance naît tout entière, et avec toute sa force, de la simple comparaison de nos idées. De plus, l'expérience ne suit ces deux lignes que jusqu'à une distance bornée, dix, cent, mille pieds, et l'axiome est vrai pour mille, cent mille, un million de lieues, et à l'infini ; donc, à partir de l'endroit où l'expérience cesse, ce n'est plus elle qui établit l'axiome. Enfin l'axiome est nécessaire, c'est-à-dire que le contraire est inconcevable. Nous ne pouvons imaginer un espace enclos par deux lignes droites ; sitôt que nous imaginons l'espace comme enclos, les deux lignes cessent d'être droites ; sitôt que nous imaginons les deux lignes comme droites, l'espace cesse d'être enclos. Dans l'affirmation des axiomes, les idées constitutives s'attirent invinciblement. Dans la négation des axiomes, les idées constitutives se repoussent invinciblement. Or cela n'a pas lieu dans ces propositions d'expériences ; elles constatent un rapport accidentel, et non un rapport nécessaire ; elles posent que deux faits sont liés et non que les deux faits doivent être liés ; elles établissent que les corps sont pesants, et non que les corps doivent être pesants. Ainsi les axiômes ne sont pas et ne peuvent pas être les produits de l'expérience. Ils ne le sont pas, puisqu'on peut les former de tête et sans expérience. Ils ne peuvent pas l'être, puisqu'ils dépassent, par la nature et la portée de leurs vérités, les vérités de l'expérience. Ils ont une autre source et une source plus profonde. Ils vont plus loin et ils viennent d'ailleurs.

Point du tout, répond Mill. Ici, comme tout à l'heure, vous raisonnez en scolastique ; vous oubliez les faits cachés derrière les conceptions. Car regardez d'abord votre premier argument. Sans doute vous pouvez découvrir, sans employer vos yeux et par une pure contemplation mentale, que deux lignes ne sauraient enclore un espace ; mais cette contemplation n'est que l'expérience déplacée. Les lignes imaginaires remplacent ici les lignes réelles ; vous reportez les figures en vous-même, au lieu de les reporter sur le papier : votre imagination fait le même office qu'un tableau ; vous vous fiez à l'une comme vous vous fiez à l'autre, et une substitution vaut l'autre, car, en fait de figures et de lignes, l'imagination reproduit exactement la sensation. Ce que vous avez vu les yeux ouverts, vous le voyez exactement de même une minute après, les yeux fermés, et vous étudiez les propriétés géométriques transplantées dans le champ de la vision intérieure aussi sûrement que vous les étudieriez maintenues dans le champ de la vision extérieure. Il y a donc une expérience de tête comme il y en a une des yeux, et c'est justement d'après une expérience pareille que vous refusez aux deux lignes droites, même prolongées à l'infini, le pouvoir d'enclore un espace. Vous n'avez pas besoin pour cela de les suivre à l'infini, vous n'avez qu'à vous transporter par l'imagination à l'endroit où elles convergent, et vous avez à cet endroit l'impression d'une ligne qui se courbe, c'est-à-dire qui cesse d'être droite¹. Cette présence imaginaire tient lieu d'une présence réelle ; vous affirmez par l'une ce que vous affirmeriez par l'autre, et du même droit. La première n'est que la seconde plus maniable, ayant plus de mobilité et de portée. C'est un télescope au lieu d'un œil. Or les témoignages du télescope sont des propositions d'expérience, donc les témoignages de l'imagination en sont aussi. Quant à l'argument qui distingue les axiomes et les propositions d'expérience, sous

1. For though, in order actually to see that two given lines never meet, it would be necessary to follow them to infinity ; yet without doing so, we may know that if they ever do meet, or if, after diverging from one another, they begin again to approach, this must take place not at an infinite, but at finite distance. Supposing, therefore, such to be the case, we can transport ourselves thither in imagination, and can frame a mental image of the appearance which one or both of the lines must present at that point, which we may rely on as being precisely similar to the reality. Now, whether we fix our contemplation upon this imaginary picture, or call to aid the generalizations we have had occasion to make from former ocular observation, we learn by the evidence of experience, that a line which, after diverging from another straight line, begins to approach to it, produces the impression on our senses which we describe by the expression " a bent line ", not by the expression, " a straight line ".

prétexte que le contraire des unes est concevable et le contraire des autres inconcevable, il est nul, car cette distinction n'existe pas. Rien n'empêche que le contraire de certaines propositions d'expérience soit concevable, et le contraire de certaines autres inconcevable. Cela dépend de la structure de notre esprit. Il se peut qu'en certains cas il puisse démentir son expérience, et qu'en certains autres il ne le puisse pas. Il se peut qu'en certains cas la conception diffère de la perception, et qu'en certains autres elle n'en diffère pas. Il se peut qu'en certains cas la vue extérieure s'oppose à la vue intérieure, et qu'en certains autres elle ne s'y oppose pas. Or, on a déjà vu qu'en matière de figures, la vue intérieure reproduit exactement la vue extérieure. Donc, dans les axiomes de figure, la vue intérieure ne pourra s'opposer à la vue extérieure ; l'imagination ne pourra contredire la sensation. En d'autres termes, le contraire des axiomes sera inconcevable. Ainsi les axiomes, quoique leur contraire soit inconcevable, sont des expériences d'une certaine classe, et c'est parce qu'ils sont des expériences d'une certaine classe que leur contraire est inconcevable. De toutes parts surnage cette conclusion, qui est l'abrégé du système : toute proposition instructive ou féconde vient d'une expérience, et n'est qu'une liaison de faits.

VII

Il suit de là que l'induction est la seule clef de la nature. Cette théorie est le chef-d'œuvre de Mill. Il n'y avait qu'un partisan aussi dévoué de l'expérience qui pût faire la théorie de l'induction.

Qu'est-ce que l'induction ? C'est l'opération « qui découvre et prouve des propositions générales. C'est le procédé par lequel nous concluons que ce qui est vrai de certains individus d'une classe est vrai de toute la classe, ou que ce qui est vrai en certains temps, sera vrai en tout temps, les circonstances étant pareilles[1]. » C'est le raisonnement par lequel, ayant remarqué que Pierre, Jean et un nombre plus ou moins grand d'hommes sont morts, nous concluons que tout homme mourra. Bref, l'induction lie la mortalité et la qualité d'homme, c'est-à-dire deux faits généraux ordinairement successifs, et déclare que le premier est la *cause* du second.

Cela revient à dire que le cours de la nature est uniforme. Mais l'induction ne part pas de cet axiome, elle y conduit ; nous ne la trouvons pas au commence-

---

[1]. Induction, then, is that operation of the mind, by which we infer that what we know to be true in a particular case or cases, will be true in all cases which resemble the former in certain assignable respects. In other words, Induction is the process by which we conclude that what is true of certain individuals of a class is true of the whole class, or that what is true at certain times will be true in similar circumstances at all times.

ment, mais à la fin de nos recherches[1]. Au fond l'expérience ne présuppose rien hors d'elle-même. Nul principe à priori ne vient l'autoriser ni la guider. Nous remarquons que cette pierre est tombée, que ce charbon rouge nous a brûlés, que cet homme est mort, et nous n'avons d'autre ressource pour induire que l'addition et la comparaison de ces petits faits isolés et momentanés. Nous apprenons par la simple pratique que le soleil éclaire, que les corps tombent, que l'eau apaise la soif, et nous n'avons d'autre ressource pour étendre ou contrôler ces inductions que d'autres inductions semblables. Chaque remarque, comme chaque induction, tire sa valeur d'elle-même et de ses voisines. C'est toujours l'expérience qui juge l'expérience, et l'induction qui juge l'induction. Le corps de nos vérités n'a point une âme différente de lui-même qui lui communique la vie; il subsiste par l'harmonie de toutes ses parties prises ensemble et par la vitalité de chacune de ses parties prises à part. Vous refuseriez de croire un voyageur qui vous di-

---

[1]. We must first observe, that there is a principle implied in the very statement of what Induction is; an assumption with regard to the course of nature and the order of universe : namely, that there are such things in nature as parallel cases; that what happens once, will, under a sufficient degree of similarity of circumstances, happen again, and not only again, but as often as the same circumstances recur. This, I say, is an assumption, involved in every case of induction. And, if we consult the actual course of nature, we find that the assumption is warranted. The universe, we find, is so constituted, that whatever is true in any one case, is true at all cases of a certain description; the only difficulty is, to find *what* description.

rait qu'il y a des hommes dont la tête est au-dessous des épaules. Vous ne refuseriez pas de croire un voyageur qui vous dirait qu'il y a des cygnes noirs. Et cependant votre expérience de la chose est la même dans les deux cas ; vous n'avez jamais vu que des cygnes blancs, comme vous n'avez jamais vu que des hommes ayant la tête au-dessus des épaules. D'où vient donc que le second témoignage vous paraît plus croyable que le premier? « Apparemment, parce qu'il y a moins de constance dans la couleur des animaux que dans la structure générale de leurs parties anatomiques. Mais comment savez-vous cela? Évidemment par l'expérience[1]. Il est donc vrai que nous avons besoin de l'expérience pour nous apprendre à

---

1. Why is it that, with exactly the same amount of evidence, both negative and positive, we did not reject the assertion that there are black swans while we should refuse credence to any testimony which asserted there were men wearing their heads underneath their shoulders? The first assertion was more credible than the latter. But why more credible ? So long as neither phenomenon had been actually witnessed, what reason was there for finding the one harder to be believed than the other? Apparently, because there is less constancy in the colours of animals, than in the general structure of their internal anatomy. But how do we know this? Doubtless, from experience. It appears, then, that we need experience to inform us in what degree, and in what cases, or sorts of cases, experience is to be relied on. Experience must be consulted in order to learn from it under what circumstances arguments from it will be valid. We have no ulterior test to which we subject experience in general; but we make experience its own test. Experience testifies that among the uniformities which it exhibits or seems to exhibit, some are more to be relied on than others; and uniformity, therefore, may be presumed, from any given number of instances, with a greater degree of assurance, in proportion as the case belongs to a class in which the uniformities have hitherto been found more uniform.

quel degré, dans quels cas, dans quelles sortes de cas, nous pouvons nous fier à l'expérience. L'expérience doit être consultée pour apprendre d'elle dans quelles circonstances les arguments qu'on tire d'elle sont solides. Nous n'avons point une seconde pierre de touche d'après laquelle nous puissions vérifier l'expérience; nous faisons de l'expérience la pierre de touche de l'expérience. » Il n'y a qu'elle et elle est partout.

Considérons donc comment, sans autre secours que le sien, nous pouvons former des propositions générales, particulièrement les plus nombreuses et les plus importantes de toutes celles qui joignent deux événements successifs en disant que le premier est la cause du second.

Il y a là un grand mot, celui de cause. Pesons-le. Il porte dans son sein toute une philosophie. De l'idée que vous y attachez, dépend toute votre idée de la nature. Renouveler la notion de cause, c'est transformer la pensée humaine; et vous allez voir comment Mill, avec Hume et M. Comte, mais mieux que Hume et M. Comte, a transformé cette notion.

Qu'est-ce qu'une cause? Quand Mill dit que le contact du fer et de l'air humide produit la rouille, ou que la chaleur dilate les corps, il ne parle pas du lien mystérieux par lequel les métaphysiciens attachent la cause à l'effet. Il ne s'occupe pas de la force intime et de la vertu génératrice que certaines philosophies insèrent entre le producteur et le produit. « La seule notion, dit-il[1], dont l'induction ait besoin à cet égard peut être donnée par l'expérience. Nous apprenons par l'expérience qu'il y a dans la nature un ordre de succession invariable, et que chaque fait y est toujours précédé par un autre fait. Nous appelons cause l'*antécédent invariable*, effet le *conséquent invariable*[2]. » Au fond, nous ne mettons rien d'autre sous ces deux mots. Nous voulons dire simplement que toujours, partout, le contact du fer et de l'air humide sera suivi par l'apparition de la rouille, l'application de la chaleur par la dilatation du corps. « La cause réelle est la série des conditions, l'ensemble des antécédents sans lesquels l'effet ne serait pas arrivé[3].... Il n'y a pas de fondement scientifique dans la distinction que l'on fait entre la cause d'un phénomène et ses conditions.... La distinction que l'on établit entre le patient et l'agent est purement verbale.... La cause est la somme des conditions négatives et positives prises ensemble, la totalité des circonstances et contingences de toute espèce, lesquelles, une fois données, sont invariablement suivies du conséquent[4]. » On fait grand

1. T. Ier, p. 338, 340, 341, 345, 351.
2. The only notion of a cause, which the theory of induction requires, is such a notion as can be gained from experience.
The Law of Causation, the recognition of which is the main pillar of inductive science, is but the familiar truth, that invariability of succession is found by observation to obtain between every fact in nature and some other fact which has preceded it; independently of all consideration respecting the ultimate mode of production of phenomena, and of every other question regarding the nature of " Things in themselves ".
3. The real cause, is the whole of these antecedents.
4. The cause, then, philosophically speaking, is the sum total of

bruit du mot nécessaire. « Ce qui est nécessaire, ce qui ne peut pas ne pas être, est ce qui arrivera, quelles que soient les suppositions que nous puissions faire à propos de toutes les autres choses[1]. » Voilà tout ce que l'on veut dire quand on prétend que la notion de cause enferme la notion de nécessité. On veut dire que l'antécédent est suffisant et complet, qu'il n'y a pas besoin d'en supposer un autre que lui, qu'il contient toutes les conditions requises, que nulle autre condition n'est exigée. Succéder sans condition, voilà toute la notion d'effet et de cause. Nous n'en avons pas d'autre. Les philosophes se méprennent quand ils découvrent dans notre volonté un type différent de la cause, et déclarent que nous y voyons la force efficiente en acte et en exercice. Nous n'y voyons rien de semblable. Nous n'apercevons là comme ailleurs que des successions constantes. Nous ne voyons pas un fait qui en engendre un autre, mais un fait qui en accompagne un autre. « Notre volonté, dit Mill, produit nos actions corporelles, comme le froid produit la glace, ou comme une étincelle produit une explosion de poudre à canon. » Il y a là un antécédent comme ailleurs, la résolution ou état de l'esprit, et un conséquent comme

---

the conditions, positive and negative, taken together; the whole of the contingencies of every description, which being realized, the consequent invariably follows.

1. If there be any meaning which confessedly belongs to the term necessity, it is *unconditionalness*. That which is necessary, that which *must* be, means that which will be, whatever supposition we may make in regard to all other things.

ailleurs, l'effort ou sensation physique. L'expérience les lie et nous fait prévoir que l'effort suivra la résolution, comme elle nous fait prévoir que l'explosion de la poudre suivra le contact de l'étincelle. Laissons donc ces illusions psychologiques, et cherchons simplement, sous le nom d'effet et de cause, les phénomènes, qui *forment des couples sans exception ni condition.*

Or, pour établir ces liaisons expérimentales, Mill découvre quatre méthodes, et quatre méthodes seulement : celle des concordances[1], celle des différences[2], celle des résidus[3], celle des variations concomi-

---

1. 1° Prenons cinquante creusets de matière fondue qu'on laisse refroidir, et cinquante dissolutions qu'on laisse évaporer ; toutes cristallisent. Soufre, sucre, alun, chlorure de sodium, les substances, les températures, les circonstances sont aussi différentes que possible. Nous y trouvons un fait commun et un seul, le passage de l'état liquide à l'état solide ; nous concluons que ce passage est l'antécédent invariable de la cristallisation. Voilà un exemple de la *méthode de concordance :* sa règle fondamentale est que « si deux ou plusieurs cas du phénomène en question n'ont qu'une circonstance commune, cette circonstance en est la cause ou l'effet. » (T. I, p. 396.)

2. Prenons un oiseau qui est dans l'air et respire ; plongeons-le dans l'acide carbonique, il cesse de respirer. La suffocation se rencontre dans le second cas, elle ne se rencontre pas dans le premier ; du reste, les deux cas sont aussi semblables que possible, puisqu'il s'agit dans tous les deux du même oiseau et presque au même instant ; ils ne diffèrent que par une circonstance, l'immersion dans l'acide carbonique substituée à l'immersion dans l'air. On en conclut que cette circonstance est un des antécédents invariables de la suffocation. Voilà un exemple de la *méthode de différence ;* sa règle fondamentale est que « si un cas où le phénomène en question se rencontre et un cas où il ne se rencontre pas ont toutes leurs circonstances communes, sauf une, le phénomène a cette circonstance pour cause ou pour effet. »

3. Prenons deux groupes, l'un d'antécédents, l'autre de consé-

tantes[1]. Elles sont les seules voies par lesquelles nous puissions pénétrer dans la nature. Il n'y a qu'elles, et elles sont partout. Et elles emploient toutes le même artifice. Cet artifice est l'*élimination*; et en effet l'induction n'est pas autre chose. Vous avez deux groupes, l'un d'antécédents, l'autre de conséquents, chacun d'eux contenant plus ou moins

quents. On a lié tous les antécédents, moins un, à leurs conséquents, et tous les conséquents, moins un, à leurs antécédents. On peut conclure que l'antécédent qui reste est lié au conséquent qui reste. Par exemple, les physiciens, ayant calculé, d'après les lois de la propagation des ondes sonores, quelle doit être la vitesse du son, trouvèrent qu'en fait les sons vont plus vite que le calcul ne semble l'indiquer. Ce surplus ou résidu de vitesse est un conséquent et suppose un antécédent; Laplace trouva l'antécédent dans la chaleur que développe la condensation de chaque onde sonore, et cet élément nouveau introduit dans le calcul le rendit parfaitement exact. Voilà un exemple de la *méthode des résidus*. Sa règle est que « si l'on retranche d'un phénomène la partie qui est l'effet de certains antécédents, le résidu du phénomène est l'effet des antécédents qui restent. »

1. Prenons deux faits : la présence de la terre et l'oscillation du pendule, ou bien encore la présence de la lune et le mouvement des marées. Pour joindre directement ces deux phénomènes l'un à l'autre, il faudrait pouvoir supprimer le premier, et vérifier si cette suppression entraînerait l'absence du second. Or cette suppression est, dans l'un et l'autre de ces cas, matériellement impossible. Alors nous employons une voie indirecte pour joindre les deux phénomènes. Nous remarquons que toutes les variations de l'un correspondent à certaines variations de l'autre; que toutes les oscillations du pendule correspondent aux diverses positions de la terre; que toutes les circonstances des marées correspondent aux diverses positions de la lune. Nous en concluons que le second fait est l'antécédent du premier. Voilà un exemple de la *méthode des variations concomitantes* : sa règle fondamentale est que : « si un phénomène varie d'une façon quelconque toutes les fois qu'un autre phénomène varie d'une certaine façon, le premier est une cause ou un effet direct ou indirect du second. »

d'éléments : dix, par exemple. A quel antécédent chaque conséquent est-il joint? Le premier conséquent est-il joint au premier antécédent, ou bien au troisième, ou bien au sixième? Toute la difficulté et toute la découverte sont là. Pour lever la difficulté et pour opérer la découverte, il faut éliminer, c'est-à-dire exclure les antécédents qui ne sont point liés au conséquent que l'on considère[1]. Mais comme effectivement on ne peut les exclure, et que, dans la nature, toujours le couple est entouré de circonstances, on assemble divers cas qui, par leur diversité, permettent à l'esprit de retrancher ces circonstances, et de voir le couple à nu. En définitive, on n'induit qu'en formant des couples; on ne les forme qu'en les isolant; on ne les isole que par des comparaisons.

VIII

Ce sont là des formules, un fait sera plus clair. En voici un : on y va voir les méthodes en exercice; il y a un exemple qui les rassemble presque toutes. Il s'agit de la théorie de la rosée du docteur

---

[1]. « La méthode de différence, dit Mill, a pour fondement, que tout ce qui ne saurait être éliminé est lié au phénomène par une loi. La méthode de concordance a pour fondement, que tout ce qui peut être éliminé n'est point lié au phénomène par une loi. » La méthode des résidus est un cas de la méthode de différence ; la méthode des variations concomitantes en est un autre cas, avec cette distinction qu'elle opère, non sur les deux phénomènes, mais sur leurs variations.

Well. Je cite les propres paroles de Mill; elles sont si nettes, qu'il faut se donner le plaisir de les méditer.

« Il faut d'abord distinguer la rosée de la pluie aussi bien que des brouillards, et la définir en disant qu'« elle est l'apparition spontanée d'une moiteur sur « des corps exposés en plein air, quand il ne tombe « point de pluie ni d'humidité visible[1]. » La rosée ainsi définie, quelle en est la cause, et comment l'a-t-on trouvée?

« D'abord, nous avons des phénomènes analogues dans la moiteur qui couvre un métal froid ou une pierre lorsque nous soufflons dessus, qui apparaît en été sur les parois d'un verre d'eau fraîche qui sort du puits, qui se montre à l'intérieur des vitres quand la grêle ou une pluie soudaine refroidit l'air extérieur, qui coule sur nos murs lorsqu'après un long froid arrive un dégel tiède et humide. — Comparant tous ces cas, nous trouvons qu'ils contiennent tous le phénomène en question. Or, tous ces cas s'accordent en un point, à savoir que l'objet qui se couvre de rosée est plus froid que l'air qui le touche. Cela arrive-t-il aussi dans le cas de la rosée nocturne? Est-ce un fait que l'objet baigné de rosée est plus froid que l'air? Nous sommes tentés de répondre que non, car qui est-ce qui le rendrait plus froid?

---

1. We must separate dew from rain, and the moisture of fogs, and limit the application of the term to what is really meant, which is, the spontaneous appearance of moisture on substances exposed in the open air when no rain or *visible* wet is falling.

Mais l'expérience est aisée : nous n'avons qu'à mettre un thermomètre en contact avec la substance couverte de rosée, et en suspendre un autre un peu au-dessus, hors de la portée de son influence. L'expérience a été faite, la question a été posée, et toujours la réponse s'est trouvée affirmative. Toutes les fois qu'un objet se recouvre de rosée, il est plus froid que l'air [1].

« Voilà une application complète de la *méthode de concordance:* elle établit une liaison invariable entre l'apparition de la rosée sur une surface et la froideur de cette surface comparée à l'air extérieur. Mais laquelle des deux est cause, et laquelle effet? ou bien sont-elles toutes les deux les effets de quelque chose d'autre? Sur ce point, la méthode de concor-

---

1. " Now, here we have analogous phenomena in the moisture which bedews a cold metal or stone when we breathe upon it; that which appears on a glass of water fresh from the well in hot weather; that which appears on the inside of windows when sudden rain or hail chills the external air; that which runs down our walls when, after a long frost, a warm moist thaw comes on." Comparing these cases, we find that they all contain the phenomenon which was proposed as the subject of investigation. Now " all these instances agree in one point, the coldness of the object dewed in comparison with the air in contact with it. " But there still remains the most important case of all, that of nocturnal dew : does the same circumstance exist in this case? " Is it a fact that the object dewed *is* colder than the air? Certainly not. one would at first be inclined to say; for what is to make it so? But.... the experiment is easy; we have only to lay a thermometer in contact with the dewed substance, and hang one at a little distance above it, out of reach of its influence. The experiment has been therefore made; the question has been asked, and the answer has been invariably in the affirmative. Whenever an object contracts dew, it *is* colder than the air. "

dance ne nous fournit aucune lumière. Nous devons avoir recours à une méthode plus puissante : nous devons varier les circonstances, nous devons noter les cas où la rosée manque ; car une des conditions nécessaires pour appliquer la *méthode de différence*, c'est de comparer des cas où le phénomène se rencontre avec d'autres où il ne se rencontre pas[1].

« Or la rosée ne se dépose pas sur la surface des métaux polis, tandis qu'elle se dépose très-abondammen sur le verre. Voilà un cas où l'effet se produit, et un autre où il ne se produit point.... Mais, comme les différences qu'il y a entre le verre et les métaux polis sont nombreuses, la seule chose dont nous puissions encore être sûrs, c'est que la cause de la rosée se trouvera parmi les circonstances qui distinguent le verre des métaux polis[2].... Cherchons donc

---

1. Here then is a complete application of the Method of Agreement, establishing the fact of an invariable connexion between the deposition of dew on a surface, and the coldness of that surface compared with the external air. But which of these is cause, and which effect? Or are they both effects of something else? On this subject the Method of Agreement can afford us no light : we must call in a more potent method. We must collect more facts, or, which comes to the same thing, vary the circumstances; since every instance in which the circumstances differ is a fresh fact : and especially, we must note the contrary or negative cases, i. e., where not dew is produced : for a comparison between instances of dew and instances of no dew is the condition necessary to bring the Method of Difference into play.

2. " Now, first, no dew is produced on the surface of polished metals, but it *is* very copiously on glass, both exposed with their faces upwards, and in some cases the under side of a horizontal plate of glass is also dewed. " Here is an instance in which the effect is produced, and another instance in which it is not produced;

à démêler cette circonstance, et pour cela employons la seule méthode possible, celle des *variations concomitantes*. Dans le cas des métaux polis et du verre poli, le contraste montre évidemment que la *substance* a une grande influence sur le phénomène. C'est pourquoi faisons varier autant que possible la substance seule, en exposant à l'air les surfaces polies de différentes sortes. Cela fait, on voit tout de suite paraître une échelle d'intensité. Les substances polies qui conduisent le plus mal la chaleur sont celles qui s'imprègnent le plus de rosée; celles qui conduisent le mieux la chaleur sont celles qui s'en humectent le moins [1] : d'où l'on conclut que « l'apparition de la « rosée est liée au pouvoir que possède le corps de « résister au passage de la chaleur. »

« Mais si nous exposons à l'air des surfaces rudes au lieu de surfaces polies, nous trouvons quelquefois cette loi renversée. Ainsi le fer rude, particulièrement s'il est peint ou noirci, se mouille de rosée plus

---

but we cannot yet pronounce, as the canon of the Method of Difference requires, that the latter instance agrees with the former in all its circumstances except in one; for the differences between glass and polished metals are manifold, and the only thing we can as yet be sure of, is, that the cause of dew will be found among the circumstances by which the former substance is distinguished from the latter.

1. In the cases of polished metal and polished glass, the contrast shows evidently that the *substance* has much to do with the phenomenon; therefore let the substance *alone* be diversified as much as possible, by exposing polished surfaces of various kinds. This done, a *scale of intensity* becomes obvious. Those polished substances are found to be most strongly dewed which conduct heat worst, while those which conduct well, resist dew most effectually.

vite que le papier verni. L'*espèce de surface* a donc beaucoup d'influence. C'est pourquoi exposons la même substance en faisant varier le plus possible l'état de sa surface (ce qui est un nouvel emploi de la méthode des variations concomitantes), et une nouvelle échelle d'intensité se montrera. Les surfaces qui perdent leur chaleur le plus aisément par le rayonnement sont celles qui se mouillent le plus abondamment de rosée [1]. On en conclut « que l'apparition de la rosée est liée à la capacité de perdre la chaleur par voie de rayonnement. »

« A présent l'influence que nous venons de reconnaître à la *substance* et à la *surface* nous conduit à considérer celle de la *texture*, et là nous rencontrons une troisième échelle d'intensité, qui nous montre les substances d'une texture ferme et serrée; par exemple les pierres et les métaux, comme défavorables à l'apparition de la rosée, et au contraire les

---

1. The conclusion obtained is, that, *ceteris paribus*, the deposition of dew is in some proportion to the power which the body possesses of resisting the passage of heat; and that this, therefore (or something connected with this), must be at least one of the causes which assist in producing the deposition of dew on the surface.

But if we expose rough surfaces instead of polished, we sometimes find this law interfered with. Thus, roughened iron, especially if painted over or blackened, becomes dewed sooner that varnished paper : the kind of *surface*, therefore, has a great influence. Expose, then, the *same* material in very diversified states as to surface (that is, employ the Method of Difference to ascertain concomitance of variations), " and another scale of intensity becomes at once apparent; those *surfaces* which *part with their heat most* readily by radiation, are found to contract dew most copiously."

substances d'une texture lâche, par exemple le drap, le velours, la laine, le duvet, comme éminemment favorables à la production de la rosée. La texture lâche est donc une des circonstances qui la provoquent. Mais cette troisième cause se ramène à la première, qui est le pouvoir de résister au passage de la chaleur, car les substances de texture lâche sont précisément celles qui fournissent les meilleurs vêtements, en empêchant la chaleur de passer de la peau à l'air, ce qu'elles font en maintenant leur surface intérieure très-chaude pendant que leur surface extérieure est très-froide[1].

---

1. The conclusion obtained by this new application of the method is, that, *ceteris paribus*, the deposition of dew is also in some proportion to the power of radiating heat; and that the quality of doing this abundantly (or some cause on which that quality depends) is another of the causes which promote the deposition of dew on the substance.

" Again, the influence ascertained to exist of *substance* and *surface* leads us to consider that of *texture :* and here, again, we are presented on trial with remarkable differences, and with a third scale of intensity, pointing out substances of a close firm texture, such as stones, metals, etc., as unfavourable, but those of a loose one, as cloth, velvet, wool, eiderdown, cotton, etc., as eminently favourable to the contraction of dew. The Method of concomitant Variations is here, for the third time, had recourse to ; and, as before, from necessity, since the texture of no substance is absolutely firm or absolutely loose. Looseness of texture, therefore, or something which is the cause of that quality, is another circumstance which promotes the deposition of dew ; but this third cause resolves itself into the first, viz, the quality of resisting the passage of heat: for substances of loose texture are precisely those which are best adapted for clothing or for impeding the free passage of heat from the skin into the air, so as to allow their outer surfaces to be very cold, while they remain warm within. "

« Ainsi les cas très-variés dans lesquels beaucoup de rosée se dépose s'accordent en ceci, et, autant que nous pouvons l'observer, en ceci seulement, qu'ils conduisent lentement la chaleur ou la rayonnent rapidement, — deux qualités qui ne s'accordent qu'en un seul point, qui est qu'en vertu de l'une et de l'autre le corps tend à perdre sa chaleur par sa surface plus rapidement qu'elle ne peut lui être restituée par le dedans. Au contraire, les cas très-variés dans lesquels la rosée manque ou est très-peu abondante s'accordent en ceci, et, autant que nous pouvons l'observer, en ceci seulement, qu'ils n'ont pas cette propriété. Nous pouvons maintenant répondre à la question primitive et savoir lequel des deux, du froid et de la rosée, est la cause de l'autre. Nous venons de trouver que la substance sur laquelle la rosée se dépose doit, par ses seules propriétés, devenir plus froide que l'air. Nous pouvons donc rendre compte de sa froideur, abstraction faite de la rosée, et, comme il y a une liaison entre les deux, c'est la rosée qui dépend de la froideur; en d'autres termes, la froideur est la cause de la rosée [1].

« Maintenant cette loi si amplement établie peut

---

1. It thus appears that the instances in which much dew is deposited; which are very various, agree in this, and, so far as we are able to observe, in this only, that they either radiate heat rapidly or conduct it slowly : qualities between which there is no other circumstance of agreement, than that by virtue of either, the body tends to lose heat from the surface more rapidly than it can be restored from within. The instances, on the contrary, in which no dew, or but a small quantity of it, is formed, and which are also

se confirmer de trois manières différentes. Premièrement, par déduction, en partant des lois connues que suit la vapeur aqueuse lorsqu'elle est diffuse dans l'air ou dans tout autre gaz. On sait par l'expérience directe que la quantité d'eau qui peut rester suspendue dans l'air à l'état de vapeur est limitée pour chaque degré de température, et que ce maximum devient moindre à mesure que la température diminue. Il suit de là déductivement que, s'il y a déjà autant de vapeur suspendue dans l'air que peut en contenir sa température présente, tout abaissement de cette température portera une portion de la vapeur à se condenser et à se changer en eau. Mais, de plus, nous savons déductivement, d'après les lois de la chaleur, que le contact de l'air avec un corps plus froid que lui-même abaissera nécessairement la température de la couche d'air immédiatement appliquée à sa surface, et par conséquent la forcera d'abandonner une portion de son eau, laquelle, d'après les lois ordinaires de la gravitation ou cohésion, s'attachera à la surface du corps, ce qui constituera la rosée.... Cette preuve déductive a l'avantage de

---

extremely various, agree (so far as we can observe) in nothing, except in *not* having this same property.

This doubt we are now able to resolve. We have found that, in every such instance, the substance must be one which, by its own properties or laws, would, if exposed in the night, become colder than the surrounding air. The coldness therefore, being accounted for independently of the dew, while it is proved that there is a connexion between the two, it must be the dew which depends on the coldness; or in other words, the coldness is the cause of the dew.

rendre compte des exceptions, c'est-à-dire des cas où, ce corps étant plus froid que l'air, il ne se dépose pourtant point de rosée : car elle montre qu'il en sera nécessairement ainsi, lorsque l'air sera si peu fourni de vapeur aqueuse, comparativement à sa température, que même, étant un peu refroidi par le contact d'un corps plus froid, il sera encore capable de tenir en suspension toute la vapeur qui s'y trouvait d'abord suspendue. Ainsi, dans un été très-sec, il n'y a pas de rosée, ni dans un hiver très-sec de gelées blanches [1].

« La seconde confirmation de la théorie se tire de l'expérience directe pratiquée selon la méthode de différence. Nous pouvons, en refroidissant la surface de n'importe quel corps, atteindre en tous les cas une température à laquelle la rosée commence à se déposer. Nous ne pouvons, à la vérité, faire cela que sur une petite échelle; mais nous avons d'amples raisons pour conclure que la même opération, si

---

1. The law of causation, already so amply established, admits, however, of efficient additional corroboration in no less than three ways. First, by deduction from the known laws of aqueous vapour when diffused through air or any other gas; and though we have not yet come to the Deductive Method, we will not omit what is necessary to render the speculation complete. It is known by direct experiment that only a limited quantity of water can remain suspended in the state of vapour at each degree of temperature, and that this maximum grows less and less as the temperature diminishes. From this it follows, deductively, that if there is already as much vapour suspended as the air will contain at its existing temperature, any lowering of that temperature will cause a portion of the vapour to be condensed, and become water. But, again, we know deductively, from the laws of heat, that the contact of the air with a body colder than itself, will necessarily lower the temperature of the stratum of air immediately

elle était conduite dans le grand laboratoire de la nature, aboutirait au même effet.

« Et finalement nous sommes capables de vérifier le résultat, même sur cette grande échelle. Le cas est un de ces cas rares où la nature fait l'expérience pour nous de la même manière que nous la ferions nous-mêmes, c'est-à-dire en introduisant dans l'état antérieur des choses une circonstance nouvelle, unique et parfaitement définie, et en manifestant l'effet si rapidement, que le temps manquerait pour tout autre changement considérable dans les circonstances antérieures. On a observé que la rosée ne se dépose jamais abondamment dans des endroits fort abrités contre le ciel ouvert, et point du tout dans les nuits nuageuses; mais que, si les nuages s'écartent, fût-ce pour quelques minutes seulement, de façon à laisser une ouverture, la rosée commence à se déposer, et va en augmentant. Ici il est complétement prouvé que la présence ou l'absence d'une commu-

---

applied to its surface; and will therefore cause it to part with a portion of its water, which accordingly will, by the ordinary laws of gravitation or cohesion, attach itself to the surface of the body, thereby constituting dew. This deductive proof, it will have been seen, has the advantage of proving at once causation as well as coexistence; and it has the additional advantage that it also accounts for the *exceptions* to the occurrence of the phenomenon, the cases in which, although the body is colder than the air, yet no dew is deposited; by showing that this will necessarily be the case when the air is so undersupplied with aqueous vapour, comparatively to its temperature, that even when somewhat cooled by the contact of the colder body, it can still continue to hold in suspension all the vapour which was previously suspended in it: thus in a very dry summer there are no dews, in a very dry winter no hoar frost.

nication non interrompue avec le ciel cause la présence ou l'absence de la rosée; mais puisqu'un ciel clair n'est que l'absence des nuages, et que les nuages, comme tous les corps qu'un simple fluide élastique sépare d'un objet donné, ont cette propriété connue, qu'ils tendent à élever ou à maintenir la température de la surface de l'objet en rayonnant vers lui de la chaleur, nous voyons à l'instant que la retraite des nuages refroidira la surface. Ainsi, dans ce cas, la nature ayant produit un changement dans l'antécédent par des moyens connus et définis, le conséquent suit et doit suivre : expérience naturelle conforme aux règles de la méthode de différence[1]. »

IX

Ce ne sont pas là tous les procédés des sciences, mais ceux-ci mènent aux autres. Ils s'enchaînent tous,

---

[1]. The second corroboration of the theory is by direct experiment, according to the canon of the Method of Difference. We can, by cooling the surface of any body, find in all cases some temperature (more or less inferior to that of the surrounding air, according to its hygrometric condition), at which dew will begin to be deposited. Here, too, therefore, the causation is directly proved. We can, it is true, accomplish this only on a small scale; but we have ample reason to conclude that the same operation, if conducted in Nature's great laboratory, would equally produce the effect.

And, finally, even on that great scale we are able to verify the result. The case is one of those rare cases, as we have shown them to be, in which nature works the experiment for us in the same manner in which we ourselves perform it; introducing into the previous state of things a single and perfectly definite new circumstance, and

et personne, mieux que Mill, n'a montré leur enchaînement. En beaucoup de cas les procédés d'isolement sont impuissants, et ces cas sont ceux où l'effet, étant produit par un concours de causes, ne peut être divisé en ses éléments. Les méthodes d'isolement sont alors impraticables. Nous ne pouvons plus éliminer, et par conséquent nous ne pouvons plus induire. Et cette difficulté si grave se rencontre dans presque tous les cas du mouvement, car presque tout mouvement est l'effet d'un concours de forces, et les effets respectifs des diverses forces se trouvent en lui mêlés à un tel point qu'on ne peut les séparer sans le détruire, en sorte qu'il semble impossible de savoir quelle part chaque force a dans la production de ce mouvement. Prenez un corps sollicité par deux forces dont les directions font un angle, il se meut suivant

manifesting the effect so rapidly, that there is not time for any other material change in the preexisting circumstances. It is observed that dew is never copiously deposited in situations much screened from the open sky, and not at all in a cloudy night, but *if the clouds withdraw even for a few minutes, and leave a clear opening, a deposition of dew presently begins,* and goes on increasing.... Dew formed in clear intervals will often even evaporate again, when the sky becomes thickly overcast. The proof, therefore, is complete that the presence or absence of an uninterrupted communication with the sky causes the deposition or non-deposition of dew. Now, since a clear sky is nothing but the absence of clouds, and it is a known property of clouds, as of all other bodies between which and any given object nothing intervenes but an elastic fluid, that they tend to raise or keep up the superficial temperature of the object by radiating heat to it, we see at once that the disappearance of clouds will cause the surface to cool; so that Nature, in this case, produces a change in the antecedent by definite and known means, and the consequent follows accordingly : a natural experiment which satisfies the requisitions of the Method of Difference.

la diagonale; chaque partie, chaque moment, chaque position, chaque élément de son mouvement est l'effet combiné de deux forces sollicitantes. Les deux effets se pénètrent tellement qu'on n'en peut isoler aucun et le rapporter à sa source. Pour apercevoir séparément chaque effet, il faudrait considérer des mouvements différents, c'est-à-dire supprimer le mouvement donné et le remplacer par d'autres. Ni la méthode de concordance ou de différence, ni la méthode des résidus ou des variations concomitantes, qui sont toutes décomposantes et éliminatives, ne peuvent servir contre un phénomène qui par nature exclut toute élimination et toute décomposition. Il faut donc tourner l'obstacle, et c'est ici qu'apparaît la dernière clef de la nature, la méthode de déduction. Nous quittons le phénomène, nous nous reportons à côté de lui, nous en étudions d'autres plus simples, nous établissons leurs lois, et nous lions chacun d'eux à sa cause par les procédés de l'induction ordinaire; puis, supposant le concours de deux ou plusieurs de ces causes, nous concluons d'après leurs lois connues quel devra être leur effet total. Nous vérifions ensuite si le mouvement donné est exactement semblable au mouvement prédit, et si cela est, nous l'attribuons aux causes d'où nous l'avons déduit. Ainsi, pour découvrir les causes des mouvements des planètes, nous recherchons par des inductions simples les lois de deux causes, l'une qui est la force d'impulsion primitive dirigée selon la tangente, l'autre qui est la force accélératrice attractive. De ces lois induites nous déduisons par le calcul le mouvement d'un corps qui serait soumis à leurs sollicitations combinées, et, vérifiant que les mouvements planétaires observés coïncident exactement avec les mouvements prévus, nous concluons que les deux forces en question sont effectivement les causes des mouvements planétaires. « C'est à cette méthode, dit Mill, que l'esprit humain doit ses plus grands triomphes. Nous lui devons toutes les théories qui ont réuni des phénomènes vastes et compliqués sous quelques lois simples. » Ses détours nous ont conduits plus loin que la voie directe ; elle a tiré son efficacité de son imperfection.

X

Que si nous comparons maintenant les deux méthodes, leur opportunité, leur office, leur domaine, nous y trouverons comme en abrégé l'histoire, les divisions, les espérances et les limites de la science humaine. La première apparaît au début, la seconde à la fin. La première a dû prendre l'empire au temps de Bacon[1], et commence à le perdre ; la seconde a dû perdre l'empire au temps de Bacon, et commence à le prendre : en sorte que la science, après avoir passé de l'état déductif à l'état expérimental, passe de l'état expérimental à l'état déductif. La première a pour province les phénomènes décomposables et sur les-

1. T. I, p. 500.

quels nous pouvons expérimenter. La seconde a pour
domaine les phénomènes indécomposables, ou sur
lesquels nous ne pouvons expérimenter. La première
est efficace en physique, en chimie, en zoologie, en
botanique, dans les premières démarches de toute
science, et aussi partout où les phénomènes sont médiocrement compliqués, proportionnés à notre force,
capables d'être transformés par les moyens dont nous
disposons. La seconde est puissante en astronomie,
dans les parties supérieures de la physique, en physiologie, en histoire, dans les dernières démarches
de toute science, partout où les phénomènes sont fort
compliqués, comme la vie animale et sociale, ou placés hors de nos prises, comme le mouvement des
corps célestes et les révolutions de l'enveloppe terrestre. Quand la méthode convenable n'est pas employée, la science s'arrête; quand la méthode convenable est pratiquée, la science marche. Là est tout le
secret de son passé et de son présent. Si les sciences
physiques sont restées immobiles jusqu'à Bacon, c'est
qu'on déduisait lorsqu'il fallait induire. Si la physiologie et les sciences morales aujourd'hui sont en retard, c'est qu'on y induit lorsqu'il faudrait déduire.
C'est par déduction et d'après les lois physiques et
chimiques qu'on pourra expliquer les phénomènes
physiologiques. C'est par déduction et d'après les lois
mentales qu'on pourra expliquer les phénomènes historiques[1]. Et ce qui est l'instrument de ces deux

---

1. T. II, liv. vi, chap. ix. T. I, p. 487. Explication, d'après Liebig,

sciences se trouve le but de toutes les autres. Toutes tendent à devenir déductives; toutes aspirent à se résumer en quelques propositions générales desquelles le reste puisse se déduire. Moins ces propositions sont nombreuses, plus la science est avancée. Moins une science exige de suppositions et de données, plus elle est parfaite. Cette réduction est son état final. L'astronomie, l'acoustique, l'optique, lui offrent son modèle. Nous connaîtrons la nature quand nous aurons déduit ses millions de faits de deux ou trois lois.

J'ose dire que la théorie que vous venez d'entendre est parfaite. J'en ai omis plusieurs traits, mais vous en avez assez vu pour reconnaître que nulle part l'induction n'a été expliquée d'une façon si complète et si précise, avec une telle abondance de distinctions fines et justes, avec des applications si étendues et si exactes, avec une telle connaissance des pratiques effectives et des découvertes acquises, avec une plus entière exclusion des principes métaphysiques et des suppositions arbitraires, dans un esprit plus conforme aux procédés rigoureux de l'expérience moderne. Vous me demandiez tout à l'heure ce que les Anglais ont fait en philosophie ; je réponds : la théorie de l'induction. Mill est le dernier d'une grande lignée qui commence à Bacon, et qui, par Hobbes, Newton, Locke, Hume, Herschel, s'est continuée jusqu'à nous. Ils ont porté dans la philosophie notre esprit natio-

---

de la décomposition, de la respiration, de l'empoisonnement, etc. Il y a un livre entier sur la méthode des sciences morales ; je ne connais pas de meilleur traité sur ce sujet.

nal; ils ont été positifs et pratiques; ils ne se sont point envolés au-dessus des faits; ils n'ont point tenté des routes extraordinaires; ils ont purgé le cerveau humain de ses illusions, de ses ambitions, de ses fantaisies. Ils l'ont employé du seul côté où il puisse agir; ils n'ont voulu que planter des barrières et des flambeaux sur le chemin déjà frayé par les sciences fructueuses. Ils n'ont point voulu dépenser vainement leur travail hors de la voie explorée et vérifiée. Ils ont aidé à la grande œuvre moderne, la découverte des lois applicables; ils ont contribué, comme les savants spéciaux, à augmenter la puissance de l'homme. Trouvez-moi beaucoup de philosophies qui en aient fait autant.

XI

Vous allez me dire que mon philosophe s'est coupé les ailes pour fortifier les jambes. Certainement, et il a bien fait. L'expérience borne la carrière qu'elle nous ouvre; elle nous a donné notre but; elle nous donne aussi nos limites. Nous n'avons qu'à regarder les éléments qui la composent et les événements dont elle part pour comprendre que sa portée est restreinte. Sa nature et son procédé réduisent sa marche à quelques pas. Et d'abord[1] les lois dernières de la nature ne peuvent être moins nombreuses que les espèces distinctes de nos sensations. Nous pouvons

---

1. T. II, p. 4.

bien réduire un mouvement à un autre mouvement, mais non la sensation de chaleur à la sensation d'odeur, ou de couleur, ou de son, ni l'une ou l'autre à un mouvement. Nous pouvons bien ramener l'un à l'autre des phénomènes de degré différent, mais non des phénomènes d'espèce différente. Nous trouvons les sensations distinctes au fond de toutes nos connaissances, comme des éléments simples, indécomposables, absolument séparés les uns des autres, absolument incapables d'être ramenés les uns aux autres. L'expérience a beau faire, elle ne peut supprimer ces diversités qui la fondent. — D'autre part, l'expérience a beau faire, elle ne peut se soustraire aux conditions dans lesquelles elle agit. Quel que soit son domaine, il est limité dans le temps et dans l'espace; le fait qu'elle observe est borné et amené par une infinité d'autres qu'elle ne peut atteindre. Elle est obligée de supposer ou de reconnaître quelque état primordial d'où elle part et qu'elle n'explique pas [1]. Tout problème a ses données accidentelles ou arbitraires : on en déduit le reste, mais on ne les déduit de rien.

1. There exists in nature a number of permanent causes, which have subsisted ever since the human race has been in existence, and for an undefinite and probably an enormous length of time previous. The sun, the earth, and planets, with their various constituents, air, water, and the other distinguishable substances, whether simple or compound, of which nature is made up, are such Permanent Causes. They have existed, and the effects or consequences which they were fitted to produce have taken place (as often as the other conditions of the production met), from the very beginning of our experience. But we can give no account of the origin of the Permanent Causes themselves.

Le soleil, la terre, les planètes, l'impulsion initiale des corps célestes, les propriétés primitives des substances chimiques, sont de ces données [1]. Si nous les possédions toutes, nous pourrions tout expliquer par elles, mais nous ne saurions les expliquer elles-mêmes. Pourquoi, demande Mill, ces agents naturels ont-ils existé à l'origine plutôt que d'autres? Pourquoi ont-ils été mêlés en telles ou telles proportions? Pourquoi ont-ils été distribués de telle ou telle manière dans l'espace? C'est là une question à laquelle nous ne pouvons répondre. Bien plus, nous ne pouvons découvrir rien de régulier dans cette distribution même; nous ne pouvons la réduire à quelque uniformité, à quelque loi. L'assemblage de ces agents n'est pour nous qu'un pur accident [2]. Et l'astronomie,

1. The resolution of the laws of the heavenly motions, established the previously unknown ultimate property of a mutual attraction between the bodies: the resolution, so far as it has yet proceeded, of the laws of crystallization, or chemical composition, electricity, magnetism, etc., points to various polarities, ultimately inherent in the particles of which bodies are composed; the comparative atomic weights of different kinds of bodies were ascertained by resolving, into more general laws, the uniformities observed in the proportions in which substances combine with one another; and so forth. Thus although every resolution of a complex uniformity into simpler and more elementary laws has an apparent tendency to diminish the number of the ultimate properties, and really does remove many properties from the list; yet (since the result of this simplifying process is to trace up an ever greater variety of differents effects to the same agents), the further we advance in this direction, the greater number of distinct properties we are forced to recognise in one and the same object: the coexistences of which properties must accordingly be ranked among the ultimate generalities of nature.

2. Why these particular natural agents existed originally and no others, or why they are commingled in such and such proportions,

qui tout à l'heure nous offrait le modèle de la science achevée, nous offre maintenant l'exemple de la science limitée. Nous pouvons bien prédire les innombrables positions de tous les corps planétaires ; mais nous sommes obligés de supposer, outre l'impulsion primitive et son degré, outre la force attractive et sa loi, les masses et les distances de tous les corps dont nous parlons. Nous comprenons des millions de faits, mais au moyen d'une centaine de faits que nous ne comprenons pas ; nous atteignons des conséquences nécessaires, mais au moyen d'antécédents accidentels, en sorte que, si la théorie de notre univers était achevée, elle aurait encore deux grandes lacunes : l'une au commencement du monde physique, l'autre au début du monde moral ; l'une comprenant les éléments de l'être, l'autre renfermant les éléments de l'expérience ; l'une contenant les sensations primitives, l'autre contenant les agents primitifs. « Notre science, dit votre Royer-Collard, consiste à puiser l'ignorance à sa source la plus élevée. »

Pouvons-nous au moins affirmer que ces données irréductibles ne le sont qu'en apparence et au regard de notre esprit? Pouvons-nous dire qu'elles ont des causes comme les faits dérivés dont elles sont les

---

and distributed in such a manner throughout space, is a question we cannot answer. More than this : we can discover nothing regular in the distribution itself; we can reduce it to no uniformity, to no law. There are no means by which, from the distribution of these causes or agents in one part of space, we could conjecture whether a similar distribution prevails in another.

causes? Pouvons-nous décider que tout événement à tout point du temps et de l'espace arrive selon ds lois, et que notre petit monde, si bien réglé, est un abrégé du grand? Pouvons-nous, par quelque axiome, sortir de notre enceinte si étroite, et affirmer quelque chose de l'univers? En aucune façon, et c'est ici que Mill pousse aux dernières conséquences; car la loi qui attribue une cause à tout événement n'a pour lui d'autre fondement, d'autre valeur et d'autre portée que notre expérience. Elle ne renferme point sa nécessité en elle-même; elle tire toute son autorité du grand nombre des cas où on l'a reconnue vraie; elle ne fait que résumer une somme d'observations; elle lie deux données qui, considérées en elles-mêmes, n'ont point de liaison intime; elle joint l'antécédent et le conséquent pris en général, comme la loi de la pesanteur joint un antécédent et un conséquent pris en particulier; elle constate un couple, comme font toutes les lois expérimentales, et participe à leur incertitude comme à leurs restrictions. Écoutez ces fortes paroles : « Je suis convaincu que si un homme, habitué à l'abstraction et à l'analyse, exerçait loyalement ses facultés à cet effet, il ne trouverait point de difficulté, quand son imagination aurait pris le pli, à concevoir qu'en certains endroits, par exemple dans un des firmaments dont l'astronomie sidérale compose à présent l'univers, les événements puissent se succéder au hasard, sans aucune loi fixe; et rien, ni dans notre expérience, ni dans notre constitution mentale, ne nous fournit une raison suffisante, ni même une raison quelconque pour croire que cela n'a lieu nulle part [1]. » Pratiquement, nous pouvons nous fier à une loi si bien établie ; mais « dans les parties lointaines des régions stellaires, où les phénomènes peuvent être entièrement différents de ceux que nous connaissons, ce serait folie d'affirmer hardiment le règne de cette loi générale, comme ce serait folie d'affirmer pour là-bas le règne des lois spéciales qui se maintiennent universellement exactes sur notre planète [2]. » Nous sommes donc chassés irrévocablement de l'infini ; nos facultés et nos assertions n'y peuvent rien atteindre ; nous restons confinés dans

---

1. I am convinced that any one accustomed to abstraction and analysis, who will fairly exert his faculties for the purpose, will, when his imagination has once learnt to entertain the notion, find no difficulty in conceiving that in some one for instance of the many firmaments into which sidereal astronomy now divides the universe, events may succeed one another at random, without any fixed law ; nor can anything in our experience, or in our mental nature, constitute a sufficient, or indeed any reason for believing that this is nowhere the case. The grounds, therefore, which warrant us in rejecting such a supposition with respect to any of the phenomena of which we have experience, must be sought elsewhere than in any supposed necessity of our intellectual faculties.

2. In distant parts of the stellar regions, where the phenomena may be entirely unlike those with which we are acquainted, it would be folly to affirm confidently that this general law prevails, any more than those special ones which we have found to hold universally on our own planet. The uniformity in the succession of events, otherwise called the law of causation, must be received not as law of the universe, but of that portion of it only which is within the range of our means of sure observation, with a reasonable degree of extension to adjacent cases. To extend it further is to make a supposition without evidence, and to which, in the absence of any ground from experience for estimating its degree of probability, it would be idle to attempt to assign any.

un tout petit cercle; notre esprit ne porte pas au delà de son expérience; nous ne pouvons établir entre les faits aucune liaison universelle et nécessaire; peut-être même n'existe-t-il entre les faits aucune liaison universelle et nécessaire. Mill s'arrête là; mais certainement, en menant son idée jusqu'au bout, on arriverait à considérer le monde comme un simple monceau de faits. Nulle nécessité intérieure ne produirait leur liaison ni leur existence. Ils seraient de pures données, c'est-à-dire des accidents. Quelquefois, comme dans notre système, ils se trouveraient assemblés de façon à amener des retours réguliers; quelquefois ils seraient assemblés de manière à n'en pas amener du tout. Le hasard, comme chez Démocrite, serait au cœur des choses. Les lois en dériveraient, et n'en dériveraient que çà et là. Il en serait des êtres comme des nombres, comme des fractions, par exemple, qui, selon le hasard des deux facteurs primitifs, tantôt s'étalent, tantôt ne s'étalent pas en périodes régulières. Voilà sans doute une conception originale et haute. Elle est la dernière conséquence de l'idée primitive et dominante que nous avons démêlée au commencement du système, qui a transformé les théories de la définition, de la proposition et du syllogisme; qui a réduit les axiomes à des vérités d'expérience; qui a développé et perfectionné la théorie de l'induction; qui a établi le but, les bornes, les provinces et les méthodes de la science; qui, dans la nature et dans la science, a partout supprimé les liaisons intérieures; qui a remplacé le nécessaire par l'accidentel, la cause par l'antécédent, et qui consiste à prétendre que toute assertion utile a pour effet de former un couple, c'est-à-dire de joindre deux faits qui, par leur nature, sont séparés.

§ 2.

L'ABSTRACTION.

I

— Un abîme de hasard et un abîme d'ignorance. La perspective est sombre : il n'importe, si elle est vraie. A tout le moins, cette théorie de la science est celle de la science anglaise. Rarement, je vous l'accorde, un penseur a mieux résumé par sa doctrine la pratique de son pays ; rarement un homme a mieux représenté par ses négations et ses découvertes les limites et la portée de sa race. Les procédés dont celui-ci compose la science sont ceux où vous excellez par-dessus tous les autres, et les procédés qu'il exclut de la science sont ceux qui vous manquent plus qu'à personne. Il a décrit l'esprit anglais en croyant décrire l'esprit humain. C'est là sa gloire, mais c'est aussi là sa faiblesse. Il y a dans votre idée de la connaissance une lacune qui, incessamment ajoutée à elle-même, finit par creuser ce gouffre de hasard du fond duquel, selon lui, les choses naissent, et ce gouffre d'ignorance au bord duquel, selon lui, notre science doit s'arrêter. Et voyez ce qui en advient. En retranchant de la science la connaissance des premières causes, c'est-à-dire des choses divines, vous réduisez l'homme à devenir sceptique, positif, utilitaire, s'il a l'esprit sec, ou bien mystique, exalté, méthodiste, s'il a l'imagination vive. Dans ce grand vide inconnu que vous placez au delà de notre petit monde, les gens à tête chaude ou à conscience triste peuvent loger tous leurs rêves, et les hommes à jugement froid, désespérant d'y rien atteindre, n'ont plus qu'à se rabattre dans la recherche des recettes pratiques qui peuvent améliorer notre condition. Il me semble que le plus souvent ces deux dispositions se rencontrent dans une tête anglaise. L'esprit religieux et l'esprit positif y vivent côte à côte et séparés. Cela fait un mélange bizarre, et j'avoue que j'aime mieux la manière dont les Allemands ont concilié la science et la foi. — Mais leur philosophie n'est qu'une poésie mal écrite. — Peut-être. — Mais ce qu'ils appellent raison ou intuition des principes n'est que la puissance de bâtir des hypothèses. — Peut-être. — Mais les systèmes qu'ils ont arrangés n'ont pas tenu devant l'expérience. — Je vous abandonne leur œuvre. — Mais leur absolu, leur sujet, leur objet et le reste ne sont que de grands mots. — Je vous abandonne leur style. — Alors que gardez-vous? — Leur idée de la cause. — Vous croyez, comme eux, qu'on découvre les causes par une révélation de la raison? — Point du tout. — Vous croyez comme nous qu'on découvre les causes par la simple expérience? — Pas davantage. — Vous pensez qu'il y a une faculté autre que l'expérience et la raison propre à découvrir les causes? — Oui. — Vous croyez qu'il y a une opération moyenne, située entre l'illumination et l'observation, capable d'atteindre des principes comme on l'assure de la première, capable d'atteindre des vérités comme on l'éprouve pour la seconde? — Oui. — Laquelle? — L'abstraction. Reprenons votre idée primitive; je tâcherai de dire en quoi je la trouve incomplète, et en quoi il me semble que vous mutilez l'esprit humain. Seulement il faudra que vous m'accordiez de l'espace; ce sera tout un plaidoyer.

II.

Votre point de départ est bon : en effet, l'homme ne connaît point les substances; il ne connaît ni l'esprit ni le corps : il n'aperçoit que ses états intérieurs tout passagers et isolés; il s'en sert pour affirmer et désigner des états extérieurs, positions, mouvements, changements, et ne s'en sert pas pour autre chose. Il n'atteint que des faits, soit au dedans, soit au dehors, tantôt caducs, quand son impression ne se répète pas, tantôt permanents, quand son impression, maintes fois répétée, lui fait supposer qu'elle sera répétée toutes les fois qu'il voudra l'avoir. Il ne saisit que des couleurs, des sons, des résistances, des mouvements, tantôt momentanés et variables, tantôt semblables à eux-mêmes et renouvelés. Il ne suppose des qualités et propriétés que par un artifice de langage, et pour grouper plus commodément des faits.

Nous allons même plus loin que vous : nous pensons qu'il n'y a ni esprits ni corps, mais simplement des groupes de mouvements présents ou possibles, et des groupes de pensées présentes ou possibles. Nous croyons qu'il n'y a point de substances, mais seulement des systèmes de faits. Nous regardons l'idée de substance comme une illusion psychologique. Nous considérons la substance, la force et tous les êtres métaphysiques des modernes comme un reste des entités scolastiques. Nous pensons qu'il n'y a rien au monde que des faits et des lois, c'est-à-dire des événements et leurs rapports, et nous reconnaissons comme vous que toute connaissance consiste d'abord à lier ou à additionner des faits. Mais cela terminé, une nouvelle opération commence, la plus féconde de toutes, et qui consiste à décomposer ces données complexes en données simples. Une faculté magnifique apparaît, source du langage, interprète de la nature, mère des religions et des philosophies, seule distinction véritable, qui, selon son degré, sépare l'homme de la brute, et les grands hommes des petits : je veux dire l'*abstraction*, qui est le pouvoir d'isoler les éléments des faits et de les considérer à part. Mes yeux suivent le contour d'un carré, et l'abstraction en isole les deux propriétés constitutives, l'égalité des côtés et des angles. Mes doigts touchent la surface d'un cylindre, et l'abstraction en isole les deux éléments générateurs, la notion de rectangle et la révolution de ce rectangle autour d'un de ses côtés pris comme axe. Cent mille expériences me développent par une infinité de détails la série des opérations physiologiques qui font la vie, et l'abstraction isole la direction de cette série, qui est un circuit de déperdition constante et de réparation continue. Douze cents pages m'ont exposé le jugement de Mill sur les diverses parties de la science, et l'abstraction isole son idée fondamentale, à savoir, que les seules propositions fructueuses sont celles qui joignent un fait à un fait non contenu dans le premier. Partout ailleurs il en est de même. Toujours un fait ou une série de faits peut être résolu en ses composants. C'est cette décomposition que l'on réclame lorsqu'on demande quelle est la nature d'un objet. Ce sont ces composants que l'on cherche lorsqu'on veut pénétrer dans l'intérieur d'un être. Ce sont eux que l'on désigne sous les noms de forces, causes, lois, essences, propriétés primitives. Ils ne sont pas un nouveau fait ajouté aux premiers; ils en sont une portion, un extrait : ils sont contenus en eux, ils ne sont autre chose que les faits eux-mêmes. On ne passe pas, en les découvrant, d'une donnée à une donnée différente, mais de la même à la même, du tout à la partie, du composé aux composants. On ne fait que voir la même chose sous deux formes, d'abord entière, puis divisée; on ne fait que traduire la même idée d'un langage en un autre, du langage sensible en langage abstrait, comme on traduit une courbe en une équation, comme on exprime un cube par une fonction de son côté. Que cette traduction soit difficile ou non, peu importe; qu'il faille souvent l'accumulation ou la comparaison d'un nombre énorme de faits pour y atteindre, et que maintes fois notre esprit succombe avant d'y arriver, peu importe encore. Toujours est-il que dans cette opération, qui est évidemment fructueuse, au lieu d'aller d'un fait à un autre fait, on va du même au même ; au lieu d'ajouter une expérience à une expérience, on met à part quelque portion de la première ; au lieu d'avancer, on s'arrête pour creuser en place. Il y a donc des jugements qui sont instructifs, et qui cependant ne sont pas des expériences ; il y a donc des propositions qui concernent l'essence, et qui cependant ne sont pas verbales ; il y a donc une opération différente de l'expérience, qui agit par retranchement au lieu d'agir par addition, qui, au lieu d'acquérir, s'applique aux données acquises, et qui par delà l'observation, ouvrant aux sciences une carrière nouvelle, définit leur nature, détermine leur marche, complète leurs ressources et marque leur but.

Voilà la grande omission du système : l'abstraction y est laissée sur l'arrière-plan, à peine mentionnée, recouverte par les autres opérations de l'esprit, traitée comme un appendice des expériences ; nous n'avons qu'à la rétablir dans la théorie générale pour reformer les théories particulières où elle a manqué.

III

D'abord la définition. Il n'y a pas, dit Mill, de définition des choses, et quand on me définit la sphère le solide engendré par la révolution d'un demi-cercle autour de son diamètre, on ne me définit qu'un nom. Sans doute on vous apprend par là le sens d'un nom, mais on vous apprend encore bien autre chose. On vous annonce que toutes les propriétés de toute sphère dérivent de cette formule génératrice. On réduit une donnée infiniment complexe à deux éléments. On transforme la donnée sensible en données abstraites; on exprime l'essence de la sphère, c'est-à-dire la cause intérieure et primordiale de toutes ses propriétés. Voilà la nature de toute vraie définition; elle ne se contente pas d'expliquer un nom, elle n'est pas un simple signalement; elle n'indique pas simplement une propriété distinctive, elle ne se borne pas à coller sur l'objet une étiquette propre à le faire reconnaître entre tous. Il y a en dehors de la définition plusieurs façons de faire reconnaître l'objet; il y a telle autre propriété qui n'appartient qu'à lui; on pourrait désigner la sphère en disant que, de tous les corps, elle est celui qui, à surface égale, occupe le plus d'espace, et autrement encore. Seulement ces désignations ne sont pas des définitions; elles exposent une propriété caractéristique et dérivée, non une propriété génératrice et première; elles ne ramènent pas la chose à ses facteurs, elles ne la recréent pas sous nos yeux, elles ne montrent pas sa nature intime et ses éléments irréductibles. La définition est la proposition qui marque dans un objet la qualité d'où dérivent les autres, et qui ne dérive point d'une autre qualité. Ce n'est point là une proposition verbale, car elle vous enseigne la qualité d'une chose. Ce n'est point là l'affirmation d'une qualité ordinaire, car elle vous révèle la qualité qui est la source du reste. C'est une assertion d'une espèce extraordinaire, la plus féconde et la plus précieuse de toutes, qui résume toute une science, et en qui toute science aspire à se résumer. Il y a une définition dans chaque science; il y en a une pour chaque objet. Nous ne la possédons pas partout, mais nous la cherchons partout. Nous sommes parvenus à définir le mouvement des planètes par la force tangentielle et l'attraction qui le composent; nous définissons déjà en partie le corps chimique par la notion d'équivalent, et le corps vivant par la notion de type. Nous travaillons à transformer chaque groupe de phénomènes en quelques lois, forces ou notions abstraites. Nous nous efforçons d'atteindre en chaque objet les éléments générateurs, comme nous les atteignons dans la sphère, dans le cylindre, dans le cercle, dans le cône, et dans tous les composés mathématiques. Nous réduisons les corps naturels à deux ou trois sortes de mouvements, attraction, vibration, polarisation, comme nous réduisons les corps géométriques à deux ou trois sortes d'éléments, le point, le mouvement, la ligne, et nous jugeons notre science partielle ou complète, provisoire ou définitive, suivant que cette réduction est approximative ou absolue, imparfaite ou achevée.

IV

Même changement dans la théorie de la preuve. Selon Mill, on ne prouve pas que le prince Albert mourra en posant que tous les hommes sont mortels, car ce serait dire deux fois la même chose, mais en posant que Jean, Pierre et compagnie, bref tous les hommes dont nous avons entendu parler, sont morts. — Je réponds que la vraie preuve n'est ni dans la mortalité de Jean, Pierre et compagnie, ni dans la mortalité de tous les hommes, mais ailleurs. On prouve un fait, dit Aristote[1], en montrant sa cause. On prouvera donc la mortalité du prince Albert en montrant la cause qui fait qu'il mourra. Et pourquoi mourra-t-il, sinon parce que le corps humain, étant un composé chimique instable, doit se dissoudre au bout d'un temps; en d'autres termes, parce que la mortalité est jointe à la qualité d'homme. Voilà la cause et voilà la preuve. C'est cette loi abstraite qui, présente dans la nature, amènera la mort du prince, et qui, présente dans mon esprit, me montre la mort du prince. C'est cette proposition

---

1. Voyez les seconds analytiques, si supérieurs aux premiers : δι' αἰτίων καὶ προτέρων.

abstraite qui est probante ; ce n'est ni la proposition particulière, ni la proposition générale. Elle est si bien la preuve qu'elle prouve les deux autres. Si Jean, Pierre et compagnie sont morts, c'est parce que la mortalité est jointe à la qualité d'homme. Si tous les hommes sont morts ou mourront, c'est encore parce que la mortalité est jointe à la qualité d'homme. Ici, une fois de plus, le rôle de l'abstraction a été oublié. Mill l'a confondue avec les expériences ; il n'a pas distingué la preuve et les matériaux de la preuve, la loi abstraite et le nombre fini ou indéfini de ses applications. Les applications contiennent la loi et la preuve, mais elles ne sont ni la loi ni la preuve. Les exemples de Pierre, Jean et des autres contiennent la cause, mais ils ne sont pas la cause. Ce n'est pas assez d'additionner les cas, il faut en retirer la loi. Ce n'est pas assez d'expérimenter, il faut abstraire. Voilà la grande opération scientifique. Le syllogisme ne va pas du particulier au particulier, comme dit Mill, ni du général au particulier, comme disent les logiciens ordinaires, mais de l'abstrait au concret, c'est-à-dire de la cause à l'effet. C'est à ce titre qu'il fait partie de la science ; il en fait et il en marque tous les chaînons ; il relie les principes aux effets : il fait communiquer les définitions avec les phénomènes. Il porte sur toute l'échelle de la science l'abstraction que la définition a portée au sommet.

V

La même opération explique aussi les axiomes. Selon Mill, si nous savons que des grandeurs égales ajoutées à des grandeurs égales font des sommes égales, ou que deux droites ne peuvent enclore un espace, c'est par une expérience extérieure faite avec nos yeux, ou par une expérience intérieure faite avec notre imagination. Sans doute on peut savoir ainsi que deux droites ne sauraient enclore un espace, mais on peut le savoir encore d'une autre façon. On peut se représenter une droite par l'imagination, et l'on peut la concevoir aussi par la raison. On peut considérer son image ou sa définition. On peut l'étudier en elle-même ou dans les éléments générateurs. Je puis me représenter une droite toute faite, mais je puis aussi la résoudre en ses facteurs. Je puis assister à sa formation, et dégager les éléments abstraits qui l'engendrent, comme j'ai assisté à la formation du cylindre et dégagé le rectangle en révolution qui l'a engendré. Je puis dire non pas que la ligne droite est la plus courte d'un point à un autre, ce qui est une propriété dérivée, mais qu'elle est la ligne formée par le mouvement d'un point qui tend à se rapprocher d'un autre, et de cet autre seulement ; ce qui revient à dire que deux points suffisent à déterminer une droite, en d'autres termes que deux droites ayant deux points communs coïncident dans toute leur étendue intermédiaire ; d'où l'on voit que si deux droites enfermaient un espace, elles ne feraient qu'une droite et n'enfermeraient rien du tout. Voilà une seconde manière de connaître l'axiome, et il est clair qu'elle diffère beaucoup de la première. Dans la première, on le constate; dans la seconde, on le déduit. Dans la première, on éprouve qu'il est vrai ; dans la seconde, on prouve qu'il est vrai. Dans la première, on l'admet; dans la seconde, on l'explique. Dans la première, on remarquait seulement que le contraire de l'axiome est inconcevable ; dans la seconde, on découvre en plus que le contraire de l'axiome est contradictoire. Étant donnée la définition de la ligne droite, l'axiome que deux droites ne peuvent enclore un espace s'y trouve compris ; il en dérive comme une conséquence de son principe. En somme, il n'est qu'une proposition identique, ce qui veut dire que son sujet contient son attribut ; il ne joint pas deux termes séparés, irréductibles l'un à l'autre : il unit deux termes dont le second est une portion du premier. Il est une simple analyse. Et tous les axiomes sont ainsi. Il suffit de les décomposer pour apercevoir qu'ils vont non d'un objet à un objet différent, mais du même au même. Il suffit de résoudre les notions d'égalité, de cause, de substance, de temps et d'espace en leurs abstraits, pour démontrer les axiomes d'égalité, de substance, de cause, de temps et d'espace. Il n'y a qu'un axiome, celui d'identité. Les autres ne sont que ses applications ou ses suites. Cela admis, on voit à l'instant que la portée de notre esprit se trouve changée. Nous ne sommes plus simplement capables de connaissances relatives et bornées : nous sommes capables aussi de connaissances absolues et infinies; nous possédons dans les axiomes des données qui non-seulement s'accompagnent l'une l'autre, mais encore dont l'une enferme l'autre. Si, comme dit Mill, elles ne faisaient que s'accompagner, nous serions forcés de conclure, comme Mill, que peut-être elles ne s'accompagnent pas toujours. Nous ne verrions point la nécessité intérieure de leur jonction, nous ne la poserions qu'en fait; nous dirions que les deux données étant de leur nature isolées, il peut se rencontrer des circonstances qui les séparent ; nous n'affirmerions la vérité des axiomes qu'au regard de notre monde et de notre esprit. Si au contraire les deux données sont telles que la première enferme la seconde, nous établissons par cela même la nécessité de leur jonction : partout où sera la première, elle emportera la seconde, puisque la seconde est une partie d'elle-même et qu'elle ne peut pas se séparer de soi. Il n'y a point de place entre elles deux pour une circonstance qui vienne les disjoindre, car elles ne font qu'une seule chose sous deux aspects. Leur liaison est donc absolue et universelle, et nous possédons des vérités qui ne souffrent ni doute, ni limites, ni conditions, ni restrictions. L'abstraction rend aux axiomes leur valeur en montrant leur origine, et nous restituons à la science la portée qu'on lui ôte en restituant à l'esprit la faculté qu'on lui ôtait.

VI

Reste l'induction, qui semble le triomphe de la pure expérience. Et c'est justement l'induction qui est le triomphe de l'abstraction. Lorsque je découvre par induction que le froid cause la rosée, ou que le passage de l'état liquide à l'état solide produit la cristallisation, j'établis un rapport entre deux abstraits. Ni le froid, ni la rosée, ni le passage de l'état solide à l'état liquide, ni la cristallisation n'existent en soi. Ce sont des portions de phénomènes, des extraits de cas complexes, des éléments simples enfermés dans des ensembles plus composés. Je les en retire et je les isole ; j'isole la rosée prise en général de toutes les rosées locales, temporaires, particulières, que je puis observer ; j'isole le froid pris en général de tous les froids spéciaux, variés, distincts, qui peuvent se produire parmi toutes les différences de texture, toutes les diversités de substance, toutes les inégalités de température, toutes les complications de circonstances. Je joins un antécédent abstrait à un conséquent abstrait, et je les joins, comme le montre Mill lui-même, par des retranchements, des suppressions, des éliminations. J'expulse des deux groupes qui les contiennent toutes les circonstances adjacentes ; je démêle le couple dans l'entourage qui l'offusque ; je détache, par une série de comparaisons et d'expériences, tous les accidents parasites qui se sont collés à lui, et je finis ainsi par le mettre à nu. J'ai l'air de considérer vingt cas différents, et dans le fonds, je n'en considère qu'un seul ; j'ai l'air de procéder par addition, et en somme je n'opère que par soustraction. Tous les procédés de l'induction sont donc des moyens d'abstraire, et toutes les œuvres de l'induction sont donc des liaisons d'abstraits.

VII

Nous voyons maintenant les deux grands moments de la science et les deux grandes apparences de la nature. Il y a deux opérations, l'expérience et l'abstraction ; il y a deux royaumes, celui des faits complexes et celui des éléments simples. Le premier est l'effet, le second la cause. Le premier est contenu dans le second et s'en déduit, comme une conséquence de son principe. Tous deux s'équivalent ; ils sont une seule chose considérée sous deux aspects. Ce magnifique monde mouvant, ce chaos tumultueux d'événements entrecroisés, cette vie incessante infiniment variée et multiple, se réduisent à quelques éléments et à leurs rapports. Tout notre effort consiste à passer de l'un à l'autre, du complexe au simple, des faits aux lois, des expériences aux formules. Et la raison en est visible ; car ce fait que j'aperçois par les sens ou la conscience n'est qu'une tranche arbitraire que mes sens ou ma conscience découpent dans la trame infinie et continue de l'être. S'ils étaient construits autrement, ils en intercepteraient une autre ; c'est le hasard de leur structure qui a déterminé celle-là. Ils sont comme un compas ouvert, qui pourrait l'être moins, et qui pourrait l'être davantage. Le cercle qu'ils décrivent n'est pas naturel, mais artificiel. Il l'est si bien, qu'il l'est en deux manières, à l'extérieur et à l'intérieur. Car, lorsque je constate un événement, je l'isole artificiellement de son entourage naturel, et je le compose artificiellement d'éléments qui ne sont point un assemblage naturel. Quand je vois une pierre qui tombe, je sépare la chute des circonstances antérieures qui réellement lui sont jointes, et je mets ensemble la chute, la forme, la structure, la couleur, le son et vingt autres circonstances qui réellement ne sont point liées. Un fait est donc un amas arbitraire, en même temps qu'une coupure arbitraire, c'est-à-dire un groupe factice, qui sépare ce qui est uni, et unit ce qui est séparé[1]. Ainsi, tant que nous ne regardons la nature que par l'observation seule, nous ne la voyons pas telle qu'elle est : nous n'avons d'elle qu'une idée provisoire et illusoire. Elle est proprement une tapisserie que nous n'apercevons qu'à l'envers. Voilà pourquoi nous tâchons de la retourner. Nous nous efforçons de démêler des lois, c'est-à-dire des groupes naturels qui soient effectivement distincts de leur entourage et qui soient composés d'éléments effectivement unis.

---

1. « Un fait, me disait un physicien éminent, est une superposition de lois. »

Nous découvrons des couples, c'est-à-dire des composés réels et des liaisons réelles. Nous passons de l'accidentel au nécessaire, du relatif à l'absolu, de l'apparence à la vérité ; et ces premiers couples trouvés, nous pratiquons sur eux la même opération que sur les faits. Car, à un moindre degré, ils ont la même nature. Quoique plus abstraits, ils sont encore complexes. Ils peuvent être décomposés et expliqués. Ils ont une raison d'être. Il y a quelque cause qui les construit et les unit. Il y a lieu pour eux, comme pour les faits, de chercher les éléments générateurs en qui ils peuvent se résoudre et de qui ils peuvent se déduire, et l'opération doit continuer jusqu'à ce qu'on soit arrivé à des éléments tout à fait simples, c'est-à-dire tels que leur décomposition soit contradictoire. Que nous puissions les trouver ou non, ils existent; l'axiome des causes serait démenti, s'ils manquaient. Il y a donc des éléments indécomposables, desquels dérivent les lois les plus générales, et de celles-ci les lois particulières et de ces lois les faits que nous observons, ainsi qu'il y a en géométrie deux ou trois notions primitives, desquelles dérivent les propriétés des lignes, et de celles-ci les propriétés des surfaces, des solides, et des formes innombrables que la nature peut effectuer ou l'esprit imaginer. Nous pouvons maintenant comprendre la vertu et le sens de cet axiome des causes qui régit toutes choses, et que Mill a mutilé. Il y a une force intérieure et contraignante qui suscite tout événement, qui lie tout composé, qui engendre toute donnée. Cela signifie, d'une part, qu'il y a une raison à toute chose, que tout fait a sa loi ; que tout composé se réduit en simples ; que tout produit implique des facteurs ; que toute qualité et toute existence doivent se réduire de quelque terme supérieur et antérieur. Et cela signifie, d'autre part, que le produit équivaut aux facteurs, que tous deux ne sont qu'une même chose sous deux apparences ; que la cause ne diffère pas de l'effet ; que les puissances génératrices ne sont que les propriétés élémentaires ; que la force active par laquelle nous figurons la nature, n'est que la nécessité logique qui transforme l'un dans l'autre le composé et le simple, le fait et la loi. Par là nous désignons d'avance le terme de toute science, et nous tenons la puissante formule qui, établissant la liaison invincible et la production spontanée des êtres, pose dans la nature le ressort de la nature, en même temps qu'elle enfonce et serre au cœur de toute chose vivante les tenailles d'acier de la nécessité.

VIII

Pouvons-nous connaître ces éléments premiers ? Pour mon compte, je le pense, et la raison en est qu'étant des abstraits, ils ne sont pas situés en dehors des faits, mais compris en eux, en telle sorte qu'il n'y a qu'à les en retirer. Bien plus, étant les plus abstraits, c'est-à-dire les plus généraux de tous, il n'y a pas de faits qui ne les comprennent et dont on ne puisse les extraire. Si limitée que soit notre expérience, nous pouvons donc les atteindre, et c'est d'après cette remarque que les modernes métaphysiciens d'Allemagne ont tenté leurs grandes constructions. Ils ont compris qu'il y a des notions simples, c'est-à-dire des abstraits indécomposables, que leurs combinaisons engendrent le reste, et que les règles de leurs unions ou de leurs contrariétés mutuelles sont des lois premières de l'univers. Ils ont essayé de les atteindre et de retrouver par la pensée pure le monde tel que l'observation nous l'a montré. Ils ont échoué à demi, et leur gigantesque bâtisse, toute factice et fragile, pend en ruine, semblable à ces échafaudages provisoires qui ne servent qu'à marquer le plan d'un édifice futur. C'est qu'avec un sens profond de notre puissance, ils n'ont point eu la vue exacte de nos limites. Car nous sommes débordés de tous côtés par l'infinité du temps et de l'espace; nous nous trouvons jetés dans ce monstrueux univers comme un coquillage au bord d'une grève, ou comme une fourmi au pied d'un talus. En ceci, Mill dit vrai; le hasard se rencontre au terme de toutes nos connaissances comme au commencement de toutes nos données : nous avons beau faire, nous ne pouvons que remonter, et par conjecture encore, jusqu'à un état initial; mais cet état dépend d'un précédent, qui dépend d'un autre, et ainsi de suite, en sorte que nous sommes obligés de l'accepter comme une pure donnée, et de renoncer à le déduire, quoique nous sachions qu'il doive être déduit. Il en est ainsi dans toutes les sciences, en géologie, en histoire naturelle, en physique, en chimie, en psychologie, en histoire, et l'accident primitif étend ses effets dans toutes les parties de la sphère où il est compris. S'il avait été différent, nous n'aurions ni les mêmes planètes, ni les mêmes espèces chimiques, ni les mêmes végétaux, ni les mêmes animaux, ni les mêmes races d'hommes, ni peut-être aucune de ces sortes d'êtres. Si la fourmi était portée dans une autre contrée, elle ne verrait ni les mêmes arbres, ni les mêmes insectes, ni la même disposition du sol, ni les mêmes révolutions de l'air, ni peut-être aucune de ces formes de l'être. Il y a donc en tout fait et en tout objet une portion accidentelle et locale, portion énorme, qui, comme le reste, dépend des lois primitives, mais n'en dépend qu'à travers un circuit infini de contre-coups, en sorte qu'entre elle et les lois primitives, il y a une lacune infinie qu'une série infinie de déductions pourrait seule combler.

Voilà la portion inexplicable des phénomènes, et voilà ce que les métaphysiciens d'outre-Rhin ont tenté d'expliquer. Ils ont voulu déduire de leurs théorèmes élémentaires la forme du système planétaire, les diverses lois de la physique et de la chimie, les principaux types de la vie, la succession des civilisations et des pensées humaines. Ils ont torturé leurs formules universelles pour en tirer des cas tout particuliers ; ils ont pris des suites indirectes et lointaines pour des suites directes et prochaines ; ils ont omis ou supprimé le grand jeu qui s'interpose entre les premières lois et les dernières conséquences; ils ont écarté de leurs fondements le hasard, comme une assise indigne de la science, et ce vide qu'ils laissaient, mal rempli par des matériaux postiches, a fait écrouler tout le bâtiment.

Est-ce à dire que dans les données que ce petit canton de l'univers nous fournit, tout soit local ? En aucune façon. Si la fourmi était capable d'expérimenter, elle pourrait atteindre l'idée d'une loi physique, d'une forme vivante, d'une sensation représentative, d'une pensée abstraite; car un pied de terre sur lequel se trouve un cerveau qui pense renferme tout cela ; donc, si limité que soit le champ d'un esprit, il contient des données générales, c'est-à-dire répandues sur des territoires extérieurs fort vastes, où sa limitation l'empêche de pénétrer. Si la fourmi était capable de raisonner, elle pourrait construire l'arithmétique, l'algèbre, la géométrie, la mécanique; car un mouvement d'un demi-pouce contient dans son raccourci le temps, l'espace, le nombre et la force, tous les matériaux des mathématiques : donc, si limité que soit le champ d'un esprit, il renferme des données universelles, c'est-à-dire répandues sur tout le territoire du temps et de l'espace. Si la fourmi était philosophe, elle pourrait démêler les idées de l'être, du néant, et tous les matériaux de la métaphysique; car un phénomène quelconque, intérieur ou extérieur, suffit pour les présenter: donc, si limité que soit le champ d'un esprit, il contient des données absolues, c'est-à-dire telles qu'il n'y a nul objet où elles puissent manquer. Et il faut bien qu'il en soit ainsi ; car à mesure qu'une donnée est plus générale, il faut parcourir moins de faits pour la rencontrer : si elle est universelle, on la rencontre partout; si elle est absolue, on ne peut pas ne pas la rencontrer. C'est pourquoi, malgré l'étroitesse de notre expérience, la métaphysique, j'entends la recherche des premières causes, est possible, à la condition que l'on reste à une grande hauteur, que l'on ne descende point dans le détail, que l'on considère seulement les éléments les plus simples de l'être et les tendances les plus générales de la nature. Si quelqu'un recueillait les trois ou quatre grandes idées où aboutissent nos sciences, et les trois ou quatre genres d'existence qui résument notre univers ; s'il comparait ces deux étranges quantités qu'on nomme la durée et l'étendue, ces principales formes ou détermination de la quantité qu'on appelle les lois physiques, les types chimiques et les espèces vivantes, et cette merveilleuse puissance représentative qui est l'esprit, et qui, sans tomber dans la quantité, reproduit les deux autres et elle-même; s'il découvrait, entre ces trois termes, la quantité pure, la quantité déterminée et la quantité supprimée[1], un ordre tel que la première appelât la seconde, et la seconde la troisième ; s'il établissait ainsi que la quantité pure est le commencement nécessaire de la nature, et que la pensée est le terme extrême auquel la nature est tout entière suspendue; si ensuite, isolant les éléments

---

1. Die aufgehobene quantitat.

de ces données, il montrait qu'ils doivent se combiner comme ils sont combinés, et non autrement ; s'il prouvait enfin qu'il n'y a point d'autres éléments, et qu'il ne peut y en avoir d'autres, il aurait esquissé une métaphysique sans empiéter sur les sciences positives, et touché la source sans être obligé de descendre jusqu'au terme de tous les ruisseaux.

A mon avis, ces deux grandes opérations, l'expérience telle que vous l'avez décrite et l'abstraction telle que j'ai essayé de la définir, font à elles deux toutes les ressources de l'esprit humain. L'une est la direction pratique, l'autre la direction spéculative. La première conduit à considérer la nature comme une rencontre de faits, la seconde comme un système de lois : employée seule, la première est anglaise ; employée seule, la seconde est allemande. S'il y a une place entre les deux nations, c'est la nôtre. Nous avons élargi les idées anglaises au dix-huitième siècle : nous pouvons, au dix-neuvième siècle, préciser les idées allemandes. Notre affaire est de tempérer, de corriger, de compléter les deux esprits l'un par l'autre, de les fondre en un seul, de les exprimer dans un style que tout le monde entende, et d'en faire ainsi l'esprit universel.

IX

Nous sortîmes. Comme il arrive toujours en pareil cas, chacun des deux avait fait réfléchir l'autre, et aucun des deux n'avait persuadé l'autre; mais ces réflexions furent courtes : devant une belle matinée d'août, tous les raisonnements tombent. Les vieux murs, les pierres rongées par la pluie souriaient au soleil levant. Une lumière jeune se posait sur les dentelures des murailles, sur les festons des arcades, sur le feuillage éclatant des lierres. Les roses grimpantes, les chèvrefeuilles montaient le long des meneaux, et leurs corolles tremblaient et luisaient au souffle léger de l'air. Les jets d'eau murmuraient dans les grandes cours silencieuses. La charmante ville sortait de la brume matinale aussi parée et aussi tranquille qu'un palais de fées, et sa robe de molle vapeur rose, semblable à une jupe ouvragée de la Renaissance, était bosselée par une broderie de clochers, de cloîtres et de palais, chacun encadré dans sa verdure et dans ses fleurs. Les architectures de tous les âges mêlaient leurs ogives et leurs trèfles, leurs statues et leurs colonnes ; le temps avait fondu leurs teintes ; le soleil les unissait dans sa lumière, et la vieille cité semblait un écrin où tous les siècles et tous les génies avaient pris soin tour à tour d'apporter et de ciseler leur joyau. Au dehors, la rivière coulait à pleins bords en larges nappes d'argent reluisantes. Les prairies regorgeaient de hautes herbes ; les faucheurs y entraient jusqu'au dessus du genou. Les boutons d'or, les reines-des-prés par myriades, les graminées penchées sous le poids de leur tête grisâtre, les plantes abreuvées par la rosée de la nuit, avaient pullulé dans la riche terre plantureuse. Il n'y a point de mot pour exprimer cette fraîcheur de teintes et cette abondance de séve. A mesure que la grande ligne d'ombre reculait, les fleurs apparaissaient au jour brillantes et vivantes. A les voir virginales et timides dans ce voile doré, on pensait aux joues empourprées, aux beaux yeux modestes d'une jeune fille qui pour la première fois met son collier de pierreries. Autour d'elles comme pour les garder, des arbres énormes, vieux de quatre siècles, allongeaient leur files régulières ; et j'y trouvais une nouvelle trace de ce bon sens pratique qui a accompli des révolutions sans commettre de ravages, qui, en améliorant tout, n'a rien renversé, qui a conservé ses arbres comme sa constitution, qui a élagué les vieilles branches sans abattre le tronc ; qui seul aujourd'hui, entre tous les peuples, jouit non-seulement du présent, mais du passé.

CHAPITRE VI.

La poésie. Tennyson.

I. Son talent et son œuvre. — Ses débuts. — En quoi il s'opposait aux poëtes précédents. — En quoi il les continuait.
II. Première période. — Ses portraits de femmes. — Délicatesse et raffinement de son sentiment et de son style. — Variété de ses émotions et de ses sujets. — Sa curiosité littéraire et son dilettantisme poétique. — *The Dying Swan*. — *The Lotos-Eaters*.
III. Deuxième période. — Sa popularité, son bonheur et sa vie. — Sensibilité et virginité permanentes du tempérament poétique. — En quoi il est d'accord avec la nature. — *Locksley Hall*. — Changement de sujet et de style. — Explosion violente et accent personnel. — *Maud*.
IV. Retour de Tennyson à son premier style. — *In Memoriam*. — Élégance, froideur et longueurs de ce poëme. — Il faut que le sujet et le talent soient d'accord. — Quels sujets conviennent à l'artiste dilettante. — *The Princess*. — Comparaison de ce poëme et d'*As you like it*. — Le monde fantastique et pittoresque. — Comment Tennyson retrouve les songes et le style de la Renaissance.
V. Comment Tennyson retrouve la naïveté et la simplicité de l'ancienne épopée. — *Les Idylles du roi*. — Pourquoi il a renouvelé l'épopée de la Table-Ronde. — Pureté et élévation de ses modèles et de sa poésie. — *Elaine*. — *La mort d'Arthur*. — Manque de passion personnelle et absorbante. — Flexibilité et désintéressement de son esprit. — Son talent pour se métamorphoser, pour embellir, et pour épurer.
VI. Son public. — Le monde en Angleterre. — La campagne. — Le confort. — L'élégance. — L'éducation. — Les habitudes. — En quoi Tennyson convient à un pareil monde. — Le monde en France. — La vie parisienne. — Les plaisirs. — La représentation.

— La conversation. — La hardiesse d'esprit. — En quoi Alfred de Musset convient à un pareil monde. — Comparaison des deux mondes et des deux poëtes.

§ 1.

SON TALENT ET SON OEUVRE.

Lorsque Tennyson publia ses premiers poëmes, les critiques en dirent du mal. Il se tut; pendant dix ans personne ne vit son nom dans une revue, ni même dans un catalogue. Mais quand il parut de nouveau devant le public, ses livres avaient fait leur chemin tout seuls et sous terre, et du premier coup il passa pour le plus grand poëte de son pays et de son temps.

On se trouva surpris, et d'une surprise charmante. La puissante génération de poëtes qui venait de s'éteindre avait passé comme un orage. Ainsi que leurs devanciers du seizième siècle, ils avaient emporté et précipité tout jusqu'aux extrêmes. Les uns avaient ramassé les légendes gigantesques, accumulé les rêves, fouillé l'Orient, la Grèce, l'Arabie, le moyen âge, et surchargé l'imagination humaine des couleurs et des fantaisies de tous les climats. Les autres s'étaient guindés dans la métaphysique et la morale, avaient rêvé infatigablement sur la condition humaine, et passé leur vie dans le sublime et le monotone. Les autres, entrechoquant le crime et l'héroïsme, avaient promené parmi les ténèbres et sous les éclairs un cortége de figures contractées et terribles, désespérées par leurs remords, illuminées par leur grandeur. On voulait se reposer de tant d'efforts et de tant d'excès. Au sortir de l'école imaginative, sentimentale et satanique, Tennyson parut exquis. Toutes les formes et toutes les idées qui venaient de plaire se retrouvaient chez lui, mais épurées, modérées, encadrées dans un style d'or. Il achevait un âge, il jouissait de ce qui avait agité les autres ; sa poésie ressemblait aux beaux soirs d'été ; les lignes du paysage y sont les mêmes que pendant le jour ; mais l'éclat de la coupole éblouissante s'est émoussé ; les plantes rafraîchies se relèvent, et le soleil calme au bord du ciel enveloppe harmonieusement dans un réseau de rayons roses les bois et les prairies que tout à l'heure il brûlait de sa clarté.

I

Ce qui attira d'abord, ce furent ses portraits de femmes. Adeline, Éléonore, Lilian, la Reine de Mai, étaient des personnages de keepsake, sortis de la main d'un amoureux et d'un artiste. Ce keepsake est doré sur tranches, brodé de fleurs et d'ornements, paré, soyeux, rempli de délicates figures toujours fines et toujours correctes, qu'on dirait esquissées à la volée, et qui pourtant sont tracées avec réflexion sur le vélin blanc que leur contour effleure, toutes choisies pour reposer et pour occuper les molles mains blanches d'une jeune mariée ou d'une jeune fille. J'ai traduit bien des idées et bien des styles, je n'essayerai pas de traduire un seul de ces portraits-là. Chaque mot y est comme une teinte, curieusement rehaussée ou nuancée par la teinte voisine, avec toutes les hardiesses et les réussites du raffinement le plus heureux. La moindre altération brouillerait tout. Et ce n'est pas trop d'un art si juste, si consommé, pour peindre les miévreries charmantes, les subites fiertés, les demi-rougeurs, les caprices imperceptibles et fuyants de la beauté féminine. Il les oppose, il les harmonise, il fait d'elles comme une galerie. Voici l'enfant folâtre, la petite fée voltigeante qui bat des mains, et « de ses yeux noirs malicieusement vous regarde en face, et se sauve pendant que ses rires éclatants creusent des fossettes dans les roses enfantines de ses joues. » Voici la blonde pensive qui songe, ses grands yeux bleus tout ouverts, fleur aérienne et vaporeuse « comme un lis penché sur un buisson de roses et que le soleil mourant traverse de sa lumière, » faiblement souriante, « pareille à une naïade qui au fond d'une source regarde le déclin du jour. » Voici la changeante Madeline, soudain rieuse, puis soudain boudeuse, puis encore gaie, puis encore fâchée, puis incertaine entre les deux, étranges sourires, « délicieuses colères qui ressemblent à de petits nuages frangés par le soleil[1]. » Le poëte revenait avec com-

---

1. Frowns perfect-sweet along the brow

plaisance sur toutes les choses fines et exquises. Il les caressait si soigneusement que ses vers parfois semblaient recherchés, affectés, presque précieux. Il y mettait trop d'ornement et de ciselures ; il avait l'air d'être épicurien en fait de style et aussi en fait de beauté. Il cherchait de jolies scènes rustiques, de touchants souvenirs, des sentiments curieux ou purs. Il en faisait des élégies, des pastorales et des idylles. Il composait dans tous les tons et se plaisait à éprouver les émotions de tous les siècles. Il écrivait sainte Agnès, Siméon Stylite, Ulysse, OEnone, sir Galahad, lady Clare, Fatima, la Belle au bois dormant. Il imitait tour à tour Homère et Chaucer, Théocrite et Spenser, les vieux poëtes anglais et les anciens poëtes arabes. Il animait tour à tour les petits événements réels de la vie anglaise et les grandes aventures fantastiques de la chevalerie éteinte. Il était comme ces musiciens qui mettent leur archet au service de tous les maîtres. Il se promenait dans la nature et dans

> Light-glooming over eyes divine,
> Like little clouds sun-fringed. . . . .
>
> So innocent-arch, so cunning-simple,
> From beneath her gather'd wimple,
> Glancing with blak-beaded eyes,
> Till the lightning-laughters dimple
> The baby-roses in her cheeks ;
> Then away she flies. . . . .
>
> Whence that aery bloom of thine,
> Like a lily which the sun
> Looks thro' in his sad decline,
> And a rose-bush leans upon ?
> Thou that faintly smilest still,
> As a Naiad in a well
> Looking at the set of day.

l'histoire, sans parti pris, sans passion âpre, occupé à sentir, à goûter, à cueillir partout, dans les jardinières des salons comme sur la haie des cottages, les fleurs rares ou champêtres dont le parfum ou l'éclat pouvait le charmer ou l'amuser. On en jouissait avec lui ; on respirait les gracieux bouquets qu'il savait si bien faire; on acceptait de préférence ceux qu'il prenait dans la campagne ; on trouvait que nulle part son talent n'était plus à l'aise. On admirait combien ce regard minutieux et ce sentiment délicat savaient en saisir et en interpréter les aspects mobiles. On oubliait dans *le Cygne mourant* que le sujet était presque usé et l'intérêt un peu faible, pour savourer des vers comme ceux-ci :

Quelques pics bleus dans le lointain s'élevaient, — et blanche sur la froide blancheur du ciel — brillait leur couronne de neige. — Un saule se penchait en pleurant sur la rivière, — et secouait le flot quand le vent soupirait. — Au-dessus, dans le vent courait l'hirondelle, — qui se pourchassait elle-même dans ses sauvages caprices ; — et plus loin, à travers le marais vert et tranquille, — les canaux enchevêtrés dormaient, — tachés de pourpre, de vert, et de jaune [1].

Mais ces peintures mélancoliques ne le montraient

1. Some blue peaks in the distance rose,
And white against the cold-white sky,
Shone out their crowning snows.
One willow over the river wept,
And shook the wawe as the wind did sigh;
Above in the wind was the swallow,
Chasing himself at its own wild will;
And far thro' the marish green and still
The tangled water-courses slept,
Shot over with purple, and green, and yellow.

point tout entier ; on allait avec lui dans le pays du soleil, vers les molles voluptés des mers méridionales ; on revenait par un attrait insensible aux vers où il peint les compagnons d'Ulysse qui, assoupis sur la terre des Lotos, rêveurs heureux comme lui-même, oubliaient la patrie et renonçaient à l'action.

Une terre d'eaux courantes : quelques-unes, comme une fumée qui descend, — laissent tomber lentement leur voile de fine gaze ; — d'autres, lancées à travers des ombres et des clartés vacillantes, — roulaient avec un bruit assoupissant leur nappe d'écume. — Ils voyaient la rivière luisante rouler vers l'Océan, — sortie du milieu des terres ; bien loin, trois cimes de montagnes, — trois tours silencieuses de neige antique — se dressaient rougies par le soleil couchant, et le pin ombreux, — humecté de rosée, montait au-dessus des taillis entrelacés.

Il y a ici une musique suave, qui tombe plus doucement — que les pétales des roses épanouies sur le gazon, — que les rosées de la nuit sur les eaux calmes — entre des parois de granit sombre dans un creux qui luit ; — une musique qui se pose plus mollement sur l'âme — que des paupières lassées sur des yeux lassés ; — une musique qui amène un doux sommeil du haut des cieux bienheureux. — Il y a ici de fraîches mousses profondes, — et à travers les mousses rampent les lierres, — et dans le courant pleurent les fleurs aux longues feuilles, — et sur les corniches rocheuses le pavot pend endormi.

Regardez ; au milieu du bois, sur la branche, — la feuille pliée sort du bouton, — sollicitée par la brise caressante ; — elle devient verte et large et ne prend point de souci, — toute baignée de soleil à midi, et, sous la lune, — nourrie de rosée nocturne ; puis elle jaunit, — tombe et descend en flottant à travers l'air. — Regardez ; adoucie par la lumière d'été, — la pomme juteuse devenue trop mûre — se détache par une nuit silencieuse d'automne. — Selon la longueur des jours qui lui sont accordés, — la fleur s'épanouit à sa place, — s'épanouit et se flétrit et tombe, et n'a point de travail, — solidement enracinée dans le sol fertile.

Qu'il est doux, pendant que la brise tiède en chuchotant nous caresse de son souffle, — appuyés sur des couches d'amarante et de moly[1], — nos calmes paupières à demi baissées, — sous les voûtes sacrées du ciel sombre, — de suivre la longue rivière brillante qui traîne lentement — ses eaux en quittant la colline empourprée ; — d'entendre les échos humides qui s'appellent — de caverne en caverne à travers les épaisses vignes entrelacées ; — d'entendre les eaux qui tombent avec des teintes d'émeraude, — à travers les guirlandes tressées de l'acanthe divine ; — entendre et voir seulement dans le lointain la vague étincelante ; — rien que l'entendre serait doux ; — rien que l'entendre et sommeiller sous les pins[2].

1. Nom de la plante donnée par Mercure à Ulysse.

2. A land of streams! some, like a downward smoke,
   Slow-dropping veils of the thinnest lawn, did go.
   And some thro' wavering lights and shadows broke,
   Rolling a slumbrous sheet of foam below.
   They saw the gleaming river seaward flow
   From the inner land: far off, three mountain-tops,
   Three silent pinnacles of aged snow,
   Stood sunset-flush'd : and dew'd with showery drops,
   Up-clomb the shadowy pine above the woven copse....

   There is sweet music here, that softer falls
   Than petal from blown roses on the grass,
   Or night-dews on still waters between walls
   Of shadowy granite, in a gleaming pass ;
   Music that gentler on the spirit lies,
   Than tir'd eyelids upon tir'd eyes ;
   Music that brings sweet sleep down from the blissful skies.
   Here are cool mosses deep,
   And thro' the moss the ivies creep,
   And in the stream the long-leaved flowers weep,
   And from the craggy ledge the poppy hangs in sleep.

   Lo! In the middle of the wood,
   The folded leaf is woo'd from out the bud
   With winds upon the branch, and there
   Grows green and broad, and takes no care,

II

Ce charmant rêveur n'était-il qu'un dilettante? On aimait à se le figurer ainsi; on le trouvait trop heureux pour lui permettre les passions violentes. La gloire lui était venue aisément et vite : il en avait joui dès trente ans. La reine avait consacré la faveur publique en le nommant poëte lauréat. Un grand romancier l'avait déclaré plus véritablement poëte que lord Byron, et soutenait qu'on n'avait rien vu d'aussi parfait depuis Shakspeare. L'étudiant logeait ses livres dans sa chambre d'Oxford, entre un Euripide annoté et un manuel de philosophie scolastique. Les jeunes

>Sun-steep'd at noon, and in the moon
>Nightly dew-fed; and turning yellow
>Falls, and floats adown the air.
>Lo! sweeten'd with the summer light,
>The full-juiced apple, waxing over-mellow,
>Drops in a silent autumn night.
>All its allotted length of days,
>The flower ripens in its place,
>Ripens, and fades, and falls, and hath no toil,
>Fast-rooted in the fruitful soil. . . . .
>
>But, propt on beds of amaranth and moly,
>How sweet (while warm airs lull us, blowing lowly),
>With half-dropt eyelids still,
>Beneath a heaven dark and holy,
>To watch the long bright river drawing slowly
>Its waters from the purple hill. —
>To hear the dewy echoes calling
>From cave to cave thro' the thick-twined vine. —
>To hear the emerald-color'd water falling
>Thro' many a wov'n acanthus-wreath divine!
>Only to hear and see the far-off sparkling brine,
>Only to hear were sweet, stretch'd out beneath the pine.

dames les trouvaient dans leur corbeille de mariage.
On le disait riche, adoré des siens, admiré de ses amis,
aimable, exempt d'affectation, naïf même. Il vivait à la
campagne, principalement dans l'île de Wight, parmi
des livres et des fleurs, à l'abri des tracasseries, des
rivalités et des assujettissements du monde, et l'on
imaginait volontiers sa vie comme un beau songe,
aussi doux que ceux qu'il nous avait donnés.

On regarda de plus près cependant, et l'on vit qu'il
y avait un foyer de passion sous cette surface unie.
Un vrai tempérament poétique n'en manque jamais.
Il sent trop vivement pour être paisible. Quand on
vibre au moindre attouchement, on palpite et on
frémit sous les grands chocs. Déjà çà et là, dans ses
peintures de la campagne et de l'amour, un vers éclatant traversait de sa couleur ardente le dessin correct et calme. Il avait senti cet étrange épanouissement de puissances inconnues qui subitement tient
l'homme immobile [1] les yeux fixes devant la beauté
qui se révèle. Le propre du poëte, c'est d'être toujours jeune et éternellement vierge. Pour nous autres, gens du commun, les choses sont usées ; soixante
siècles de civilisation ont terni leur fraîcheur originelle ; elles sont devenues vulgaires ; nous ne les
apercevons plus qu'à travers un voile de phrases toutes faites; nous nous servons d'elles, nous ne les
comprenons plus ; nous ne voyons plus en elles des
fleurs splendides, mais de bons légumes ; la riche

1. Voir *the Pictures*.

forêt primitive n'est plus pour nous qu'un potager bien aligné et trop connu. Au contraire, le poëte est devant ce monde comme le premier homme au premier jour. En un instant nos catalogues, nos raisonnements, tout l'attirail des souvenirs et des préjugés disparaît de sa mémoire; les choses lui semblent neuves; il est étonné et il est ravi; un flot impétueux de sensations arrive en lui et l'oppresse; c'est la séve toute-puissante de l'invention humaine qui, arrêtée chez nous, recommence à couler chez lui. Les sots l'appellent fou; la vérité est qu'il est clairvoyant; car nous avons beau être inertes, la nature est toujours vivante; ce soleil qui se lève est aussi grand qu'à la première aurore; ces fleuves qui roulent, ces plantes qui pullulent, ces passions qui frémissent, ces forces qui précipitent le tourbillon tumultueux des êtres, aspirent et combattent du même élan qu'à leur naissance; le cœur immortel de la nature palpite encore, soulevant son enveloppe brute, et ses battements retentissent dans le cœur du poëte quand ils n'ont plus d'écho chez nous. Celui-ci les a sentis, non pas toujours; mais deux ou trois fois du moins il a osé les faire entendre. Nous avons retrouvé l'accent libre de l'émotion pleine, et nous avons reconnu une voix d'homme dans ces vers sur Locksley Hall :

Sa joue était pâle et plus mince qu'il ne fallait pour son âge; — et ses yeux, avec une attention muette, étaient suspendus à tous mes mouvements.

Et je lui dis : « Ma cousine Amy, parle-moi et dis-moi la

vérité. — Fie-t'en à moi, cousine. Tout le courant de mon être va vers toi. »

Sur sa joue et sur son front pâles vint une couleur avec une lumière, — comme j'ai vu jaillir soudain une rougeur rose dans la nuit du nord.

Et elle se tourna, — son sein secoué par un soudain orage de soupirs. — Toute son âme brillait comme une aube dans la profondeur de ses yeux noirs.

Elle me dit : « J'ai caché mon sentiment, craignant qu'il ne me fît tort. » — Elle me dit : « M'aimes-tu, cousin ? » Et pleurant : « Il y a longtemps que je t'aime. »

L'Amour prit le sablier du Temps et le retourna dans ses mains étincelantes. — Chaque moment, sous la secousse légère, s'écoula en sables d'or....

Bien des matins, sur la bruyère, nous avons entendu les taillis frémir ; — et son souffle faisait affluer dans mes veines toute la plénitude du printemps.

Bien des soirs, auprès des eaux nous avons suivi les grands navires, — et nos âmes s'élançaient l'une dans l'autre à l'attouchement de nos lèvres.

O ma cousine au cœur faible ! ô mon Amy qui n'es plus mienne ! — O la triste, la triste bruyère ! O le stérile, le stérile rivage !

Plus fausse que tout ce que le rêve peut sonder, plus fausse que tout ce que les chansons ont chanté, — poupée sous la menace d'un père, esclave d'une langue de mégère.

Est-ce bien de te souhaiter heureuse ? — Après m'avoir connu, — descendre jusqu'à un cœur plus étroit que le mien !

Et cela sera. Tu vas t'abaisser jusqu'à son niveau jour par jour. — Ce qu'il y a de délicat en toi deviendra grossier pour s'assimiler à son limon.

Comme est le mari ainsi est la femme. Tu es accouplée à un rustre, — et la pesanteur de sa nature te fera tomber aussi bas que lui.

Il te tiendra, quand sa passion aura usé sa force nouvelle, — pour quelque chose d'un peu mieux que son chien, et qu'il aimera un peu plus que son cheval.

CHAPITRE VI. TENNYSON. 431

Qu'est-ce qu'il a? Ses yeux sont appesantis et vitreux; oublie que c'est de vin. — Va à lui; c'est ton devoir; embrasse-le; prends sa main dans la tienne.

Peut-être que monseigneur est las, que sa cervelle est surchargée; — amuse-le de tes plus légères imaginations, caresse-le de tes plus délicates pensées.

Il te répondra à propos, et des choses aisées à comprendre.... — Mieux vaudrait que tu fusses morte devant moi, quand je t'aurais tuée de mes mains[1].

Ceci est bien franc et bien fort. *Maud* parut, qui l'était davantage. La verve y éclatait avec toutes ses inégalités, toutes ses familiarités, tous ses abandons, toutes ses violences. Le poëte si correct, si mesuré, se livrait, semblait penser, pleurer tout haut. Ce livre est le journal intime d'un jeune homme triste, aigri par de grands malheurs de famille, par de longues méditations solitaires, qui peu à peu se

---

[1] Then her cheek was pale and thinner than should be for one so young,
And her eyes on all my motionss with a mute observation hung.

And I said, " my cousin Amy, speak, and speak the truth to me,
Trust me, cousin, all the current of my being sets to thee. "

On her pallid cheek and forehead came a colour and a light,
As I have seen the rosy red flushing in the northern night.

And she turn'd — her bosom shaken with a sudden storm of sighs —
All the spirit deeply dawning in the dark of hazel eyes —

Saying; "I have hid my feelings fearing they should do me wrong;"
Saying, " Dost thou love me, cousin? " weeping, " I have loved
[thee long."

Love took up the glass of Time, and turn'd it in his glowing hands;
Every moment, lightly shaken, ran itself in golden sands.

Love took up the harp of life, and smote on all the chords with might;
Smote the chord of self, that, trembling, pass'd in music out of sight.

Many a morning on the moorland did we hear the copses ring,
And her whisper throng'd my pulses with the fulness of the spring.

Many an evening by the waters did we watch the stately ships,

sent pris d'amour, ose le dire, et se trouve aimé. Il ne chante pas, il parle ; ce sont les mots risqués, négligés, de la conversation ordinaire ; ce sont les détails de la vie domestique ; c'est la description d'une toilette, d'un dîner politique, d'un sermon, d'une messe de village. La prose de Dickens et de Thackeray ne serrait pas de plus près les mœurs réelles et présentes. Et tout à côté la poésie la plus magnifique foisonnait et fleurissait, comme en effet elle fleurit et elle foisonne au milieu de nos vulgarités. Le sourire d'une jeune fille parée, un éclair de soleil sur une mer violente ou sur une touffe de roses jette tout d'un coup dans les âmes passionnées ces illuminations subites. Quels vers que ceux où il se peint dans son

> And our spirits rushed together at the touching of the lips.
>
> O my cousin, shallow-hearted! O my Amy, mine no more!
> O the dreary, dreary moorland! O the barren, barren shore!
>
> Falser than all fancy fathoms, falser than all songs have sung,
> Puppet to a father's threat, and servile to a shrewish tongue.
>
> Is it well to wish thee happy? — having known me — to decline
> On a range of lower feelings and a narrower heart than mine!
>
> Yet it shall be : thou shalt lower to his level day by day,
> What is fine within thee growing coarse to sympathise with clay.
>
> As the husband is, the wife is : thou art mated with a clown,
> And the grossness of his nature will have weight to drag thee down.
>
> He will hold thee, when his passion shall have spent its novel force,
> Something better than his dog, a little dearer than his horse.
>
> What is this? his eyes are heavy : think not they are glazed with wine.
> Go to him : it is thy duty : kiss him : take his hand in thine.
>
> It may be my lord is weary, that his brain is overwrought :
> Soothe him with thy finer fancies, touch him with thy lighter thought.
>
> He will answer to the purpose, easy things to understand —
> Better thou wert dead before me, tho' I slew thee with my hand!

petit jardin sombre, « écoutant la marée et le rugissement sinistre de ses lourdes lames, puis le cri de la grève désespérée que la vague arrache et entraîne; » tantôt contemplant au bout de l'horizon « la mer, fleur d'azur liquide, et son silencieux croissant, anneau étoilé de saphirs, anneau de mariage de la terre[1]! » Quelle fête dans son cœur quand il est aimé! quelle folie dans ses cris, dans cette ivresse, dans cette tendresse qui voudrait se répandre sur tous les êtres et appeler tous les êtres au spectacle et au partage de son bonheur! comme à ses yeux tout se transfigure! et comme incessamment il se transforme lui-même! De la gaieté, puis des extases, puis des mièvreries, puis de la satire, puis des effusions, tous les prompts mouvements, toutes les variations brusques, comme d'un feu qui pétille et flamboie, et renouvelle à chaque instant sa forme et sa teinte; que l'âme est riche, et comme elle sait vivre cent ans en un jour! Surpris et insulté par le frère, il le tue en duel et perd celle qu'il aimait. Il s'enfuit, on le voit qui erre dans Londres. Quel triste contraste que celui de la grande ville affairée, indifférente, et d'un homme seul poursuivi par une douleur vraie! On le suit parmi les carrefours bruyants, le long du brouillard jaunâtre, sous le soleil morne qui se lève au-

---

[1]. A million emeralds break from the ruby-budded lime
In the little grove where I sit — Ah, wherefore cannot I be
Like things of the season gay, like the bountiful season bland,
When the far-off sail is blown by the breeze of a softer clime,
Half-lost in the liquid azure bloom of a crescent of sea,
The silent sapphire-spangled marriage ring of the land?

dessus de la rivière comme un boulet rouge, et on écoute, le cœur serré, les profonds sanglots, l'agitation insensée d'une âme qui veut et ne peut s'arracher à ses souvenirs. Le désespoir croît, et à la fin la rêverie devient vision : « Mort, mort, mort depuis longtemps! — Et mon cœur est une poignée de poussière, — et les roues passent par-dessus ma tête, — et mes os sont secoués douloureusement, — car ils les ont jetés dans un étroit tombeau, — seulement trois pieds au-dessous de la rue, — et les pieds des chevaux frappent, frappent, — les pieds des chevaux frappent — frappent jusque dans mon crâne et dans ma cervelle, — avec un flot qui ne cesse jamais de pieds qui passent. — O mon Dieu, pourquoi ne m'ont-ils pas enterré assez profondément! — Était-ce humain de me faire une tombe si rude, — à moi qui ai toujours eu le sommeil léger? — Peut-être ne suis-je encore qu'à demi mort. — Alors je ne suis pas tout à fait muet. — Je crierai aux pas qui vont sur ma tête, — et quelqu'un sûrement, quelque bon cœur viendra — pour m'enterrer, pour m'enterrer — plus avant, ne serait-ce qu'un peu plus avant[1].... » Il

---

1. Dead, long dead,
   Long dead!
   And my heart is a handful of dust,
   And the wheels go over my head,
   And my bones are shaken with pain;
   For in a shallow grave they are thrust,
   Only a yard beneath the street,
   And the hoop of the horses beat, beat,
   The hoofs of the horses beat,
   Beat into my scalp and my brain
   With never an end to the stream of passing feet,
   Driving, hurrying, marrying, burying,

se ranime pourtant, et peu à peu se relève. La guerre vient, la guerre libérale et généreuse, la guerre contre la Russie, et le grand cœur viril se guérit par l'action et par le courage de la profonde blessure de l'amour.

« Et j'étais debout sur le pont d'un navire géant, et je mêlais mon souffle — à celui d'un peuple loyal qui poussait un cri de bataille. — Désormais la pensée noble sera plus libre sous le soleil, — et le cœur d'une nation battra d'un seul désir. — Car la longue, la longue gangrène de la paix est ôtée et lavée, — et à présent, le long des abîmes de la Baltique et de la Crimée, — sous la gueule grimaçante des mortelles forteresses, on voit flamboyer — la fleur de la guerre, rouge de sang avec un cœur de feu [1]. »

Cette explosion de sentiment a été la seule; Tennyson n'a pas recommencé. Malgré la fin qui était

Clamour and rumble and ringing and clatter....
O me! why have they not buried me deep enough?
Is it kind to have made me a grave so rough,
Me, that was never a quiet sleeper?
May be still I am but half-dead.
Then I cannot be wholly dumb;
I will cry to the steps above my head,
And somebody, surely, some kind heart will come,
To bury me, bury me
Deeper, ever so little deeper.

1. And I stood on a giant deck and mix'd my breath
With a loyal people shouting a battle-cry. . . .
Yet God's just doom shall be wreak'd on a giant liar,
And many a darkness into the light shall leap,
And shine in the sudden making of splendid names,
And noble thought be freer under the sun,
And the heart of a people beat with one desire;
For the long, long canker of peace is over and done,
And now by the side of the Black and the Baltic deep,
And deathful-grinning mouths of the fortress, flames
The blood-red blossom of war with a heart of fire.

morale, on cria qu'il imitait Byron ; on s'emporta contre ces déclarations amères ; on crut retrouver l'accent révolté de l'école satanique ; on blâma ce style décousu, obscur, excessif ; on fut choqué des crudités et des disparates ; on rappela le poëte à son premier style si bien proportionné. Il fut découragé, quitta la région des orages et rentra dans son azur. Il eut raison, il y était mieux qu'ailleurs. Une âme fine peut s'emporter, atteindre parfois la fougue des êtres les plus violents et les plus forts ; des souvenirs personnels, dit-on, lui avaient fourni la matière de Maud et de Locksley Hall ; avec une délicatesse de femme, il avait eu des nerfs de femme. L'accès passé, il retomba « dans ses langueurs dorées, » dans son tranquille rêve. Après Locksley Hall, il avait écrit *la Princesse;* après Maud, il écrivit *les Idylles du Roi.*

III

La grande affaire pour un artiste est de rencontrer des sujets qui conviennent à son talent. Celui-ci n'y a pas toujours réussi. Son long poëme *In memoriam*, écrit à la louange et au souvenir d'un ami mort jeune, est froid, monotone et trop joliment arrangé. Il mène le deuil, mais en gentleman correct, avec des gants parfaitement neufs, essuie ses larmes avec un mouchoir de batiste, et manifeste pendant le service religieux qui termine la cérémonie toute la componction d'un laïque respectueux et bien appris. C'est ailleurs qu'il trouvera ses sujets. Être heureux poétiquement, voilà l'objet d'un poëte dilettante. Pour cela il faut bien des choses. Il faut d'abord que le lieu, les événements et les personnages n'existent pas. Les choses réelles sont grossières, et toujours laides par quelque endroit; à tout le moins, elles sont pesantes; nous ne les manions pas à notre gré, elles oppriment l'imagination; au fond, il n'y a de vraiment doux et de vraiment beau dans notre vie que nos rêves. Nous sommes mal à notre aise tant que nous restons collés au sol, clopinant sur nos deux pieds qui nous traînent misérablement çà et là dans l'enclos où nous sommes parqués. Nous avons besoin de vivre dans un autre monde, de voler dans le grand royaume de l'air, de bâtir des palais dans les nuages, de les voir se faire et se défaire, de suivre dans un lointain vaporeux les caprices de leur architecture mouvante et les enroulements de leurs volutes d'or. Il faut encore que dans ce monde fantastique tout soit agréable et beau, que le cœur et les sens en jouissent, que les objets y soient riants ou pittoresques, que les sentiments y soient délicats ou élevés, que nulle crudité, nulle disparate, nulle brutalité, nulle sauvagerie, ne vienne tacher par son excès l'harmonie nuancée de cette perfection idéale. Ceci conduit le poëte vers les légendes de la chevalerie; voilà le monde fantastique, magnifique aux yeux, noble et pur par excellence, où l'amour, la guerre, les aventures, la générosité, la courtoisie, tous les spectacles et toutes les vertus qui conviennent aux instincts de nos races européennes, se sont assemblés pour leur offrir l'épopée qu'elles aiment et le modèle qui leur convient.

IV

La Princesse est une féerie sentimentale comme celles de Shakspeare. Tennyson cette fois a pensé et senti en jeune chevalier de la Renaissance. Le propre de ce genre d'esprit est une surabondance et comme un regorgement de séve. Il y a chez les personnages de *la Princesse*, comme chez ceux d'*As you like it*, un trop plein d'imagination et d'émotions. Ils fouillent, pour exprimer leur pensée, dans tous les siècles et dans tous les pays; ils emportent le discours jusqu'aux témérités les plus abandonnées; ils enveloppent et chargent toute idée d'une image éclatante qui traîne et luit autour d'elle comme une robe de brocart constellée de pierreries. Leur nature est trop riche; à chaque secousse, il se fait en eux comme un ruissellement de joie, de colère ou de désirs; ils vivent plus que nous, plus chaudement et plus vite. Ils sont excessifs, raffinés, prompts aux larmes, au rire, à l'adoration, à la plaisanterie, enclins à mêler l'une à l'autre, précipités par une verve nerveuse à travers les contrastes et jusqu'aux extrêmes. Ils fourragent dans la prairie poétique, avec des caprices et des joies impétueuses et changeantes. Pour contenter la subtilité et la surabondance de leur invention, ils ont besoin de féeries et de mascarades. En effet, *la Princesse* est une féerie et une mascarade. La belle Ida, fille du roi de Gama, qui est un monarque du Sud (ces contrées ne sont pas sur la carte), a été fiancée toute enfant à un beau prince du Nord. L'âge venu, on la réclame. Elle, fière et toute nourrie de doctes raisonnements, s'est irritée de la domination des hommes, et pour affranchir les femmes, a fondé sur la frontière une Université qui relèvera son sexe et sera la colonie d'où sortira l'égalité future. Le prince part avec Cyril et Florian, deux amis, obtient permission du bon vieux Gama, et, déguisé en fille, entre dans l'enceinte virginale, où nul ne peut pénétrer sous peine de mort. Il y a une grâce charmante et moqueuse dans cette peinture d'une Université de filles. Le poëte joue avec la beauté; nul badinage n'est plus romanesque ni plus tendre. On sourit d'entendre les gros mots savants échappés de ces lèvres roses. « Les voilà le long des bancs comme des colombes au matin sur le chaume du toit, quand le soleil tombe sur leurs blanches poitrines; » elles écoutent des tirades d'histoire et des promesses de rénovation sociale, en robes de soie lilas, avec des ceintures d'or, « splendides comme des papillons qui viennent d'éclore; » parmi elles une enfant, Mélissa, « une blonde rose, pareille à un narcisse d'avril, les lèvres entr'ouvertes, — et toutes ses pensées visibles au fond de ses beaux yeux, — comme les agates du sable qui semblent ondoyer et flotter au matin, — dans les courants de cristal de la mer transparente¹. » — Et croyez que l'endroit aide à la magie. Ce vilain mot de collége et de Faculté ne rappelle chez nous que des bâtiments étriqués et sales, qu'on prendrait pour des casernes où des hôtels garnis. Ici, comme dans une Université anglaise, les fleurs montent le long des portiques, les vignes entourent les pieds des statues, les roses jonchent les allées de leurs pétales; des touffes de laurier croissent autour des porches, les cours dressent leur architecture de marbre, bosselées de frises sculptées, parsemées d'urnes d'où pend la chevelure verte des plantes. Au milieu ondoie une fontaine, et « les Muses et les Grâces, trois par trois, l'entourent de leurs groupes. » Après la leçon, les unes, dans l'herbe haute des prairies, caressent des paons apprivoisés; d'autres, « appuyées sur une balustrade, — au-dessus de la campagne empourprée, respirent la brise, — qui, gorgée par les senteurs des innombrables roses, — vient battre leurs paupières de son parfum². » On reconnaît à chaque geste, à chaque attitude, des jeunes filles anglaises; c'est leur éclat, leur fraîcheur, leur

---

1. They sat along the forms, like morning doves
   That sun their milky bosoms on the thatch.

   A rosy blonde and in a college gown
   That clad her like an april daffodilly
   (Her mother's colour) with her lips apart,
   And all her thoughts as fair within her eyes,
   As bottom agates seem to wave and float,
   In crystal currents of clear morning seas.

2. And leaning there on those balusters, high
   Above the empurpled campaign, drank the gale
   That blew about the foliage underneath,
   And sated with the innumerable rose
   Beat balm upon our eye-lids.

innocence. Et çà et là aussi on aperçoit la profonde expression de leurs grands yeux rêveurs. « Des larmes, chante l'une d'elles, de vaines larmes, je ne sais pas ce qu'elles veulent dire. — Des larmes sorties de la profondeur de quelque divin désespoir — s'élèvent dans le cœur et se rassemblent dans les yeux — lorsqu'on regarde les heureux champs de l'automne — et qu'on pense aux jours qui ne sont plus[1]. » — Voilà la volupté exquise et étrange, la rêverie pleine de délices et aussi d'angoisses, le frémissement de passion délicate et mélancolique que vous avez déjà trouvés dans *Winter's Tale* ou dans *la Nuit des Rois*.

Ils sont partis avec la princesse et son cortége, tous à cheval, et s'arrêtent dans une gorge auprès d'un taillis, « pendant que le soleil s'élargit aux approches de sa mort, et qu'au-dessus des prairies se détachent les hauteurs roses. » Cyril, échauffé par le vin, commence une chanson de cabaret, et se découvre. Ida, indignée, veut partir ; son pied glisse, elle tombe dans la rivière ; le prince la sauve et veut fuir. Mais il est saisi par les gardiennes et amené devant le trône où la hautaine jeune fille se tient debout

---

1. Tears, idle tears, I know not what they mean,
Tears from the depth of some divine despair
Rise in the heart, and gather to the eyes,
In looking on the happy autumn-fields,
And thinking of the days that are no more.

Dear as remember'd kisses after death.
And sweet as those by hopeless fancy feign'd
On lips that are for others ; deep as love,
Deep as first love, and wild with all regret;
O death in life, the days that are no more.

prête à prononcer la sentence. A ce moment un grand tumulte s'élève, et l'on aperçoit dans la cour un spectacle étrange. « De la salle illuminée partaient de longs ruissellements de splendeur oblique — qui tombaient sur une presse — d'épaules de neige serrées comme des brebis en troupeau, — sur un arc-en-ciel de robes, sur des diamants, sur des yeux de diamant, — sur l'or des habits, sur des cheveux d'or. Çà et là, — elles ondoyaient ainsi que des fleurs sous l'orage, les unes rouges, d'autres pâles, — toutes la bouche ouverte, toutes les yeux vers la lumière, — quelques-unes criant qu'il y avait une armée dans le pays, — d'autres qu'il y avait des hommes jusque dans les murs; — et d'autres qu'elles ne s'en souciaient point, jusqu'à ce que leur clameur monta, — comme celle d'une nouvelle Babel.... Au-dessus d'elles se dressaient debout — les sereines Muses de marbre, la paix dans leurs grands yeux[1]. » C'est que le père du prince est venu avec son armée pour le délivrer et a saisi le roi Gama comme otage. La voilà obligée de

---

1.
   A hubbub in the court of half the maids
   Gather'd together; from the illumin'd hall
   Long lanes of splendour slanted o'er a press
   Of snowy shoulders, thick as herded ewes,
   And rainbow robes, and gems and gemlike eyes,
   And gold and golden heads; they to and fro
   Fluctuated, as flowers in storm, some red, some pale,
   All open-mouth'd, all gazing to the light,
   Some crying there was an army in the land,
   And some that men were in the very walls,
   And some they cared not; till a clamour grew
   As of a new-world Babel, woman-built
   And worse-confounded: high above them stood
   The placid marble Muses, looking peace.

relâcher le jeune homme; elle vient sur lui les narines gonflées, les cheveux flottants, la tempête dans le cœur, et le remercie avec une ironie amère : « Vous vous êtes bien conduit et comme un gentilhomme, et comme un prince. Et vous avez bon air aussi dans vos habits de femme. » Elle est toute palpitante d'orgueil blessé; elle balbutie, elle veut, puis elle ne veut plus; elle tâche de se contraindre pour mieux insulter, et tout d'un coup elle éclate : « Vous qui avez osé forcer nos barrières et duper nos gardiennes, et nous froisser, et nous mentir, et nous outrager!— Moi, t'épouser! moi votre fiancée, votre esclave! Non, quand tout l'or qui gît dans les veines de la terre serait entassé pour faire votre couronne, et quand toute langue parlante vous appellerait seigneur. —Seigneur! votre fausseté et votre visage nous sont en dégoût. Je marche sur vos offres et sur vous. Partez. Qu'on le pousse hors des portes[1]! » Comment amollir ce cœur farouche enfiévré de colère féminine, aigri par le désappointement et l'offense, exalté par de longs rêves de puissance et de primauté

---

[1]. « You have done well and like a gentleman,
And like a prince : you have our thanks for all :
And you look well too in your woman's dress :
Well have you done and like a gentleman.
You have saved our life : we owe you bitter thanks :
Better have died and spilt our bones in the flood —
Then men had said — but now — what hinder me
To take such bloody vengeance on you both? —
Yet since our father — Wasps in the solemn hive,
You would-be quenchers of the light to be,
Barbarians, grosser than your native bears —
O would I had his sceptre for one hour!
You that have dared to break our bound, and gull'd
Our tutors, wrong'd and lied and thwarted us —

et que sa virginité rend plus sauvage ! Mais comme la colère lui sied, et qu'elle est belle ! Et comme cette fougue de sentiment, cette altière déclaration d'indépendance, cette chimérique ambition de réformer l'avenir révèlent la générosité et la hauteur d'un cœur jeune et épris du beau ! On convient que la querelle sera décidée par un combat de cinquante contre cinquante. Le prince est vaincu, et Ida le voit sanglant sur le sable. Lentement, par degrés, en dépit d'elle-même, elle cède aux prières, recueille les blessés dans son palais et vient au lit du mourant. Devant sa langueur et son délire, la pitié éclot, puis la tendresse, puis l'amour, « comme une campanule des Alpes, humide de larmes matinales, auprès de quelque froid glacier, fragile d'abord et faible, mais qui de jour en jour prend de l'éclat[1]. » Un soir, il revient à lui, épuisé, les yeux encore troublés de visions funèbres ; il la voit flotter devant lui comme un rêve, ouvre péniblement ses lèvres pâles, et lui dit tout bas : « Si vous êtes cette Ida que j'ai connue, — je ne vous demande rien ; mais si vous

> I wed with thee ! I bound by precontract
> Your bride, your bondslave ! not tho' all the gold
> That veins the world were pack'd to make your crown,
> And every spoken tongue should lord you. Sir,
> Your falsehood and your face are loathsome to us :
> I trample on your offers and on you :
> Begone ! we will not look upon you more.
> Here, push them out at gates. »

[1]. From all a closer interest flourish'd up
Tenderness touch by touch, and last, to these,
Love, like an Alpine harebell hung with tears
By some cold morning glacier; frail at first
And feeble, all unconscious of itself,
But such as gather'd colour day by day.

êtes un songe, — doux songe, achevez-vous. Je mourrai cette nuit; — baissez-vous, et faites semblant de m'embrasser avant que je meure[1]. — Elle se retourna; elle s'arrêta; — elle se baissa; et avec un grand tremblement de cœur, — nos lèvres se rencontrèrent. Du fond de ma langueur jaillit un cri, — l'Amour couronné s'élançant des bords de la mort, — et tout le long des veines frémissantes l'âme monta, — et se colla dans un baiser de feu sur la bouche d'Ida. Je retombai en arrière, et de mes bras elle se leva, — toute rougissante d'une noble honte. — Toute la fausse enveloppe avait glissé à ses pieds comme une robe, — et la laissait femme, plus aimable que l'autre, — l'Immortelle, lorsqu'elle sortit de l'abîme stérile pour conquérir tout par l'amour, et que le long de son corps le cristal ruisselant coulait, — et qu'elle volait au loin le long des îles empourprées, — nue comme une double lumière dans l'air et dans la vague[2]. » Voilà l'accent

---

[1] « If you be, what I think you, some sweet dream,
I would but ask you to fulfil yourself:
But if you be that Ida whom I know,
I ask you nothing : only, if a dream,
Sweet dream, be perfect. I shall die to-night.
Stoop down and seem to kiss me ere I die. »

[2] . . . . . . She turn'd; she paused;
She stoop'd; and with a great shock of the heart
Our mouths met : out of languor leapt a cry,
Crown'd Passion from the brinks of death, and up
Along the shuddering senses struck the soul,
And closed on fire with Ida's at the lips;
Till back I fell, and from mine arms she rose
Glowing all over noble shame; and all
Her falser self slipt from her like a robe,
And left her woman, lovelier in her mood
Than in her mould that other, when she come

de la Renaissance, tel qu'il est sorti du cœur de Spenser et de Shakspeare; ils ont eu cette adoration voluptueuse de la forme et de l'âme, et ce divin sentiment de la beauté.

V

Il y a une autre chevalerie qui ouvre le moyen âge comme celle-ci le ferme, chantée par des enfants comme celle-ci par des jeunes gens, et retrouvée dans *les Idylles du roi* comme celle-ci dans *la Princesse*. C'est la légende d'Arthur, de Merlin et des chevaliers de la Table-Ronde. Avec un art admirable, Tennyson en a renouvelé les sentiments et le langage; cette âme flexible prend tous les tons pour se donner tous les plaisirs. Cette fois il s'est fait épique, antique et naïf, comme Homère et comme les vieux trouvères des chansons de Geste. Il est doux de sortir de notre civilisation savante, de remonter vers l'âge et les mœurs primitives, d'écouter le paisible discours qui coule abondamment et lentement comme un fleuve sur une pente unie. Le propre de l'ancienne épopée est la clarté et le calme. Les idées viennent de naître; l'homme est heureux et encore enfant. Il n'a pas eu le temps de raffiner, de ciseler et d'enluminer sa pensée; il la montre toute nue. Il n'est point encore ai-

> From barren deeps to conquer all with love,
> And down the streaming crystal dropt, and she
> Far-fleeted by the purple island-sides,
> Naked, a double light in air and wave. . . .

guillonné par des convoitises multipliées ; il pense à loisir. Toute idée l'intéresse ; il la développe curieusement ; il l'explique. Son discours ne bondit jamais ; il va pas à pas d'un objet à l'autre, et tout objet lui semble beau ; il s'arrête, il regarde et se complaît à regarder. Cette simplicité et cette paix sont étranges et charmantes ; on se laisse aller, on est bien, on ne désire pas aller plus vite ; il semble que volontiers on resterait toujours ainsi. Car la pensée primitive est la pensée saine ; nous n'avons fait que l'altérer par les greffes et la culture ; nous y revenons comme dans notre fonds le plus intime pour y trouver le contentement et le repos.

Mais entre toutes les épopées, ce qui distingue celle de la Table-Ronde, c'est la pureté. Arthur, « le roi irréprochable, » a assemblé « cette glorieuse compagnie, la fleur des hommes, pour servir de modèle au vaste monde, et pour être le beau commencement d'un âge. Il leur a fait mettre leurs mains dans les siennes, jurer de respecter leur roi comme s'il était leur conscience, et leur conscience comme si elle était leur roi ; de ne point dire de calomnie et de n'en point écouter ; de passer leur douce vie dans la plus pure chasteté ; de n'aimer qu'une jeune fille, de s'attacher à elle ; de lui offrir pour culte des années de nobles actions. » Il y a une sorte de plaisir raffiné à manier un pareil monde ; car il n'y en a point où puissent naître de plus pures et de plus touchantes fleurs. Je n'en montrerai qu'une, Elaine, « le lis d'Astolat, » qui, ayant vu Lancelot une seule fois, l'aime à présent qu'il est parti, et pour toute sa vie. Elle garde dans la tourelle le bouclier qu'il a laissé, et tous les jours elle y monte pour le contempler, comptant les marques des coups de lance et vivant de ses rêves. Il est blessé, elle va le soigner et le guérit. Et cependant elle murmurait : « En vain ; en vain ; cela ne peut pas être. Il ne m'aimera pas. Quoi donc, faut-il que je meure ? » — « Puis, comme un pauvre petit oiseau innocent — qui n'a qu'un simple chant de quelques notes, — répète son simple chant et le répète toujours, pendant toute une matinée d'avril, jusqu'à ce que l'oreille — se lasse de l'entendre, ainsi l'innocente enfant — allait la moitié de la nuit répétant : « Faut-il que je meure[1] ? » Elle se déclare enfin, avec quelle pudeur et de quel élan ! Mais il ne peut l'épouser, il est lié à une autre. Elle languit et s'affaisse ; on veut la consoler, elle ne le veut pas ; on lui dit que Lancelot est coupable avec la reine ; elle ne le croit pas. Elle dit à ses frères : « Chers frères, vous aviez coutume, quand j'étais une petite fille, de me prendre avec vous dans le bateau du batelier, et de remonter avec la marée la grande rivière. Seulement vous ne vouliez pas passer au delà du cap où est le peuplier. Et je pleurais parce que vous ne vouliez pas

---

1. « She murmur'd » « vain, in vain : it cannot be.
He will not love me : how then? must I die. »
Then as a little helpless innocent bird,
That has but one plain passage of fine notes,
Will sing the simple passage o'er and o'er
For all an april morning, till the ear
Wearies to hear it, so the simple maid
Went half the night repeating, « must I die? »

CHAPITRE VI. TENNYSON.

aller au delà, et remonter bien loin la rivière luisante, jusqu'à ce que nous eussions trouvé le palais du roi. A présent, j'irai[1]. » Elle meurt, et, selon sa dernière prière, ils l'emportent « comme une ombre à travers les champs qui brillent dans leur pleine fleur d'été, » et la posent sur la barque toute tendue de velours noir. La barque remonte poussée par la marée, « et la morte avec elle, dans sa main droite un lis, dans sa main gauche — une lettre qu'elle avait dictée, toute sa chevelure blonde ruisselant autour d'elle. — Et tout le linceul était de drap d'or — ramené jusqu'à la ceinture ; elle-même tout en blanc, — excepté son visage, et ce visage aux traits si purs — était aimable, car elle ne semblait point morte, — mais profondément endormie, et reposait en souriant[2]. » Elle arrive ainsi dans un grand silence, et le roi Arthur lit la lettre devant tous les chevaliers et

1. « At last she said » Sweet brothers, yester night
I seem'd a curious little maid again,
As happy as when we dwelt among the woods,
And when you used to take me with the flood
Up the great river in the boatman's boat.
Only you would not pass beyond the Cape
That has the poplar on it : there you fixt
Your limit, oft returning with the tide.
And yet I cried because you would not pass
Beyond it, and far up the shining flood
Until we found the palace of the king.
. . . .
. . . . . . Now shall I have my will. »

2. But when the next sun brake from underground,
Then, those two brethren slowly with bent brows
Accompanying, the sad chariot-bier
Past like a shadow thro' the field, that shone
Full-summer, to that stream whereon the barge,
Pall'd all its length in blackest samite, lay.
There sat the life-long creature of the house,

toutes les dames qui pleurent : « Très-noble seigneur, sir Lancelot du Lac, — moi qu'on appelait quelquefois la vierge d'Astolat, — je viens ici, car vous m'avez quittée sans prendre congé de moi ; — je viens ici afin de prendre pour la dernière fois congé de vous. — Je vous aimais, et mon amour n'a point eu de retour. — C'est pourquoi mon fidèle amour a été ma mort. — C'est pourquoi, devant notre dame Ginèvre — et devant toutes les autres dames, je fais ma plainte. — Priez pour mon âme et accordez-moi la sépulture. — Prie pour mon âme, toi aussi, sir Lancelot, — car tu es un chevalier sans égal [1]. » Rien

> Loyal, the dumb old servitor, on deck,
> Winking his eyes, and twisted all his face.
> So those two brethren from the chariot took
> And on the black decks laid her in her bed,
> Set in her hand a lily, o'er her hung
> The silken case with braided blazonings
> And kiss'd her quiet brows, and saying to her :
> « Sister, farewell for ever, » and again
> « Farewell, sweet sister, » parted all in tears.
> Then rose the dumb old servitor, and the dead
> Steer'd by the dumb went upward with the flood —
> In her right hand the lily, in her left
> The letter — all her bright hair streaming down —
> And all the coverlid was cloth of gold
> Drawn to her waist, and she herself in white
> All but her face, and that clear-featured face
> Was lovely, for she did not seem as dead
> But fast asleep, and lay as thro' she smiled.

1.   " Most noble lord, sir Lancelot of the Lake,
            I, sometime call'd the maid of Astolat,
            Come, for you left me taking no farewell,
            Hither, to take my last farewell of you.
            I loved you, and my love had no return,
            And therefore my true love has been my death.
            And therefore to our lady Guinevere,
            And to all other ladies, I make moan.
            Pray for my soul, and yield me burial.
            Pray for my soul thou too, sir Lancelot,
            As thou art a knight peerless. "

de plus; elle finit sur ce dernier mot, plein d'un regret si triste et d'une admiration si tendre : on aurait peine à trouver quelque chose de plus simple et de plus délicat.

Il semble qu'un archéologue puisse refaire tous les styles, excepté le grand, et celui-ci a tout refait, jusqu'au grand style. C'est le soir de la dernière bataille ; tout le jour le tumulte de la grande mêlée « a roulé le long des montagnes près de la mer d'hiver ; » un à un les chevaliers d'Arthur sont tombés; il est tombé lui-même, le crâne fendu à travers le casque, et sire Bedivere, son dernier chevalier, l'a porté tout près de là, « dans une chapelle brisée avec une croix brisée, debout sur une noire bande de terre stérile. D'un côté était l'Océan, de l'autre une grande eau; et la lune était pleine[1]. » Arthur, sentant qu'il va mourir, lui dit de prendre son épée Excalibur; car il l'a reçue des fées de la mer, et il ne faut pas qu'après lui homme mortel mette la main sur elle. Deux fois sire Bedivere part pour faire la volonté du roi : deux fois il s'arrête et revient dire faussement au roi qu'il a jeté l'épée; car ses yeux sont éblouis par la merveilleuse broderie de diamants qui fleuronnent et luisent autour de la poignée. La troisième fois enfin il la lance : « La grande épée jeta des éclairs sous la splendeur de la lune, — et fit dans l'air une arche de clar-

---

1.   A chapel nigh the field,
A broken chancel with a broken cross,
That stood on a dark strait of barren land.
On one side lay the ocean, and on one
Lay a great water, and the moon was full.

té, — comme le rayonnement d'aube boréale —. qui jaillit lorsque les îles mouvantes de l'hiver s'entrechoquent — la nuit, parmi les bruits de la mer du Nord. — Mais avant que l'épée eût touché la surface, — un bras s'éleva, vêtu de velours blanc, mystique, merveilleux, — et la saisit par la poignée, et la brandit trois fois ; — puis s'enfonça avec elle dans la mer[1]. »
Alors Arthur, se soulevant douloureusement et respirant avec peine, ordonne à sire Bedivere de le charger sur ses épaules et de le porter jusqu'au rivage. « Hâte-toi, hâte-toi, car je crains qu'il ne soit trop tard, et je crois que je vais mourir. » Ils arrivent ainsi, le long des cavernes glacées et des roches retentissantes, jusqu'au bord du lac où « s'étalent les longues gloires de la lune d'hiver. » — « Là s'était arrêtée une barque sombre, — noire comme une écharpe funèbre de la proue à la poupe ; — tout le pont était couvert de formes majestueuses, — avec des robes noires et des capuchons noirs, comme en songe ; auprès d'elles, — trois reines avec des couronnes d'or; de leurs lèvres partit — un cri qui monta en frémissant jusqu'aux étoiles palpitantes. — Et comme si ce n'était

---

[1].
```
        The great brand
Made lightnings in the splendour of the moon,
And flashing round and round, and whirled in an arch,
Shot like streamer of the northern morn,
Seen where the moving isles of winter shock
By night, with noises of the northern sea.
So flash'd and fell the brand Excalibur :
But ere he dipt the surface, rose an arm
Clothed in white samite, mystic, wonderful,
And caught him by the hilt, and brandish'd him
Three times, and drew him under in the mere.
```

qu'une voix, il y eut un grand éclat de lamentations, pareil à un vent qui crie — toute la nuit dans une terre déserte, où personne ne vient — et n'est venu depuis le commencement du monde[1]. Alors Arthur murmura : Place-moi dans la barque. — Ils vinrent à la barque ; là les trois reines — étendirent leurs mains et prirent le roi et pleurèrent. — Mais celle qui était la plus grande entre elles toutes, — et la plus belle, mit la tête du roi dans son giron — et défit le casque brisé, et l'appela par son nom en pleurant tout haut[2]. » La barque se détache, et Arthur, élevant sa voix lente, console sire Bedivere qui s'afflige sur le rivage, et prononçant ces paroles d'adieu, héroïques et solennelles : « Le vieil ordre change, cédant la place au nouveau ; — et Dieu s'accomplit lui-même en plusieurs façons, — de peur qu'une bonne coutume étant seule ne corrompe le monde. — Si tu ne dois plus voir ma face, prie pour moi ; plus de choses sont ac-

---

1. They saw then how there hove a dusky barge
Dark as a funeral scarf from stern to stern,
Beneath them ; and descending they were ware
That all the decks were dense with stately forms
Black-stoled, black-hooded, like a dream — by these
Three queens with crowns of gold. And from them rose
A cry that shiver'd to the tingling stars,
And, as it were one voice, an agony
Of lamentation like a wind, that shrills
All night in a waste land, where no one comes,
Or hath come, since the making of the world.
2. Then murmur'd Arthur : " Place me in the barge, "
And to the barge they came. There those three queen
Put forth their hands, and took the king and wept.
But she that rose the tallest of them all
And fairest, laid his head in her lap,
And loosed the shatter'd casque, and chafed his hands
And call'd him by his name, complaining loud. . . .

complies par la prière que ce monde ne l'imagine. — Car par elle la terre, ronde tout entière en toutes ses parties, — est liée comme par des chaînes d'or aux pieds de Dieu. Mais à présent adieu ; je m'en vais pour un long voyage — avec ceux-là que tu vois, si en effet je m'en vais — (car toute mon âme est obscurcie de doutes) vers l'île et la vallée d'Avilion, — où ne tombe point de pluie, ni de grêle, ni de neige, — et où même le vent ne souffle jamais rudement; mais elle repose — enveloppée de profondes prairies, heureuse, belle avec des pelouses sous des vergers, — et des creux pleins d'arbres couronnés par une mer d'été — où je me guérirai de ma douloureuse blessure[1]. » Je crois que depuis Gœthe on n'a rien vu de plus calme et de plus imposant.

Comment rassembler en quelques mots tous les traits de ce talent si multiple? Il est né poëte, c'est-à-dire constructeur de palais aériens et de châteaux imaginaires. Mais la passion personnelle et les préoc-

---

[1]. The old order changeth, yielding place to the new,
And God fulfills himself in many ways,
Lest one good custom should corrupt the world....
If thou shouldst never see my face again
Pray for my soul. More things are wrought by prayer
That this world dreams of. . . .
For so the whole round earth is every way
Bound by gold chains about the feet of God.
But now farewell. I am going a long way
With these thou seest, — if indeed I go —
(For all my mind is clouded with a doubt)
To the island-valley of Avilion,
Where falls not hail, or rain or any snow,
Nor ever wind blows loudly; but it lies
Deep-meadow'd, happy, fair with orchard-lawns
And bowery hollows crown'd with summer sea,
Where I will heal me of my grievous wound.

cupations absorbantes qui ordinairement maîtrisent la main de ses pareils lui ont manqué; il n'a point trouvé en lui-même le plan d'un édifice nouveau; il a bâti d'après tous les autres; il a simplement choisi parmi les formes les plus élégantes, les mieux ornées, les plus exquises. Il n'a pris que la fleur dans leurs beautés. C'est tout au plus si, par occasion, il s'est amusé çà et là à arranger quelque cottage vraiment anglais et moderne. Si, dans ce choix d'architectures retrouvées ou renouvelées, on cherche sa trace, on la devinera çà et là dans quelque frise plus finement sculptée, dans quelque rosace plus délicate et plus gracieuse; mais on ne la trouvera marquée et sensible que dans la pureté et dans l'élévation de l'émotion morale qu'on emportera en sortant de son musée.

§ 2.

LE PUBLIC.

Le poëte favori d'une nation, ce semble, est celui qu'un homme du monde, partant pour un voyage, met le plus volontiers dans sa poche. Aujourd'hui ce poëte serait Tennyson en Angleterre, et Alfred de Musset en France. Les deux publics diffèrent : par suite, leurs genres de vie, leurs lectures et leurs plaisirs. Essayons de les décrire; on comprendra mieux les fleurs en voyant le jardin.

Vous voilà à Newhaven ou à Douvres, et vous courez sur les rails, en regardant autour de vous. Des deux côtés passent des maisons de campagne; il y en a partout en Angleterre, au bord des lacs, sur le rivage des golfes, au sommet des collines, sur tous les points de vue pittoresques. Elles sont le séjour préféré; Londres n'est qu'un rendez-vous d'affaires; c'est à la campagne que les gens du monde vivent, s'amusent et reçoivent. Que cette maison est bien arrangée et jolie! S'il s'est trouvé à côté quelque vieille bâtisse, abbaye ou château, on l'a gardée. L'édifice nouveau a été raccordé avec l'ancien ; même seul et moderne, il ne manque point de style; les pignons, les meneaux, les grandes fenêtres, les tourelles nichées à tous les coins ont dans leur fraîcheur un air gothique. Ce cottage même, si modeste, bon pour des gens qui n'ont que trente mille livres de rentes, est agréable à voir avec ses toits pointus, son portique, ses briques brunes vernissées, toutes recouvertes de lierre. Sans doute la grandeur manque le plus souvent ; aujourd'hui les gens qui font l'opinion ne sont plus les grands seigneurs, mais les gentlemen riches, bien élevés et propriétaires; c'est l'agrément qui les touche. Mais comme ils s'y entendent ! Il y a tout autour de la maison un gazon frais et soyeux comme du velours, qu'on passe au rouleau tous les matins. En face, des rhododendrons énormes font un bouquet éblouissant où murmurent des volées d'abeilles ; des guirlandes de fleurs exotiques rampent et tournoient sur l'herbe fine ; des chèvrefeuilles grimpent le long des arbres, les roses par centaines, penchées au bord des fenêtres, laissent tomber sur les allées la pluie de leurs pétales. Partout les beaux ormes, les ifs, les grands chênes, précieusement gardés, groupent leurs bouquets ou dressent leurs colonnes. Les arbres de l'Australie et de la Chine sont venus orner les massifs par l'élégance ou la singularité de leurs formes étrangères ; le copperbeech étend sur la délicate verdure des prairies l'ombre de ses feuilles noirâtres à reflets de cuivre. Que la fraîcheur de cette verdure est délicieuse ! Comme elle étincelle, et comme elle regorge de fleurs champêtres lustrées par le soleil! Que de soin, quelle propreté, comme tout est disposé, entretenu, épuré pour le bien-être des sens et pour le plaisir des yeux! S'il y a une pente, on a ménagé des rigoles avec de petites îles au fond de la vallée, toutes peuplées par des touffes de roses; des canards d'espèce choisie nagent dans les bassins, où les nénufars étalent leurs étoiles satinées. Il y a dans l'herbe de grands bœufs couchés, des moutons aussi blancs que s'ils sortaient du lavoir, toutes sortes de bestiaux heureux et modèles, capables de réjouir l'œil d'un amateur et d'un maître. Nous revenons à la maison, et avant d'entrer je regarde la perspective; décidément ils ont le sentiment de la campagne; comme on sera bien, à cette grande fenêtre du parloir, pour contempler le soleil couchant et le large treillis d'or qu'il étale à travers la futaie! Et comme adroitement on a tourné la maison pour que le paysage paraisse encadré au loin entre les collines et de près entre les arbres! Nous entrons. Que tout y est soigné et commode! On y a prévu, devancé les moindres besoins; il n'y a rien que de correct et de perfectionné; on soupçonne tous les objets d'avoir eu le prix, ou du moins une mention à quelque Exposition d'industrie; et le service vaut les objets; la propreté n'est pas plus méticuleuse en Hollande; proportion gardée, ils ont trois fois plus de valets que chez nous; ce n'est pas trop pour les détails minutieux du service. La machine domestique fonctionne sans une interruption, sans un accroc, sans un heurt, chaque rouage à son moment et à sa place, et le bien-être qu'elle distille vient en rosée de miel tomber dans la bouche, aussi vérifié et aussi exquis que le sucre d'une raffinerie modèle lorsqu'il arrive dans son goulot.

Nous causons avec notre hôte. Nous découvrons bien vite que son esprit et son âme ont toujours été en équilibre. Au sortir du collége, il a trouvé sa voie toute faite; il n'a point eu à se révolter contre l'Église, qui est à demi raisonnable, ni contre la Constitution, qui est noblement libérale; la foi et la loi qu'on lui a offertes sont bonnes, utiles, morales, assez larges pour donner abri et emploi à toutes les diversités des esprits sincères. Il s'y est attaché, il les aime, il a reçu d'elles le système entier de ses idées pratiques et spéculatives; il ne flotte point, il ne doute plus, il sait ce qu'il doit croire et ce qu'il doit faire. Il n'est point entraîné par des théories, engourdi par l'inertie, arrêté par les contradictions. Ailleurs la jeunesse est comme une eau qui croupit ou s'éparpille; il y a ici un beau canal antique qui reçoit et dirige vers un but utile et certain tout le flot de son activité et de ses passions. Il agit, travaille et gouverne. Il est marié, il a des fermiers, il est magistrat municipal, il devient homme politique. Il améliore et régit sa paroisse, ses terres et sa famille. Il fonde des associations, il parle dans les *meetings*, il surveille des écoles, il rend la justice, il introduit des perfectionnements; il use de ses lectures, de ses voyages, de ses liaisons, de sa fortune et de son rang pour conduire amicalement ses voisins et ses inférieurs vers quelque œuvre qui leur profite et qui profite au public. Il est puissant et il est respecté. Il a les plaisirs de l'amour-propre et les contentements de la conscience. Il sait qu'il a l'autorité et qu'il en use loyalement pour le bien d'autrui. Et ce bon état d'esprit est entretenu par une vie saine. Sans doute son esprit est cultivé et occupé; il est instruit, il sait plusieurs langues, il a voyagé, il est curieux de tous les renseignements précis, il est tenu au courant par ses journaux de toutes les idées et de toutes les découvertes nouvelles. Mais en même temps il aime et pratique tous les exercices du corps. Il monte à cheval, il fait à pied de longues promenades, il chasse, il vogue en mer sur son yacht, il suit de près et par lui-même tous les détails de l'élevage et de la culture, il vit en plein air, il résiste à l'envahissement de la vie sédentaire, qui partout ailleurs conduit l'homme moderne aux agitations du cerveau, à l'affaiblissement des muscles et à l'excitation des nerfs. Voilà ce monde élégant et sensé, raffiné en fait de bien-être, réglé en fait de conduite, que ses goûts de dilettante et ses principes de moraliste renferment dans une sorte d'enceinte fleurie et empêchent de regarder ailleurs.

Y a-t-il un poëte qui, mieux que Tennyson, convienne à un pareil monde? Sans être pédant, il est moral; on peut le lire le soir en famille; il n'est point révolté contre la société ni la vie; il parle de Dieu et de l'âme, noblement, tendrement, sans parti pris ecclésiastique; on n'a pas besoin de le maudire comme lord Byron ; il n'a point de paroles violentes et abruptes, de sentiments excessifs et scandaleux ; il ne pervertira personne. On ne sera point troublé en fermant le livre ; on pourra, en le quittant, écouter sans contraste la voix grave du maître de maison qui, devant les domestiques agenouillés, prononce la prière du soir. Et néanmoins, en le quittant, on garde aux lèvres un sourire de plaisir. Le voyageur, l'amateur d'archéologie s'est complu aux imitations du style et des sentiments étrangers et antiques. Le chasseur, l'amateur de la campagne a goûté les petites scènes rurales et les riches peintures de paysage. Les dames ont été charmées des portraits de femmes. Ils sont si exquis et si purs! Il a posé sur ces belles joues des rougeurs si délicates! Il a si bien peint l'expression changeante de ces yeux fiers ou candides! Elles l'aiment, car elles sentent qu'il les aime. Bien plus, il les honore, et monte par sa noblesse jusqu'au niveau de leur pureté. Les jeunes filles pleurent en l'écoutant ; certainement quand, tout à l'heure, on lisait la légende d'Elaine ou d'Enide, on a vu des têtes blondes se courber sous les fleurs qui les parent, et des épaules blanches palpiter d'une émotion furtive. Et que cette émotion est fine! Il n'a point enfoncé lourdement un pied rude dans la vérité et dans la passion. Il a glissé au plus haut des sentiments nobles et tendres ; il a recueilli dans toute la nature et dans toute l'histoire ce qu'il avait de plus élevé et de plus aimable. Il a choisi ses idées, il a ciselé ses paroles, il a égalé, par l'artifice, les réussites et la diversité de son style, les agréments et la perfection de l'élégance mondaine au milieu de laquelle nous le lisons. Sa poésie ressemble à quelqu'une de ces jardinières dorées et peintes où les fleurs nationales et les plantes exotiques emmêlent dans une harmonie savante leurs torsades et leurs chevelures, leurs grappes et leurs calices, leurs parfums et leurs couleurs. Elle semble faite exprès pour ces bourgeois opulents, cultivés, libres, héritiers de l'ancienne noblesse, chefs modernes d'une Angleterre nouvelle. Elle fait partie de leur luxe comme de leur morale; elle est une confirmation éloquente de leurs principes et un meuble précieux de leur salon.

Nous revenons à Calais, et nous courons sur Paris, sans nous arrêter en route. Il y a bien sur la route des châteaux de nobles et des maisons de bourgeois riches. Mais ce n'est point parmi eux que nous trouverons, comme en Angleterre, le monde pensant, élégant, qui par la finesse de son goût et la supériorité de son esprit devient le guide de la nation et l'arbitre du beau. Il y a deux peuples en France : la province et Paris, l'un qui dîne, dort, bâille, écoute; l'autre qui pense, ose, veille et parle; le premier traîné par le second, comme un escargot par un papillon, tour à tour amusé et inquiété par les caprices et l'audace de son conducteur. C'est ce conducteur qu'il faut voir. Nous entrons! Quel spectacle étrange! C'est le soir, les rues flamboient, une poussière lumineuse enveloppe la foule affairée, bruissante, qui se presse, se coudoie, s'entasse et fourmille aux abords des théâtres, derrière les vitres des cafés. Avez-vous remarqué comme tous ces visages sont plissés, froncés ou pâlis, comme ces regards sont inquiets, comme ces gestes sont nerveux? Une clarté violente tombe sur ces crânes qui reluisent; la plupart sont chauves avant trente ans. Pour trouver du plaisir là, il faut qu'ils aient bien besoin d'excitation; la poudre du boulevard vient imprégner la glace qu'ils mangent; l'odeur du gaz et les émanations du pavé, la sueur laissée sur les murs fanés par la fièvre d'une journée parisienne, « l'air humain plein de râles immondes, » voilà ce qu'ils viennent respirer de gaieté de cœur. Ils sont serrés autour de leurs petites tables de marbre, assiégés par la lumière crue, par les cris des garçons, par le brouhaha des conversations croisées, par le défilé monotone des promeneurs mornes, par le frôlement des filles attardées qui tournoient anxieusement dans l'ombre. Sans doute leur intérieur est déplaisant; sans cela ils ne l'échangeraient pas contre ces divertissements de commis voyageurs. Nous montons quatre étages, nous trouvons un appartement verni, doré, paré d'ornements en stuc, de statues en plâtre, de meubles neufs en vieux chêne, avec toutes sortes de jolis brimborions sur les cheminées et sur les étagères. « Il représente bien, » on peut y recevoir les amis envieux et les personnages en place. C'est une affiche, rien de plus; on y est agréablement une demi-heure et puis c'est tout. Vous n'en ferez jamais qu'un lieu de passage; il est bas, étriqué, incommode, loué pour un an, sali en six mois, bon pour étaler un luxe postiche. Toutes leurs jouissances sont factices et comme arrachées au passage; il y a en elles quelque chose de malsain et d'irritant. Elles ressemblent à la cuisine de leurs restaurants, à l'éclat de leurs cafés, à la gaieté de leurs théâtres. Ils les veulent trop promptes, trop vives, trop multipliées. Ils ne les ont point cultivées avec patience et cueillies avec modération; ils les ont fait pousser sur un terreau artificiel et échauffant; ils les fourragent à la hâte. Ils sont raffinés et ils sont avides; il leur faut chaque jour une provision de paroles colorées, d'anecdotes crues, de railleries mordantes, de vérités neuves, d'idées variées. Ils s'ennuient vite et ne peuvent souffrir l'ennui. Ils s'amusent de toutes leurs forces et trouvent qu'ils ne s'amusent guère. Ils exagèrent leur travail et leur dépense, leurs besoins et leurs efforts. L'accumulation des sensations et de la fatigue tend à l'excès leur machine nerveuse, et leur vernis de gaieté mondaine s'écaille vingt fois par jour pour laisser voir un fonds de souffrance et d'ardeur.

Mais qu'ils sont fins, et que leur esprit est libre! Comme ce frottement incessant les a aiguisés! Comme ils sont prompts à tout saisir et à tout comprendre! Comme cette culture recherchée et multiple les a rendus propres à sentir et à goûter des tendresses et des tristesses inconnues à leurs pères, des sentiments profonds, bizarres et sublimes, qui jusqu'ici semblaient étrangers à leur race! Cette grande ville est cosmopolite; toutes les idées peuvent y naître;

nulle barrière n'y arrête les esprits; le champ immense de la pensée s'ouvre devant eux sans route frayée ou prescrite. La pratique ne les gêne ni ne les guide; un gouvernement et une Église officielle sont là pour les décharger du soin de mener la nation; on subit les deux puissances comme on subit le bedeau et le sergent de ville, avec patience et railleries; on ne les regarde qu'à la façon d'un spectacle. En somme, le monde n'apparaît ici que comme une pièce de théâtre, matière à critique et à raisonnements. Et croyez que la critique et les raisonnements se donnent carrière. Un Anglais qui entre dans la vie trouve sur toutes les grandes questions des réponses faites. Un Français qui entre dans la vie ne trouve sur toutes les grandes questions que des doutes proposés. Il faut, dans ce conflit des opinions, qu'il se fasse sa foi lui-même, et, la plupart du temps, ne le pouvant pas, il reste ouvert à toutes les incertitudes, partant à toutes les curiosités et aussi à toutes les angoisses. Dans ce vide, qui est comme une vaste mer, les rêves, les théories, les fantaisies, les convoitises déréglées, poétiques et maladives, s'amassent et se chassent les unes les autres comme des nuages. Si dans ce tumulte de formes mouvantes on cherche quelque œuvre solide qui prépare une assiette aux opinions futures, on ne trouve que les lentes bâtisses des sciences, qui çà et là, obscurément, comme des polypes sous-marins, construisent en coraux imperceptibles la base où s'appuieront les croyances du genre humain

Voilà le monde pour lequel Alfred de Musset écrivait ; c'est dans ce Paris qu'il faut le lire. Le lire ? Nous le savons tous par cœur. Il est mort, et il nous semble que tous les jours nous l'entendons parler. Une causerie d'artistes qui plaisantent dans un atelier, une belle jeune fille qui se penche au théâtre sur le bord de sa loge, une rue lavée par la pluie où luisent les pavés noircis, une fraîche matinée riante dans les bois de Fontainebleau, il n'y a rien qui ne nous le rende présent et comme vivant une seconde fois. Y eut-il jamais accent plus vibrant et plus vrai ? Celui-là au moins n'a jamais menti. Il n'a dit que ce qu'il sentait, et il l'a dit comme il le sentait. Il a pensé tout haut. Il a fait la confession de tout le monde. On ne l'a point admiré, on l'a aimé ; c'était plus qu'un poëte, c'était un homme. Chacun retrouvait en lui ses propres sentiments, les plus fugitifs, les plus intimes ; il s'abandonnait, il se donnait, il avait les dernières des vertus qui nous restent, la générosité et la sincérité. Et il avait le plus précieux des dons qui puissent séduire une civilisation vieillie, la jeunesse. Comme il a parlé « de cette chaude jeunesse, arbre à la rude écorce, qui couvre tout de son ombre, horizons et chemins ! » Avec quelle fougue a-t-il lancé et entre-choqué l'amour, la jalousie, la soif du plaisir, toutes les impétueuses passions qui montent avec les ondées d'un sang vierge du plus profond d'un jeune cœur ! Quelqu'un les a-t-il plus ressenties ? Il en a été trop plein, il s'y est livré, il s'en est enivré. Il s'est lâché à travers la vie comme un cheval de race cabré dans la campagne, que l'odeur des plantes et la magnifique nouveauté du vaste ciel précipitent à pleine poitrine dans des courses folles qui brisent tout et vont le briser. Il a trop demandé aux choses ; il a voulu d'un trait, âprement et avidement, savourer toute la vie ; il ne l'a point cueillie, il ne l'a point goûtée ; il l'a arrachée comme une grappe, et pressée, et froissée, et tordue ; et il est resté les mains salies, aussi altéré que devant[1]. Alors ont éclaté ces sanglots qui ont retenti dans tous les cœurs. Quoi ! si jeune et déjà si las ! Tant de dons précieux, un esprit si fin, un tact si délicat, une fantaisie si mobile et si riche, une gloire si précoce, un si soudain épanouissement de beauté et de génie, et au même instant les angoisses, le dégoût, les larmes et les cris ! Quel mélange ! Du même geste il adore et il maudit. L'éternelle illusion, l'invincible expérience sont en lui côte à côte pour se combattre et le déchirer. Il est devenu vieillard, et il est demeuré jeune homme ; il est poëte, et il est sceptique. La Muse et sa beauté pacifique, la Nature et sa fraîcheur immortelle, l'Amour et son bienheureux sourire, tout l'essaim de visions divines passe à peine devant ses yeux, qu'on voit accourir parmi les malédictions et les sarcasmes tous les spectres de la débauche et de la mort. Comme un homme, au milieu d'une fête, qui boit dans une coupe ciselée, debout, à la pre-

---

1. O médiocrité ! celui qui pour tout bien
T'apporte à ce tripot dégoûtant de la vie,
Est bien poltron au jeu s'il ne dit : Tout ou rien.

mière place, parmi les applaudissements et les fanfares, les yeux riants, la joie au fond du cœur, échauffé et vivifié par le vin généreux qui descend dans sa poitrine, et que subitement on voit pâlir ; il y avait du poison au fond de la coupe ; il tombe et râle ; ses pieds convulsifs battent les tapis de soie, et tous les convives effarés regardent. Voilà ce que nous avons senti le jour où le plus aimé, le plus brillant d'entre nous, a tout d'un coup palpité d'une atteinte invisible, et s'est abattu avec un hoquet funèbre parmi les splendeurs et les gaietés menteuses de notre banquet.

Eh bien ! tel que le voilà, nous l'aimons toujours : nous n'en pouvons écouter un autre ; tous à côté de lui nous semblent froids ou menteurs. Nous sortons à minuit de ce théâtre où il écoutait la Malibran, et nous entrons dans cette lugubre rue des Moulins où, sur un lit payé, son Rolla est venu dormir et mourir. Les lanternes jettent des reflets vacillants sur les pavés qui glissent Des ombres inquiètes avancent hors des portes et traînent leur robe de soie fripée à la rencontre des passants. Les fenêtres sont fermées ; une lumière çà et là perce à travers un volet mal clos et montre un dahlia mort sur le rebord d'une croisée. Demain un orgue ambulant grincera devant ces vitres, et les nuages blafards laisseront leurs suintements sur ces murs salis. Quoi ! c'est de cet ignoble lieu qu'est sorti le plus passionné des poëmes ! ce sont ces laideurs et ces vulgarités de bouge et d'hôtel garni qui ont fait ruisseler cette divine éloquence !

ce sont elles qui en cet instant ont ramassé dans ce cœur meurtri toutes les magnificences de la nature et de l'histoire pour les faire jaillir en gerbe étincelante et reluire sous le plus ardent soleil de poésie qui fut jamais! La pitié vient, on pense à cet autre poëte qui, là-bas, dans l'île de Wight, s'amuse à refaire des épopées perdues. Qu'il est heureux parmi ses beaux livres, ses amis, ses chèvrefeuilles et ses roses! N'importe. Celui-ci, à cet endroit même, dans cette fange et dans cette misère, est monté plus haut. Du haut de son doute et de son désespoir, il a vu l'infini comme on voit la mer du haut d'un cap battu par les orages. Les religions, leur gloire et leur ruine, le genre humain, ses douleurs et sa destinée, tout ce qu'il y a de sublime au monde lui est alors apparu dans un éclair. Il a senti, au moins cette fois dans sa vie, cette tempête intérieure de sensations profondes, de rêves gigantesques et de voluptés intenses dont le désir l'a fait vivre et dont le manque l'a fait mourir. Il n'a pas été un simple dilettante; il ne s'est pas contenté de goûter et de jouir; il a imprimé sa marque dans la pensée humaine; il a dit au monde ce que c'est que l'homme, l'amour, la vérité, le bonheur. Il a souffert, mais il a inventé; il a défailli, mais il a produit. Il a arraché avec désespoir de ses entrailles l'idée qu'il avait conçue, et l'a montrée aux yeux de tous sanglante, mais vivante. Cela est plus difficile et plus beau que d'aller caresser et contempler les idées des autres. Il n'y a au monde qu'une œuvre digne d'un homme, l'enfantement d'une vérité à laquelle on se livre et à laquelle on croit. Le monde qui a écouté Tennyson vaut mieux que notre aristocratie de bourgeois et de bohèmes ; mais j'aime mieux Alfred de Musset que Tennyson.

FIN.

TABLE DES MATIÈRES

CONTENUES DANS LE CINQUIÈME
ET DERNIER VOLUME

LIVRE V.

LES CONTEMPORAINS.

Chapitre I. — Le roman. Dickens.

§ 1. L'ÉCRIVAIN.

Liaison des diverses parties de chaque talent. — Importance de la façon d'imaginer 6
I. Lucidité et intensité de l'imagination chez Dickens. — Audace et véhémence de sa fantaisie. — Comment chez lui les objets inanimés se personnifient et se passionnent. — En quoi sa conception est voisine de la vision. — En quoi elle est voisine de la monomanie. — Comment il peint les hallucinés et les fous.......... 6
A quels objets il applique son enthousiasme. — Ses trivialités et sa minutie. — En quoi il ressemble aux peintres de son pays. — En quoi il diffère de George Sand. — *Miss Ruth* et *Geneviève*. — *Un Voyage en diligence*.................... 21
II. Véhémence des émotions que ce genre d'imagination doit produire. — Son pathétique. — L'ouvrier *Stephen*. — Son comique. — Pourquoi il arrive à la bouffonnerie et à la caricature. — Emportement et exagération nerveuse de sa gaieté....... 27

§ 2. LE PUBLIC.

Le roman anglais est obligé d'être moral. — En quoi cette contrainte modifie l'idée de l'amour. — Comparaison de l'amour chez George Sand et chez Dickens. — Peintures de la jeune fille et de l'épouse.. 39

En quoi cette contrainte modifie l'idée de la passion. — Comparaison des passions dans Balzac et dans Dickens............... 43

Inconvénients de ce parti pris. — Comment les masques comiques ou odieux se substituent aux personnages naturels. — Comparaison de Pecksniff et de Tartufe. — Pourquoi chez Dickens l'ensemble manque à l'action 45

§ 3. LES PERSONNAGES.

Deux classes de personnages. — Les caractères naturels et instinctifs. — Les caractères artificiels et positifs. — Préférence de Dickens pour les premiers. — Aversion de Dickens pour les seconds.. 49

I. L'hypocrite. — M. Pecksniff. — En quoi il est Anglais. — Comparaison de Pecksniff et de Tartufe. — L'homme positif. — M. Gradgrind. — L'orgueilleux. — M. Dombey. — En quoi ces personnages sont Anglais................................... 50

II. Les enfants. — Ils manquent dans la littérature française. — Le petit *Joas* et *David Copperfield*. — Les gens du peuple. — L'homme idéal selon Dickens...................................... 60

III. En quoi cette conception correspond à un besoin public. — Opposition en Angleterre de la culture et de la nature. — Redressement de la sensibilité et de l'instinct opprimés par la convention et par la règle. — Succès de Dickens............... 64

Chapitre II. — Le roman (*suite*). Thackeray.

Abondance et excellence du roman de mœurs en Angleterre. — Supériorité de Dickens et de Thackeray. — Comparaison de Dickens et de Thackeray.................................... 68

I. Le satirique. — Ses intentions morales. — Ses dissertations morales.. 70

II. Comparaison de la moquerie en France et en Angleterre. — Différence des deux tempéraments, des deux goûts et des deux esprits 79
III. Supériorité de Thackeray dans la satire amère et grave.— L'ironie sérieuse. — *Les snobs littéraires; Miss Blanche Amory.* — La caricature sérieuse. — *Mistress Hoggarty*............... 82
IV. Solidité et précision de cette conception satirique. — Ressemblance de Thackeray et de Swift. — *Les devoirs d'un ambassadeur*.. 93
Misanthropie de Thackeray. — Niaiserie de ses héroïnes. — Niaiserie de l'amour. — Vice intime des générosités et des exaltations humaines..................................... 96
V. Ses tendances égalitaires. — Défaut des caractères et de la société en Angleterre. — Ses aversions et ses préférences. — Le snob et l'aristocrate. — Portraits du roi, du grand seigneur de cour, du gentilhomme de campagne, du bourgeois gentilhomme. — Avantages de cet établissement aristocratique.— Excès de cette satire.. 100

§ 2. L'ARTISTE.

I. Idée de l'art pur. — En quoi la satire nuit à l'art. — En quoi elle diminue l'intérêt. — En quoi elle fausse les personnages. — Comparaison de Thackeray et de Balzac. — *Valérie Marneffe* et *Rebecca Sharp*.. 117
II. Rencontre de l'art pur. — Portrait de *Henri Esmond.* — Talent historique de Thackeray. — Conception de l'homme idéal... 128
III. La littérature est une définition de l'homme. Quelle est cette définition dans Thackeray. — En quoi elle diffère de la véritable... 141

Chapitre III. — La critique et l'histoire. Macaulay.

Rôle et position de Macaulay en Angleterre................ 145

§ 1. ESSAIS CRITIQUES ET HISTORIQUES.

I. Ses *Essais.* — Agrément et utilité du genre. — Ses opinions. — Sa philosophie. En quoi elle est anglaise et pratique. — Son *Essai sur Bacon.* Quel est, selon lui, le véritable objet des sciences. — Comparaison de Bacon et des anciens...................... 147

Sa critique. — Ses préoccupations morales. — Comparaison de la critique en France et en Angleterre. — Pourquoi il est religieux. — Liaison de la religion et du libéralisme en Angleterre. — Libéralisme de Macaulay. — *Essais sur l'Église et l'État.* 152

Sa passion pour la liberté politique. — Comment il est l'orateur et l'historien du parti whig. — *Essais sur la Révolution et les Stuarts*... 159

II. Son talent. — Son goût pour la démonstration. — Son goût pour les développements. Caractère oratoire de son esprit. — En quoi il diffère des orateurs classiques. — Son estime pour les faits particuliers, les expériences sensibles et les souvenirs personnels. — Importance des spécimens décisifs en tout ordre de connaissance. — *Essais sur Warren Hastings et sur Clive*.............. 166

Caractères anglais de son talent. — Sa rudesse. — Sa plaisanterie. — Sa poésie.. 183

§ 2.

Son œuvre. — Harmonie de son talent, de ses opinions et de son œuvre. — Universalité, unité, intérêt de son histoire. — Peinture des *Highlands.* — *Jacques II en Irlande.* — *L'Acte de Tolérance.* — *Le massacre de Glencoe.* — Traces d'amplification et de rhétorique.. 197

Comparaison de Macaulay et des historiens français. — En quoi il est classique. — En quoi il est anglais. — Position intermédiaire de son esprit entre l'esprit latin et l'esprit germanique 222

Chapitre IV. — La philosophie et l'histoire. Carlyle.

Position excentrique et importante de Carlyle en Angleterre... 229

§ 1. SON STYLE ET SON ESPRIT.

I. Ses bizarreries, ses obscurités, ses violences. — Son imagination, ses enthousiasmes. — Ses crudités, ses bouffonneries....... 230

II. *L'humour*. — En quoi elle consiste. — Comment elle est germanique. — Peintures grotesques et tragiques. — Les dandies et les mendiants. — Catéchisme des cochons. — Extrême tension de son esprit et de ses nerfs............................... 238

III. Barrière qui le contiennent et le dirigent. — Le sentiment du réel et le sentiment du sublime....................... 251

IV. Sa passion pour le fait exact et prouvé. — Sa recherche des sentiments éteints. — Véhémence de son émotion et de sa sympathie. — Intensité de sa croyance et de sa vision. — *Past and Present*. — *Cromwell's letters and speeches*. — Son mysticisme historique. — Grandeur et tristesse de ses visions. — Comment il figure le monde d'après son propre esprit....................... 251

V. Que tout objet est un groupe, et que tout l'emploi de la pensée humaine est la reproduction d'un groupe. — Deux façons principales de la reproduire, et deux sortes principales d'esprits. — Les classificateurs. — Les intuitifs. — Inconvénients du second procédé. — Comment il est obscur, hasardé, dénué de preuves. — Comment il pousse à l'affectation et à l'exagération. — Duretés et outrecuidance qu'il provoque. — Avantages de ce genre d'esprit. — Il est seul capable de reproduire l'objet. — Il est le plus favorable à l'invention originale. — Quel emploi Carlyle en a fait. 260

§ 2. SON RÔLE.

Introduction des idées allemandes en Europe et en Angleterre. — Études allemandes de Carlyle....................... 268

I. De l'apparition des formes d'esprit originales. — Comment elles agissent et finissent. — Le génie artistique de la Renaissance. — Le génie oratoire de l'âge classique. — Le génie philosophique de l'âge moderne. — Analogie probable des trois périodes..... 268

II. En quoi consiste la forme d'esprit moderne et allemande. — Comment l'aptitude aux idées universelles a renouvelé la linguistique, la mythologie, l'esthétique, l'histoire, l'exégèse, la théologie et la métaphysique. — Comment le penchant métaphysique a transformé la poésie....................... 271

III. Idée capitale qui s'en dégage. — Conception des parties solidaires et complémentaires. — Nouvelle conception de la nature et de l'homme....................... 273

IV. Inconvénients de cette aptitude. — L'hypothèse gratuite et l'ab-

straction vague. — Discrédit momentané des spéculations allemandes 274
V. Comment chaque nation peut les reforger. — Exemples anciens. — L'Espagne au seizième et au dix-septième siècle.—Les puritains et les jansénistes au dix-septième siècle. — La France au dix-huitième siècle. — Par quels chemins ces idées peuvent entrer en France. — Le positivisme. — La critique................. 276
VI. Par quels chemins ces idées peuvent entrer en Angleterre. — L'esprit exact et positif. — L'inspiration passionnée et poétique. — Quelle voie suit Carlyle................................. 278

§ 3. SA PHILOSOPHIE, SA MORALE ET SA CRITIQUE.

Sa méthode est morale, non scientifique. — En quoi il ressemble aux puritains. — *Sartor resartus*...................... 282
I. Les choses sensibles ne sont que des apparences. — Caractère divin et mystérieux de l'être. — Sa métaphysique.......... 283
II. Comment on peut traduire les unes dans les autres les idées positivistes, poétiques, spiritualistes et mystiques. — Comment chez Carlyle la métaphysique allemande s'est changée en puritanisme anglais.. 289
III. Caractère moral de ce mysticisme. — Conception du devoir. — Conception de Dieu....................................... 291
IV. Conception du christianisme. — Le christianisme véritable et le christianisme officiel. — Les autres religions. — Limite et portée de la doctrine 294
V. Sa critique. — Quelle valeur il attribue aux écrivains. — Quelle classe d'écrivains il exalte. — Quelle classe d'écrivains il déprécie. — Son esthétique. — Son jugement sur Voltaire.......... 299
VI. Avenir de la critique. — En quoi elle est contraire aux préjugés de siècle et de race. — Le goût n'a qu'une autorité relative. 304

§ 4. SA CONCEPTION DE L'HISTOIRE.

I. Suprême importance des grands hommes. — Qu'ils sont des révélateurs. — Nécessité de les vénérer 307
II. Liaison de cette conception et de la conception allemande. — En quoi Carlyle est imitateur. — En quoi il est original. — Portée de sa conception 309

III. Comment la véritable histoire est celle des sentiments héroïques. — Que les véritables historiens sont des artistes et des psychologues.. 312
IV. Son histoire de Cromwell. — Pourquoi elle ne se compose que de textes reliés par un commentaire. — Sa nouveauté et sa valeur. — Comment il faut considérer Cromwell et les puritains. — Importance du puritanisme dans la civilisation moderne. — Carlyle l'admire sans restriction..................................... 314
V. Son histoire de la Révolution française. — Sévérité de son jugement. — En quoi il est clairvoyant et en quoi il est injuste.. 319
VI. Son jugement sur l'Angleterre moderne. — Contre le goût du bien-être et la tiédeur des convictions. — Sombres prévisions pour l'avenir de la démocratie contemporaine. — Contre l'autorité des votes. — Théorie du souverain................................ 322
VII. Critique de ces théories. — Dangers de l'enthousiasme. — Comparaison de Carlyle et de Macaulay............................ 327

Chapitre V. — La philosophie. Stuart Mill.

I. La philosophie en Angleterre. — Organisation de la science positive. — Absence des idées générales...................... 331
II. Pourquoi la métaphysique manque. — Autorité de la religion 332
III. Indices et éclats de la pensée libre. — L'exégèse nouvelle. — Stuart Mill. — Ses œuvres. — Son genre d'esprit. — A quelle famille de philosophes il appartient. — Valeur des spéculations supérieures dans la civilisation humaine........................... 334

§ 1. L'EXPÉRIENCE.

I. Objet de la logique. — En quoi elle se distingue de la psychologie et de la métaphysique....................................... 337
II. Ce que c'est qu'un jugement. — Ce que nous connaissons du monde extérieur et du monde intérieur. — Tout l'effort de la science est d'ajouter ou de lier un fait à un fait............ 339
III. La logique a deux pierres angulaires : la théorie de la définition, et la théorie de la preuve................................ 345
IV. Théorie de la définition. — En quoi cette théorie est impor

tante. — Réfutation de l'ancienne théorie. — Il n'y a pas de définition des choses, mais des définitions des noms............ 346

V. Théorie de la preuve. — Théorie ordinaire. — Réfutation. — Quelle est, dans un raisonnement, la partie probante...... 351

VI. Théorie des axiomes. —Théorie ordinaire. — Réfutation. — Les axiomes ne sont que des expériences d'une certaine classe... 356

VII. Théorie de l'induction.— La cause d'un fait n'est que son antécédent invariable. — L'expérience seule prouve la stabilité des lois de la nature. — En quoi consiste une loi. — Par quelles méthodes on découvre les lois. — La méthode des concordances, la méthode des différences, la méthode des résidus, la méthode des variations concomitantes................................. 361

VIII. Exemples et applications. — Théorie de la rosée....... 369

IX. La méthode de déduction. — Son domaine. — Ses procédés 380

X. Comparaison de la méthode d'induction et de la méthode de déduction. — Emploi ancien de la première. — Emploi moderne de la seconde. — Sciences qui réclament la première. — Sciences qui réclament la seconde. — Caractère positif de l'œuvre de Mill. — Lignée de ses prédécesseurs........................... 383

XI. Limites de notre science. — Il n'est pas certain que tous les événements arrivent selon des lois. — Le hasard dans la nature.. 386

§ 2. L'ABSTRACTION.

I. Concordance de cette doctrine et de l'esprit anglais. — Liaison de l'esprit positif et de l'esprit religieux. — Quelle faculté ouvre le monde des causes................................... 394

II. Qu'il n'y a ni substances, ni forces, mais seulement des faits et des lois. — Nature de l'abstraction. — Rôle de l'abstraction dans la science 396

III. Théorie de la définition. — Elle est l'exposé des abstraits générateurs... 400

IV. Théorie de la preuve. — La partie probante du raisonnement est une loi abstraite.. 402

V. Théorie des axiomes. — Les axiomes sont des relations d'abstraits. — Ils se ramènent à l'axiome d'identité............ 404

VI. Théorie de l'induction. — Ses procédés sont des éliminations ou abstractions.. 407

VII. Les deux grandes opérations de l'esprit, l'expérience et l'abstraction. — Les deux grandes apparences des choses, les faits sensibles et les lois abstraites. — Pourquoi nous devons passer des premiers aux secondes. — Sens et portée de l'axiome des causes.. 408

VIII. Il est possible de connaître les éléments premiers. — Erreur de la métaphysique allemande. — Elle a négligé la part du hasard et les perturbations locales. — Ce qu'une fourmi philosophe pourrait savoir. — Idée et limites d'une métaphysique. — Position de la métaphysique chez les trois nations pensantes........... 411

IX. Une matinée à Oxford................................. 416

Chapitre VI. La poésie. Tennyson.

§ 1. LE TALENT ET L'OEUVRE.

En quoi il s'oppose aux poëtes précédents. — En quoi il les continue.. 420

I. Première période. — Ses portraits de femmes. — Délicatesse et raffinement de son sentiment et de son style. — Variété de ses émotions et de ses sujets. — Sa curiosité littéraire et son dilettantisme poétique. — *The Dying Swan*. — *The Lotos-Eaters*... 421

II. Deuxième période. — Sa popularité, son bonheur et sa vie. — Sensibilité et virginité permanentes du tempérament poétique. — — En quoi il est d'accord avec la nature. — *Locksley Hall*. — Changement de sujet et de style. — Explosion violente et accent personnel. — *Maud*............................... 427

III. Retour de Tennyson à son premier style. — *In Memoriam*. — Élégance, froideur et longueurs de ce poëme. — Il faut que le sujet et le talent soient d'accord. — Quels sujets conviennent à l'artiste dilettante............................... 436

IV. *The Princess*. — Comparaison de ce poëme et d'*As you like it*. — Le monde fantastique et pittoresque. — Comment Tennyson retrouve les songes et le style de la Renaissance......... 438

V. Comment Tennyson retrouve la naïveté et la simplicité de l'ancienne épopée. — *Les Idylles du roi*. — Pourquoi il a renouvelé l'épopée de la Table-Ronde. — Pureté et élévation de ses modèles et de sa poésie. — *Elaine*. — *La mort d'Arthur*. — Manque de passion personnelle et absorbante. — Flexibilité et désintéressement de son esprit. — Son talent pour se métamorphoser, pour embellir et pour épurer.................................... 446

§ 2. LE PUBLIC.

Le monde en Angleterre. — La campagne. — Le confort. — L'élégance. — L'éducation. — Les habitudes. — En quoi Tennyson convient à un pareil monde. — Le monde en France. — La vie parisienne. — Les plaisirs. — La représentation. — La conversation. — La hardiesse d'esprit. — En quoi Alfred de Musset convient à un pareil monde. — Comparaison des deux mondes et des deux poëtes..................................... 456

FIN DE LA TABLE.

10616. — Imprimerie générale de Ch. Labure, 9, rue de Fleurus, à Paris.

www.ingramcontent.com/pod-product-compliance
Lightning Source LLC
Chambersburg PA
CBHW050242230426
43664CB00012B/1798